Die NSDAP im Landkreis Starnberg
Von den Anfängen bis zur Konsolidierung der Macht (1919-1938)
Friedrike Hellerer

Sophrosyne-Verlag Dr. Friedrike Hellerer

Exzerpt aus der Dissertaion von Dr. Friedrike Hellerer:
Die NSDAP im Landkreis Starnberg, 2014

Titelbild: Fritz Reinhardt bei einer Rede anlässlich des 10jährigen Bestehens der Ortsgruppe Herrsching 1936, und Franz Klotz, Funkstellenleiter, auf dem Herrschinger Dorfanger © Archiv der Gemeinde Herrsching

Herrsching am Ammersee 2019
ISBN: 978-3-96049-063-0

Die NSDAP im Landkreis Starnberg

Inhaltsverzeichnis:

Zur Aktualität landes- und regionalhistorischer NS-Forschung: Der Landkreis als Forschungsobjekt

Die Gemeinde Tutzing sucht einen neuen Umgang mit der ehemaligen Ehrenbürgerin Elly Ney, Pianistin und Kandidatin für Hitlers `Gottbegnadetenliste´. Die Stadt Starnberg überlegt die Umbenennung der nach der Schriftstellerin Ina Seidel benannten Straße. Die Gemeinde Pöcking leistet sich eine aufwendige und kostspielige Recherche durch renommierte Historiker, um die Frage zu klären, welche Rolle die Gemeinde während der NS-Zeit gespielt hat.[1]
Zahlreiche Archivare des Landkreises Starnberg überprüften im Jahr 2013 die Ehrenbürgerlisten und Straßennamenverzeichnisse auf der Suche nach Personen, die in nationalsozialistische Machenschaften verstrickt gewesen sein könnten. Gemeinderäte wurden und werden vor die Frage gestellt, wie man mit der braunen Vergangenheit umgehen soll, deren Spuren sich `überraschenderweise´ bis in die Gegenwart erhalten haben.
Da es bisher noch keine umfassende Darstellung der Geschichte des Landkreises Starnberg während der NS-Zeit gibt, können Geschichten und Vermutungen über angebliche Fakten gedeihen, aber auch offensichtliche nationalsozialistische „Überbleibsel", wie oben erwähnt, unbehelligt weiterleben, solange ihre Herkunft nicht kritisch hinterfragt wird.

Die Mühen des Verstehens

Der Nationalsozialismus ist in diesem Verständnis kein abgeschlossenes Phänomen, das in seiner Monstrosität für sich steht und inzwischen `aufgearbeitet´ sein müsste, sondern wirkt offensichtlich nach.
Auch mehr als 70 Jahre nach dem Ende des NS-Regimes ist ein Ende der Diskussion um Entstehung, Folgen und das Weiterleben des Nationalsozialismus zumindest in Deutschland nicht in Sicht. Im Gegenteil: gewisse Aspekte der NS-Vergangenheit, beispielsweise die Verstrickungen der Verwaltungen, der Reichswehr, der Juristen oder des Auswärtigen Amtes und die daraus resultierenden Nachwirkungen, wurden und werden erst in den letzten Jahren in den Fokus der historischen Forschung genommen und wissenschaftlich aufgearbeitet.[2] Selbst angeblich `unverfängliche´ Institutionen wie die Münchner Staatsoper besinnen sich ihrer Vergangenheit und lassen - „Ergebnis offen" - ihre Historie hinterfragen.[3]
Will man also die Unterströmungen der deutschen Politik verstehen, kommt man am Thema „Nationalsozialismus" nicht vorbei. Dies gilt sowohl für die `große´ Politik als auch für das Verständnis des kleinteiligen Zusammenspiels politischer

---

1 Süddeutsche Zeitung (im Folgenden: SZ) 14. Februar 2014.
2 Als wenige Beispiele für die deutschlandweiten Bemühungen um Aufklärung und Information seien nur die folgenden Projekte aufgeführt: Friedenberger, Martin: Fiskalische Ausplünderung: die Berliner Steuer- und Finanzverwaltung und die jüdische Bevölkerung 1933-1945, Berlin 2008; Schröder, Joachim: Die Münchner Polizei und der Nationalsozialismus, Essen 2013; Pressemitteilung der Stadtverwaltung München 02. Dezember 2013: Vorstellung des Forschungsprojekts „Die Münchner Stadtverwaltung im Nationalsozialismus".
3 SZ 09. Oktober 2013.

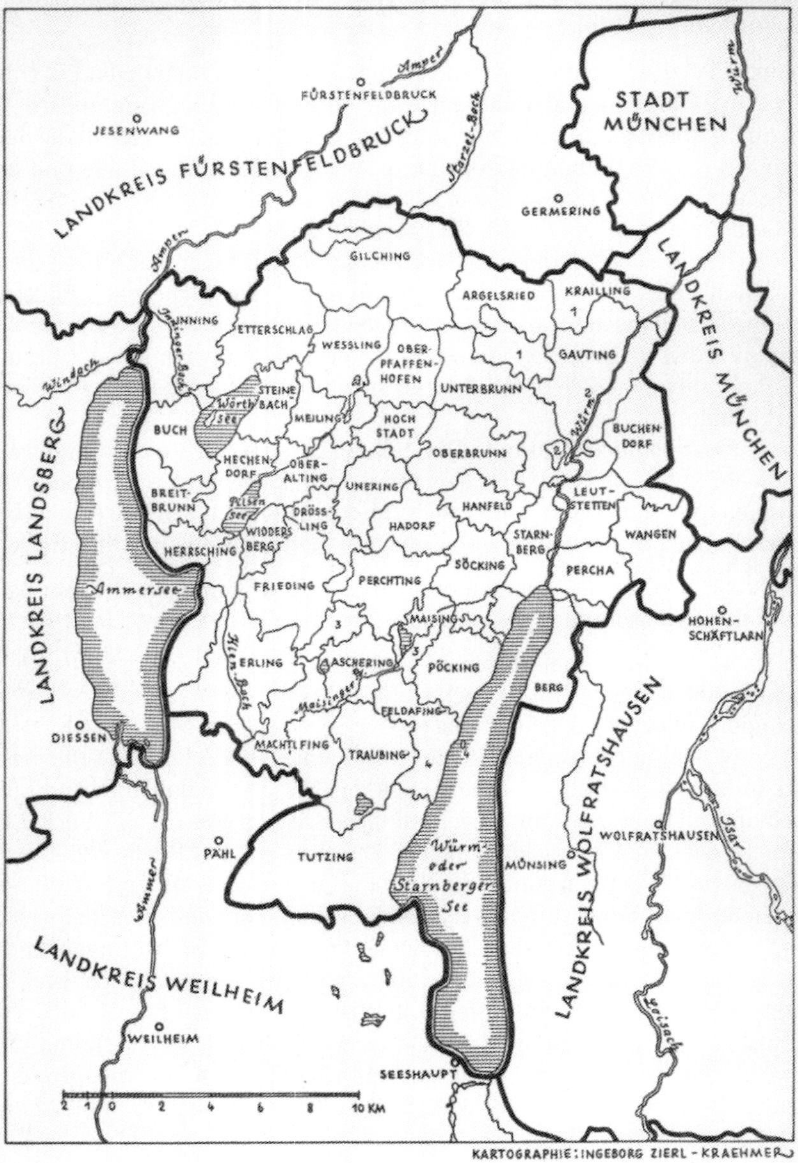

Karte I. Die Gemeinden des Landkreises Starnberg.

Karte des Landkreises Starnberg 1955, vor der Gebietsreform
(aus Christoph Borcherdts „Der LandkreisStarnberg, Regierungsbezirk Oberbayern“)

Kräfte näher an den unmittelbaren Lebenswelten der Menschen auf Landkreisebene.[4]

Wer sich nicht nur für abstrakt-historische Zusammenhänge interessiert, sondern ebenso die Entstehung und Auswirkungen des „Dritten Reiches“ auf allen Ebenen des Alltagslebens verstehen will, muss sich die Mühe machen, dort anzusetzen, wo `Leben geschieht´. Mit Ulrich von Hehl geht es dabei um ein Verstehen „von unten“: „Offenkundig ist aber der regional- und noch stärker der lokalgeschichtliche Ansatz besser als abstrakt-theoretische Forschungsdiskussionen geeignet, auch den lebensweltlichen Erfahrungshorizont der Zeitgenossen miteinzubeziehen, namentlich wenn die Geschehnisse an konkreten menschlichen Schicksalen verdeutlicht werden können.“[5] Diese menschlichen Schicksale sichtbar zu machen, heißt, sie dem Vergessen zu entreißen und die Triebfedern sichtbar zu verdeutlichen, die gerade bei der Etablierung des Nationalsozialismus, der sehr stark auf gefühlsmäßige Überzeugungsarbeit gesetzt hat, eine große Rolle gespielt haben.[6]

Wie gelang die NS-„Machtergreifung“ auf dem Lande?

In der vorliegenden Untersuchung wird der Landkreis Starnberg danach befragt, wie sich der Nationalsozialismus dort ausbreiten und etablieren konnte. Es wird nachzuweisen sein, wie von der Stadt Starnberg ausgehend eine kleine Gruppe überzeugter Nationalsozialisten in einer ersten Phase die ländliche Umgebung der Kreisstadt bis an die Landkreisgrenze systematisch bearbeitete und letztlich Dorf um Dorf für die braune Bewegung gewann. Diese Entwicklung verlief keineswegs linear. Erfolgserlebnisse und Rückschläge wechselten sich ab und forderten das Durchhaltevermögen der Schlüsselfiguren heraus. Der Landkreis wurde mit einfachsten Mitteln, oft zu Fuß oder mit dem Fahrrad, erschlossen. Es herrschte nach Meinung eines NS-Protagonisten im Landkreis ein „Kampf um Seelen und Herzen, Kleinkrieg und Ringen von Mann zu Mann“.[7] So kannte man in kurzer Zeit seine Gegner und Sympathisanten nicht nur persönlich, man hatte auch vielfach einen ähnlichen Erziehungs- und Bildungshintergrund. Das Wechselspiel zwischen den politischen Freunden und Feinden verlief nach ungeschriebenen Regeln und hatte seine eigene Dynamik. Gewalttätige Eskalationen wurden - zumindest von Seiten der Anhänger der NSDAP - nicht nur billigend in Kauf genommen, sondern waren sogar erwünscht, sowohl zur Einschüchterung des Gegners als auch zur Erregung öffentlicher Aufmerksamkeit. Der Blick auf die sogenannte „Kampfzeit“ der Bewegung eröffnet sich aus der sehr persönlichen und offenherzigen Perspektive eines der Hauptakteure. Denn die ansonsten für den Landkreis Starnberg schwierige Quellensituation wird durch ein einmaliges, in seinem Wert für die historische

---

4 Düwell, Kurt: Die regionale Geschichte des NS-Staateszwischen Mikro- und Makroanalyse. Forschungsaufgaben zur Praxis im „kleinen Bereich“, in: Jahrbuch für westdeutsche Landesgeschichte 9 (1983), S. 287-344, hier S. 302.

5 Hehl, Ulrich von: Nationalsozialismus und Region. Bedeutung und Probleme einer regionalen und lokalen Erforschung des Dritten Reiches, in: ZBLG 56 (1993), S. 111-129, hier S. 120.

6 Vgl.: Herbst, Ludolf: Hitlers Charisma. Die Erfindung eines deutschen Messias, Frankfurt a.M. 2010.

7 Buchner, Franz: Kamerad! Halt aus!, Aus der Geschichte des Kreises Starnberg der NSDAP, München 1938. (Im Folgenden: Buchner, Kamerad!) S. 90.

Forschung bisher noch nicht angemessen gewürdigtes Zeitdokument verbessert, das bei aller quellenkritischen Ausleuchtung für das Verständnis der Denkweise und der Antriebskräfte, der persönlichen Motive und Stimuli der frühen Parteigenossen der NSDAP durch seine freimütige Darstellungsweise äußerst aufschlussreich ist. Auch die Methoden und Tricks, die Absprachen und Provokationen werden darin unverblümt angesprochen. Dieses vom Kreisleiter und Ersten Bürgermeister der Stadt Starnberg Franz Buchner 1938 geschriebene Buch „Kamerad! Halt aus!“[8] trägt den Untertitel „Aus der Geschichte des Kreises Starnberg der NSDAP“ und beschreibt auf mehr als 400 Seiten die Entwicklung, die die Partei von ihren Anfängen 1925 bis zur Reichstagswahl im September 1930 nahm. Die Lebensgeschichte Buchners legt zudem ein beredtes Zeugnis über die Kontinuitäten und Brüche der Generation der jugendlichen Kriegsheimkehrer ab. „Verknüpfungen werden sichtbar zwischen Öffentlichem und Privatem, Ideen und Interessen, langfristigen Prozessen und prägenden Ereignissen, den Verhältnissen und ihrer Erfahrung und Deutung, zwischen dem Einzelnen und der Gesellschaft, in der er agiert“.[9] Dies gilt ebenso für weitere Protagonisten wie Fritz Reinhardt und Otto Knab, aber auch für zahlreiche andere Akteure im Landkreis Starnberg.

Im Weiteren wird der Akt der Übernahme diktatorischer Ansprüche und die Etablierung der NSDAP als machtpolitischer Faktor im Bereich der unteren und mittleren Verwaltungsbehörden beschrieben. Nach dem Vorbild der Reichsregierung wurde im Kleinen ein auf dem Führerprinzip basierender Machtapparat installiert, dessen Defizite durch eine aufwendige Propaganda, aber auch durch eine feinmaschige Kontrolle der Bevölkerung überspielt wurden. Die Gemeindevertretungen, Institutionen, Verbände und Vereine wurden „gleichgeschaltet“, während parallel dazu die Partei mit ihren vielfältigen Unterorganisationen immer mehr das Alltagsleben dominierte.

Wie es zu der politischen Nähe von Landbevölkerung und Nationalsozialismus kommen konnte und welche Folgen dies vor dem Zweiten Weltkrieg für die Gemeinden und deren Bevölkerung hatte, ist das Thema der folgenden Untersuchung.[10]

Um die emotionale Verfassung der Landkreisbevölkerung während der Zeit der Weimarer Republik zu berücksichtigen und einzubeziehen, beginnt die Arbeit mit der Revolution von 1918/19 und deren Niederschlag in der Stadt Starnberg und den umliegenden Gemeinden. Quellenbedingt, da ab 1939 die wichtigste Regionalzeitung nicht zugänglich war, aber auch weil sich zu diesem Zeitpunkt die NSDAP

8 Vgl. Buchner, Kamerad!

9 Bauer, Theresia/Kraus, Elisabeth/Kuller, Christiane/Süß, Winfried (Hrsg.): Gesichter der Zeitgeschichte. Deutsche Lebensläufe im 20. Jahrhundert, München 2009; Vorwort S. 7.

10 Dazu: Heberle, Rudolf: Landbevölkerung und Nationalsozialismus: eine soziologische Untersuchung der politischen Willensbildung in Schleswig-Holstein 1918 bis 1932, Stuttgart 1963; Pyta, Wolfram: Dorfgemeinschaft und Parteipolitik: 1918-1933; die Verschränkung von Milieu und Parteien in protestantischen Landgebieten Deutschlands in der Weimarer Republik, Düsseldorf 1996; Wagner, Caroline: Die NSDAP auf dem Dorf: eine Sozialgeschichte der NS-Machtergreifung in Lippe, Münster 1998; Vollnhals, Clemens: Sachsen in der NS-Zeit, Leipzig 2002.

und ihre Vorkämpfer auf dem Höhepunkt ihrer Machtentfaltung befinden, endet die vorliegende Studie 1938.

Besonderheiten des Starnberger Landkreises

Der Landkreis Starnberg war mit seinen 40 Gemeinden in den 1920er und 1930er Jahren wie das Münchner Umland noch überwiegend agrarisch geprägt.[11] Gleichwohl war die Nähe Münchens, der „Hauptstadt der Bewegung“, in dieser oberbayerischen Ausflugs- und Urlaubsregion doch stets greifbar. Anerkannte und prominente Politiker, Wissenschaftler, Schriftsteller und Militärs wie Alfred Ploetz,[12] Hanns Johst,[13] Großadmiral Alfred von Tirpitz[14] oder General Erich Ludendorff[15] hatten hier ihre Sommerresidenz oder setzten sich ganz zur Ruhe. Sie profitierten von der Bewunderung, die ihnen entgegengebracht wurde, konnten die als romantisch empfundene Abgeschiedenheit der ländlichen Gegend genießen und waren dennoch in der Lage, in kurzer Zeit mit der bayerischen Metropole zu kommunizieren.

Der trotz der Nähe zu München noch immer ländlich strukturierte Landkreis Starnberg, müsste eigentlich von seinen sozio-kulturellen Lebensumständen her über das Potential für zuverlässige Distanzierungsmechanismen gegenüber dem Nationalsozialismus verfügt haben, da es sich um ein vom Katholizismus geprägtes Gebiet ohne Arbeitermilieus handelte, das gemeinhin als beste Voraussetzung für ein festgefügtes, konservatives Weltbild gilt.[16] Dennoch etablierte sich in Starnberg im Nachgang der Revolutionsereignisse von 1918/19 eine kleine Kerngruppe

---

11 Die Agrarbevölkerung Bayerns war zwar einer fortgesetzten Schrumpfung unterworfen, dennoch arbeitete 1925 noch 34,9% der bayerischen Gesamtbevölkerung in der Land- und Forstwirtschaft, 1933 immerhin noch 31,5%. 1852 waren es noch 67,9% gewesen. Bayerisches Statistisches Landesamt (Hrsg.): Bayerns Volk und Wirtschaft nach dem Stand der Jahre 1933 und 1934, München 1935, S. 27.

12 Alfred Ploetz (1860-1940) war deutscher Arzt. Er gründete die Gesellschaft für Rassenhygiene und gilt als einer der Vordenker der Eugenik in Deutschland. Ploetz lebte in Gut Rezensried bei Herrsching. Mehr zu Ploetz siehe Kapitel Rassenhygiene.

13 Hanns Johst (1890-1978) war Schriftsteller, nationalsozialistischer Kultur-Funktionär und ab 1935 Präsident der Reichsschriftumskammer. Er lebte in Berg am Starnberger See. Vgl.: Düsterberg, Rolf: Hanns Johst. Der Barde der SS. Karrieren eines deutschen Dichters, Paderborn 2004; Klee, Ernst: Das Personenlexikon zum Dritten Reich. Wer war was vor und nach 1945, Frankfurt a.M. 2005, S. 289. Magen, Antonie: Heimatroman (20./21. Jh.), in: Historisches Lexikon Bayerns, URL: http://www.historisches-lexikon-bayerns.de/Lexikon/Heimatroman (20.21. Jh.) (27. April 2016).

14 Der Großadmiral des Ersten Weltkriegs Alfred von Tirpitz (1849-1930) hatte seine Altersresidenz in Ebenhausen bei Icking. Zu Tirpitz: Salewski, Michael: Tirpitz. Aufstieg, Macht und Scheitern, Göttingen 1997; Epkenhans, Michael: Tirpitz. Architect of the German sea fleet, Washington DC 2008.

15 Erich Ludendorff war General und Politiker (1865-1937). Er nahm am Hitlerputsch 1923 teil, war Reichstagsabgeordneter und gründete den Tannenbergbund. Er lebte in Tutzing. Vgl.: Schwab, Andreas: Vom totalen Krieg zur deutschen Gotterkenntnis. Die Weltanschauung Erich Ludendorffs, Bern 2005; Thoß, Bruno: Der Ludendorff-Kreis 1919-1923, München 1978; Thoß, Bruno: Erich Ludendorff, in: NBD Band 15, Berlin 1987, S. 285-290. Autobiographisch: Ludendorff, Erich: Auf dem Weg zur Feldherrnhalle, München 1937, und ders.: Vom Feldherrn zum Weltrevolutionär und Wegbereiter Deutscher Volksschöpfung. Meine Lebenserinnerungen von 1919 bis 1925, München 1940.

16 Zur Diskussion um die Gründe, warum die Demokratie in Bayern zusammenbrach siehe: Ziegler, Walter: Aufstieg der NSDAP in Bayern und NS-Machtergreifung, in: Spindler, Max: Handbuch der Bayerischen Geschichte Bd. 4 Das neue Bayern. Von 1800 bis zur Gegenwart, neu herausgegeben von

aus überzeugten Nationalsozialisten, die trotz aller Rückschläge und Frustrationen den Nukleus für eine der ersten Ortsgruppen außerhalb Münchens bildete und sich, in der Region ausbreitend, zu einem Machtfaktor entwickelte, der von den bürgerlichen Parteien nicht mehr übergangen werden konnte.

General Erich Ludendorff – „Von seiner Exzellenz dem Ersten Generalquartiermeister Ludendorff zum Vertrieb zu Gunsten der `Schwesternspende´ bestimmt"
(Postkarte, nicht gelaufen, Privatbesitz)

Ziel dieser Studie ist es, gesellschaftliche Mechanismen, Machtverhältnisse und Strukturen aufzuzeigen, die die Entwicklung und die Etablierung des Nationalsozialismus möglich gemacht haben, die bei einzelnen zu Menschenverachtung und Selbstüberschätzung, aber auch zu Rückzug aus dem öffentlichen Leben und Resignation geführt hat. Die NSDAP als tragendes Element der Diktatur des „Dritten Reiches" wurde von unten, d. h. von den Ortsgruppen her, organisiert und spiegelte auf dieser Ebene, besonders in der Zeit bis zur Neuorganisation der Ortsgruppen durch die Dienstvorschrift für die Parteiorganisation der NSDAP von 1932 bzw. 1934,[17] die in der nationalsozialistischen Herrschaftspraxis nachgewiesenen

Alois Schmid, München 2003, S. 500-531, hier S. 520 f. - Zur Distanz gegenüber der NSDAP in überwiegend katholischen Gebieten siehe: Falter, Jürgen W.: Hitlers Wähler, München 1991, S. 116 f.
17 Vgl.: Reibel, Carl-Wilhelm: Das Fundament der Diktatur: Die NSDAP-Ortsgruppen 1932-1945, Paderborn u.a. 2002, S. 32-48.

fortlaufenden Veränderungsprozesse wider.[18] Anhand der Ortsgruppen und, als nächsthöherer Organisationsstufe, der Kreisleitung19 wird die Parteiorganisation und das Handeln ihrer Funktionäre sichtbar, das Aufsicht und Kontrolle über die Bevölkerung ausübte und gleichzeitig bewirkte, dass das Regime akzeptiert und seine Ideologie verinnerlicht wurde. Der Charakter dieser Entwicklung kommt in den sich verändernden Machtbefugnissen und Zuständigkeiten der Akteure zum Ausdruck.

Die schwierige Quellenlage nach 1939 erlaubt derzeit für die Zeit des Zweiten Weltkriegs nicht mehr als eine bruchstückhafte Übersicht über die Geschehnisse. Die für die Zeit nach 1939 überlieferten Ausgaben des „Land- und Seeboten" wurden nicht zugänglich gemacht. Die Bayerische Staatsbibliothek besitzt die Zeitungsausgaben bis zum Dezember 1938, und dann erst wieder ab Ende April 1944, mit Ausnahme einer einzelnen Ausgabe des 17. März 1943.
Die „Andechser Rundschau" erschien am 31. Mai 1941 zum letzten Mal, „um Menschen und Material für andere kriegswichtige Zwecke frei zu machen".[20] Ab 1939 besitzt die Bayerische Staatsbibliothek keine Ausgaben mehr. Der Jahrgang 1939, der sich in Privatbesitz befindet, ist derzeit nicht auffindbar. Die Jahrgänge 1940 und 1941 sind in Kopie im Archiv der Gemeinde Herrsching einsehbar. Weitere Quellen, die für die Zeit des Zweiten Weltkriegs ermittelt werden konnten, geben nur vereinzelte Ausschnitte und Momentaufnahmen wieder. Sie verzerren das Gewesene durch die Abwesenheit weiterer Informationen und erhalten eine Dominanz, die ihnen eigentlich nicht zusteht. Deshalb beschränkt sich diese Studie auf die Zeit von 1919 bis 1938.

---

18 Ruck, Michael: Zentralismus und Regionalgewalten im Herrschaftsgefüge des NS-Staates, in: Möller, Horst/Wirsching, Andreas/Ziegler, Walter: Nationalsozialismus in der Region: Beiträge zur regionalen und lokalen Forschung und zum internationalen Vergleich, München 1996, S. 99-122.

19 Die Bestände der NSDAP-Kreisleitung Starnberg sind beseitigt, diesmal jedoch wahrscheinlich durch einen Vernichtungsbefehl, den die Parteileitung der NSDAP als geheime Maßnahme kurz vor der Kapitulation veranlasste (Fleischmann, Peter: Geheime Aktenvernichtungen vor dem „Einmarsch der Besetzungsmacht" 1945 im bayerischen Regierungsbezirk Schwaben, in: Archivalische Zeitschrift 88, 1. Teilbd. (2006), S. 143-163, besonders S. 160f: „Auf Anordnung des Reichsverteidigungskommissars vom 7.4.1945 Nr. RVK 128g sind die älteren für den laufenden Dienst nicht mehr verwendbaren Geheimakten, sowie die älteren Akten politischer Art und solche ältere Akten, die für den Feind von Bedeutung für seine Kriegsführung sein könnten, sofort zu vernichten [...] Die übrigen Akten der oben genannten Art sind bei drohendem Feindeinbruch, aber auf alle Fälle rechtzeitig zu vernichten."). Auch hier kann nur an wenigen Stellen mit Hilfe der Gegenüberlieferung die beträchtliche Lücke in den parteiamtlichen Stellungnahmen und Anweisungen geschlossen werden. Die Verzeichnisse und Protokollbücher der Ortsgruppen der NSDAP sind komplett verloren und wurden höchstwahrscheinlich noch vor dem Einmarsch der Alliierten Ende April, Anfang Mai 1945 aus Furcht vor Rache und Verfolgung verbrannt. Das gleiche Schicksal erlitten Zeitungsausschnitte und Notizen. Nur für das Jahr 1941 besitzt das Staatsarchiv München ein begrenztes Konvolut von Berichten einzelner Ortsgruppen der NSDAP. Damit fehlen für die Fragestellung der vorliegenden Arbeit zentrale Unterlagen völlig und müssen, so gut es geht, anderweitig ersetzt werden.

20 Andechser Rundschau (im Folgenden: AR) 31. Mai 1941.

Der Bezirk Starnberg zwischen den Weltkriegen

Die Geschichte des Bezirks Starnberg

Im Osten begrenzt das Ostufer des Starnberger Sees, im Westen das Ostufer des Ammersees den Bezirk Starnberg, der nach Norden bis in die Münchner Schotterebene und im Süden von Seeshaupt bis nach Fischen am Ammersee reicht. Die von sanften Hügeln, tief eingeschnittenen Bachtälern, Niedermooren, Wiesen und Wäldern geprägte Voralpenlandschaft entstand aus den Ablagerungen der Eiszeiten. Der heutige Landkreis Starnberg wurde und wird im Norden vom Landkreis Fürstenfeldbruck, im Osten vom Landkreis München, im Südosten vom Landkreis Bad Tölz-Wolfratshausen, im Süden vom Landkreis Weilheim-Schongau und im Westen vom Landkreis Landsberg am Lech begrenzt.
Das Bezirksamt Starnberg[21] entstand auf Anweisung des Prinzregenten Luitpold von Bayern am 01. Oktober 1902 aus dem ehemaligen Bezirksamt München II, das sich in die Amtsgerichte Starnberg und Wolfratshausen geteilt hatte.[22] Von Anfang

21 Aus dem Bezirksamt Starnberg sind aus der Zeit der Weimarer Republik und des Dritten Reichs nur unvollständige Bestände überliefert. Viele Akten gingen auf nicht nachvollziehbare Art verloren. Teile des Schriftguts fielen wahrscheinlich einem Befehl der Regierung von Oberbayern zum Opfer, die noch am 25. April 1945 die Verbrennung aller Akten anordnete, die „dem Feind nützlich sein" könnten (Regierung von Oberbayern an Landratsämter vom 25. April 1945, StAM LRA 205718). Zum Verlust der Personalakten des Landratsamtes bemerkte der damalige Landrat Erckhinger von Schwerin (22. Januar 1945 bis 01. Juni 1948), sie seien „im Frühjahr 45 unglücklicherweise [...] vernichtet worden oder verloren gegangen" (Von Schwerin an Spruchkammer Starnberg, 21. Mai 1947, StAM SpKA Sta 4698). Nur vereinzelt lassen sich Schriftwechsel des Bezirksamts mit anderen staatlichen Behörden in der Gegenüberlieferung nachweisen, zumal auch die Akten der Regierung von Oberbayern fast gänzlich von Bomben und anderen Kriegseinwirkungen zerstört wurden. - 1939 wurden die Bezirksämter in Landratsämter und deren Vorstand von Bezirksamtmann in Landrat umbenannt. In dieser Untersuchung wird der damaligen Verwaltungssprache entsprechend der Begriff Bezirk beibehalten. Das Landratsamt ist der Sitz der Verwaltung eines Landkreises und kommt seiner Aufgabe als kommunale Selbstverwaltungsbehörde, aber auch als untere staatliche Verwaltungsbehörde nach. - In der zu behandelnden Zeit wurden die Landräte von der Staatsverwaltung ernannt. Wilhelm Freiherr von Stengel war im Amt vom 01. Oktober 1905 bis 31. August 1925, Oberregierungsrat Eduard Weiß (Personalakte Eduar Weiß, BayHStA MInn 79333; L&S 17. Juli 1950 Nachruf) vom 01. September 1925 bis 03. März 1933, Oberregierungsrat Dr. Johann Mang (Gelberg, Karl-Ulrich: Johann Mang, Regierungspräsident von Oberbayern 1852-1962, in Deutinger, Stephan/Gelberg, Karl-Ulrich/Stephan, Michael (Hrsg.): Die Regierungspräsidenten von Oberbayern im 19. und 20. Jahrhundert, München 2010, S. 288-299) vom 01. April 1933 bis 14. Dezember 1933, Bezirksoberamtmann Albert Hastreiter (Albert Hastreiter, geboren am 13. November 1878 in Stadlern, Bezirk Oberviechtach, bewarb sich 1933 an das Bezirksamt Starnberg. In der am 21. August 1933 an den Stabsleiter im Innenministerium Köglmaier weitergeleiteten Beurteilung Hastreiters heißt es: „Bedenken politischer Beziehung bestehen gegen den Bezirksoberamtmann Hastreiter in keiner Weise. Hastreiter war in seiner Amtsausübung schon vorigen Jahres sehr gut für die NSDAP eingenommen." Hastreiter starb am 20. Juni 1942. BayHStA MInn 7825) vom 15. Dezember 1933 bis 20. Juni 1942, Regierungsrat Dr. Max Irlinger (BArch R 3012/136 und RS C 5085) vom 20. Juni 1942 bis 15. Januar 1943, ein weiteres mal vom 22. November 1944 bis 08. Mai 1945, Oberregierungsrat Dr. Theobald Graf Khuen (Personalakte Dr. Theobald Graf Khuen, BayHStA MInn 84054) vom 15. Januar 1943 bis 31. Dezember 1943 und Regierungsrat Rudolf Kerler vom 02. Januar 1944 bis 21. November 1944.

22 Bayerische Staatskanzlei Landeszentrale für politische Bildungsarbeit (Hrsg.): Unser Landkreis Starnberg, München o.D.

an war der Sitz der Bezirksverwaltung die Stadt Starnberg, in der auch die weiteren wesentlichen Dienststellen wie das Amtsgericht, Finanzamt, Messungsamt, Gesundheitsamt und Veterinäramt zu finden waren.[23]

Die Gemeinden

Der Bezirk Starnberg umfasste zunächst 40 Gemeinden, dann ab 1937 durch die Einverleibung der Gemeinde Kempfenhausen in die Gemeinde Berg 39 Gemeinden. Die Einwohnerzahlen entwickelten sich wie folgt:

	1919	1933	1939
Argelsried	366	385	472
Aschering	165	146	152
Berg	465	539	882
Breitbrunn	270	287	318
Buch	294	283	298
Buchendorf	211	193	192
Drößling	145	118	105
Erling	1.054	735	955
Etterschlag	401	416	462
Feldafing	973	1.120	1.676
Frieding	312	317	313
Gauting	2.666	3.573	4.680
Gilching	1.154	1.517	2.074
Hadorf	136	123	125
Hanfeld	140	139	118
Hechendorf	375	386	475
Herrsching	1.150	1.424	2.524
Hochstadt	216	226	255
Inning	767	741	774
Kempfenhausen	132	147	bei Berg

23 Im Weiteren wenn nicht anders vermerkt zitiert aus: Borcherdt, Christoph (Hrsg.): Der Landkreis Starnberg, Regierungsbezirk Oberbayern; Die Landkreise Bayerns Bd. 2, aus der Schriftenreihe: Die Deutschen Landkreise. Handbuch für Verwaltung, Wirtschaft und Kultur, in Gemeinschaft mit dem Deutschen Landkreistag; Kallmünz 1955.

Krailling	1.375	1.622	2.027
Leutstetten	344	258	328
Machtlfing	261	261	264
Maising	146	229	230
Meiling	152	146	166
Oberalting-Seefeld	630	620	698
Oberbrunn	189	186	172
Oberpfaffenhofen	348	360	572
Percha (einschl. Wangen)	507	641	750
Perchting	225	258	241
Pöcking	775	843	869
Söcking	441	513	776
Starnberg	4.214	4.860	5.846
Steinebach	330	440	532
Traubing	460	566	639
Tutzing	2.690	2.590	2.613
Unering	176	156	174
Unterbrunn	294	302	289
Weßling	474	535	794
Widdersberg	139	154	132

Einen Bevölkerungszuwachs konnten demnach besonders die Gemeinden verzeichnen, die an die beiden Bahnlinien nach München angebunden waren und damit über einen infrastrukturellen Vorteil verfügten. In den kleinen, überwiegend bäuerlichen Gemeinden wie Aschering, Buchendorf oder Widdersberg, deren Bevölkerungszahlen stagnierten oder rückläufig waren, machte sich eine Landflucht bemerkbar, die durch die Nebeneffekte der Weltwirtschaftskrise bewirkt wurde.[24]

Die Einwohner

Damit lebten im Jahr 1919 laut Gemeindeverzeichnis 25.590 Einwohner im Bezirk Starnberg, 1933 waren es 28.356, und sechs Jahre später 34.960 Einwohner, was einer prozentualen Steigerung von 36% in den zwanzig Jahren von 1919 bis 1939

24 Vgl. Borcherdt, Starnberg, S. 61.

Albert Hastreiter 1878-1942, Bezirksoberamtmann
(Bildarchiv Landratsamt Starnberg)

entspricht.[25] Eine noch detailliertere Aufschlüsselung bietet das Ortschaftenverzeichnis für den Freistaat Bayern von 1928, das für das Bezirksamt Starnberg alle 109 Ortschaften mit ihrer Einwohnerzahl, konfessionell gestaffelt, ihren öffentlichen und kirchlichen Einrichtungen, der Entfernung zu den nächsten Siedlungen und der räumlichen Ausdehnung aufzählt.
Der Statistik ist damit auch zu entnehmen, dass zu diesem Zeitpunkt bei einer Wohnbevölkerung von 27.950 Menschen 24.403 (87,3%) katholischer Konfession waren, 3.339 (11,9%) protestantisch und 51 „israelisch" (0,2%) waren. 157 fielen unter die Kategorie „sonstige" (0,6%). In 4.276 Wohngebäuden lebten 25.632 bayerische Staatsangehörige, 1.597 waren übrige Reichsangehörige, 697 Ausländer und 24 blieben unermittelt.[26]
Der Kreis erstreckte sich 1927 auf 455,01 km², 1935 auf 456,75 km² und hatte 2013 eine Fläche von 487,96 km². Damit zählt er zu den kleinsten Landkreisen Bayerns.
Für den Kreis Starnberg im NSDAP-Gau München-Oberbayern wurden 1940 9.408

25 Historisches Gemeindeverzeichnis: Die Einwohnerzahlen der Gemeinden Bayerns in der Zeit von 1840 bis 1952, München 1953, S. 42.
26 Ortschaften-Verzeichnis für den Freistaat Bayern nach der Volkszählung vom 16. Juni 1925 und dem Gebietsstand vom 1. Januar 1928 (Beiträge zur Statistik Bayerns 109), 1928, Sp. 288-290.

Haushaltungen gezählt, deren 34.791 Einwohner sich in 16.795 männliche und 17.996 weibliche Mitbürger aufteilten.[27]

Die Wirtschaftsstruktur

Bis zur Mitte des 19. Jahrhunderts war das Gebiet um den Starnberger- und Ammersee reines Bauernland und zählte 1855 nur 11.016 Einwohner. Der von Landgerichtsarzt Dr. Carl Joseph Ritter von Linprun 1861 erstellte Physikatsbericht für das Landgericht Starnberg charakterisiert Land und Leute noch wie folgt:
„Da es dem Volke nicht an Bildungsfähigkeit gebricht, so ist zu erwarten, daß fortgesetzter Unterricht und zahlreichere gute Beispiele im Verlaufe der Zeit mehr und mehr den Sieg über Vorurtheil, geistige Trägheit, eigensinniges Festhalten an dem Gewohnten, über Rohheit und Mangel an Gesittung erringen werden. Es ist nicht zu verkennen, daß der Schulunterricht, der gesteigerte Verkehr mit der Hauptstadt und die Berührung mit den zahlreichen Fremden [...] nicht ohne Einfluß auf die Entwicklung der intellectuellen Kräfte der Bewohner und ihre Gesittung geblieben sind. Die Leute werden gewandter, etwas abgeschliffener, ihre Ausdrucksweise, ihre Sprache verbessert sich und fängt sogar schon an, das alte Idiom zu verdrängen und zu modifizieren, man befleißt sich dort und da einer größeren Reinlichkeit und Nettigkeit und mancher Verschönerungen in und außer dem Haus [...] Auch die politischen Verhältnisse der Neuzeit sind nicht ohne Einfluß auf die intellektuellen Kräfte unserer Landsleute geblieben. Sie haben sich aus ihrer Indolenz aufgerüttelt, sie sogar zum Lesen von Zeitungen gebracht, ihre Denkkraft geweckt, ihren Ideenkreis erweitert, ihre Theilnahme an öffentlichen Angelegenheiten vermehrt.“[28]
Durch die Nähe zu München wandelte sich die wirtschaftliche Struktur des Kreises. Andere Berufszweige als bäuerliche Betriebe gewannen die Überhand. Der stetige Zustrom von Großstädtern oder Menschen, die in der nahen Stadt Arbeit suchen wollten, führte zu einer veränderten sozialen Schichtung. Die Kreisstadt Starnberg (1912 zur Stadt erhoben) ist weniger als 30 km von der bayerischen Landeshauptstadt entfernt und durch die Bahn (seit 1854, seit 1865 nach Tutzing und Weilheim verlängert) und ein ausgebautes Straßennetz mit ihr verbunden. In Herrsching endet eine 1903 erbaute, den westlichen Teil des Bezirks erschließende Bahnlinie.

Eine amtliche Auflistung der NSDAP-Kreisleitung Starnberg aus dem Jahr 1939 gibt Aufschluss über die wirtschaftliche Struktur der einzelnen Gemeinden, wobei Erling, Etterschlag, Feldafing, Hechendorf, Herrsching, Inning, Leutstetten, Steinebach und Tutzing aus ungenannten Gründen in dem Verzeichnis fehlen. Die Übersicht bescheinigt den meisten Gemeinden eine überwiegend landwirtschaftliche Ausrichtung. Die wenigen vorhandenen Villen beschränken sich auf direkt an den

27 Bayerisches Statistisches Landesamt (Hrsg.): Amtliches Gemeindeverzeichnis für Bayern nach der Volkszählung vom 17. Mai 1939 und dem Gebietsstand vom 1. Oktober 1940, Bd. 127 Beiträge zur Statistik Bayerns, München 1940, S. 118.
28 Neubauer, Brigitte/Pusch, Wolfgang: Der Physikatsbericht für das Landgericht Starnberg (1861) mit Beilagen und Berichten, in: Oberbayerisches Archiv Bd. 121 1997, S. 7-222, hier S. 74.

Seen gelegene Ortschaften. Nur die relativ großen Siedlungen wie Starnberg oder Gauting weisen auch handwerkliche und verwaltungsbedingte Strukturen auf.[29]

In Land- und Forstwirtschaft arbeiteten 28,9% der Bevölkerung, in Industrie und Handwerk 32,3%, in Handel und Verkehr 15,8%, im öffentlichen Dienst und bei privaten Dienstleistungen 14,7% und für häusliche Dienste 8,3%.[30] Hiervon waren ein überwiegender Teil `Auspendler´, d.h. außerhalb ihrer Wohnorte arbeitende Erwerbspersonen. Im landwirtschaftlichen Sektor sanken die Verdienstmöglichkeiten, während gleichzeitig Industrie, Handel und Fremdenverkehr neuen Bedarf an Arbeitskräften ausweisen konnten. Da aber Rohstoffe ebenso wie eine wirklich bedeutende Verkehrsader fehlten, entwickelten sich eher kleine, teilweise hoch spezialisierte Industrieunternehmen wie die feinmechanische Fabrik Georg Dietl & Söhne 1909 in Gauting oder die Bayerischen Textilwerke Lothar Lindemann in

---

29 Stadtarchiv Starnberg Kreisleitung: Umgemeindungen-Maßnahmen zur Hebung der Verwaltungskraft kreisangehöriger Gemeinden im Landkreis Starnberg, o.D.: Argelsried - ⅔ Landwirtschaft, ⅙ Industrie, ⅙ Gewerbe, Gut Hüll-Landwirtschaftliches Gut
Berg - je ¼ Landwirtschaft u. Gewerbe, ½ Landhausbesitzer, Aufhausen-reine Landwirtschaft,
Oberassenbuch - je ½ Landwirtschaft und Landhausbesitzer
Breitbrunn - ⅔ Landwirtschaft, ⅙ Gewerbe, ⅙ Villenbesitzer
Buch - ⅔ Landwirtschaft, ⅙ Gewerbe, ⅙ Villenbesitzer
Buchendorf - reine Landwirtschaft
Drössling - rein landwirtschaftl[ich].
Frieding - rein landwirtschaftl[ich].
Gauting - 2% Landwirtschaft, 20% Handwerk u.[nd] Gewerbe, 20% Industrie, 20% freie Berufe, Beamte und Angestellte, 6% Hausangestellte, 14% Pensionisten und Rentner, 18% sonstige und Berufslose
Gilching - ⅓ Landwirtschaft, ⅓ Gewerbe, ⅓ Industriearbeiter
Hadorf - Landwirtschaft
Hanfeld - reine Landwirtschaft
Hochstadt - reine Landgemeinde
Krailling - 5% Landwirtschaft, 30% Gewerbe, 10% Heilanstalt, 15% Angestellte, Beamte usw., 40% sonstige und Landhausbesitzer
Maising - reine Landwirtschaft
Meiling - ausschließlich Landwirtschaft
Oberalting - ½ Landwirtschaft, ½ Gewerbe
Oberbrunn - ausschließlich Landwirtschaft
Oberpfaffenhofen - ½ Landwirtschaft, $^{2}/_{6}$ Industrie, ⅙ Landhausbesitzer, Delling-ausschließlich Landwirtschaft, Ettenhofen-ausschließlich Landwirtschaft
Percha - ⅜ Landwirtschaft, ¼ Gewerbe, ⅛ Pensionisten und Rentner, ⅛ sonstige und Berufslose
Perchting - Landwirtschaft
Pöcking - ⅓ Landwirtschaft, ⅓ Gewerbe, ⅓ Landhausbesitzer, Niederpöcking—Landhausbesitzer
Söcking - ¼ Landwirtschaft, ¼ Gewerbe, ⅜ Rentner und Landhausbesitzer, ⅛ sonstige und Berufslose
Starnberg - 1% Landwirtschaft, 53% Handwerk und Gewerbe, 20% Beamte und Angestellte, 20% Pensionisten und Rentner, 4% freie Berufe, 2% sonstige und Berufslose
Traubing - ausschließlich Landwirtschaft
Unering - reine Landgemeinde
Unterbrunn - ausschließlich Landwirtschaft, Frohnloh-ausschließlich Landwirtschaft, Pentenried-ausschließlich Landwirtschaft
Weßling - je ⅓ Landwirtschaft, Gewerbe und Landhausbesitzer
Widdersberg - ¾ Landwirtschaft, ¼ Villenbes[itzer].
30 Vgl. Borcherdt, Starnberg, S. 76.

Tutzing.
Durch die Zunahme des Fremdenverkehrs vermehrten sich die Gastwirtschaftsbetriebe, es entstanden große Hotels, und Zimmervermietung wurde zu einer lukrativen Nebenerwerbsquelle.[31] Der Bevölkerungszuwachs erforderte eine steigende Anzahl von Gewerbebetrieben und Ladengeschäften.[32]
Die Wechselbeziehungen zwischen Großstadt und Land intensivierten sich und bewirkten eine schleichende Auflösung der ehemals gravierenden kulturellen und wirtschaftlichen Unterschiede.

31 Vgl. Borcherdt, Starnberg, S. 68, mit dem Verweis auf die Entwicklung in Starnberg, das früher eine Hoftaferne besaß, 1926 aber 18 Hotels, Gasthöfe, Fremdenheime und Restaurants vorweisen konnte.
32 Exemplarisch für die Gemeinde Herrsching: Birner, Anja Marie Sophie: Die touristische Entwicklung der Gemeinde Herrsching am Ammersee (1900-1959), Zulassungsarbeit 2012.

„Revolution ist die Bewegung zwischen zwei Zuständlichkeiten. Hierbei stelle man sich nicht das Bild einer sich langsam drehenden Rolle vor, sondern eines ausbrechenden Vulkans, einer explodierenden Bombe oder auch einer sich entkleidenden Nonne."
Erich Mühsam[33]

Die Starnberger und die Revolution

Die Revolutionsereignisse von 1918/19 fanden in Starnberg von Anfang an keine jubelnden Befürworter, wurden aber - wenn auch mit gewisser Verzögerung - abwartend und wohlwollend begleitet. Noch zeichnete sich in München kein klares Bild ab, was für die Zukunft zu erwarten war, aber die rund um das Ende des Ersten Weltkrieges herrschenden sozialen, politischen und wirtschaftlichen Verhältnisse strebten einer Veränderung zu. Wie radikal diese Veränderung sein würde, blieb vorerst den eigenen Ängsten und Hoffnungen überlassen. Der „Land- und Seebote", seinerzeit Presse-Monopolist auf lokaler Ebene, warnte schon früh, „dass nicht der gewalttätige Terror der deutschen Bolschewisten die Oberhand" gewinnen dürfe.[34] Er äußerte sich über die „Abdankung" König Ludwigs III. zwar voller „Mitgefühl für den greisen Fürsten", der Monarchie als Staatsform aber trauerte er nicht nach.[35] Die am 21. November 1918 gewählten Räte hatten die Unterstützung der Starnberger Bürgerschaft, des Bürgermeisters und der Vorstände der einzelnen Kreisbehörden und Ämter.[36] Die Nachrichten aus München wurden aufmerksam wahrgenommen und wiederholt warnte das Lokalblatt, mit Hinweis auf die Zustände in der Residenzstadt, es gäbe „rohe Gewalt, terroristische Herrschaft verschwindender Minderheiten, Überfälle und Verdächtigungen gegen jeden ruhig und besonnen Denkenden, Aufhören jeder Spur freier Selbstbestimmung, Missbrauch blutjunger, unreifer Soldaten zu gemeinen Zwecken [...]."[37] Auch wenn die so interpretierten Münchner Ereignisse in Starnberg keinen wirklichen Widerhall fanden, von der Bevölkerung wurden sie doch als mögliche Zukunftsvisionen auch für ihren Lebensbereich wahrgenommen. Das zentrale Problem blieb die Grundversorgung der Bevölkerung.

Wieder waren es die Ereignisse in München nach der Ermordung von Kurt Eisner[38] am 21. Februar 1919, die bis in den Landkreis spürbare Erschütterungen mit sich brachten: Die politische Atmosphäre heizte sich auf,[39] die Forderungen des Arbeiter- und Bauernrates wurden massiver, und seine Maßnahmen überschritten die

33 Mühsam, Erich: Wir geben nicht auf! Texte und Gedichte, herausgegeben von Günther Gerstenberg, München 2003, S. 107.
34 Land und Seebote (im Folgenden: L&S) 16./17. November 1918.
35 L&S 14. November 1918.
36 L&S 21.November 1918.
37 L&S 10. Dezember 1918.
38 Zu Eisner: Bauer, Franz J.: Kabinett Eisner, 1918/19, in: Historisches Lexikon Bayerns, URL: http://www.historisches-lexikon-bayerns.de/Lexikon/Kabinett Eisner, 1919/19 (11. November 2012); Grau, Bernhard:Kurt Eisner 1867-1919. Eine Biographie, München 2001.
39 Z.B.: L&S 27. Februar 1919: „Durch öffentlichen Anschlag wurden am Montag Richtlinien für die Bewaffnung des Proletariats bekanntgegeben. Der Kreis der zu bewaffnenden Personen wird danach beschränkt auf freigewerkschaftlich und in allen sozialistischen Parteien organisierte, mit der Waffe ausgebildete und mindestens 20 Jahre alte Arbeiter [...]."

bisher eingehaltene Linie, zu beraten und Empfehlungen auszusprechen.[40]
Nach der Proklamation der Räterepublik am 06. April 1919 folgten Aufforderungen, Mahnungen, Klarstellungen und Bekanntmachungen in kurzer Folge, die eine Reaktion auf Vorgaben aus München oder auf Verunsicherungen in der Starnberger Bevölkerung waren. Dabei ist nicht in jedem Fall die Quelle - ob Arbeiterrat oder ab Mitte April die „Rote Garde" - erkennbar. Zusammen mit dem kurzzeitigen Rücktritt des revolutionären Arbeiterrates Starnberg am 15. April mussten diese offiziellen Verlautbarungen aber zur Verunsicherung der Bevölkerung beitragen. [41] Bedrohlich wirkten die öffentlichen Beschimpfungen,[42] die angekündigten Sozialisierungen,[43] aber auch die Geiselnahmen und die Einberufung des Revolutionstribunals.[44] Gleichzeitig waren kommunistische Einheiten aus Richtung Wolfratshausen kommend am 17. April in Starnberg eingerückt und hatten die telegraphische Verbindung nach München unterbrochen.[45] Die Stadt befand sich im Ausnahmezustand und „Gewalttätigkeiten, Erpressungen und Plünderungen" waren an der Tagesordnung, als am 29. April 1919 die „braven Württemberger", Truppen der Württembergischen Freiwilligen Armee unter General Otto Haas[46] Starnberg befreiten.[47] So war die Erleichterung über das Ende der Räterepublik größer als das Entsetzen, dass innerhalb der Stadtgrenzen insgesamt 28 Menschen standrechtlich erschossen worden waren.[48] In der lokalen Presse findet sich dazu keine

40 Z.B.: Protokoll ABR: Protokoll vom 29. März 1919: „Es wurde ferner beschlossen, kurz vor Ostern eine Lebensmittelkontrolle bei den Gastwirten u. Hoteliers vorzunehmen mit Hilfe des Militärs [...]." StAM Staatsanwaltschaft München I 2899/3. - Die Entwicklung der NSDAP im Landkreis Starnberg kann nicht verstanden werden, ohne die Ereignisse der Revolution von 1918/19 in dieser Region zu betrachten. Da gegen die Vorsitzenden des revolutionären Arbeiter- und Bauernrates ein langwieriger Prozess geführt wurde, der im Staatsarchiv München dokumentiert ist, existiert das Tagebuch des Arbeiter- und Bauernrats Starnberg und liefert jenseits der medialen Berichterstattung aufschlussreiche Hinweise auf das Gebaren des Rats während der Revolutionszeit. Auch den Zeugenaussagen während der Prozesse gegen die Drahtzieher kommt zur Rekonstruktion der Ereignisse große Bedeutung zu.

41Gendarmerie Hauptstation Starnberg vom 19. Mai 1919, Verhörprotokoll Ludwig Brandl: „Am 15. April nachmitt.[ags] wurde das Telegr.[amm] der Reg.[ierung] Hoffmann bekannt gegeben, daß diese Reg.[ierung] noch zurecht bestehe und die Behörden verpflichtet, sich auf den Boden der Reg.[ierung] Hoffmann zu stellen. [...] Es wurde beschlossen, dass der Arb.[eiter] R.[at] seine Tätigkeit einstelle, da er von der Reg.[ierung] Hoffmann nicht anerkannt werde." StAM Staatsanwaltschaft München I 2899/1.

42 L&S 24. April 1919.

43 L&S 09. April 1919: „Das Vermögen der Kapitalisten ist beschlagnahmt."

44 L&S 26./27. April 1919: „Das Gesetzbuch mit seinen starren Paragraphen ist ersetzt worden durch das natürliche Rechtsempfinden, das sich bei allen Volksgenossen herausbildet, die ernstlich an dem Wohl und Wehe aller ihrer Mitmenschen Anteil nehmen [...]."

45 Bericht des Amtsgerichts Starnberg vom 30. April 1919 zur Entwicklung der politischen Verhältnisse in Starnberg in der Zeit vom 7. April 1919 bis 29. April 1919, StAM Staatsanwaltschaft München I 2899/1.

46 Vgl.: https://www2.landesarchiv-bw.de/ofs21/olf/einfueh.php?bestand=6003 (15. August 2011); Mährle, Wolfgang: Haas,Otto, Generalleutnant (1864-1930); in: Rückert, Maria Magdalena (Hrsg.): Württembergische Biographien unter Einbeziehung hohenzollerischer Persönlichkeiten, Bd. 2, Stuttgart 2011, S. 95-96.

47 L&S 03./04. Mai 1919.

48 Stadt Starnberg, Heimatbuch S. 112: „Kleinere Gruppen versuchen München in verschiedenen Richtungen zu erreichen, werden jedoch von den eingetroffenen Württembergern aufgegriffen und

Zeile, nur die Erschießung Taschingers wird gegen spätere Vorwürfe seiner Verwandten verteidigt.[49] Auch den Tod von 11 „Roten“ während der Rückzugsgefechte im nahen Pöcking tat man nur mit wenigen Zeilen der Bewunderung für die „siegreichen Württemberger“ ab.[50] Erstaunlich schnell normalisierte sich das Leben in Starnberg. Zurück blieb eine Bevölkerung, deren Ängste in Verbindung mit dem Gedanken an Revolution und Kommunismus tief saßen. Wenige Jahre später fand die nationalsozialistische Propaganda in dieser Verunsicherung einen günstigen Angriffshebel und zeichnete verstörende Visionen von drohendem Chaos, Umsturz, Plünderungen und Meuchelmord, die mit den verinnerlichten Bildern revolutionärer Gewaltbereitschaft korrespondierten.

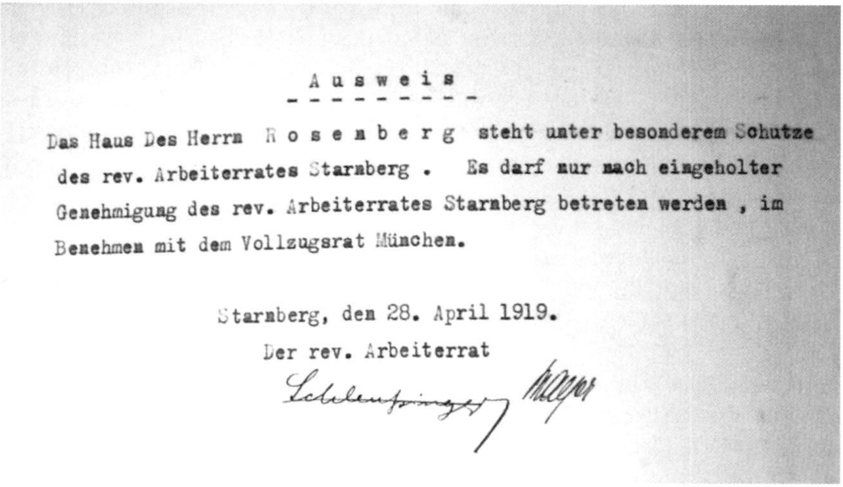
Ausweis

Das Haus Des Herrn R o s e n b e r g steht unter besonderem Schutze des rev. Arbeiterrates Starnberg . Es darf nur nach eingeholter Genehmigung des rev. Arbeiterrates Starnberg betreten werden , im Benehmen mit dem Vollzugsrat München.

Starnberg, den 28. April 1919.
Der rev. Arbeiterrat

Ausweis des revolutionären Arbeiterrates Starnberg vom 28. April 1919 mit durchgestrichener Unterschrift von Karl Schleusinger (Stadtarchiv Starnberg RAR 1)

Weitere `revolutionäre Zellen´ im Bezirk außerhalb der Stadt Starnberg entpuppen sich bei näherem Hinsehen als relativ harmlose Versuche, die überkommene Machtstruktur innerhalb der Dörfer zu verändern. In vielen Orten waren zwar Arbeiter- und Bauernräte installiert worden,[51] die meisten lösten sich aber im Verlauf des Jahres 1919 geräuschlos wieder auf. In Erling-Andechs wurde der wegen

zusammen mit einigen Verdächtigen neben dem Bahndamm rechts nach der Unterführung an der Münchner Straße standrechtlich erschossen: 25 Münchner, ein Starnberger, ein Pöckinger. Dazu noch der Starnberger Bahnmeister Josef Taschinger [...]. Er wurde am Schloßberg hinter dem Gefängnis erschossen. 28 Tote in allem.“

49 L&S 22. Mai 1919.

50 L&S 03./04. Mai 1919.

51 Undatierte Liste der Räte im Landkreis Starnberg: „Argelsried - BR [Bauernrat], Aschering - BR, Berg - A & BR [Arbeiter- und Bauernrat], Breitbrunn - A & BR, Buch - BR, Buchendorf - A & BR, Drössling - BR, Erling A & BR, Etterschlag BR, Feldafing - A & BR, Frieding BR, Gauting-Stockdorf A & BR, Gilching A & BR, Hadorf - BR, Hechendorf A & BR, Herrsching - A & BR, Hanfeld - BR, Hochstadt - BR, Inning - A & BR, Kempfenhausen - A & BR, Krailling - A & BR, Leutstetten - A & BR, Machtlfing - BR, Maising - BR, Meiling - A & BR, Oberalting - A & BR, Oberbrunn - BR, Oberpfaffenhofen - BR, Percha -

Hochverrats angeklagte Bauernrat Hemberger freigesprochen, da sich die gegen ihn erhobenen Anschuldigungen als „übertrieben und verzerrt" herausstellten.[52] Einzig in Herrsching versetzte der Arbeiterrat Anton Wiesmeier die Bevölkerung zeitweise „in Angst und Schrecken", da er einen Ausweis vorweisen konnte, der ihn zur Verhaftung all derer berechtigte, die sich gegen die Räterepublik aussprachen; zugleich drohte er, die „Rote Garde" nach Herrsching zu holen.[53]

Im Januar 1920 flackerten noch einmal Revolutionsängste auf: Es wurde im Nachhinein bekannt, dass Wiesmeier nach seiner überstürzten Abreise am 28. April 1919 nach München in der folgenden Nacht einen „Herrschinger Kaufmann" bedroht und ausgeraubt hatte. Unter dem Vorwand, nach reaktionären Schriftstücken zu suchen, drang er in die Münchner Wohnung des Herrschinger Mediziners und Gutsbesitzers Alfred Ploetz ein, nahm private Wertsachen und Bargeld in Höhe von 45.000 Mark an sich und beschlagnahmte weitere Waren und Militärbestände im Wert von 600.000 Mark, die bei Ploetz von staatlicher Seite untergestellt waren.[54] Ploetz selbst wurde verhaftet und im Wittelsbacher Gymnasium verhört. Noch am 30. April konnte er entkommen, begegnete jedoch Wiesmeier abermals, als dieser weitere beschlagnahmte Gegenstände aus Ploetzens Wohnung abholte. Für diese Maßnahmen „wider die öffentliche Ordnung" verurteilte ein Schöffengericht Wiesmeier im Januar 1920 zu 4 Monaten Gefängnis. Ein weiterer Prozess wegen Diebstahls stand ihm noch bevor.[55]

Infolge der Zeitungsnachricht über den Prozess musste der Herrschinger Gendarmeriewachtmeister Stöffel für das Bezirksamt Starnberg Erkundigungen über Wiesmeier und sein Umfeld einziehen. Es stellte sich heraus, dass es noch immer eine kleine, aber aktive linke Zelle in Herrsching gab: Der seit November 1918 im Ort ansässige Otto Braun, der sich als Hausmeister und Flickschuster betätigte, galt als ein „verwegener, gewalttätiger Mensch", der „wiederholt unter Bezugnahme auf einen neuen Umsturz Drohungen ausgestoßen" hatte. Auch Peter Graser, erst seit Juni 1919 in Herrsching, sei „ein finsterer, unzufriedener Mensch, der durch

---

BR, Pöcking A & BR, Perchting - BR, Starnberg - AR, Steinebach - BR." StAM: Staatsanwaltschaft München I 2889/3.

52 Urteil des standrechtlichen Gerichts in München vom 14. Juli 1919. Im Weiteren heißt es „[...] offenbar infolge der allgemeinen Aufregung und der besonderen auf mancher Seite gegen den Angeklagten bestehenden Abneigung." Dies ist zu verstehen als eine dezente Zurechtweisung des Leiters der Gendarmeriestation Erling, Vizewachtmeister Karl Oelschlegel, der mit seinen Beschuldigungen und wiederholten Zeugenaussagen den Fall erst ins Rollen gebracht hatte. „Die von Gendarm Ölschlegel construierte Anzeige ist ein Racheakt, weil der verhaftete Hemberger ihn als Lebensmittelschieber entlarvte" bezeugen auch Jakob Strauß und Johann Frey, o.D., StAM Staatsanwaltschaft München I 2046.

53 Gendarmerie-Einzelposten Herrsching vom 11. Mai 1919, StAM Staatsanwaltschaft München I 2273.

54 Welche Rolle Ploetz auf Seiten der Gegenrevolution spielte, die immerhin große Werte bei ihm eingestellt hatte, ist unklar, aber er gehörte der Herrschinger Bürgerwehr an und auf seinem Gut Rezensried wurden Waffen zur Verteidigung gegen die „Roten" gesammelt und versteckt. (Mündlicher Bericht des Sohnes Wilfrid Ploetz vom 07. Juli 2012).

55 Volkszeitung 08. Januar 1920. Wiesmeier wurde zwar vom Vorwurf des Hochverrats freigesprochen, aber von der Berufungsinstanz des Landgerichts München I zu 6 Monaten Gefängnis wegen Vergehens gegen die öffentliche Ordnung verurteilt; StAM LRA 28351 Gendarmerie-Station Herrsching an Bezirksamt Starnberg vom 30. Juli 1927.

sein hinterhältiges, verschlagenes Gebaren die Mutmaßung rechtfertigt, daß er gegebenenfalls ein für die Mitmenschen gefährlicher Kommunist sein wird". Schließlich gehörte noch der Hilfslehrer Adolf Ammer zu den Verdächtigen, „sehr jung, sehr überzeugt von sich selbst u.[nd] bekennt sich offen als `geistig radikal-sozialistisch´." Seine Ablehnung der Einwohnerwehr, die er als „Krähwinkler Landsturm"[56] bezeichnete, machte ihn verdächtig, zumal er sich bis zum Bezirksamt, wenn auch vergeblich, über Aktivitäten dieser paramilitärischen Truppe beschwerte. Wiesmeier selbst konnte der Wachtmeister keine politische Agitation nachweisen, vermutete aber weiterhin fühlbare Tätigkeiten im Hintergrund, da Wiesmeier bei der im Dezember 1919 durchgeführten Neuwahl des Arbeiterrates auf Platz 1 gewählt worden war.[57]
Dass die Angst vor `roten´ Umtrieben weiterhin in Herrsching virulent blieb, zeigt eine Anfrage des Bezirksamtes vom September 1927. Wiesmeier hatte in einer Zeitungsannonce als Ortsvorsitzender des „Zentralverbandes der Kriegsbeschädigten und Hinterbliebenen"[58] zu einer Versammlung eingeladen.[59] Der um nähere Auskunft angefragte Wachtmeister Stöffler konnte aber beruhigen: Wiesmeier bezeichne sich inzwischen als Bauunternehmer. Er habe seit 1925 ein Anwesen und „schließt sich seit dieser Zeit stets der besseren Bevölkerung in Herrsching an, so Herrn 1. Bürgerm[ei]st[e]r. Summer, Herrn Pf.[arrer] Zedelmayr u.[nd] Herrn Oberlehrer Pfaller".[60] Auch wenn Wiesmeier in der Rätezeit Herrsching in Angst und Schrecken versetzt hatte, so hatte er doch inzwischen der bürgerlichen Mitte angenähert. Und am 01. Juli 1932 trat Wiesmeier der NSDAP bei.[61]

Die Nachwirkung der Revolution

Im Landkreis Starnberg, aber auch in München und anderen revolutionären Zentren des Reiches kehrte nach der zum Teil blutigen Niederschlagung der Räterepublik relativ schnell wieder Ruhe ein und für einige Jahre etablierte sich die parlamentarische Demokratie. Auf dem Lande wurde die weitere Entwicklung in München mit großem Misstrauen verfolgt,[62] war man doch mehr unfreiwillig als aus Überzeugung in den Strudel der Ereignisse geraten. München war selbst handelndes Element während der politischen Umwälzungen. Das Land erlebte diese Zeit als schlecht informierter und von der Entscheidungszentrale abgeschnittener Spielball zunehmend radikaler Mächte. Die Menschen reagierten mit Verunsicherung und Misstrauen und suchten Sicherheit bei den rechten Parteien.

56 Durch Texte von Jean Paul und August von Kotzebue verwandtes Synonym für spießbürgerliche Beschränktheit.
57 Gendarmerie-Einzelposten Herrsching an Bezirksamt Starnberg vom 13. Januar 1920, StAM LRA 28351.
58 Zentralverband Deutscher Kriegsbeschädigter und Kriegshinterbliebener (Hrsg.): Vom Wollen und Wirken des Zentralverbands Deutscher Kriegsbeschädigter und Kriegshinterbliebener, Berlin 1920.
59 AR 27. August 1927.
60 Gendarmerie-Station Herrsching an Bezirksamt Starnberg vom 17. September 1927, StAM LRA 28351.
61 Mitgliederhandbuch Herrsching ab 01. Januar 1945, BArch NS 1/3110.
62 Z.B. L&S 07./08. Juni 1919: „Leider werden in München zur Zeit recht bedauerliche Fehler begangen, die nur zu geeignet sind, neue Putschstimmung und neuen gefährlichen Konfliktstoff zu schaffen."

Zum Stand der historischen Forschung zum Nationalsozialismus im ländlichen Raum

William S. Allen nahm 1965 als einer der ersten Historiker die Phase des Übergangs von der Demokratie zur Diktatur in einer Kleinstadt in seiner faktischen Auswirkung unter die Lupe und zeichnete den Prozess der Machtübernahme im niedersächsischen Northeim auf gesellschaftlicher und politischer Ebene nach.[63] Der zeitliche Schwerpunkt seiner Untersuchung liegt vom Erstarken der Nationalsozialisten in der Stadt seit 1930 bis zur vollkommenen Durchsetzung der NS-Gewaltherrschaft. Der Autor gilt als einer der Vorläufer einer Richtung in der historischen Bearbeitung der NS-Zeit, die den Blick hauptsächlich auf einen begrenzten Raum wirft und anhand der gewonnenen Informationen Rückschlüsse auf die Grundlagen der nationalsozialistischen Herrschaftsdurchsetzung zieht.

Die Zahl der Veröffentlichung zum Thema Nationalsozialismus hat inzwischen eine nicht mehr zu überblickende Dimension angenommen. Bis zum Jahr 2000 bietet die „Bibliographie zum Nationalsozialismus" von Michael Ruck eine gute Möglichkeit der Orientierung.[64] Paul Hosers Studie über Südbayerns Städte im Nationalsozialismus erlaubt einen systematischen und umfassenden Überblick über die jüngere Forschungslage.[65]

Die lokalen und regionalen Untersuchungen beschäftigen sich je nach Fragestellung und Quellenlage mit den verschiedensten Aspekten der Weimarer Republik und der NS-Zeit sowohl in zeitlicher als auch in räumlicher Hinsicht. Inzwischen wurde der regionalgeschichtliche Ansatz so weiterentwickelt, dass sich ein selbständiger Bereich zur Erforschung des Nationalsozialismus herausgebildet hat.[66]

Die regionalhistorische Diskussion zum Nationalsozialismus im Landkreis Starnberg

Aufschlussreich für die Auseinandersetzung mit der NS-Vergangenheit ist ein Blick in die Ortschroniken der Landkreis-Gemeinden in der Region Starnberg. Allen voran hat die Stadt Starnberg in ihrem 1972 erschienenen „Stadtbuch Stadt Starnberg" mit dem Kapitel „Von der NS-Revolution zum Zweiten Weltkrieg" die Zeit des Nationalsozialismus auf nur neun Seiten abgehandelt, was umso bemerkenswerter ist, als ein Mitautor des Buches 1934 vor den Nationalsozialisten in die Schweiz fliehen musste.[67] Geplant ist von der Stadt Starnberg im Rahmen ihrer Reihe zur

63 Allen, William S.: Das haben wir nicht gewollt. Die nationalsozialistische Machtergreifung in einer Kleinstadt 1930-1935, Stuttgart 1965.

64 Ruck, Michael: Bibliographie zum Nationalsozialismus, Bd. 1 und 2, Darmstadt 2000. Regional- und Lokalstudien S. 120-125.

65 Hoser, Paul: Südbayerns Städte im Nationalsozialismus-Forschungslage, Kommunalverwaltungen und Siedlungsbau, in: Mayrhofer, Fritz/Opll, Ferdinand (Hrsg.): Stadt und Nationalsozialismus. Beiträge zur Geschichte der Städte Mitteleuropas Bd. XXI, Linz 2008, S. 83-126.

66 Über den Forschungsstand: Wirsching, Andreas: Nationalsozialismus in der Region. Tendenzen der Forschung und methodische Probleme, in: Möller, Nationalsozialismus S. 25-46.

67 Stadt Starnberg (Hrsg.): Heimatbuch Stadt Starnberg, Starnberg 1972. - Mehr zum ehemaligen Redakteur des Land- und Seeboten Otto Michael Knab im Kapitel Veränderungen in der Redaktion des „Land- und Seeboten".

Stadtgeschichte ein Buch von Paul Hoser, das sich mit der Geschichte Starnbergs seit der Stadtwerdung beschäftigt und die Stadtverwaltung vor und während der NS-Zeit ausführlich behandelt.[68]
Die gründlich erarbeitete Chronik der Gemeinde Berg mit ihren Ortschaften endet mit der Prinzregentenzeit.[69] Eine weiterführende Arbeit über die Entwicklung der Gemeinde am Westufer des Starnberger Sees bleibt ein Desiderat.
Die Festschrift zum 1.200-jährigen Bestehen der Gemeinde Erling-Andechs von 1976 listet nach dem Kapitel „Aus dem dreißigjährigen Krieg und anderen schweren Zeiten" nur noch die Gefallenen der Weltkriege auf und lässt damit viele Fragen zur Haltung der Gemeinde während der Weimarer Republik und des Dritten Reiches offen.[70]
In Ferdinand Kistlers „Heimatbuch für Feldafing", einem bis zu seinem Tode geführten handschriftlichen Manuskript, das posthum 2010 von der Gemeinde Feldafing herausgegeben wurde, findet die NS-Zeit in einer Spalte Erwähnung. Dabei hatte der 1940 verstorbene Autor sich noch lobend über den „Volksgemeinschaftsgedanken" geäußert, der inzwischen auch bei der bäuerlichen Bevölkerung Fuß gefasst habe.[71] Die Etablierung der Reichsschule 1934 wird in einem Kapitel „Die NSDAP siedelt sich an" als Vorhaben gefeiert, das „für Feldafing von ganz entscheidender Bedeutung" sei. Durch Hitlers „Machtergreifung" habe „auf allen Gebieten eine ganz intensive Tätigkeit" eingesetzt und ihm sei dadurch „besonders die Lösung des Arbeitslosenproblems" gelungen.[72] Eine kritische Stellungnahme der Herausgeber wäre wünschenswert gewesen.
Der Autor der Abhandlung über Gauting und Stockdorf zwischen 1870 und 1978, Karl Mayr, fasst die Ereignisse im Gautinger Rathaus, die Bedingungen der dortigen Arbeit und das Umfeld der Wahlen fundiert und detailreich zusammen, beschränkt sich aber auf das kommunale Geschehen.[73] Im Kapitel „Die Gemeinde im Dritten Reich" werden staatliche Bekanntmachungen, Rundschreiben und Ausschnitte aus Gemeinderatssitzungen zitiert. Die Gemeinde erscheint darin als passiv erduldendes und von \`oben´ gelenktes Objekt, das keine eigene Entscheidungsmöglichkeit mehr besaß und nur auf das Ende dieser Unmündigkeit hoffen konnte.

In Rudolf Schichts „Das Wichtigste aus der Ortsgeschichte", herausgegeben Mitte der 1990er Jahre, sucht man vergeblich nach einer gegliederten Darstellung der

68 Der Arbeitstitel des Buches lautet: Zur Politischen Geschichte Starnbergs. Von der Stadtwerdung bis zur Gemeindegebietsreform 1972/78.
69 Gemeinde Berg (Hrsg.): Berg am Starnberger See mit seinen historischen Ortschaften, 4 Bde., von Hans Rudolf Klein, Kempten 1999.
70 Gemeinde Erling-Andechs (Hrsg.): 1200 Jahre Erling-Andechs 776-1976. Festschrift, St. Ottilien 1976; hier S. 45 und 47.
71 Arbeitskreis Feldafinger Chronik (Hrsg.): Ferdinand Kistler-Heimatbuch für Feldafing, Feldafing 2010, hier S. 142.
72 Arbeitskreis Feldafing, Kistler S. 323-325. Im Weiteren schwärmt Kistler: „Unser Landschaftsbild erhält im Süden des Ortes durch die Besiedelung ein neues Gepräge. Wer dieses Gelände vorher gekannt hat und es jetzt sieht, wird staunen über die großen Veränderungen, die da vorgenommen worden sind. An Schönheit hat die Gegend nicht eingebüßt [...]."
73 Mayr, Karl: Gauting und Stockdorf 1870-1978, München 1985; hier S. 39–50.

Zeit des „Dritten Reiches" in Gilching.[74] In den beiden Bänden „Wie es in Gilching war"[75] finden sich verstreut Einschübe, die sich auch mit der NS-Zeit beschäftigen wie „Schule in der NS-Zeit" oder „Das Hitlerjugendheim". Schicht reiht dabei Texte, Auszüge aus Gemeinderatssitzungen und Zeitungsausschnitte aus der Zeit unkommentiert aneinander und überlässt dem Leser die Strukturierung und Analyse.

Die „Herrschinger Hefte" des ehemaligen Kreisheimatpfleger Gustl Empfenzeder, die sich zeitlichen oder räumlichen Themen der Ortsgeschichte verschreiben, widmen dem Aspekt „Zwischen den beiden Weltkriegen" eine ganze Broschur, in der man das nachbarschaftliche Wohlwollen des Autors gegenüber seinen nationalsozialistisch verstrickten Mitbürgern, die er als Gemeinderat und alteingesessener Herrschinger kannte, nicht übersehen kann.[76]
Obwohl durch Percha der sogenannte „Todeszug" der Konzentrationslager-Häftlinge von Kaufering führte und diese Episode Eingang in die Chronik der Gemeinde fand, gibt es keine Ausführungen zur Entstehungsgeschichte dieser unheilvollen Entwicklung und zum Thema Drittes Reich.[77] Der kurze persönliche Bericht über „Schwarze Tage unserer Geschichte" steht etwas zusammenhanglos im Gesamtwerk zwischen „Percha-eine alte Siedlung mit einer jungen Schule" und der „Schützengesellschaft Percha".
Die Hadorfer Chronik belässt es in ihrer Darstellung der 950jährigen Dorfgeschichte bei ein paar Zeilen über die Weltkriegstoten.[78]
Für die Gemeinde Pöcking mit ihren Dörfern Possenhofen, Aschering und Maising findet die Zeit des Nationalsozialismus in der 2010 erschienen Ortschronik „Milli und Sterz" auf sechs Seiten Platz, wovon die Hälfte aus Fotografien besteht.[79]
In einer weiteren Ortschronik der Orte Pöcking, Possenhofen,[80] Aschering und Maising fand das Dritte Reich keinen Niederschlag. Nur durch den Zweiten Weltkrieg wurde „der ländliche Frieden bitter gestört" durch den Abwurf einer Splitterbombe auf die Ascheringer Flur, die den Tod von 14 Milchkühen herbeiführte.[81]
In Seefeld-Oberalting, das sich immerhin mit einem „Märtyrer der Bewegung" schmücken konnte und in seinen Reihen den Kreisbauernführer hatte, kommt eine

74 Gemeinde Gilching (Hrsg.): Heimat Gilching. Das Wichtigste aus der Ortsgeschichte-Von Kiltrahinga bis Gilching, von Rudolf Schicht, o.D.
75 Gemeinde Gilching (Hrsg.): Wie es in Gilching war 1. Bd.-Die Geschichte der Gemeinde Gilching mit den Ortsteilen Gilching, St. Gilgen, Steinlach, Rottenried, Argelsried und Geisenbrunn bis zum Bau der Localbahn München-Herrsching im Jahre 1903 und die Geschichte der Gilchinger Schulen, von Rudolf Schicht, Seefeld 1995; und: Wie es in Gilching war 2. Bd.-Vom Bauerndorf zur Wohnsiedlungsgemeinde und die Geschichte der Gilchinger Kirchen, von Rudolf Schicht, Seefeld 1996.
76 Empfenzeder, Gustl: Herrschinger Hefte Folge 18, o.D.
77 Gantner, Benno Constantin: 1200 Jahre Percha 785-1985, Starnberg 1985; hier S. 327-328.
78 Mayr, Marianne/Pusch, Wolfgang: Hadorf. Aus 950 Jahren Geschichte eines oberbayerischen Dorfes, St. Ottilien 1995, hier S. 207-208.
79 Ott, Ludwig (Hrsg.): Milli und Sterz. Geschichten aus Bauerndörfern am Starnberger See-Pöcking, Possenhofen, Maising, Aschering. Lindenberg i. Allgäu 2005, hier S. 122–129.
80 Gemeinde Pöcking (Hrsg.): Von Peccingen und Pozzenhoven. Eine Chronik der Altgemeinde Pöcking, von Leonhard Pölt, Pöcking 1994.
81 Gemeinde Pöcking (Hrsg.): Von Ascern und Musingin. Eine Chronik der ehemals selbständigen Gemeinden Aschering und Münsing, von Leonhard Pölt, Pöcking 1996; hier S. 21.

Chronik von 1990 in ihrer Abhandlung über das Dritte Reich mit vier Seiten aus.[82] In einer Veröffentlichung zur 1.200-Jahr-Feier von Oberalting findet sich ein Artikel „Wie die Nazis aufs Dorf kamen", der die Haltung der damaligen Zeitgenossen zu ihren braunen Mitbürgern und den heutigen Umgang mit Erinnerungskultur kritisch untersucht, gleichzeitig aber mehr Allgemeinwissen als Lokalgeschichte im Hinblick auf die NS-Zeit in Oberalting selbst bietet. Er lässt eine Auseinandersetzung mit den tatsächlichen Verhältnissen vor Ort vermissen.[83]
Die 1949 verfasste, handschriftliche „Chronik der Gemeinde Hechendorf am Pilsensee" des Schullehrers Otto Mayrhofer beschränkt sich auf die kurze Einlassung: „Anfang 1933 Beginn des nationalsozialistischen Regims [sic]. Während dieser Zeit wurde gar manches zum Nutzen der Gemeinde geschaffen."[84]
Die 2009 im Selbstverlag von Hans-Peter Simson herausgegebene Chronik „Tutzing und das Hotel Simson"[85] beschäftigt sich in seinem Kapitel „Die Zeit des Nationalsozialismus" entsprechend der Grundausrichtung des Buches hauptsächlich mit den Aspekten des Fremdenverkehrs während dieser Zeit und geht auch auf die daraus entstehende Problematik mit jüdischen Feriengästen ein. Elly Neys vielbejubelte Konzerte im Hotel Simson bleiben dagegen unkommentiert stehen.
Werner Bülow behandelt in seiner Beschreibung Wörthsees „Werden und Vergehen des Dritten Reiches" kurz und nüchtern, aber detailliert und kenntnisreich.[86] Er skizziert die Entwicklung in den Rathäusern rund um den Wörthsee und den Einfluss der NSDAP auf das Leben der dortigen Bevölkerung, der in den noch vorhandenen Quellen nachgewiesen werden kann.

Zusammenfassend zeigt diese Betrachtung der Ortschroniken, die die wichtigsten Arbeiten beachtet, dass im lokalen Bereich die Themen „Nationalsozialismus" und „Drittes Reich" noch immer eine heikle Angelegenheit sind. Es bleiben viel mehr \`Leerstellen´ in den als Annalen angelegten Texten als historisch bedingte Quellenverluste begründen. Nur in Ausnahmefällen werden die Namen der Beteiligten genannt, wobei auffällt, dass es leichter scheint, die \`Zugezogenen´ zur Verantwortung zu ziehen als die alteingesessenen Honoratioren. Sogar in einer fundierten Chronik wie der Gautinger Aufzeichnung fehlen die Namen der Schlüsselfiguren. Die Autoren vermeiden die detaillierte Schilderung der Ereignisse und lassen die Rahmenbedingungen, die zur Etablierung des NS-Regimes maßgeblich beitrugen, aus. Vielfach könnte man annehmen, das „Dritte Reich" sei vom Himmel gefallen und habe keine Entwicklungsgeschichte gehabt, da die Bevölkerung als inaktiv und unbeteiligt geschildert wird. Die Protagonisten werden weniger als Akteure

82 Gemeinde Seefeld (Hrsg.): Seefeld - Leben zwischen Hügeln und Seen. Erinnerungen aus den Ortsteilen Oberalting, Seefeld, Hechendorf, Güntering, Unering mit Tiefenbrunn, Drößling, Meiling mit Delling und Ettenhofen. St. Ottilien 1990, hier S. 250-253.
83 Dittmann, Ulrich: Wie die Nazis aufs Dorf kamen, in: Gemeinde Seefeld (Hrsg.): Oberalting-Beiträge zur Ortsgeschichte. Festschrift zum Jubiläum 1200 Jahre Oberalting, Obertshausen 2004; S. 331-349.
84 Chronik der Gemeinde Hechendorf am Pilsensee von Otto Mayrhofer, handschriftliches Manuskript, Archiv der Gemeinde Seefeld-Hechendorf.
85 Simson, Hans-Peter: Tutzing und das Hotel Simson, Ammerland 2008.
86 Bülow, Werner: Der Wörthsee und seine Umgebung im Wandel der Zeiten. Heimatgeschehen im landesgeschichtlichen Zusammenhang, Schaftlach 1988, S. 233-238.

denn als passive Statisten beschrieben. Einzelne Ereignisse, die spektakulären oder folkloristischen Charakter besitzen, finden Vorzug vor einer chronologischen Darstellungsweise.

„Einmal kommt der Tag, da wird auch der letzte sehend werden. Einmal werden sich die Fäuste und Stirnen heben zum Protest; dann werden wir anklagen und richten. [...] Dann zeigen wir, daß der Nationalismus mehr ist als eine bequeme Moraltheologie des bürgerlichen Besitzes und des kapitalistischen Profits. Dann ersteht aus dem Wust der Verderbnis und des Giftes der neue Nationalismus als die radikalste Form völkischer Selbstverteidigung, der neue Sozialismus als die bewußteste Schaffung der Bedingungen dazu."
Joseph Goebbels[87]

Die ersten Nationalsozialisten im Bezirk Starnberg

Friedrich Krohn und die Hakenkreuzfahne

Adolf Hitler, der viel Gespür für das besaß, was die Massen mobilisieren konnte,[88] beschäftigte sich schon ab 1919 mit Entwürfen für eine Parteifahne bzw. ein Parteiabzeichen: „Die Frage der neuen Flagge, d.h. ihr Aussehen, beschäftigte uns damals sehr stark. Es kamen von allen Seiten Vorschläge, die allerdings meist besser gemeint als gut gelungen waren [...]."[89] „Tatsächlich hat ein Zahnarzt aus Starnberg auch einen gar nicht schlechten Entwurf geliefert, der übrigens dem meinen ziemlich nahekam, nur den einen Fehler hatte, daß das Hakenkreuz mit gebogenen Haken in eine weiße Scheibe hineinkomponiert war."[90] Wie bei anderen Gelegenheiten nimmt Hitler Dinge oder Ideen für sich als Autor in Anspruch und unterschlägt den eigentlichen Urheber geflissentlich oder spielt dessen Rolle - wie hier - herunter.[91]

Diese Person, die Hitler, wenn auch nicht namentlich in „Mein Kampf" erwähnt, war Friedrich Krohn, der seit 1917 eine zahnärztliche Praxis in Starnberg besaß. Krohn, 1879 in Breslau geboren, hatte bis zu diesem Zeitpunkt schon eine bewegte Biographie vorzuweisen: Aus einer „alten deutschen Familie" stammend, dienten seine Vorfahren „dem Vaterland im Frieden als Beamte, Schriftsteller, Lehrer, Diplomaten und Landwirte - im Kriege als Offiziere und Soldaten". Aus wirtschaftlichen Gründen, wie er betont, blieb es ihm nach dem Tod des Vaters verwehrt, eine universitäre Laufbahn einzuschlagen, und eine ebenfalls angedachte militärische Karriere wurde ihm aus gesundheitlichen Gründen unmöglich.[92] Eine Praxis als

---

87 Goebbels, Joseph: Der Nazi-Sozi. Fragen und Antworten für den Nationalsozialisten, München 1931, S. 10 f.

88 Hitler, Adolf: Mein Kampf, Zwei Bände in einem Band, München 1934, S. 369-378; Hitler zählt neun Forderungen auf, die „zur Gewinnung der breiten Masse unseres Volkes" erfüllt sein müssen, S. 369.

89 Hitler, Mein Kampf S. 554.

90 Hitler, Mein Kampf S. 556.

91 Schreckenberg, Heinz: Hitler-Motive und Methoden einer unwahrscheinlichen Karriere. Eine biographische Studie, Frankfurt a.M. u.a. 2006, hier bes. S. 40 ff; Vgl.: Kershaw, Ian: Hitler. 1889-1936. München 2002, hier S. 184 f. „Auch hier gilt, daß die Schilderung [der Anfänge der DVP; F.H.] weniger durch reine Erfindung als durch Hitlers selektives Gedächtnis und die Verzerrung der Fakten gekennzeichnet ist. Hitler wollte den eigenen Anteil erhöhen und den aller anderen beteiligten schmälern oder sie ignorieren."

92 Mein Lebenslauf, IfZ ZS-89 Friedrich Krohn.

Dentist[93] besaß Krohn zuerst in Hagenau im Elsass, bei Kriegsausbruch 1914 in der Schweiz, ohne den Wohnort näher zu spezifizieren, und seit 1917, wie erwähnt, in Starnberg.
Krohns Entwurf einer Parteiflagge war nach einer parteiinternen Besprechung entstanden, bei der Kunstgewerbler aufgefordert wurden, sich bezüglich eines Parteiabzeichens Gedanken zu machen. Krohns Selbstverständnis nach war er nicht nur Fachmann auf dem Gebiet der Symbolik und Heraldik, sondern in jedem seiner „früheren Berufe (Chirurg, amerik. Dent. & Dentist) als Künstler" bekannt.[94]

Krohns Weg zum Nationalsozialismus

In seinem Lebenslauf, dem er den Zusatz „insbesondere mein Weg zum und mit dem Nationalsozialismus!" beigegeben hat, bekundete Krohn sein frühes Interesse an nationalen Verbänden und Organisationen, was zu seiner Mitgliedschaft im Wälsungen-Orden[95] noch vor Ausbruch des Ersten Weltkrieges führte. Seine ideologische Grundhaltung stützte sich auf einen ausgeprägten Nationalismus und Antisemitismus, und seine „radikalen Anschauungen in der Judenfrage" thematisierte er bei jeder Gelegenheit.[96] In seiner Schweizer Zeit traf er nach diesen Angaben schon mit dem späteren Mitgründer der DAP,[97] Anton Drechsler (Schreibweise Krohns) zusammen. Nach Bayern übersiedelt, stellte er Kontakt zur Thule-Gesellschaft[98] her. Krohn bezeichnet sich selbst als Mitbegründer des Freikorps Oberland, wo er „Ludendorff, Epp,[99] Tirpitz, Pöhner[100] kennen[lernte], wir schlossen

93 Ein Zahlheilkundiger ohne akademische Ausbildung wurde als Dentist bezeichnet.
94 Friedrich Krohn an die Berufungskammer München vom 06. 05. 1947, StAM SpKA K 4604 Friedrich Krohn.
95 Eine Vereinigung, die sich nach dem sagenhaften germanischen Geschlecht der Wälsungen benannte, von Richard Wagner im „Ring der Nibelungen" erwähnt.
96 Krohn an Buchner vom 09. Februar 1937, BArch PKB 0123 Buchner.
97 Zu Deutsche Arbeiter Partei: Stegmann, Dirk: Zwischen Repression und Manipulation: Konservative Machteliten und Arbeiter- und Angestelltenbewegung 1910-1918. Ein Beitrag zur Vorgeschichte der DAP/NSDAP, in: Archiv für Wirtschaftsgeschichte 12 (1972), S. 351-432; Broszat, Martin: Die Machtergreifung. Der Aufstieg der NSDAP und die Zerstörung der Weimarer Republik, München 1994; Maser, Werner: Der Sturm auf die Republik. Die Geschichte der NSDAP 1920-1945, Köln 2002.
98 Mit Hilfe einflussreicher Persönlichkeiten im Hintergrund agierend gilt die Thule-Gesellschaft als Wegbereiterin des Nationalsozialismus. Vgl.: Gilbhard, Hermann: Thule-Gesellschaft, 1918-1933, in: Historisches Lexikon Bayerns, URL: http://www.historisches-lexikon-bayerns.de/Lexikon/Thule-Gesellschaft, 1918-1933 (30. Mai 2013); Gilbhard, Hermann: Die Thule-Gesellschaft. Vom okkulten Mummenschanz zum Hakenkreuz, München 1994; Jacob, Frank: Die Thule-Gesellschaft, Berlin 2010. Als interessantes Dokument des Hauptprotagonisten: Sebottendorf, Rudolf von: Bevor Hitler kam. Urkundliches aus der Frühzeit der nationalsozialistischen Bewegung, München 1933.
99 Zu Epp: Wächter, Katja-Maria: Die Macht der Ohnmacht. Leben und Politik des Franz Xaver Ritter von Epp (1868-1946), Frankfurt a.M. u.a. 1999; Grau, Bernhard: Steigbügelhalter des NS-Staates-Franz Xaver Ritter von Epp und die Zeit des Dritten Reiches, in Kraus, Marita: Rechte Karrieren in München. Von der Weimarer Zeit bis in die Nachkriegszeit, München 2010, S. 29-51.
100 Zu Pöhner: Peters, Michael: Alldeutscher Verband (ADV), 1891-1939, in: Historisches Lexikon Bayerns, URL: http://www.historisches-lexikon-bayerns.de/Lexikon/Alldeutscher Verband (ADV), 1891-1939 (11. Februar 2013); und: Thoß, Bruno: Brigade Ehrhardt, 1919/20, in: Historisches Lexikon Bayerns, URL: http://www.historisches-lexikon-bayerns.de/Lexikon/Brigade Ehrhardt, 1919/20; (11. Februar 2013).

Alfred von Tirpitz, Großadmiral (1849-1930)
(Postkarte aus der Serie „Kriegshelden", nicht gelaufen; Privatbesitz)

die Freikorps im Tannenbergbund[101] zusammen und die von mir gegründete DSP[102] schloß sich mit der DAP Drechslers zusammen."[103] Er will am selben Tag, an dem „Adolf Hitler dort anlässlich eines Vortrages zum ersten Mal in unserm Kreis zur Diskussion sprach und unser aller Zustimmung fand", der DAP beigetreten sein.[104] Krohn gibt an, Drexler habe das von ihm für die DSP entworfene Programm als Grundlage für die Ausarbeitung des Parteiprogramms der NSDAP in

101 Zu Tannenbergbund: Finker, Kurt: Tannenberg-Bund. Arbeitsgemeinschaft völkischer Frontkrieger und Jugendverbände 1925-1933, in: Fricke, Dieter (Hrsg.): Die bürgerlichen Parteien in Deutschland, Handbuch der Geschichte der bürgerlichen Parteien und anderer bürgerlicher Interessenorganisationen vom Vormärz bis zum Jahre 1945. Bd. 2, Leipzig 1968, S. 668-671; Hoser, Paul: Rechtsextremismus, in: Historisches Lexikon Bayerns, URL: http://www.historisches-lexikon-bayerns.de/Lexikon/Rechtsextremismus (31. Oktober 2012).
102 Deutschsozialistische Partei, 1920-1922, auf Reichsebene tätig, in der NSDAP aufgegangen. Dazu: Zelnhefer, Siegfried: Deutschsozialistische Partei (DSP), 1920-1922, in: Historisches Lexikon Bayerns, URL: http://www.historisches-lexikon-bayerns.de/Lexikon/Deutschsozialistische Partei (DSP), 1920-1922 (11. Februar 2013).
103 Mein Lebenslauf, IfZ ZS-89 Friedrich Krohn; Franz-Willing nennt Krohn ebenfalls einen der „geistigen Väter" von DAP und DSP, Franz-Willing, Ursprung S. 95.
104 Krohn an Buchner vom 09. Februar 1937, BArch PKB 0123 Buchner.

25 Punkten verwendet.[105]

Offensichtlich gehörte Krohn zu der Gruppe früher Aktivisten um Anton Drexler[106] und Karl Harrer, die von Hitler schon bald nach seinem Eintritt in die DAP ausgeschaltet wurden. Harrer zog sich Anfang 1920 aus der politischen Arbeit in der sich nun NSDAP nennenden Partei zurück,[107] Drexler wurde weitgehend entmachtet.[108] Sie waren letztendlich mit ihren Ideen von einem sozialen Nationalismus gegen „Hitler und seine radikalen Landsknechte"[109] unterlegen und hatten seine Durchsetzungsfähigkeit völlig falsch eingeschätzt: Hitler entpuppte sich nicht als „zu einer eigentlichen Führungsposition nicht geeignet[en]" Person.[110] Im Sommer 1921 war es zum Eklat gekommen, als Vertreter der NSDAP mit der DSP und dem Augsburger Otto Dickel und seiner „Deutschen Werkgemeinschaft",[111] ebenfalls einer völkischen Organisation, Fusionsverhandlungen aufnahmen. Hitler drohte daraufhin mit seinem Austritt und konnte in der Folge durchsetzen, dass ihm „diktatorische Machtbefugnisse" eingeräumt wurden.[112] Nach seinen eigenen Angaben war dies für Krohn der Zeitpunkt, sich kritisch über die Entwicklung innerhalb der Partei zu äußern, die „auf demokratischer Grundlage, mit demokratischem Parteiprogramm gegründet" war. In der Folge wurde er 1922 „wegen meiner Opposition gegen die Diktaturansprüche Adolf Hitlers von diesem aus der Partei ausgeschlossen".[113]

---

105 Franz-Willing, Georg: Ursprung der Hitler-Bewegung 1919-1922, Preußisch Oldenburg 1974, S. 115.

106 Maser bezeichnet Krohn sogar als „Drexler-Mentor"; Maser, Werner: Die Frühgeschichte der NSDAP. Hitlers Weg bis 1924, Frankfurt a.M./Bonn 1965, S. 207.

107 Hitler, Mein Kampf S. 401: „Der damalige erste Vorsitzende der Partei, Herr Harrer, glaubte meinen Ansichten in bezug auf den gewählten Zeitpunkt nicht beipflichten zu können und trat in der Folge als ehrlicher, aufrichtiger Mann von der Führung der Bewegung zurück." Zu Harrer: Tyrell, Albrecht: Vom `Trommler´ zum `Führer´. Der Wandel von Hitlers Selbstverständnis zwischen 1919 und 1924 und die Entwicklung der NSDAP, München 1975, hier S. 22 f. und S. 31 f.

108 Anton Drexler, geb. 1884, Werkzeugschlosser, gründete am 05. Januar 1919 zusammen mit Karl Harrer die Deutsche Arbeiterpartei DAP, die spätere NSDAP, wurde 1921 nachdem Hitler die Führung der Partei übernommen hatte, Ehrenvorsitzender, spielte bei der Neugründung 1925 keine Rolle mehr, gest. 1942. Biographisches: Tyrell, Trommler, hier: S. 182 f Anmerkung 1. Ebenfalls zu Drexler: Phelps, Reginald H.: Anton Drexler. Der Gründer der NSDAP, in: Deutsche Rundschau 1961, S. 1134-1143; Franz-Willing, Ursprung; Richardi, Hans-Günter: Hitler und seine Hintermänner: neue Fakten zur Frühgeschichte der NSDAP, München 1991; Winterer, Bernhard: Anton Drexler-Hitlers Steigbügelhalter aus Neuhausen, in: Geschichtswerkstatt Neuhausen e.V. (Hrsg): Neuhauser Werkstatt-Nachrichten 24, 2010, S. 35-36. Autobiographisch: Drexler, Anton: Mein politisches Erwachen: aus dem Tagebuch eines sozialistischen Arbeiters, München 1919; Hoser, Paul: Nationalsozialistische Deutsche Arbeiterpartei (NSDAP), 1920-1923/1925-1945, in: Historisches Lexikon Bayerns, URL: http://www.historisches-lexikon-bayerns.de/Lexikon/Nationalsozialistische_Deutsche_Arbeiterpartei_(NSDAP),_1920-1923/1925-1945 (23. April 2013).

109 Mein Lebenslauf, IfZ ZS-89 Friedrich Krohn.

110 Fragebogen über Adolf Hitler und Beantwortung des Fragebogens über Adolf Hitler, IfZ ZS-89 Friedrich Krohn (Fragebogen Hitler IfZ).

111 Vgl. Tyrell, Trommler hier S. 110-116 und Kershaw, Hitler, S. 210 f.

112 Jäckel, Eberhard/Kuhn, Axel (Hrsg.): Hitler Sämtliche Aufzeichnungen 1905-1924, Stuttgart 1980, S. 438.

113 Gesuch um Einleitung des Entnazifizierungsverfahrens vom 16. 09. 1946, StAM SpKA K 4604 Friedrich Krohn. - Ein anderer Tenor, weniger angriffslustig, eher vermittelnd und um Verständnis für

Die weitere Beziehung Krohns zu Hitler und zur gesamten NS-Bewegung ist gekennzeichnet von Partei-Aus- und Wiedereintritten Krohns, Drohungen und Denunziationen: Ausschluss 1922, weil er Hitler „Diktatur und Programmverrat" vorwarf,[114] Eintritt 1925 auf Zureden des späteren Gauleiters von Schwerin Friedrich Hildebrandt,[115] wiederholter Parteiausschluss 1926 wegen „Widerspruchs gegen den sich ausbreitenden Parteiterrorismus", Wiedereintritt 1933 „auf persönliche Anordnung des Führers Adolf Hitler", Erklärung des Reichsschatzmeisters Franz Xaver Schwarz,[116] Krohn sei ein „Stänkerer und Meckerer", diverse Verhöre durch Geheimdienstmitarbeiter und unter Gestapo-Aufsicht seit 1944.[117]
Ein nicht näher definierter „Bericht des Pg. Fritz Krohn" vom 23. März 1935 zeichnet ein düsteres Bild seiner wirtschaftlichen Lage. Er sei zwei Monate mit seiner Miete im Rückstand und müsse seine siebenköpfige Familie mit monatlichen Einnahmen von 50.- bis 60.- Mark durchbringen. Durch die Vermittlung des „Stellvertreters des Führers" Rudolf Hess, mit dem er persönlich in Verbindung stehe, habe er zwar eine einmalige Unterstützung der Partei bekommen, erhoffe sich aber eine Stellung im Parteiapparat, um seine Zukunft absichern zu können.[118] Auch 1937 hatte sich seine berufliche Lage nicht entscheidend verändert, so dass er beantragte in die Liste der „zu betreuenden Altkämpfer der Bewegung" aufgenommen zu werden.[119]
Sogar in seinem Spruchkammerverfahren outete er sich nicht nur als ein `Ewig-Gestriger´, der den Nationalsozialismus noch immer als den „groß und edel gedachten und gewollten nationalen Sozialismus" pries, der durch „von egoistischem Haß geleiteten Dilettantismus"[120] überwuchert wurde, sondern sah sich als von den Zeitläufen Benachteiligter, wenn er beklagte: „Seit 1912 bis 1933 wurde ich wegen meinem Nationalsozialismus bekämpft. Seit 1933 bis 1945 wurde ich durch die NSDAP bekämpft. Seit 1945 bis 1949 wurde ich wegen meinem Nationalsozialismus bekämpft."[121] Was er vergessen zu haben scheint, ist die wohlwollende Bevorzugung, die er 1934 durch den Ersten Bürgermeister und Kreisleiter Franz Xaver Buchner in Starnberg erhielt: Als es bei der Errichtung der „Frontkämpfersiedlung" an der Jahnstraße in Starnberg um die Verteilung der begehrten Bauplätze ging, bekam er nicht nur das Haus Nummer 3 zugewiesen, sondern erhielt

seine damalige Situation bemüht, klingt aus einem Schreiben an Buchner, in dem er von einem „langsamen Rückzug aus der Führung der Ortsgruppe aus rein wirtschaftlichen Erwägungen" spricht. Krohn an Buchner vom 09. Februar 1937, BArch PKB 0123 Buchner.

114 Mein Lebenslauf, IfZ ZS-89 Friedrich Krohn.

115 Zu Hildebrandt: Klee, Personenlexikon S. 255.

116 Zu Schwarz: Klee, Das Personenlexikon S. 572.

117 Erklärung zu der geforderten Angabe über meine Zugehörigkeit zur NSDAP vom 16. September 1946, StAM SpKA K 4604 Friedrich Krohn.

118 Bericht des PG. Fritz Krohn vom 23. März 1935, BArch NS 26/183.

119 Krohn an Ministerium des Innern vom 14. März 1937, BArch PKB 0123 Buchner.

120 Erklärung vom 01. März 1947, StAM SpKA K 4604 Friedrich Krohn.

121 Mein Lebenslauf. Er fährt fort: „Trotzdem bin ich auch heute noch der Ansicht und könnte dies auch beweisen, daß wirklicher nationaler Sozialismus unserem Volk und der Welt nur förderlich sein könnte." IfZ ZS-89 Friedrich Krohn.

dank der Bürgschaft Buchners ein unbefristetes Darlehen über 500 Reichsmark (RM).[122]

Die Gründung der ersten NSDAP-Ortsgruppe in Starnberg

Krohn pflegte einen regen Austausch mit deutschnationalen Kreisen in München, wo er wie erwähnt u.a. Mitglied des Wälsungen Ordens und der Thule-Gesellschaft war,[123] in die er Hitler „seinerzeit"[124] ja eingeführt haben will. Am 20. März 1920 kam eine von Anton Drexler angeführte Delegation Nationalsozialisten nach Starnberg,[125] um „vor einer Hand voll Menschen im Speisesaal des Tutzinger Hofes" zu sprechen.[126] Anlässlich dieser Versammlung erhielt die Partei drei neue Mitglieder: den Kaufmann Max Pöhlemann, den Eichmeister Robert Offterwanger (auch Offenwanger geschrieben) und den Kassenangestellten Hans Baumgärtner.[127] In Starnberg sammelte Krohn im Weiteren in seinem Bekanntenkreis eine Gruppe von 12-15 Personen,[128] die gemeinsame nationale und soziale Anschauungen hatten, und konnte schon im April 1920 zu einer zweiten, etwas besser besuchten Versammlung mit Hermann Esser[129] als Redner einladen.[130] Im Mai 1920 wurde anlässlich der dritten Versammlung, zu der diesmal Oskar Körner[131] als Redner geladen war und die das Thema „Internationales Judentum und Großkapitalismus" behandelte,[132] die Ortsgruppe Starnberg der NSDAP mit 19 Mitgliedern gegründet.[133]

---

122 Bayerische Hypotheken- und Wechselbank an die Bezirkssparkasse Starnberg vom 07. Oktober 1935: „Wir sind beauftragt Ihnen mitzuteilen, dass Herr I. Bürgermeister Buchner, Starnberg, den Betrag von RM 500.- bei uns zu Ihren Gunsten wegen Herrn Friedrich Krohn, Dentist, Starnberg, zur Sperre beantragt hat, welche wir wunschgemäß durchgeführt haben. Gleichzeitig haben wir uns vorgemerkt, dass Sie berechtigt sind jederzeit diesen Betrag zur Auszahlung ohne Angabe von Gründen zu verlangen. Die Sperre selbst werden wir nur mehr mit Ihrem Einverständnis zur Aufhebung bringen [...]." Stadtarchiv Starnberg SR NS 66 Errichtung der Frontkämpfersiedlung (Jahnstraße).

123 Maser, Frühgeschichte, S. 149.

124 Fragebogen Hitler IfZ.

125 Bericht des Pg. Fritz Krohn, 23. März 1935: „Anwesend waren ferner noch dort Schüssler, Endress, Riedl, Michel Fritz usw." BArch NS 26/183.

126 Starnberg IfZ. Buchner nennt diese Versammlung als die erste Gelegenheit, bei der „unsere Fahne ein Rednerpult zierte".

127 Starnberg IfZ.

128 Protokoll der öffentlichen Sitzung am 17. März 1947, StAM SpKA K 4604 Friedrich Krohn.

129 Zu Esser: Frei, Norbert: Nationalsozialistische Eroberung der Provinzpresse. Gleichschaltung, Selbstanpassung und Resistenz in Bayern, Stuttgart 1980; , Das Personenlexikon; Paul, Gerhard: Aufstand der Bilder. Die NS-Propaganda vor 1933, Bonn 1992; Richter, Jana: Hermann Esser, in: Weiß, Hermann (Hrsg.): Biographisches Lexikon zum Dritten Reich, Frankfurt a.M. 1998, S. 113.

130 Starnberg IfZ.

131 Oskar Körner, geb. 1875, Kaufmann, 1920-1923 zweiter Vorsitzender, Werbeobmann und Propagandaleiter der NSDAP, starb am 09. November 1923 beim Marsch auf die Feldherrnhalle.

132 Krohn an Buchner, 09. Februar 1937, BArch PKB 0123 Buchner.

133 Starnberg IfZ. Buchner nennt die Namen der 19 „Gläubigen": Dentist Fritz Krohn, Eichmeister Robert Offerwanger, Kaufmann Max Pöhlemann, Kassenassistent Max Baumgärtner, Gärtner Ludwig Weitzmann, Kammerdiener Gustav Riedel, Chauffeur Michael Hermann, Weichensteller Michael Eder, Hilfsarbeiter August Urban, Reisender Hans Müller, Gastwirt Josef Wittmann, Dentistengattin Anna Krohn, Student Peter Siewers, Schreiber Georg Urban, Kassierer Josef Gehr, Lagerhalterin Katharina Leistener, Köchin Elise Brunner, Kaufmann Hans Schaeffer, Kaufmann Karl Bründl.

Der Gründungsmythos der NSDAP-Ortsgruppe Starnberg

Chronist der Anfänge der NSDAP in Starnberg ist Franz Xaver Buchner.[134] Anlässlich der Eröffnung der Kreistagung der NSDAP in Starnberg am 15. Juni 1938 hielt er in Beisein des Gauleiters von München und Oberbayern, Adolf Wagner[135], eine Rede mit dem Thema „Die Geschichte des Kreises Starnberg der NSDAP".[136] Darin beschreibt er ausführlich die frühen Jahre der Bewegung von 1919 bis zum Verbot der NSDAP nach dem sogenannten Hitlerputsch 1923.[137] Inhaltlich schließt er damit die Lücke, die sein im gleichen Jahr 1938 veröffentlichtes Werk „Kamerad! Halt aus! Aus der Geschichte des Kreises Starnberg der NSDAP" über die Vorgeschichte hinterlassen hat.
Sprachlich an diese reißerische und politische Gegner herabwürdigende Veröffentlichung anknüpfend, entwirft er ein idealisiertes Bild der `einsamen, tapferen und unbeirrbaren Vorkämpfer´, die sich gegen alle Widerstände und physischen und psychischen Untiefen hinweg gegen einen übermächtigen Gegner stemmen.[138] Der mit Pathos vorgetragene Gründungsmythos der Ortsgruppe Starnberg der NSDAP mag zwar übertrieben und von überhöhtem Selbstlob gekennzeichnet sein, die beschriebenen Tatsachen und Personen an sich können aber vielfach belegt werden.

Erste Auftritte der NSDAP

Krohn berief laut diesem Bericht bis Januar 1921 im Namen der NSDAP noch mehrere große öffentliche Versammlungen ein. Den ersten Auftritt am 20. August 1920 im Saal des Gasthauses „Tutzingerhof"[139] bestritt Anton Drexler, der zum Thema

134 Vgl. Lilla, Joachim: Statisten in Uniform. Die Mitglieder des Reichstags 1933-1945. Ein biographisches Handbuch, Düsseldorf 2004, S. 69 Nr. 123 Buchner.
135 Zu Adolf Wagner siehe: Forstner, Thomas: Staatsministerium des Innern (Weimarer Republik und NS-Zeit), in: Historisches Lexikon Bayerns, URL: http://www.historisches-lexikon-bayerns.de/Lexikon/Staatsministerium _des_Innern_(Weimarer_Republik_und_NS-Zeit) (01. Mai 2013); Schäfer, Bernhard: Traditionsgau München-Oberbayern, 1930-1945, in: Historisches Lexikon Bayerns, URL: http://www.historisches-lexikon-bayerns.de/Lexikon/Traditionsgau_München_Oberbayern,_1930-1945 (01. Mai 2013); Höffkes, Karl: Hitlers Politische Generale. Die Gauleiter des Dritten Reiches-Ein biographisches Nachschlagewerk, Tübingen 1986, S. 363-365. Hüttenberger, Peter: Die Gauleiter. Studie zum Wandel des Machtgefüges in der NSDAP, Stuttgart 1969; Klee, Personenlexikon S. 649; Lilla, Statisten S. 698 f.; zeitgenössisch: Roßmeier; Alois: Die deutschen Gaue seit der Machtergreifung-München Oberbayern; Berlin 1941, S. 33-36.
136 L&S 17. Juni 1938.
137 Ziegler, Walter: Hitlerputsch, 8./9. November 1933, in: Historisches Lexikon Bayerns, URL: http://www.historisches-lexikon-bayerns.de/Lexikon/Hitlerputsch,_8./9._November_1923 (01. Mai 2013); Gritschneder, Otto: Bewährungsfrist für den Terroristen Adolf Hitler. Der Hitler-Putsch und die bayerische Justiz, München 1990.
138 Starnberg IfZ: Buchner z.B. über die Frühzeit: „Es war ein stummes Suchen nach Menschen, denen Scham und Schande der Zeit in der Seele brannte, wie feurige Glut auf der Haut. Sie waren da, die Hasser jener Zeit. Spärlich und dünn gesät freilich. Aber sie kamen und fanden sich." Mehr zu Buchner im folgenden Kapitel.
139 Diese Gastwirtschaft steht bis heute in Starnbergs Mitte unterhalb des Schlosses am Tutzinger-Hof-Platz.

„Internationaler oder nationaler Sozialismus" sprach.[140] Krohn zeichnete als Einberufer. Noch gab es keinen Verweis auf ein Besuchsverbot für Juden. Da die lokale Presse sich über das gesamte Treffen und seinen Verlauf ausschwieg, gibt nur der Zusatz unter der eine Woche später folgenden Einladung zu einer weiteren Versammlung darüber Aufschluss, dass es zu einem Zusammenstoß mit dem Münchner USPD[141]-Abgeordneten Heinrich Mehrhoff[142] und dessen Rauswurf aus der Veranstaltung gekommen sein muss.[143]

Gasthof Tutzinger Hofplatz, Maibaum mit Hakenkreuzfahne
(Postkarte, nicht gelaufen; Stadtarchiv Starnberg)

In der angekündigten Nachfolgeveranstaltung traten Anton Drexler und Hermann Esser als Redner zum Thema „Die Wahrheit über den `Gewaltfrieden´ von Brest-Litowsk und den sog. Versöhnungs- und Verständigungsfrieden von Versailles"

140 L&S 17. August 1920.
141 Grau, Bernhard: Unabhängige Sozialdemokratische Partei Deutschlands (USPD), 1917-1922, in: Historisches Lexikon Bayerns, URL: http://www.historisches-lexikon-bayerns.de/Lexikon/Unabhängige_Sozialdemokratische_Partei_Deutschlands_(USPD),_1917-1922 (28. Januar 2013).
142 Richtig: Mehrhof; siehe: Schumacher, Martin (Hrsg.): M.d.R. Die Reichstagsabgeordneten der Weimarer Republik in der Zeit des Nationalsozialismus. Politische Verfolgung, Emigration und Ausbürgerung 1933-1945, Düsseldorf 1992², S. 391.
143 L&S 26. August 1920: „Die Versammlung ist gleichzeitig Antwort auf die Angriffe des USP-Abgeordneten Mehrhoff. Ich werde Sorge tragen, daß in Zukunft Zwischenfälle, wie der mit Herrn Reichstagsabgeordneten Mehrhoff, der unsachlich sprechend, vor der Zeit und unter leider nicht ganz parlamentarischen Formen die Versammlung verließ, nicht wieder vorkommen. Auch bitte ich, in Zukunft die Diskussionsredner sowie jeden Anderen, der das Wort hat, freie Aussprache zu lassen und nicht durch stichelnde und gehässige Zwischenrufe die Aussprache zu stören. Es ist ein Grundsatz der Parteileitung jeden Diskussionsredner der zur Sache und sachlich spricht, aussprechen zu lassen."

auf. Schon eine Woche später lud Krohn ein weiteres Mal zu einem „großen öffentlichen Vortrag", diesmal mit dem kryptischen Aufruf: „Arbeiter laßt Euch nicht von Euren jüdischen Verführern terrorisieren."[144] Die massive Propaganda Krohns und seiner Mitstreiter riss auch in der Folge nicht ab, sondern wurde mit der Einberufung zu weiteren Treffen vorangetrieben. Abwechselnd im „Tutzinger-Hof" und im „Gasthof zur Eisenbahn"[145] wurden monatlich ein Sprechabend und eine öffentliche Versammlung abgehalten.[146] Ebenso wurde mit Flugblättern und maschinengeschriebenen Aufrufen sowie mit „antisemitischen Artikeln in der Lokalpresse, die damals noch ahnungslos, leutselig aufgenommen wurden", die Öffentlichkeit `aufgeklärt´.[147] Auffällig ist der schärfere Ton im Begleittext der Anzeigen, der sowohl einen antisemitischen Tenor bekommt - „Während Ihr streikt sinkt Deutschland Tag um Tag tiefer in das goldene Netz des internationalen Weltkapitals und seiner jüdischen Leiter und Helfer"[148] - als auch Angriffe auf Andersdenkende enthält. Der „Centralverein Deutscher Staatsbürger jüdischen Glaubens"[149] sah sich gezwungen, im „Land- und Seeboten" zwei Anzeigen zur Richtigstellung zu schalten, und zwar gegen den kommentarlos an eine Versammlungsankündigung angehängten Text aus dem Schulchan-Aruch, eine vielfach verwendete gefälschte Übersetzung aus dem Talmud, auch „die Protokolle der Weisen von Zion" genannt, die die Hinterhältigkeit und Verschlagenheit der Juden anhand einer angeblich geplanten Weltverschwörung beweisen sollte.[150] Diese Annoncen bewirkten natürlich nichts, im Gegenteil: Da während der Rede Adolf Hitlers in Starnberg ein „ganzer Tisch voll Juden unter der Führung des Münchner Rabbiners Dr. Beerwald [sic]"[151] anwesend war, beschleunigte sich die Einführung des Vermerks auf Versammlungsplakaten „Juden haben keinen Zutritt" wahrscheinlich noch.[152]

---

144 L&S 02. September 1920.
145 Der Gasthof zur Eisenbahn lag nördlich des Bahnhofs in der Maximilianstraße; er ist inzwischen abgerissen.
146 Krohn an Buchner 09. Februar 1937, BArch PKB 0123 Buchner.
147 Starnberg IfZ.
148 L&S 14. September 1920.
149 Meyers Großes Konversationslexikon Bd. 20, Leipzig 1909, S. 896: Zentralverein deutscher Staatsbürger jüdischen Glaubens, eine am 5. Febr. 1893 in Berlin gegründete Vereinigung von deutschen Israeliten zum Schutz ihres verfassungsmäßigen Rechtes.
150 L&S 22. Oktober und 11. November 1920. - Zu den Protokollen der Weisen von Zion vgl. auch die Hetzschrift von Alfred Rosenberg: Die Protokolle der Weisen von Zion und die jüdische Weltpolitik, München 1923.
151 Zu Leo Baerwald: Macek, Ilse: Die jüdische Minderheit in München: Akkulturation und Selbstbewahrung, in: Macek, Ilse (Hrsg.): ausgegrenzt-entrechtet-deportiert. Schwabing und Schwabinger Schicksale 1933 bis 1945, München 2008, S. 49-60; hier besonders S. 52 f.; und: Stadtarchiv München (Hrsg.): Beth ha-Knesseth - Ort der Zusammenkunft: zur Geschichte der Münchner Synagogen, ihrer Rabbiner und Kantoren, München 1999, hier S. 110-112.
152 Starnberg IfZ. Unklar bleibt freilich, ob Buchner sich hier richtig erinnert oder ob er eine spätere Episode in die „Starnberger Gründungssaga" einbaut. Maser wiederum beruft sich mit seiner Aussage ebenso auf eine persönliche Auskunft, die nicht durch Dritte verifizierbar ist, wenn er schreibt: „Seitdem sich der Münchner Rabbiner Dr. Baerwald Hitler im April 1921 in einer Versammlung der Gesellschaft `Gnosis´ zu einem Wortgefecht gestellt und Hitler dabei in Verlegenheit gebracht hatte, bevor er die Versammlung durch seine Ordner sprengen ließ, wurden die nationalsozialistischen Versammlungsplakate mit dem Hinweis versehen, daß Juden der Zutritt verboten sei."-Persönliche Auskunft von Prof. Dr. Hans-Joachim Schoeps.-Maser, Frühgeschichte S. 285.

Krohn freute sich sogar über die Reaktionen der von ihm Angegriffenen, da er so die Möglichkeit erhielt, „ein unerschöpfliches Kampfmaterial in die Öffentlichkeit zu bringen". Gallionsfigur seiner Gegner war der in Starnberg ansässige „Jude, Rechtsanwalt Held"[153] gewesen.[154]
Inzwischen war der „Gasthof zur Eisenbahn" Vereinslokal der NSDAP in Starnberg geworden und blieb es während der ganzen Zeit des „Dritten Reiches". Die seit 1921 bei Anzeigen im „Völkischen Beobachter" zu allen Versammlungsaufrufen geschaltete Formel „Juden haben keinen Zutritt" wurde in Starnberg in der Annonce zu dieser Großveranstaltung zum ersten Mal verwendet.[155]

Führungswechsel in der NSDAP-Ortsgruppe Starnberg

Mit der Versammlungseinladung vom 13. Januar 1921 brechen Krohns nachweisliche politische Aktivitäten und Agitationen in Starnberg abrupt ab. Der Streit innerhalb der Partei über Inhalte und Richtung war zu seinen Ungunsten ausgefallen. Buchner benennt die Jahreswende 1921/22 als Zeitpunkt für Krohns Rückzug und weist, ebenso wie Krohn selbst, in erster Linie auf dessen wirtschaftliche Probleme hin.[156] Außerdem erwähnt er - mutmaßlich vorgeschobene - gesundheitliche Gründe. Auch die Rekapitulation in der Presse aus dem Jahr 1938 hält sich in der Erinnerung bezüglich der Umstände von Krohns Rückzug bedeckt und spricht ungenau von einer Interimszeit.[157]
Die Krohn nachfolgenden Ortsgruppenleiter werden von Buchner genannt: „Hug, Frank, Weiß und Buchner".[158] Nachdem Parteigenosse Hans Baumgärtner die Geschäfte monatelang übergangsweise in Eigenregie verwaltet hatte und dabei offenbar auch zu gewalttätigen Maßnahmen aufrief,[159] wurde am 09. Januar 1922 der Vorstand mit folgendem Ergebnis gewählt: „1. Vorsitzender Hug, 2. Vorsitzender Urban, 1. Schriftführer Pöhlemann, 2. Schriftführer Professor Schmidt, 1. Kassierer Baumgartner, 2. Kassierer Hölldorfer."[160]

153 Zu Held siehe Kapitel: Die Judenpolitik der NSDAP im Bezirk Starnberg.
154 Krohn an Buchner 09. Februar 1937, BArch PKB 0123 Buchner.
155 L&S 13. Januar 1921.
156 Starnberg IfZ und Protokoll der öffentlichen Sitzung am 17. März 1947, StAM SpKA K 4604 Friedrich Krohn.
157 L&S 17. Juni 1938: „[...] in Starnberg aber steuerte zu dieser Interimszeit Parteigenosse Baumgärtner mit `vertrauten´ Tönen das Schifflein der NSDAP."
158 Starnberg IfZ.
159 „Ein von Pg. Baumgärtner verfaßtes [...] Flugblatt begann mit der eindringlichen Aufforderung: `Errichtet Galgen! Errichtet Galgen! Deutsches Volk! Wie lange noch willst Du dem verbrecherischen Treiben der Schieber und Wucherer zusehen? Merkst Du nicht, daß man Dir die Gurgel noch fester zudrückt, wenn Du Dich nicht dagegen wehrst! Raffe Dich endlich einmal zu Taten auf und greife zur Selbsthilfe, da Du sowohl von der Berliner Reichs-Saujuden-Regierung, als auch von der Bayerischen Regierung keine Hilfe zu erwarten hast [...]´." Starnberg IfZ.
160 Pöhlemann an Buchner 20. Mai 1935, BArch PKB 0123 Buchner.

„Ortsgruppe“ oder „Zahlstelle“?

Am 02. September 1920 vermeldete der „Völkische Beobachter“161 bedeutende Versammlungserfolge der „jüngst ins Leben gerufenen Ortsgruppe Starnberg“, deren Gründer und Leiter Friedrich Krohn nun ungewöhnlich zahlreiche Neuanmeldungen erhalten habe.[162] Zugleich sei es zu einer Konfrontation mit einem USP-Abgeordneten gekommen, die die Überlegenheit des NSDAP-Redners bewiesen habe.[163] Laut Buchner fand diese Gründung im Mai statt und er meldete sofort den Anspruch an, die „drittälteste Ortsgruppe der Nationalsozialistischen Deutschen Arbeiterpartei im Deutschen Reich“ zu sein.[164] In den „Daten der Geschichte der NSDAP“ findet sich kein solcher Hinweis.[165] Dagegen wird Starnberg als frühe Ortsgruppe in „Die Deutschen Gaue-München Oberbayern“ sehr wohl aufgezählt.[166] Verwundern kann dies aber nicht, war doch in der Frühzeit der NSDAP noch keine Verwaltungsstruktur etabliert, die eine Überprüfung möglich machen würde; ja sie widersprach sogar den idealen Vorstellungen ihres Führers Adolf Hitler, der darin nur eine ungeliebte Notwendigkeit sah, mit der bei einer wachsenden Organisation lediglich alle Mitglieder erfasst werden können.[167]
Die ersten Ortsgruppen wurden durch die „Mitteilungsblätter“, die alle von Hitler selbst unterschrieben sind, instruiert. Dennoch war die Bindung der Starnberger

---

161 Im Folgenden: VB. - Hoser, Paul: Völkischer Beobachter, in: Historisches Lexikon Bayerns, URL: http://www.historisches-lexikon-bayerns.de/Lexikon/Völkischer_Beobachter (17. Juni 2013); Rester, Helmut Karl: Völkischer Beobachter: ...auf Befehl des Führers; Organ der Bewegung; ein neues Pressehaus entsteht, Asparn a. d. Zaya 1992; Mühlberger, Detlef: Hitler´s Voice. The Völkischer Beobachter 1920-1933, 2.Bde., Oxford u.a. 2004; Vorläufer war der Münchner Beobachter, dazu: Hoser, Paul: Münchener Beobachter, in: Historisches Lexikon Bayerns, URL: http://www.historisches-lexikon-bayerns.de/Lexikon/Münchener Beobachter (30. Oktober 2012).
Als überregionales Presseorgan wurde der „Völkische Beobachter“ unter besonderer Berücksichtigung seiner süddeutschen Ausgabe herangezogen, der seit 1933 offizielle Stimme des nationalsozialistischen Staates war. Erwartungsgemäß wurden nur wenige Mitteilungen über den Kreis Starnberg, der nicht auffällig in Erscheinung trat, herausgegeben.

162 VB 02. September 1920.

163 VB 02. September 1920: „Der Eindruck, den die den Münchner Parteimitgliedern bereits bekannten Ausführungen Drexlers hauptsächlich auf die zahlreich vertretene Arbeiterschaft machte, und die unsterbliche Blamage, die sich bei der Gelegenheit ein Abgeordneter (Reichstagsabgeordneter und Bergmann a. D. Wehrhuf) von der Schlagwortfraktion der USP zuzog, veranlaßte diese Partei, den Besuch der zweiten Versammlung, in der ein Mitglied der Münchner Ortsgruppe über „Die Wahrheit über den `Gewaltfrieden´ von Brest-Litowsk und den `Versöhnungsfrieden´ von Versailles“ sprach, durch Stabsbefehl zu untersagen [...].“

164 Starnberg IfZ und L&S 17. Juni 1938: „Starnberg ist somit die drittälteste Ortsgruppe der NSDAP, mag auch die Form nicht aktenmäßig festgelegt sein, aber `der Haufe´ war da.“

165 Volz, Hans: Daten der Geschichte der NSDAP, Berlin/Leipzig 1943, S. 6 f.

166 Springer, C./Roßmaier, Alois: Der Traditionsgau München-Oberbayern in Kampf und Sieg, in: Roßmaier, Alois: Die Deutschen Gaue-München Oberbayern, Berlin 1941, S. 20-32, hier S. 21.

167 Hitler, Mein Kampf S. 380: „Die Organisation ist damit in allem und jedem nur ein notwendiges Übel. Sie ist im besten Falle ein Mittel zum Zweck, im schlimmsten Falle Selbstzweck.“ Und S. 381: „In eben dem Maße, in dem infolge des Wachstums der Gemeinde der direkte und kürzeste Verkehr ausgeschaltet wird, tritt die Notwendigkeit einer verbindenden Gliederung ein: Der ideale Zustand wird damit beendet, und an seine Stelle tritt das notwendige Übel der Organisation. Es bilden sich kleine Untergruppen, die in der politischen Bewegung beispielsweise als Ortsgruppen die Keimzellen der späteren Organisation darstellen.“

an die zentrale Münchner Ortsgruppe hauptsächlich durch persönliche Bekanntschaften und häufige Besuche der Münchner Parteitreffen im Leiberzimmer des Sterneckerbräu[168] gegeben, die sich durch die gute Bahnanbindung auch problemlos bewerkstelligen ließen.[169]

NSDAP-Aktivitäten im Starnberger Raum

Mit Beginn der regen Werbetätigkeit der Partei fanden immer häufiger Versammlungen und Sprechabende auf dem Lande statt, vorerst in Orten, die verkehrsmäßig gut angebunden waren. So bestanden im Januar 1922 neben sieben Münchner Sektionen neun bayerische Ortsgruppen, die sich aktiv betätigten: Rosenheim, Starnberg, Landsberg, Straubing, Landshut, Passau, Bernau, Tegernsee und Zwiesel.[170]
Schon im Sommer 1920 hatte Hitler als weiterem Ort im Starnberger Bezirk in Wessling gesprochen, doch weder zur damaligen Zeit noch in den folgenden Jahren fiel die Propaganda der NSDAP dort auf besonders fruchtbaren Boden.[171]

Feldafing
Im Sommer 1921 bildete sich in Feldafing eine Zelle der Partei, die aus drei Personen bestand: Hofrat Dr. Heinrich Brubacher, Hofzahnarzt König Ludwigs III. und seiner Familie und Anteilseigner der München-Augsburger Verlag und Druck GmbH,[172] und seine Frau Therese sowie ihr Sohn Heinz Brubacher, der schon 1920 Parteimitglied geworden war.[173] Brubacher junior, ebenfalls Zahnarzt, war auch bei der Wiederbegründung der Ortsgruppe nach der Verbotsphase Mitte der 1920er Jahre beteiligt und trug später das Goldene Parteiabzeichen.[174] Er leitete von 1934 bis zum Ende des „Dritten Reiches" die Ortsgruppe Feldafing und galt als besonders radikaler Nationalsozialist, der rücksichtslos gegen Juden vorging.[175] 1945 wurde er nach dem Einmarsch von Franzosen gefangen genommen und nach

168 Sterneckerbräu, Münchner Gaststätte im Tal 54, erbaut 1900, erste Geschäftsstelle der DAP Oktober 1919 bis Januar 1920.
169 Starnberg IfZ; Schuster, Wolfgang: Hitler in München-privat?, in: Bauer, Richard/Hockerts, Hans Günter/Schütz, Brigitte/Till, Wolfgang/Ziegler, Walter (Hrsg.): München-„Hauptstadt der Bewegung". Bayerns Metropole und der Nationalsozialismus, München 2002, S. 125-130, hier S. 127. Vgl.: Joachimsthaler, Anton: Korrektur einer Biographie: Adolf Hitler 1908-1920, München 1989; Bauer, Richard/Hockerts, Hans Günter (Hrsg.): München, Hauptstadt der Bewegung. Bayerns Metropole und der Nationalsozialismus, München 1993; Large, David Clay: Hitlers München. Aufstieg und Fall der Hauptstadt der Bewegung, München 1998.
170 Douglas, Donald Morse: The early Ortsgruppen. The Development of National Socialist Local Groups 1919-1923, Diss. Kansas State University 1963, S. 168.
171 „Im Sommer des gleichen Jahres [1920] sprach Adolf Hitler auch in Wessling. Aber es scheint dem Führer doch ähnlich ergangen zu sein, wie seinen Jüngern späterer Jahre. Wessling blieb Wüste." Starnberg IfZ.
172 Hoser, Paul: Die politischen, wirtschaftlichen und sozialen Hintergründe der Münchner Tagespresse zwischen 1914 und 1934, Teil 1 Methoden der Pressebeeinflussung, Frankfurt a.M. u.a. 1990, S. 75.
173 Starnberg IfZ.
174 Klageschrift vom 04. November 1949, StAM SpKA K 4556 Heinz Brubacher.
175 Protokoll vom 24. Mai 1949, Aussage Harry Philippi: „Brubacher hatte eine besondere Wut auf mich, weil er Feldafing wegen der Reichsschule judenfrei haben wollte. Er ging gegen alle im Ort ansässigen Juden mit größter Brutalität vor." StAM SpKA K 219 Franz Buchner.

unterschiedlichen Aussagen erschossen oder erhängt.[176] Die Eltern Brubacher und ihr Sohn Heinz waren der Nukleus des nationalsozialistischen Gedankenguts in Feldafing.
Im Oktober 1923 wurde in Feldafing eine 15 Mann starke SA-Truppe aufgestellt.[177]

Herrsching
Die Gemeinde Herrsching, die später zusammen mit Starnberg das Zentrum der NSDAP-Aktivitäten im Landkreis bildete, hat keinen eigenen Chronisten für die Jahre des Nationalsozialismus hervorgebracht. Die Frühzeit beschreibt mit wenigen Sätzen die Lokalzeitung „Andechser Rundschau" aus Anlass der 10 Jahres Feier der Ortsgruppe: Der „ziemlich starke Zuzug nach dem Kriege von nationalen Kräften" sorgte für eine entsprechende politische Haltung in Herrsching, von wo aus der Kampf in ganz Oberbayern vorwärts getrieben worden sei.[178] Diese Kräfte sammelten sich im Kampfbund Oberland, dessen Mitglieder am Putschversuch des 09. November 1923 teilnahmen; aus Herrsching waren immerhin 5 Freikorpsangehörige dabei.[179] Die Gründung einer eigenen Ortsgruppe der NSDAP in Herrsching wirft dagegen Fragen auf. Nachdem der „Völkische Beobachter" im Oktober 1922 über Gründungspläne und eine Diskussion über Organisationsfragen berichtete,[180] spricht die Reportage über die entscheidende Versammlung zwar vom „glänzenden Verlauf" und „großen Beifall" für Anton Drexlers Vortrag, von einer weiteren Ortsgruppe auf Landkreisebene ist im Folgenden aber keine Rede.[181] Die Person, die dafür die Initiative an sich riss, war noch nicht gefunden.

Antisemitische Angriffe

Im gleichen Maße, wie in den Anzeigen für Veranstaltungen und Parteiversammlungen die antisemitischen Töne lauter wurden, fanden auch in der nationalsozialistischen Presse zunehmend Angriffe auf jüdische Mitbürger in Starnberg statt. Der „Völkische Beobachter" prangert im August 1921 das Treiben der Jüdin Baumgartner an,[182] um ein paar Monate später den schon erwähnten jüdischen Rechtsanwalt Robert Held, Mitglied der Deutschen Volkspartei in Bayern,[183] wegen seiner angeblichen Drückebergerei während des Ersten Weltkrieges und seines herrschaftlichen Lebensstils zu verunglimpfen.[184] Held sollte auch in den folgenden

176 In Buchners Spruchkammerakte heißt es beispielsweise: „1945 von Besatzungstruppen erschossen." StAM SpKA K 219 Franz Buchner: Landratsamt Starnberg an Öffentlichen Kläger vom 29. April 1949. Elisabeth Pschorr berichtet in ihrer Autobiographie „Privileg des Überlebens. Erinnerungen an eine Mischehe im Dritten Reich", Hameln 2005, S. 350: „Der amerikanische Kommandant ließ den Ortsgruppenleiter Brubacher nach einem kurzen Verfahren hinrichten und an den Füßen im Wald aufhängen."
177 Starnberg IfZ.
178 AR 19. September 1936.
179 L&S 17. Juni 1938.
180 VB 21. Oktober 1922, VB 25. Oktober 1925.
181 VB 01. November 1922.
182 VB 25. August 1921.
183 L&S 11. Januar 1919.
184 VB 24. Dezember 1921: „Der Held von Starnberg (oder es gibt keine Wohnungsnot!). Während des Krieges ging er am Stock und war im Kommunalverband Starnberg tätig. Als die Revolution kam,

Jahren immer wieder zur Zielscheibe nationalsozialistischer Diffamierungen werden und sogar seine Praxis in Starnberg aufgeben müssen. Auch wenn seine jüdische Herkunft in diesem Angriff gegen ihn nicht ausdrücklich erwähnt wird, ist sie in Verbindung mit offensichtlichem Sozialneid der eigentliche Auslöser.[185] Jahre später wird Held auch als derjenige genannt, der Drexler bei seiner Rede auf einer öffentlichen Versammlung in der „Eisenbahn" Paroli bot und in einen Beleidigungsprozess verwickelte.[186]

Gefahr von links?

Von 1917 bis 1924 war Gustav von Kahr (1862 - 1934) Regierungspräsident von Oberbayern, gleichzeitig war er 1920/21 bayerischer Ministerpräsident und 1923/24 Generalstaatskommissar mit vollziehender Gewalt in ganz Bayern.[187]

---

ging er nicht mehr am Stock, sondern war vollständig gesund. Eigentlich muß man ihn bedauern, daß er 4 ½ Jahre von seinem Leiden geplagt war, obwohl er so gerne an dem Heldenruhm des Krieges teilgenommen hätte, wie die anderen Soldaten auch. Aber der Stock ließ ihn nicht los und erinnerte ihn immer daran, daß er leidend war. Wie muß man froh sein, daß sich das Leiden sofort verlor, als der Krieg verloren war und die Revolution ausbrach. So konnte er sich doch wenigstens jetzt ganz in den Dienst des Vaterlandes stellen, was er durchaus nicht verabsäumte zu tun. Seine Dienste wurden auch ersichtlich belohnt. Aus dem Lohn läßt sich schließen, daß es sich um Höchstleistungen handelte, für die er belohnt wurde. Während nämlich andere vom Felde Heimgekommene aus Pflichtverletzung noch einen Knochen zu viel mitbrachten, und dafür durch Mangel an einer gesunden und genügend geräumigen Wohnung gestraft wurden, war ihm eine ganze Villa beschieden mit Bibliothek, Musiksalon, großer Diele, zwei Schlafzimmern, Kinderzimmer, Zimmer für die Erzieherin, Wohn- und Speisezimmer, Küche, Bad und Kammern. Da natürlich in diesen beschränkten Räumen für die Ausübung seines Berufes - er ist Rechtsanwalt - kein Platz war, so mußte er anderswo eine Kanzlei bekommen. Dazu wurden ihm als würdige Ergänzung verdienten Lohnes drei große Zimmer eines nur für Wohnzwecke eingerichteten Hauses beschert. Seinen großen Verdiensten gemäß, die die Starnberger am besten kennen und auch würdigen, fühlt er sich natürlich gewissermaßen als eine bestimmende Kraft der Gemeinde, man könnte beinahe sagen als `König von Starnberg´. - Ob wohl in Starnberg niemand ist, auch kein Wohnungsamt, das dem Rechtsanwalt Held klar macht, was er an Wohnung zu beanspruchen hat? Gelegentlich werden wir noch so verschiedenes erzählen können von diesem Helden." Näheres zu Held siehe Kapitel Rechtsanwalt Dr. Robert Held.

185 Vgl. Bajohr, Frank: Parvenüs und Profiteure. Korruption in der NS-Zeit, Frankfurt a.M. 2004, hier S. 101 ff.

186 Starnberg IfZ.

187 Deutinger, Stephan: Gustav von Kahr (1862-1934); in: Deutinger, Stephan/Gelberg, Karl-Ulrich/Stephan, Michael (Hrsg.): Die Regierungspräsidenten von Oberbayern im 19. und 20. Jahrhundert, München 2005, S. 218-231; und: Gelberg, Karl-Ulrich: Anonym (= Wilhelm Hoegner): Hitler und Kahr. Die bayerischen Napoleonsgrößen von 1923, 1928, in: Historisches Lexikon Bayerns, URL: http://www.historisches-lexikon-bayerns.de/Lexikon/Anonym_(=_Wilhelm_Hoegner)_Hitler_und_Kahr._Die _bayerischenNapoleonsgrößen_von_1923,1928 (03. August 2012). - Die Regierungspräsidenten, Mittler zwischen der Zentralgewalt und den lokalen Ämtern, erhielten ihre Informationen durch die Vorstände der ihnen unterstellten Behörden, d.h. durch die Leiter der Bezirksämter und die Ersten Bürgermeister der kreisfreien Städte. Diese Berichte, die in der Zeit des Nationalsozialismus zu einem „belegbaren Beispiel für die Verhaltensweisen der verschiedenen Bevölkerungsgruppen unter totalitärer Herrschaft" (Witetschek, Helmut/Ziegler, Walter/Prantl, Helmut/Wittstadt, Klaus (Hrsg.): Die kirchliche Lage in Bayern nach den Regierungspräsidentenberichten, Regierungsbezirk Oberbayern: 1933-1943, Mainz 1966, hier S. 372; außerdem Witetschek, Helmut: Die bayerischen Regierungspräsidentenberichte 1933-1943 als Geschichtsquelle; in HJ 87 (1967), S. 355-372) wurden, sind auch für die 1920er Jahre eine gehaltvolle serielle Quelle zur Beurteilung der Lebensverhältnisse in Bayern. Dieses Material bietet, bezieht man die politische Haltung seines jeweiligen Referenten in die Überlegungen ein, einen ergiebigen Ausgangspunkt für die Beurteilung der Stimmung in der Bevölkerung und

Seiner Herkunft und Erziehung nach verstand er sich zeitlebens nicht als Politiker sondern als Staatsbeamter, der noch 1923 als Platzhalter der Monarchie die Regentschaft in Bayern übernehmen wollte.[188] Besonders seine Rolle während des Hitlerputsches 1923, als er zunächst mit den Revoltierenden gemeinsame Sache machte, um in der folgenden Nacht Gegenmaßnahmen einzuleiten, veranlasste die bayerische Staatsregierung, seine Versetzung zu betreiben, da aus beamtenrechtlichen Gründen seine Entlassung nicht möglich war. Kahr war in seiner Zeit als Regierungspräsident Berichterstatter der Halbmonatsberichte, und auch wenn er sich keiner Faktenfälschung schuldig gemacht hat, so ist doch anzunehmen, dass er mindestens unbewusst wie viele seiner Zeitgenossen die politische Gefahr eher auf der linken als auf der rechten Seite der Parteienlandschaft gesehen hat und diesen Eindruck auch in seinen Stellungnahmen wiedergab.[189]
Während der `Nacht der langen Messer´, der blutigen Abrechnung Hitlers mit der SA am 30. Juni 1934, wurde Kahr, der keine Beziehung zu den eigentlichen Geschehnissen hatte, ermordet. Mutmaßlich wurde er Opfer seines früheren Verhaltens gegenüber Hitler während des Putschversuches 1923.[190]

Seit den Revolutionstagen von 1919 hatten sich die politischen Verhältnisse in Bayern zwar äußerlich beruhigt, der Glaube an eine demokratische Lösung der anstehenden Probleme blieb jedoch unterentwickelt. Die drohende Errichtung einer `Diktatur des Proletariats´ blieb in der Folgezeit Thema der Regierungspräsidentenberichte und man fühlte sich als Bayer vom Reich missverstanden, obwohl doch gerade Bayern sich „als letzter Staat im Deutschen Reich" gegen eine „sozialistische Einheitsregierung" stemmen würde.[191] Der Berichterstatter machte nicht nur eine „Reichsmüdigkeit" in der Bevölkerung aus, er fand im Dezember 1922 auch Verständnis für die Kritik am neuen bayerischen Ministerpräsidenten Eugen Ritter von Knilling,[192] der durch seine damalige Haltung „einen großen Teil der Schuld am Gelingen der Revolution" zu verantworten habe und damit auch den rechten

---

die wirtschaftliche und gesellschaftliche Lage im Bezirk, da Vorkommnisse in Presse, Wirtschaft, Kultur und politischen Parteien, Aktivitäten von Staatsfeinden und der Kirchen sowie der allgemeine Sicherheitszustand abgefragt wurden. Der Berichterstatter hatte bei der Abfassung seiner Stellungnahme immer auch die Wirkung seines Berichts im Blick, da der Rapport maßgebliche Auswirkungen auf das weitere politische Handeln im Landkreis haben konnte. Ein unvorteilhaftes Ergebnis konnte auf die Unfähigkeit des Bezirksvorstandes hinweisen, aber auch die Notwendigkeit staatlicher Hilfe verdeutlichen, was bei der wissenschaftlichen Nutzbarmachung berücksichtigt werden muss.

188 Hürten, Heinz: Revolution und Zeit der Weimarer Republik; in: Schmid, Alois (Hrsg.): Handbuch der bayerischen Geschichte, begründet von Max Spindler, Bd. 4: Das neue Bayern. Von 1800 bis zur Gegenwart, München 2003; S. 440-498, hier S. 486.

189 Am 11. November 1923, zwei Tage nach dem gescheiterten Putsch Hitlers, ordnete Kahr als Generalstaatskommissar ein Verbot der Kommunistischen Partei und der sozialistischen Presse an. Vgl.: Gelberg, Karl-Ulrich/Latzin, Ellen: Ordnungszelle Bayern, in: Historisches Lexikon Bayerns, URL: http://www.historisches-lexikon-bayerns.de/Lexikon/Ordnungszelle Bayern (16. Juli 2012).

190 Vgl. Höhne, Heinz: Mordsache Röhm. Hitlers Durchbruch zur Alleinherrschaft 1933-1934, Reinbek bei Hamburg 1984.

191 Halbmonatsbericht des Regierungs-Präsidiums von Oberbayern 19. Juli 1922, (im Folgenden: Halbmonatsbericht), BayHStA MA 102136.

192 Vgl. Hürten, Heinz: Kabinett Knilling, 1922-1924, in: Historisches Lexikon Bayerns, URL: http://www.historisches-lexikon-bayerns.de/Lexikon/Kabinett Knilling, 1922-1924 (03. August 2012).

Agitatoren heute in die Hände spiele.[193] So erklärt sich auch der Erfolg der im gleichen Monat im Gasthof „Eisenbahn" in Starnberg stattfindenden Versammlung, zu der die vaterländischen Verbände[194]-„Deutsche Arbeiterpartei, Treu Oberland, Bayern und Reich"-einluden und unter anderem die „Ausweisung der Fremdstämmigen" und die „Todesstrafe für alle Wucherer und Schieber" forderten.[195]
Das Jahr 1923 begann unruhig: Besonders die Nationalsozialisten gründeten neue Ortsgruppen und waren inzwischen in den bürgerlichen Kreisen erfolgreich, die davon enttäuscht waren, dass die anderen Parteien keine Antworten auf die nationalen Fragen im Zusammenhang mit dem Versailler Vertrag hatten.[196] Aber noch war der Berichterstatter davon überzeugt, dass es der Sicherheit und dem Frieden der Bevölkerung zu Gute käme, wenn „rechtsgerichtete Staatsbürger den Mut zu einem Zusammenschluss und zum Schutz der persönlichen Freiheit und der Arbeit gegen die brutalen Übergriffe von Links finden" würden. Im gleichen Zusammenhang plädierte er auch für eine deutliche Ungleichbehandlung der linken und rechten Organisationen, die er für staatsschädlich bzw. staatserhaltend erachtet.[197] Erst unter dem konkreten Eindruck des Hitler-Putsches wurde der Ton etwas distanzierter, wenn man auch der Sache an sich nicht weniger Sympathie entgegen brachte: „Persönlicher Ehrgeiz und Herrschsucht haben in der ganzen Hitler-Bewegung eine traurige Rolle gespielt und erreicht, daß nicht nur dieser ursprünglich gesunden Bewegung, sondern auch dem vaterländischen Gedanken der schwerste Schlag versetzt wurde."[198]

Zur gleichen Zeit verschlechterte sich die wirtschaftliche Lage in Bayern zunehmend. Die „fortschreitende Teuerung" drückte allgemein auf die Stimmung in der Bevölkerung,[199] die Kommunen suchten verzweifelt nach Kreditgebern,[200] und in Fabrikbetrieben des Bezirks Starnberg wurde Kurzarbeit von 36, teilweise sogar nur 24 Wochenstunden eingeführt. Die Preiserhöhungen für Grundnahrungsmittel wie Fleisch, Milch, Eier und Bier erregten die Menschen mehr als politische Ereignisse, zumal die Qualität speziell des Bieres so minderwertig war, dass „den Führern der Antialkohol-Bewegung bald nicht mehr viel zu tun übrig" blieb. [201] War im Sommer 1921 die Lage auf dem Arbeitsmarkt noch im Allgemeinen gut,

193 Halbmonatsbericht 06. Dezember 1922, BayHStA MA 102136.
194 Hübner, Christoph: Landesverband der Einwohnerwehren Bayerns, 1920/21, in: Historisches Lexikon Bayerns, URL: http://www.historisches-lexikon-bayerns.de/Lexikon/Landesverband_der_Einwohnerwehren_Bayerns,_1920/21 (22. Januar 2013).
195 Beilage zum Halbmonatsbericht 22. Dezember 1922, BayHStA MA 102136.
196 Halbmonatsbericht 06. Februar 1923, BayHStA MA 102136.
197 Halbmonatsbericht 27. Juli 1923: „Dabei wird völlig verkannt, daß man diese aus dem gesunden staatserhaltenden Bürgertum durch die Not der Zeit geschaffenen Organisationen nicht behandeln kann wie einen Besen, der nach erfolgter Straßenreinigung in die Ecke gestellt wird und ruhig zu warten hat, bis er wieder Werkzeug werden darf. Männer, von denen die Regierungsorgane als selbstverständlich hinnehmen, daß sie in Zeiten der Gefahr ihr Leben für den Staat einsetzen, wollen besonders eingeschätzt werden und haben auch das Recht darauf, von den Staatsbehörden mit anderem Maße zugemessen zu erhalten, als die offenkundigen Feinde des Staates." BayHStA MA 102136.
198 Halbmonatsbericht 19. November 1923, BayHStA MA 102136.
199 Halbmonatsbericht 05. Dezember 1921, BayHStA MA 102136.
200 Halbmonatsbericht 10. Dezember 1922, BayHStA MA 102136.
201 Halbmonatsbericht 10. Mai 1923, BayHStA MA 102136.

meldete der Bezirk Starnberg zwei Jahre später 60 Erwerbslose und 150 Kurzarbeiter,[202] zum Ende des gleichen Jahres waren es schon 390 Erwerbslose.[203]

Das Jahr 1923 stand „im Zeichen stimmungsvoll verlaufener Fahnenweihen und Kriegerdenkmalenthüllungen, bei denen die Teilnehmer den besten Geist zeig[t]en", leider nur solange bis „die Masse unter die Führerhypnose" geriete. Dann würde sich der Mangel an Einsicht und moralischem Halt enthüllen. Schuld daran sei die weit verbreitete Resignation innerhalb der Bevölkerung, die die „wahnsinnige Arbeit der Notenpresse" nur noch hinnimmt und die nächste Teuerungswelle erwartet.[204]

Der gescheiterte Putsch von 1923 und die „Marschierer"

Zu Beginn des Jahres 1923 zählte die Ortsgruppe Starnberg 70 Mann und bildete eine Sturmabteilung,[205] im Herbst waren es bereits „weit über 100 Parteigenossen",[206] deren Hauptaugenmerk auf paramilitärischer Ausbildung lag. So verwundert es nicht, dass beim Alarmbefehl des 08. November 1923, den die Kampfbund-Führer tags zuvor ausgegeben hatten,[207] allein aus dem Landkreis Starnberg 25 Personen aufbrachen: 14 Starnberger[208] der 8. Kompanie des 2. SA-Regiments, der Feldafinger Georg Schmid, die Herrschinger Klaus von Pape, Eugen Schick, Otto Gareis, Alois Scheicher und Martin Wachter, aus Seefeld-Hechendorf Hans Rickmers, Johann Seitz, Hans Burkhardt und sein Bruder Karl, und aus Steinebach Hans Guglberger (auch Guggelberger geschrieben).[209] Zwei dieser Marschierer wurden bei den Kämpfen des 09. November tödlich verwundet: Hans Rickmers und Klaus von Pape.

Hans Rickmers

Hans Rickmers, Rittmeister der Reserve bei den Totenkopfhusaren, am 07. Mai

202 Halbmonatsbericht 22. September 1923, BayHStA MA 102136.
203 Halbmonatsbericht 05. Dezember 1923, BayHStA MA 102136.
204 Halbmonatsbericht 06. Juni 1923, BayHStA MA 102136.
205 Hoser, Paul: Sturmabteilung (SA), 1921-1923/1925-1945, in: Historisches Lexikon Bayerns, URL: http://www.historisches-lexikon-bayerns.de/Lexikon/Sturmabteilung_(SA),_1921-1923/1925-1945 (09. August 2012).
206 L&S 17. Juni 1938.
207 Kershaw, Hitler, S. 259.
208 Laut L&S 17. Juni 1938: Toni Weiß, Franz Buchner, Josef Buchner, Max Pöhlemann, Edmund Frank, Max Ederer, Hans Steingrübl, Ludwig Leyser, Nickl Gröber, Sepp Ernst, Hans Koller I, Hans Koller II, Ludwig Schöner, Hans Baumgärtner.
209 Zum 10. Jahrestag des „Blutmarsches" zählt der L&S eine etwas andere Personenliste auf: „Aus Oberalting: Rupert Kamermeier, Franz (sic) Rickmers (vor der Feldherrnhalle gefallen), Josef Schäffler, Georg Forstmeier, Rudolf Mathes. Aus Steinebach: Hans Gugglberger, der die Blutfahne trug, kam zur heutigen Feier des 9. November eigens von Newyork in seine Heimat. Aus Herrsching: Klaus von Pape (vor der Feldherrnhalle gefallen), der Fahnenbegleiter zusammen mit Otto Gareis, der schwer verwundet wurde, Eugen Schick, Hillar [sic] Hochgesang und Andreas Stoiber. Aus Drößling: Josef Wagner, Matthias Wagner, Josef Dellitzer und Josef Schlager. Aus Meiling: M. Grönauer und Matthias Sebald. Aus Hechendorf: Karl Burkhar[d]t und Jakob Seitz. Aus Gauting: haben 1923 den Marsch an die Feldherrnhalle mitgemacht: Xaver Dorsch und Ing. Ludwig." L&S 09. November 1933.

1881 in Wiesbaden geboren, hatte eine Unterführerstelle im Bund Oberland[210] inne. Sein Landhaus in Oberalting hatte er zu einem „waffenstarrenden Zeughaus“[211] verwandelt. Am 08. November 1923 hielt seine Truppe die Torwache am Bürgerbräukeller. Beim anschließenden Marsch der Aufständischen in Richtung Odeonsplatz wurde Rickmers durch Schüsse der Landpolizei so schwer verletzt, dass er am 28. November an den Folgen seiner Verwundung starb. Ein Jahr nach den Ereignissen vor der Feldherrnhalle fand in Anwesenheit der „Getreuen des ehemaligen Bundes Oberland“ die Weihe eines Gedenksteins auf dem Sollerberg in Oberalting statt. Rickmers Witwe hatte eine Muschelkalkpyramide errichten lassen, die die Urne des Rittmeisters umschloss.[212]

„Ehrenmal“ an der Feldherrnhalle in München
(Postkarte, nicht gelaufen; Privatbesitz)

Klaus von Pape

Der erst siebzehnjährige Klaus von Pape war 1920 mit seiner Mutter nach Herrsching gezogen und gehörte Rickmers Freikorps-Gruppe Oberalting an. Laut der nach seinem Tod einsetzenden Legendenbildung marschierte er am 09. November

210 Paramilitärischer Verband Bund Oberland vgl. Hübner, Christoph: Bund Oberland, 1921-1923/1925-1930, in: Historisches Lexikon Bayerns, URL: http://www.historisches-lexikon-bayerns.de/Lexikon/Bund Oberland, 1921-1923/1925-1930 (04. Dezember 2013); und: Für das stolze Edelweiß: Bild- und Textband zur Geschichte von Freikorps Oberland und Bund Oberland; stark erweiterte, überarbeitete Neuauflage, Neckarwestheim 2012.
211 L&S 05. November 1935.
212 AR 06. Dezember 1924.

1923 neben dem Fahnenträger Hans Guglberger in der ersten Reihe und trug die Hakenkreuzfahne nach dessen Verwundung noch einige Schritte weiter, bis er selbst tödlich getroffen zusammenbrach.[213]
Die Herrschinger ehrten sein Andenken durch die Umbenennung der Waldeckstraße in Klaus-von-Pape-Straße.[214] Die 16 Gefolgsleute Hitlers, die bei der Schießerei noch am Odeonsplatz starben oder ihren Verletzungen später erlagen, wurden zu Märtyrern der Bewegung hochstilisiert,[215] denen ein Ehrenmal am Eingang zum Königsplatz errichtet wurde.[216] Die sogenannten Marschierer, die am Hitlerputsch beteiligten Angehörigen der SA, der Reichskriegsflagge, des Bundes Oberland oder der Wehrmacht, wurden mit dem Blutorden geehrt, den Adolf Hitler „zur Erinnerung an die nationalsozialistische Erhebung vom 9. November 1923“ stiftete.[217]

Die Wahlen 1919, 1920 und 1924

Am 15. Juni 1919 wurden in Bayern gleichzeitig die Gemeinde-, Bezirkstags- und Kreistagswahlen abgehalten. Daraus gingen die Bayerische Volkspartei, der Bayerische Bauernbund und die Deutsch-demokratische Partei, die sich für die Bezirkswahl zu einer gemeinsamen Liste zusammengefunden hatten, als Sieger hervor.[218] Bei den Reichstags- und Landtagswahlen am 06. Juni 1920 trat zum ersten Mal die Deutschnationale Volkspartei (DNVP) an und erreichte sofort den vierten Platz auf der Ergebnisliste.[219] Schon zu diesem Zeitpunkt gaben sowohl in Starnberg als auch in Herrsching unverhältnismäßig viele Wähler ihre Stimme dem nationalen Lager.[220] Gemeinden wie Gilching oder Hechendorf, die später auch über eine breite nationalsozialistische Basis verfügten, waren zu diesem Zeitpunkt noch nicht von braunem Gedankengut infiziert.[221]

---

213 L&S 31. Oktober 1935.
214 In den Protokollbüchern des Herrschinger Gemeinderats findet sich kein Hinweis darauf, wann diese Umbenennung vorgenommen wurde. Heute heißt die Straße Schönbichlstraße.
215 Schäfer, Bernhard: Blutfahne der NSDAP, in: Historisches Lexikon Bayerns, URL: http://www.historisches-lexikon-bayerns.de/Lexikon/Blutfahne der NSDAP (30. September 2013).
216 Vgl.: Behrenbeck, Sabine: Der Kult um die toten Helden. Nationalsozialistische Mythen, Riten und Symbole 1923 bis 1945, Vierow bei Greifswald 1996; Goodrick-Clarke, Nicholas: Die okkulten Wurzeln des Nationalsozialismus, Graz/Stuttgart 1997.
217 Patzwall, Klaus: Der Blutorden der NSDAP, Hamburg 1985; Petzlin, Heinz: Die Deutschen im Dritten Reich: Nationalsozialisten, Mitläufer und Gegner, Stuttgart u.a. 1985; und vgl. Kapitel Die Organisation der NSDAP auf Bezirksebene.
218 L&S 26. Juni 1919: Sozialdemokratische Mehrheitspartei 2.201 Stimmen = 4 Sitze, Bayer. Volkspartei, Bayer. Bauernbund, Deutsch demokratische Partei 5.725 Stimmen = 10 Sitze.
219 L&S 07. Juni 1920: Reichstagswahl: BV 4.370, DNV 1.366, BB 2.099, MSP 2.207; Landtagswahl: BV 4.481, DNV 1.184, BB 2.064, MSP 2.261. Vgl.: Kiiskinen, Elina: Bayerische Mittelpartei (BMP) - Deutschnationale Volkspartei (DNVP), 1918-1932/33, in: Historisches Lexikon Bayerns, URL: http://www.historisches-lexikon-bayerns.de/Lexikon/Bayerische Mittelpartei (BMP)-Deutschnationale Volkspartei (DNVP), 1918-1932/33 (30. Juni 2012).
220 L&S 10. Juni 1920: Reichstagswahlergebnis: Starnberg-BV 956, BB 16, DNV 475, MSP 450; Herrsching-BV 91, BB 43, DNV 119, MSP 117; Landtagswahlergebnis: Starnberg-BV 986, BB 14, DNV 439, MSP 448; Herrsching-BV 204, BB 39, DNV 108, MSP 121.
221 L&S 10. Juni 1920: Landtagswahlergebnis: Gilching-BV 140, BB 262, DD 13, DNV 13, MSP 60, USP 117; Hechendorf-BV 80, BB 91, DD 19, DNV 17, MSP 72.

Die Landtagswahl vom 06. April 1924 brachte auf lokaler Ebene richtungsweisende Ergebnisse. In den Orten, in denen sich bereits in der Frühzeit nationalsozialistische Vorkämpfer bemerkbar gemacht hatten, bekam der Völkische Block[222] noch vor der Gewinnerin der Gesamtwahl, der Bayerischen Volkspartei, die meisten Stimmen: in Starnberg 750 völkische Stimmen gegenüber 689 der BVP, in Feldafing 147 vor 139, und in Herrsching 231 vor 109 für die BVP.[223] Das bayernweite Gesamtergebnis lautete dagegen 919.587 Stimmen für die Bayerische Volkspartei und 491.862 Stimmen für den Völkischen Block.[224] Der Boden für eine weitere Ausbreitung völkischen, nationalen und nationalsozialistischen Gedankenguts war damit bereitet. Es bedurfte aber noch der Personen, die diese politische Haltung in alltagstaugliches Handeln umsetzten.

Die Landkreis-Presse

Der „Land- und Seebote"[225]

Im Dezember 1875 erschienen vier Probenummern des „Land- und Seeboten für Starnberg und Umgebung", der daraufhin seit Januar 1876 regelmäßig einmal in der Woche als Heimatzeitung mit wirtschaftlichem und landwirtschaftlichem Schwerpunkt gedruckt wurde. Als einziges Lokalblatt des Distrikts fand es so großen Absatz, dass es schon ab Oktober 1876 zweimal pro Woche aufgelegt wurde und über die Landkreisgrenzen hinaus Verbreitung fand. Auf den Titelseiten wurden Texte mit bayerischen, reichsweiten und weltpolitischen Themen von Nachrichtenagenturen übernommen, den lokalen Teil bestritten Autoren vor Ort. Der „Land- und Seebote" war als amtliches Organ des zunächst noch Königlichen Amtsgerichts Starnberg politisch dem Haus Wittelsbach verpflichtet, nach 1919 - inzwischen als Tageszeitung - entsprach sein Profil der gemäßigten politischen Mitte und man unterstützte mehr oder weniger offen die Linie der Bayerischen Volkspartei BVP, für die in Tagen kurz vor Wahlentscheidungen die erste Seite zur Verfügung stand.[226] Trotz der wirtschaftlich schwierigen Zeit nach dem Ersten Weltkrieg konnte sich der „Land- und Seebote" behaupten.
Erst mit der Gleichschaltung und der versuchten Erpressung des Chefredakteurs Knab[227] wurde aus einer der unabhängigen Reportage verpflichteten Zeitung ein der Parteileitung der NSDAP höriges Presseorgan.
Die Nachrichten und Berichte bezogen sich schwerpunktmäßig auf den östlichen Bereich des Landkreises.

222 Probst, Robert: Völkischer Block in Bayern (VBl), 1924/25, in: Historisches Lexikon Bayerns, URL: http://www.historisches-lexikon-bayerns.de/Lexikon/Völkischer_Block_in_Bayern_(VBl),_1924/25 (13. Juni 2012).
223 L&S 07. April 1924.
224 L&S 08. April 1924.
225 Amelungse-Kurth, Astrid: In Starnberg daheim, in der Welt erfolgreich. Starnberger Firmenportraits. Starnberger Stadtgeschichte Bd. 7/2, Starnberg 2011, S. 106-121: Druckerei Josef Jägerhuber. Vgl.: Hoser, Paul: Presse (20. Jahrhundert) in: Historisches Lexikon Bayerns, URL: http://www.historisches-lexikon-bayerns.de/Lexikon/Presse_(20. Jahrhundert) (18. Februar 2012).
226 Z.B.: L&S 29. Mai 1920.
227 Siehe Kapitel Veränderungen in der Redaktion des „Land- und Seeboten".

Nach der kurzen Phase als Amtsblatt der Revolutionäre im Jahr 1918/19 wurden im „Land- und Seeboten" radikale politische Demonstrationen, ob von Seiten der Völkischen oder der Kommunisten, entweder kurz und distanziert kommentiert oder - und das war überwiegend der Fall - ignoriert, sehr zum Leidwesen der Nationalsozialisten vor Ort, die sich von Anfang an übergangen und ausgegrenzt fühlten. Einzig der Hitlerprozess in München fand immer wieder Platz in der Kommentarspalte der ersten Seite. Dabei bemühte sich der Autor um eine ausgleichende und beruhigende Sicht und beschwor die „Entgiftung unserer politischer Verhältnisse".[228] Anzeigen der NSDAP zu Versammlungen wurden aus wirtschaftlichen Gesichtspunkten, mutmaßlich auch aus Gründen der Fairness, gedruckt. Buchners Bruder Josef hatte 1915 seine Buchdruckerlehre beim „Land- und Seeboten" begonnen und blieb dort bis 1927 beschäftigt.[229]

Die „Andechser Rundschau"

Am 10. Oktober 1924 erschien die erste Ausgabe der „Andechser Rundschau, Amtsblatt für Herrsching, Erling-Andechs und den Orten des Ammer-, Wörth- und Pilsensee-Gebietes" einmal pro Woche und war damit das Sprachrohr des westlichen Bezirksbereiches. Diese bescheidene lokale Zeitung bestand anfangs aus vier Seiten, konnte sich aber durch ihren Charakter als kleinteilige Berichterstatterin schnell etablieren, zumal es im westlichen Landkreis keine Konkurrenz gab. Die „Andechser Rundschau" übernahm zu dieser Zeit keine Artikel der Presseagenturen, sondern hatte eigene Berichterstatter vor Ort in den Gemeinden, die über so tragische Ereignisse wie einen Unfall beim Baumfällen oder über zünftige Vereinsfeiern schrieben. Fast ein Drittel einer Ausgabe füllten Annoncen und der Kirchenanzeiger.

Nachdem die „Andechser Rundschau" anfänglich keine eindeutige Begünstigung einer politischen Richtung erkennen ließ, schwenkte sie spätestens nach der Machtübernahme ganz auf die Linie der Nationalsozialisten ein. Im Laufe der Jahre ließ dieser Enthusiasmus merklich nach und gab einer nüchterneren Berichterstattung Raum, die sich lieber über unpolitische lokale Ereignisse äußerte.
Die „Andechser Rundschau", nach eigenem Bekunden das „Heimatblatt des Vierseengebietes", und ihr Gründer Anton Pachmayr machten aus ihrer Sympathie für die nationalsozialistische Bewegung keinen Hehl, wenn sie auch „im allgemeinen [...] politische Fragen" nicht aufwerfen würden. Nicht ohne Stolz vermeldete die Zeitung zu ihrem zehnjährigen Bestehen, also in der Rückschau, niemand habe sie gleichschalten müssen, denn „dieses Blatt war seit Jahren in nationalsozialistischem Geist redigiert."[230] Tatsächlich berichtete die „Andechser Rundschau" in den lokalen Artikeln nur selten über politische Ereignisse. Wirtschaftliche, kulturelle, sportliche und familienbezogene Nachrichten standen weiterhin im Mittelpunkt. Dennoch handelte es sich sicher nicht um eine „politisch gänzlich neutrale

228 Z.B. L&S 26. Februar 1924: „Über diese momentanen Wallungen und seelischen Erschütterungen hinweg sollte und müßte aber der Prozeß doch zu einer Klärung und Reinigung der Atmosphäre in Bayern führen [...]."
229 Lebenslauf, StAM SpKA K 4557 Josef Buchner.
230 AR 06. Oktober 1934.

Heimatzeitung", wie sie im Spruchkammerverfahren ihres Schriftleiters Ludwig Schertel bezeichnet wurde.[231]

Die „Andechser Rundschau" konnte sich bis 1941 halten, obwohl „der bayerische Zeitungsblock (...) ständig dahinter [war] uns die Zeitung zu nehmen und schikanierte uns fortwährend mit Prüfungen durch den Werberat der deutschen Wirtschaft und durch Straf-Versetzungen der Wirtschaftsgruppe Druck."[232] Sie musste wegen Papierrationierung im Reich das Erscheinen einstellen.

Zwischenbilanz

„Die Erkenntnis von der Notwendigkeit der Auseinandersetzung der nationalen, d.h. staatserhaltenden und der internationalen, staatszerstörenden Richtung wurde in nationalen Kreisen doch immer mehr und mehr erkannt. Die Überzeugung, daß diese Auseinandersetzung nicht durch unausgesetztes Predigen von `Ruhe und Ordnung´, sondern nur durch Kampf erfolgen konnte, setzte sich in der nationalen Bewegung allmählich, wenn auch langsam, durch."[233] Diese Ansicht Ernst Röhms,[234] bezogen auf das Ende des Jahres 1922, vertraten auch die Nationalsozialisten im Bezirk Starnberg. Hitlers daraus resultierendes Verhalten mündete bekanntermaßen im Putschversuch des folgenden Jahres. Münchens bürgerliche Kreise und die politischen Entscheidungsträger nahmen die Nationalsozialisten als kleine, zu allem entschlossene und unverblümt Gewalt predigende Gruppierung wahr, die gegnerische Versammlungen sprengte, antisemitische Parolen propagierte und statt auf die gewählten Vertreter der Demokratie auf das `Naturrecht des Stärkeren´ setzte.

Trotz aller punktuellen Sympathie blieben die frühen Nationalsozialisten aber für die Münchner eher ein abschreckendes Beispiel durch den Krieg und seine Folgen haltlos gewordener Krawallbrüder als ein tragfähiges Zukunftsmodell politischer Betätigung. Man erwartete höchstens ein kurzlebiges Interesse an den Parolen der NSDAP, das von alleine verfliegen oder andernfalls staatlicherseits in die Schranken gewiesen werden würde. In diesen Anfangsjahren war die NSDAP „im wesentlichen ein Münchner Phänomen",[235] protegiert von wohlwollenden Vertretern des

231 Th. Max Dietze, StAM SpKA K 4636 Ludwig Schertel.

232 Georg Pfeufer, Buchdruckermeister, 1930 bis 1942 als Meister bei der Andechser Rundschau, o.D., StAM SpKA K 4636 Ludwig Schertel.

233 Röhm, Ernst: Die Geschichte eines Hochverräters, München 1934, S. 152.

234 Zu Röhm: Fischer, Conan: Ernst Julius Röhm-Stabschef der SA und unentbehrlicher Außenseiter, in: Smelser, Ronald/Zitelmann, Rainer (Hrsg.): Die braune Elite I. 22 biographische Skizzen, Darmstadt 1993, S. 212-222; Gritschneder, Otto: „Der Führer hat Sie zum Tode verurteilt..." Hitlers „Röhm-Putsch"-Morde vor Gericht, München 1993; Hübner, Christoph: Reichskriegsflagge, 1923-1925, in: Historisches Lexikon Bayerns, URL: http://www.historisches-lexikon-bayerns.de/Lexikon/Reichskriegsflagge,_1923-1925 (22. März 2013); und: Hübner, Christoph: Vereinigung vaterländischer Verbände in Bayern (VVVB), 1922-1927, in: Historisches Lexikon Bayerns, URL: http://www.historisches-lexikon-bayerns.de/Lexikon/Vereinigung_vaterländischer_Verbände_in_Bayern_(VVVB),_1922-1927 (22. März 2013).

235 Large, Hitlers München S. 203.

Münchner Großbürgertums[236] oder der Behörden wie der Münchner Polizei unter Ernst Pöhner.[237]

Vor den Toren Münchens, speziell im Bezirk Starnberg, war die Wahrnehmung etwas anders. Nach den revolutionären Ereignissen von 1918/19 suchte Starnberg zunehmend nach Sicherheit und öffentlicher Ordnung. Der Bund Oberland erfreute sich regen Zulaufs. Die NSDAP wiederum konnte überhaupt erst dadurch so früh Fuß fassen, dass ein engagiertes Mitglied der Münchner Kerntruppe seinen Lebensmittelpunkt nach Starnberg verlegte. Dem Dentisten Friedrich Krohn, Mitglied der Thule-Gesellschaft und des Freikorps Oberland, alldeutsch-völkisch orientiert und mit den Gründungsmitgliedern der DAP gut bekannt, genügte die politische Betätigung in München nicht. Er baute in seiner neuen Heimatstadt ebenfalls einen Parteiableger auf. Seine guten Kontakte nach München verhalfen der jungen Starnberger Ortsgruppe zu aktuellen Informationen und publikumswirksamen Rednern. Krohn brachte sehr früh eine kleine Schar nationalsozialistischer Anhänger in Starnberg zusammen. Ihr Einfluss blieb aber begrenzt, und nach Krohns Rückzug aus der politischen Arbeit drohte die Gruppe, die noch über keine organisatorischen Strukturen verfügte, wieder gänzlich unterzugehen. In Starnberg und im Umland wurde die NSDAP hauptsächlich durch ihre von Münchner Rednern bestrittenen Versammlungen wahrgenommen, in denen es teilweise zu lautstarken Auseinandersetzungen mit politisch anders Denkenden kam. Der Auftrieb, den die nationalsozialistische Bewegung durch die wirtschaftlichen Schwierigkeiten, durch die Spannungen zwischen Bayern und dem Reich[238] und durch die Erfolge der italienischen Faschisten verspürten, ebbte erst ab, als der Hitlerputsch auf dem Odeonsplatz scheiterte. Die nationalsozialistische Propagandaarbeit im Bezirk Starnberg wurde zeitweise eingestellt, aber das rechtsradikale Gedankengut lebte weiter.[239]

236 Vgl.: Käfer, Miriam: Hitlers frühe Förderer aus dem Großbürgertum-das Verlegerehepaar Elsa und Hugo Bruckmann, in Krauss, Marita (Hrsg.): Rechte Karrieren in München. Von der Weimarer Zeit bis in die Nachkriegsjahre, München 2010, S. 52-79.

237 Vgl.: Hockerts, Hans Günter: Ernst Pöhner; in: NDB Bd. 20, Berlin 2001, S. 560f; Schröder, Münchner Polizei.

238 Vgl. Hürten, Heinz: Konflikte mit dem Reich, in: Schmid, Alois (Hrsg.): Handbuch der bayerischen Geschichte, begründet von Max Spindler, Bd. 4: Das neue Bayern. Von 1800 bis zur Gegenwart, München 2003; S. 475-479.

239 Vgl. Thränhardt, Dietrich: Wahlen und politische Strukturen in Bayern 1848-1953. Historisch-soziologische Untersuchungen zum Entstehen und zur Neuerrichtung eines Parteisystems, in: Beiträge zur Geschichte des Parlamentarismus und der politischen Parteien 51, Düsseldorf 1973, S. 135 f.

„Nicht zu leugnen, neben der Rohheit laufen auch sehr alte Träume mit unter. Der stärkste ist der vom Dritten Reich, das bloße Wort schon hüllt den Kleinbürger ahnend ein […] ein Geisterzug pervertierter Erinnerungen zieht durchs halbproletarische `Volksgedächtnis´ […] Nicht die Theorie der Nationalsozialisten, wohl aber ihre Energie ist ernst, der fanatisch-religiöse Einschlag, der nicht nur aus Verzweiflung und Dummheit stammt, die seltsam aufgewühlte Glaubenskraft." Ernst Bloch[240]

Die „Kampfzeit"

Franz Xaver Buchner

Franz Xaver Buchner, vom „Neuen Seeboten Starnberg" als der „ungekrönte König von Starnberg" betitelt,[241] nimmt sowohl für das Wachsen der NSDAP im Landkreis Starnberg als auch für die Darstellung dieser Entwicklung eine entscheidende Stellung ein: Buchner gehörte zur `zweiten Generation´ der Parteianhänger und wirkte federführend mit am Wiedererstarken der Bewegung nach dem Schock der Verurteilung und Inhaftierung Hitlers und dem darauffolgenden Parteiverbot. Über diese `Kampfzeit´ verfasste er sein autobiographisches Werk „Kamerad! Halt aus! Aus der Geschichte des Kreises Starnberg der NSDAP". Weiter hielt Buchner anlässlich der Eröffnung des Kreistages der NSDAP 1938 in Starnberg die Eröffnungsrede, in der er auf die Frühzeit der NSDAP in der Stadt einging und die ersten Bemühungen Friedrich Krohns und der weiteren Mitstreiter beschrieb.[242] Somit ist Buchner sowohl Aktivist während der gesamten Zeit, in der die NSDAP ihren Einfluss im Landkreis Starnberg ausübte, als auch Chronist der Anfangsphase bis zur sogenannten Machtübernahme, genauer wohl Machtübergabe, denn „nicht Hitler hat die Republik zerstört, sondern die Republik hat Hitler durch ihr Scheitern zur Macht verholfen".[243]

Buchner war Parteimitglied 1923 und von 1925 bis 1943 bzw. 1945,[244] Kreisleiter von 1928 bis 1943, Bürgermeister von Starnberg 1933 bis 1944, Mitglied des Reichstags 1933 bis 1943 und Gauredner 1933 bis 1940. Er bekam den Blutorden, das Goldene Parteiabzeichen und die Dienstauszeichnung, ein Ehrenzeichen für hauptamtliche Parteimitarbeiter, verliehen.[245]

240 Bloch, Ernst: Erbschaft dieser Zeit, Zürich 1935, S. 63 (14. September 1930).

241 Der Neue Seebote 25. Mai 1949; aufgegriffen von Fait, Barbara: Die Kreisleiter der NSDAP-nach 1945, in: Broszat, Martin/Henke, Klaus-Dietmar/Woller, Hans (Hrsg.): Von Stalingrad zur Währungsreform. Zur Sozialgeschichte des Umbruchs in Deutschland, München 1990, S. 215-299. Schon 1921 gab es einen anderen „König von Starnberg": Der jüdische Rechtsanwalt Robert Held wird am 24. Dezember 1921 in einem antisemitischen Artikel des VB so bezeichnet.

242 Starnberg IfZ.

243 Möller, Horst: Warum die Weimarer Republik scheiterte, in: Dahm, Volker/Feiber, Albert A./Mehringer, Hartmut/Möller, Horst (Hrsg.): Die tödliche Utopie. Bilder, Texte, Dokumente, Daten zum Dritten Reich, Berlin 2010, S. 28-47, hier S. 47.

244 Den Parteiaustritt bzw. Rauswurf, den Buchner in seinem Spruchkammerverfahren immer zu seinen Gunsten reklamierte, konnte er nie beweisen.

245 BArch PKB 0123 Franz Buchner, ehem. BDC und RKI 0059; Spruch der Hauptkammer München vom 24. Mai 1949, StAM SpKA K 219 Franz Buchner.

Buchners frühe Jahre

Buchner wurde am 17. Juni 1898 als Sohn des Oberweichenwärters Josef Buchner in Starnberg geboren. Das geringe Gehalt des Vaters als kleiner Beamter erlaubte der siebenköpfigen Familie nur ein bescheidenes Dasein.[246] Nach dem Besuch der Volks- und Realschule erlebte Buchner den Ersten Weltkrieg ab dem Mai 1917 als Minenwerfer beim Bayerischen Minenwerfer-Ersatz Bataillon Nr. 1 und verbrachte 21 Monate im Frontdienst, zuerst in Flandern, dann bei Verdun, bevor er im Herbst 1918 „in die durch Kriegsverlust, Revolution und Bürgerkrieg erschütterte Heimat" zurückkehrte.[247] Im April und Mai 1919 gehörte er dem Freikorps Epp an.[248] Seit 1919 arbeitete er als Inspektor im Starnberger Vermessungsamt. In dieser Zeit begann er nach eigenen Angaben „politische Aufklärung" zu suchen, geriet dabei aber in eine Versammlung der „Demokratischen Partei Deutschlands", bei der eine Frau als Rednerin auftrat.[249] Durch diese, seine Person als „Mann und Frontsoldat" beleidigende Tatsache, lehnte Buchner fortan die Demokratie als solche ab und wandte sich \`männlichere´ Werte vertretenden Gruppierungen zu. So fühlte er sich 1922 weniger von den politischen Inhalten des Parteiprogramms der NSDAP angezogen, als vielmehr vom militanten Charakter der Bewegung und ihrer aggressiven Propaganda. 1923 trat er der Partei bei und nahm im November am Marsch zur Feldherrnhalle[250] teil.[251]

246 Lebenslauf: „In ärmlichen Verhältnissen aufgewachsen, lernte ich früh das Los der unteren Volksschichten kennen [...] Durch diese Umstände gezwungen, mußte auch meine Mutter in die Arbeit gehen, um mit sauer verdienten Groschen einen dürftigen Ausgleich zwischen Einnahmen und Ausgaben zu schaffen." StAM SpKA K 4557 Josef Buchner. Josef Buchner ist ein Bruder von Franz Buchner.

247 Antrag auf Einleitung eines Wiederaufnahmeverfahrens vom 26. Februar 1951, StAM SpKA K 219 Franz Buchner.

248 Auszug aus Adolf Hitler und seine Kämpfer-288 Braunhemden im Reichstag, BayHStA Slg. Personen 4629 Franz Buchner.

249 Antrag auf Einleitung eines Wiederaufnahmeverfahrens vom 26. Februar 1951: „[...] Versammlung [...], in der eine ehrwürdige, alte Dame in schwarzem Seidenkleid mit monotoner Stimme ihr Konzept über \`Das Wesen der Demokratie´ ablas." StAM SpKA K 219 Franz Buchner.

250 1935 bekam Buchner für seine Teilnahme am „Marsch auf die Feldherrnhalle" den Blutorden verliehen. In seiner Spruchkammerakte spielt er seine Beteiligung folgerichtig herunter, während er Andeutungen, er sei mitmarschiert und nicht nur in Bereitschaft gelegen, zuvor unkommentiert ließ. Vgl. Spruch vom 18. November 1949 und L&S 17. Juni 1938, StAM SpKA K 219 Franz Buchner. Man sei „am 9. November 1923 beim SA-Regiment München an der nationalsozialistischen Erhebung an der Feldherrnhalle in München beteiligt" gewesen, ist seinem Lebenslauf in der NSDAP-Gaukartei zu entnehmen; BArch RKI 0059 Franz Buchner. Die Wahrscheinlichkeit, dass er wirklich vor Ort dabei gewesen ist, ist aber sehr gering. Nicht nur, dass er dieses Thema in keiner zeitgenössischen Äußerung vor seinen Mitstreitern anspricht, sein damaliger Freund und Kampfgefährte Johann Koller, der ebenfalls den Blutorden verliehen bekam, räumte ein, er habe „mit mehreren Kameraden in Starnberg in Bereitschaft" gelegen; StAM SpKA K 4602 Johann Koller, Anhang zum Meldebogen vom 06. Mai 1946.

251 In einem Artikel des L&S vom 23./24. Mai 1936, der den Titel „Kreisleiter Franz Buchner MdR. Ein Lebensbild" trägt, werden einige Fakten seines Lebensweges etwas anders geschildert. So heißt es beispielsweise: „13 Monate war Franz Buchner als Minenwerfer an der Westfront" - „Von April bis Juni 1919 war er im Freikorps Epp [...]" - „Im Frühjahr 1922 erfolgte sein Eintritt in die SA der NSDAP und im Oktober desselben Jahres wurde er Mitglied der Partei." Die gleiche Darstellung findet sich auch in einem Lebenslauf, den Buchner der Parteizentrale zuschickte. Seine Behauptung, „am 9. November 1923 beim SA-Regiment München an der nationalsozialistischen Erhebung an der Feldherrnhalle in München beteiligt" gewesen zu sein, liest sich wie eine tatsächliche Mitwirkung. BArch RKI 0059 Franz Buchner.

Sein `Erweckungserlebnis´ hatte Buchner auf einer Ortsgruppenleiterbesprechung in Rosenheim im Sommer 1925: „Plötzlich erschien Adolf Hitler." Dem gängigen Mythos vom Führer, der durch Blick und/oder Geste den `Seelengrund´ seines Gegenübers erreicht und ihn zum gläubigen Jünger macht, entsprechend, gab sich auch Buchner zutiefst angerührt:[252] „Es gibt Dinge, die man nicht ergründen, nicht schildern kann." Und für ihn galt seitdem: „Morgens im Erwachen ist das erste Erinnern des neuen Lebens: Adolf Hitler. Tagsüber, bei aller Arbeit, weicht er keine Sekunde aus dem Gedächtnis. Und abends gilt der letzte verdämmernde Gedanke dem Führer. Manchmal begegnet er uns im Traumland. Und wenn sie erwachen, sagen sie alle, die Träumer: Wie schade ...! Jedem Nazi geht es so-wem es nicht so geht-der ist keiner!"[253]

Buchner als Schriftsteller

Die `Kampfzeit´ der NSDAP beschrieb Buchner in der Rückschau in einem am 06. November 1938 auf der „Ersten Großdeutschen Buchwoche" von der Stadt München mit einem Geldpreis von 1.000 Mark ausgezeichneten Buch, das insgesamt in einer Auflage von 25.000 Stück erschien. Dieses singuläre Zeugnis eines zutiefst überzeugten Nationalsozialisten bringt die Regungen und Gedankenspiele derer nahe, die nach der „Machtergreifung" von der Partei eine Belohnung für die vermeintlich erlittene Schmach und Demütigungen der frühen Jahre einforderten, und bietet gleichzeitig einen Blick auf die `Machtvollkommenheit´, die sein Protagonist seit dieser Zeit erreicht hat. Mit der gebotenen Quellenkritik betrachtet[254], die Buchners Hang zu Überheblichkeit und seine Tendenz, sich selbst in den Mittelpunkt der Erzählung zu stellen ebenso einbezieht wie seine durch Bildung und politische Ausrichtung vorgegebene Begrenztheit der Perzeption, gewährt Buchners Publikation Einblicke in das Denken und Handeln eines Nationalsozialisten in der mittleren Hierarchieebene auf der Höhe seiner Macht.[255] An Tantiemen nahm Buchner für „Kamerad! Halt aus!" 12.000 RM ein.[256] Dieser Preis wurde gewöhnlich für belletristische Werke vergeben.
Schon 1934 hatte die Oberste Leitung der Parteiorganisation angeregt, die Ge-

---

252 Vgl. Kershaw, Ian: Der Hitler Mythos. Führerkult und Volksmeinung, Stuttgart 1999, hier S. 46 f.
253 Buchner, Kamerad! S. 56.
254 Depkat, Volker: Nicht die Materialien sind das Problem, sondern die Fragen, die man stellt. Zum Quellenwert von Autobiographien für die historische Forschung, in: Rathmann, Thomas/Wegmann, Nikolaus (Hgrs.): „Quelle". Zwischen Ursprung und Konstrukt. Ein Leitbegriff in der Diskussion (Beihefte zur Zeitschrift für Deutsche Philologie 12, 2004), S. 102-117; Depkat, Volker: Autobiographie und Generation, in: Dröge, Martin (Hrsg.): Die biographische Methode in der Regionalgeschichte, Münster 2011, S. 43-57; Becker, Nikola: Bürgerliche Lebenswelt und Politik in München. Autobiographien über das Fin de Siècle, den Ersten Weltkrieg und die Weimarer Republik, Kallmünz 2014.
255 Das Buch ist, obwohl es 1940 eine zweite und 1942 eine dritte Auflage gab, nur noch in wenigen Exemplaren vorhanden und wird auf Internet-Börsen für nationalsozialistische Literatur für hohe Summen gehandelt. Am 29. November 2013 befanden sich acht Angebote beim Zentralen Verzeichnis antiquarischer Bücher (ZVAB) auf der Liste. Das teuerste Exemplar bot ein österreichischer Händler für 424.- € an.
256 RA Honold an Spruchkammer München-Land vom 30. April 1949, StAM SpKA K 219 Franz Buchner.

schichte der NSDAP zu dokumentieren und forderte dazu auf, jede Ortsgruppe, zumindest aber jeder Kreis möge seinen eigenen Werdegang beschreiben und dem Hauptarchiv in München einreichen.[257] Nur wenige Parteifunktionäre bzw. Hoheitsträger fühlten sich von dieser Aufforderung so konkret angesprochen, dass sie eine lokale Parteigeschichte verfassten, aber Buchner, wahrscheinlich durch seine Erfolge als Redner angespornt, versuchte sich als Schriftsteller und Chronist.[258] Seine Darstellung „aus der Geschichte des Kreises Starnberg der NSDAP“, so der Untertitel, fasst die Ereignisse seit der Neugründung der NSDAP am 27. Februar 1925 bis zu den Ergebnissen der Reichstagswahl vom 14. September 1930 zusammen, soweit sie die Entwicklung der Ortsgruppen und Parteiverbände betreffen.

Eine Besonderheit ist dabei, dass Buchner nicht nur Orte und Ereignisse aufzählt, sondern auch die Namen sämtlicher Beteiligten nennt, die sich möglicherweise dadurch auch noch geehrt gefühlt haben mögen.

Buchners Schreibstil

Buchners Schreibstil ist eigenwillig, manchmal geradezu expressionistisch, durchsetzt von vielen wörtlichen Reden, zahllosen Ausrufungszeichen, unfertigen Sätzen und ausgelassenen Verben. Diese seine persönliche Ausdrucksweise lässt den gesamten Text gehetzt und atemlos erscheinen.[259] Als weitere sprachliche Besonderheit benutzt Buchner zur Verstärkung und zur Darstellung emotionaler Momente das bayerische Idiom.[260] Anerkannter Parteiredner, der er war, und geübt in völkischer Propaganda, wusste Buchner auch mit Versatzstücken des üblichen NS-Jargons umzugehen.[261] Buchners Text enthält jede Menge Gehässigkeit und Spott gegenüber Andersdenkenden,[262] und insbesondere gegen Juden spart er

---

257 Gaumitteilungsblatt vom 15. Juni 1934: „Ich bringe das den Kreisleitungen am 26. April d.J. übersandte Rundschreiben der Obersten Leitung der PO-Reichsschulungsleiter - in Erinnerung, wonach sofort alle Vorbereitungen zu treffen sind für die Anlage einer Chronik des Erlebens der Kampfzeit in den Ortsgruppen und Stürmen. Die auf diesen Unterlagen fußende Geschichte der Kreise ist dem Gauschulungsamt druckreif bis zum 1. September d.J. zuzuleiten. Der Termin muß unter allen Umständen eingehalten werden.“ StAM NSDAP 1149.

258 Ein weiteres Beispiel neben „Kamerad! Halt aus!“ ist das 1937 als Kampfschrift der Obersten SA-Führung ebenfalls im Zentralverlag der NSDAP Franz Eher Nachfolger in München herausgegebene Buch von Hanns Anderlahn: Gegner erkannt! Ein Tatsachenbericht vom Leben und Kampf der SA, München 1937, das mit den Worten eingeführt wird „Diese Bändchen sollen nicht nur eine geschliffene Waffe in der Hand jedes politischen Kämpfers sein, sondern auch Quell der Erkenntnis für jeden deutschen Volksgenossen.“ Ebenso zählt „Der NSDAP Kreis Lübeck. Werden und Wachsen (Die Kampfjahre)“, 1935 von der Kreisleitung Lübeck herausgegeben, zu diesem Genre.

259 Buchner, Kamerad!, S. 168: „Am Ehrenmal der Helden des Weltkrieges. Morgens, vor Arbeitsbeginn, Kranzniederlegung.“

260 Buchner, Kamerad!, S. 182: „Dann kimmt das Dritte Reich, a Diktatur, dann san mir Moar-und ihr werds an der Zeh aufg'hängt ... und eure Führer werd'n köpft ...“

261 Buchner, Kamerad!, S. 128: „Vom Jubel der Massen umbrandet naht Adolf Hitler, dem auch heute wieder das niederträchtige Redeverbot den Mund verschließt.“

262 Buchner, Kamerad!, z.B. S. 142: „Als wir weitermarschierten, mitten auf der breiten Hauptstraße, riß das Spießerzeug aus, um die nächsten Häuserblöcke und spitzte aus sicherer Deckung verstohlen um die Ecken. Wahrscheinlich wurde ihnen unheimlich ... bei ihrem angeborenen Widerwillen für Zivilcourage.“

nicht an Beschimpfungen.[263] Aber auch gegenüber den Kommunisten äußert Buchner sich in hasserfülltem Stakkato.[264] Drohungen werden ebenso unreflektiert ausgestoßen[265] wie Mitleid für die angeblich ungerechte eigene Behandlung eingefordert wird.[266] Andererseits verklärt er die heroische Haltung der `Kämpfer´ der frühen Jahre, die für ihren Glauben an Adolf Hitler Schmähungen und Benachteiligungen erlitten hätten.[267] Dabei stellt sich Buchner selbst mit Vorliebe in den Vordergrund und betont nicht nur seinen unerschütterlichen Glauben,[268] sondern auch seine bedingungslose Leidensfähigkeit.[269] Sein Arsenal an politischen Phrasen zeugt von seiner unreflektierten Weltsicht und überheblichen Selbstüberschätzung. Er sieht sich als den vom wahren Glauben durchdrungenen Heißsporn, der die Trägheit und Selbstzufriedenheit der Älteren abschüttelt und vorwärtsstürmend der neuen Zeit zum Durchbruch verhilft.[270] Oder wie der „Völkische Beobachter" bemerkte: „Die Feder des einfachen Soldaten der Idee Adolf Hitlers, Franz Buchner, war berufen, ein schlichtes und dennoch besinnliches Werk zu schreiben, das auch Generationen nach uns noch künden wird von der Größe des Kampfes um das innere Reich, um das starke, unbesiegbare und herrliche Deutschland unserer Tage."[271]

Alles in allem trägt Buchner mit seinem „Tatsachenbericht" erfolgreich zur Legendenbildung bei, die von der Allmacht der Parteipropaganda erzählt, auch wenn es in keinster Weise zutrifft, dass die `braunen Truppen´ die Straßen des Bezirks be-

263 Buchner, Kamerad!, z.B. S. 151: „Das Kreisstädtchen beherbergte neben einer Judenschule auch eine Auslese von Angehörigen des erwählten Volkes in seinen Mauern. Ausnahmsweise einmal ganz unvoreingenommen: Der Stürmerzeichner „Fips" übertrieb wirklich nicht mit seinen Zerrbildern ... Moses Freimark, Nathan Spatz, Karl Kraus waren Prachtexemplare ihrer Rasse ... Gab manch lustige Judenhatz zu jener Zeit in Wolfratshausen..."

264 Buchner, Kamerad!, z.B. S. 407: „Die SS griff ein! Saalschlacht! Maxe Ederer schlug hin ... Alles rumpelte hoch ... Frauenstimmen kreischten erschreckt ... Stühle polterten, Gläser splitterten, Keuchen, Stampfen ... schon flüchteten die ersten Bolschewisten zum Saalausgang."

265 Buchner, Kamerad!, z.B. S. 254: „Wir wollen keine friedliche Verständigung! Wir wollen Kampf! Und wir hassen unsere Gegner aus allen Kräften und aus vollem Herzen!"

266 Buchner, Kamerad!, z.B. S. 135: „Boykott! Lieber zum Judenanwalt, als einen Nazi durch Mandatsübertragung unterstützen. Der gelbgesichtige Hebräer Held `verdient´ ... der deutsche Rechtswahrer hungert..."

267 Buchner, Kamerad!, z.B. S. 117: „Deutschland, mein Vaterland! Noch schmähen, noch quälen, noch peinigen sie dich. Aber wir wollen sie packen, deine Gegner, schlagen und vernichten. Wir wollen kämpfen und stürmen für dich, für deine Macht und Herrlichkeit. [...] Adolf Hitler muß siegen, und wenn wir sterben müssen!"

268 Buchner, Kamerad!, z.B. S. 42: „Meine Pflicht als Vorgesetzter aber ist es, Sie darauf hinzuweisen, daß auch Ihr außerdienstliches Verhalten mit der Würde eines Staatsbeamten und seiner Standesehre in Einklang zu stehen hat. - Die Ehre unseres Volkes steht höher als die gesellschaftlichen Formen eines Berufsstandes."

269 Buchner, Kamerad!, z.B. S. 165: „Sie können immer noch nur glauben. So tragen sie ihre Herzen vor sich her, die weisen ihnen Ziel und Weg. Und sie gehen diesen Weg, gläubig, stetig, ohne Ruhe, ohne Rast, ohne Aufenthalt, rücksichtslos, verbissen, stur."

270 Zum Thema Generationenkonflikt z. B.: Kater, Michael H.: Generationenkonflikt als Entwicklungsfaktor in der NS-Bewegung vor 1933, in: Geschichte und Gesellschaft. Zeitschrift für Historische Sozialwissenschaft 1985, S. 217-243.

271 VB 22. März 1939.

herrschten. Seine Darstellung und Beurteilung des Kräfteverhältnisses in Starnberg und Umgebung prägen die Wahrnehmung und Rezeption der Ereignisse besonders in der Rückschau.[272] In der Realität misslang vorwiegend bis Ende der 1920er Jahre sowohl der vertikale als auch der horizontale Aufbau einer durchstrukturierten Parteiorganisation, was aber den letztendlichen Durchbruch zu einer Massenpartei nicht verhindern konnte.

Besuch Buchners in Herrsching anlässlich
des 10jährigen Bestehens der Herrschinger NSDAP-Ortsgruppe am 20. September 1936
v.l.: Ludwig Schertel, Bürgermeister von Herrsching, Franz Xaver Buchner, Andreas Stoiber,
Ortsgruppenleiter 1934-1937 in Herrsching (Archiv der Gemeinde Herrsching)

272 Balistier, Thomas: Die Tatpropaganda der SA. Erfolg und Mythos, in: Diesener, Gerald/Gries, Rainer (Hrsg.): Propaganda in Deutschland. Zur Geschichte der politischen Massenbeeinflussung im 20. Jahrhundert, Darmstadt 1996, S. 23-34.

Buchners Politikverständnis

Am 26. Februar 1925 veröffentlichte der „Völkische Beobachter" einen Artikel Adolf Hitlers unter der Überschrift „Grundsätzliche Richtlinien für die Neuaufstellung der nationalsozialistischen deutschen Arbeiter-Partei".[273] Deutlich und unumwunden werden darin die „Richtlinien der alten, am 9. November 1923 aufgelösten Nat.-Soz.D.A.-P." anerkannt und die Organisation der Partei nach den damaligen Statuten angeordnet.

Davon ausgehend, dass Buchner dieses Parteiprogramm kannte, ist ein Blick auf seine eigene Interpretation des Inhalts und die Anwendung in seiner politischen Argumentation aufschlussreich für sein Politikverständnis.

Als „die Hintermänner deutscher Not, die Drahtzieher deutschen Elends" klagt Buchner die an, die an der wirtschaftlich schwierigen Lage schuldig seien, ohne konkrete Personen nennen zu können.[274] Themen wie „Steuerbolschewismus und die Vernichtung des Bauern-, Arbeiter- und Mittelstandes", diskutiert auf einer Großversammlung anlässlich der Ortsgruppenführerbesprechung in Endorf am 22. August 1926, finden bei Buchner inhaltlich keinen Niederschlag. Adolf Hitler dort gesehen zu haben und als SS-Mann „stundenlang" neben ihm gestanden zu sein, ist mehr Erfüllung als die dargebotene ideologische Aufrüstung.[275] Daher kann er auch haltlos schwärmen: „Vor uns liegt die Zukunft! Ein neues Reich können wir erobern, wenn wir durchhalten. [...] Der Parteienstaat zerschlagen... Die politischen Interessenhaufen verschwunden... Der Jude in seine Gastrolle eingewiesen... Über allen Straßen, von allen Giebeln unsere Fahnen... Einig der deutsche Arbeiter der Stirn und der Faust... Versailles zerrissen... die Wehrpflicht eingeführt... Deutschland geachtet vor aller Welt... Das Dritte Reich..."[276]

Und wenn Buchner schon keine eigenen Ideen entwickelt, so akzeptiert er auch keine anderen als die des „Führers": „Wir sind Nationalsozialisten, eine politische Kampfbewegung, und dulden keine andere Meinung als die Adolf Hitlers, ganz besonders aber nicht die eines Trosses von Rittern, die mit dem `geistigen´ Schwert das System bekämpfen wollen. Schlafwandler und Altertumsschwärmer, diese Völkischen!"[277]

Die ideologische Ausrüstung Buchners bestand aus den durch einschlägige Lektüre und vorgefertigten Argumenten der Rednerschulung erlernten Parolen und Kraftmeiereien, im Grunde ging es ihm aber weder um eine politische Diskussion noch um Argumente und Programminhalte. Die Ausstrahlung der NSDAP mit ihrem so anderen Auftreten als dem der übrigen Parteien war der Schlüsselreiz.

273 Vollnhals, Clemens (Hrsg.): Hitler. Reden, Schriften, Anordnungen. Februar 1925 bis Januar 1933, Bd. I: Die Wiedergründung der NSDAP Februar 1925-Juni 1926, München u.a. 1992, S. 7-9.
274 Buchner, Kamerad!, S. 131 f.
275 Buchner, Kamerad!, S. 133.
276 Buchner, Kamerad!, S. 146.
277 Buchner, Kamerad!, S. 70.

Männerbündlerische Allüren zum einen, jugendliche Überheblichkeit[278] zum andern waren Elemente, die nicht nur auf Buchner eine unwiderstehliche Anziehung ausübten.[279] Buchner verband sie mit unausgegorenen völkischen Ideen: „Bei uns wird eine neue Welt geboren aus uralten Wahrheiten. Sehen Sie sich um in Jahrtausenden! Immer gingen Völker zugrunde, wenn sie das göttliche Gesetz des Blutes mißachteten. Völker zerfielen, weil sie uneins, ehrlos, feige waren... Adolf Hitler ruft unser Volkstum wach, er lehrt uns kämpfen, opfern, glauben, er appelliert an Ehrgefühl, Stolz und Mut, an alles Große, Gute im Menschen, an alle Werte und Ideale, ohne die Völker nicht leben können auf dieser Erde!" Gleich darauf offenbart er aber seine wahre Haltung: „Ach was, Scheißphilosophie! Dreinhauen! Immer wieder in die gleiche Kerbe, bis diese Spottgeburt, dies Zerrgebilde von `Staat´, diese Kolonie ohne Macht und Recht vernichtet ist."[280] Wer seinen, Buchners, Vorstellungen nicht zustimmen kann, ist demnach auf dem falschen Weg, aber niemals er. 1925 führte er konsequenterweise in der Starnberger Ortsgruppe den `Deutschen Gruß´ ein.[281]

`Märtyrertum´ und juristische Auseinandersetzungen

Nicht ohne einen gewissen Stolz auf sein vermeintliches Märtyrertum im Dienste der Partei berichtet Buchner in einem eigenen Kapitel über gegen ihn eingeleitete gerichtliche Schritte. 1930 wurde er vor dem Amtsgericht Starnberg angeklagt „wegen eines Vergehens gegen die VO [Verordnung] des Reichspräsidenten"[282] und zu drei Monaten Freiheitsentzug sowie den Kosten des Strafverfahrens und des Strafvollzugs verurteilt. Buchner hatte für Propagandapost das Briefpapier des Vermessungsamts verwendet. Besonders strafwürdig fand das Gericht die Tatsache, dass er die staatlichen Mittel und die staatlich bezahlte Arbeitszeit nutzte, um gegen eben diesen Staat zu agitieren. Außerdem hatte er in einer Parteiversammlung in Starnberg zu Gewalttätigkeiten aufgerufen, da er auf die Störung durch kommunistische Besucher mit den Worten „Schmeißt sie hinaus!" reagiert hatte, eine Provokation, die „als Signal für die schwersten Ausschreitungen" hätte dienen können. [283]

Vor dem Amtsgericht Wolfratshausen wurde er zudem angeklagt, weil er in Deining[284] auf einer politischen Veranstaltung am 15. Februar 1930 vor ca. 85 Personen gegen die deutsche Nachkriegsregierung Stellung bezog, die Geldpolitik der

278 Buchner, Kamerad!, z.B. S. 43 über seinen Vorgesetzten: „Mein Gott, ein alter Mann. Ob sie uns jemals begreifen werden?"

279 Kater, Generationenkonflikt, hier S. 231: „Von 1919 bis 1933 war die NSDAP eine ausgesprochen junge Partei, absolut betrachtet, im Vergleich mit der Reichsbevölkerung und [...] im Kontrast zu rivalisierenden politischen Parteien."

280 Buchner, Kamerad!, S. 176.

281 Protokoll der öffentlichen Sitzung vom 14. November 1946, StAM SpKA K 4575 Kurt Garn.

282 Gemeint ist die Anwendung der Notverordnung, die es laut der Weimarer Reichsverfassung dem Reichspräsidenten ermöglichte, „wenn im Deutschen Reich die öffentliche Sicherheit und Ordnung erheblich gestört oder gefährdet wird, die zur Wiederherstellung der öffentlichen Sicherheit und Ordnung nötigen Maßnahmen (zu) treffen." Artikel 48 der Weimarer Reichsverfassung.

283 Buchner, Kamerad!, S. 368-376.

284 Deining im Bezirk Wolfratshausen, gehört heute zur Gemeinde Egling im oberbayerischen Landkreis Bad Tölz-Wolfratshausen, liegt ca. 30 km südlich von München.

Regierung als Diebstahl bezeichnete und den Staat eine Judenrepublik nannte. Bei vorsichtiger Abwägung der gegen Buchner sprechenden Gründe[285] kam das Gericht zu der Auffassung, er habe sich durch die „fraglichen, gegen die Staatsform gerichteten Ausführungen [...] wie sich aus der Wahl der Ausdrücke und aus der Absicht des Vortrages, gegen die `Judenrepublik´ Stimmung zu machen, ergibt, eine bewußte Beschimpfung und eine böswillige und mit Überlegung ausgeführte Verächtlichmachung der republikanischen Staatsform des Reiches“ schuldig gemacht. Buchner wurde wegen eines Vergehens gegen das Republikschutzgesetz § 5, Abs. 1, Ziff. 1 zu einer Gefängnisstrafe von fünf Tagen verurteilt, wobei ihm wegen „ehrenhafter Gesinnung“ mildernde Umstände zugestanden wurden.[286] Offensichtlich unterlief Buchner in seinen Aufzeichnungen ein zeitlicher Fehler, oder er wollte seine Rolle als Märtyrer der Bewegung in allen Einzelheiten in seinem Buch veröffentlicht sehen, denn einige der aufgezählten Rechtsverstöße hatte er nach dem September 1930, mit dem sein Buch endet, begangen. An anderer Stelle liest sich sein Strafregister nämlich so: „Im Sommer 1930 fünf Tage Gefängnis wegen Vergehens gegen das Republikschutzgesetz-am 13. Sept. 1930 Zusammenstoss mit Reichsbanner-Strafverfolgung wegen gefährlicher Körperverletzung-Gleichzeitig Strafanzeige wegen Beleidigung des damaligen Staatsministers Dr. Fehr[287] [...] Im Frühjahr 1932 zu 3 Monaten Gefängnis verurteilt wegen `Aufreizung zu politischen Gewalttätigkeiten´ (Zusammenstoss mit KPD)-Im Sommer 1932 Strafanzeige wegen Umgehung eines dreimonatlichen Redeverbotes im Reichstagswahlkampf-im Juli 1932 dauerndes Redeverbot-Herausgeber des nat. soz. Kampfblattes `Der Tank´-verschiedene Anzeigen und Prozesse wegen politischer Beleidigung-Geldstrafen-leichte Verletzungen bei Saalschlachten in Penzberg und Pöcking. Einleitung eines Dienststrafverfahrens durch das Landesfinanzamt München zum Zwecke der Dienstentlassung-Winter 1932 Strafanzeige wegen Vergehens gegen die Notverordnung des Reichspräsidenten-Februar 1933 Entlassung aus dem Staatsdienst.“[288]

Nachzukontrollieren sind diese mit Stolz auf seine Rolle aufgestellten Behauptungen Buchners nur teilweise. Die Unterschiede zwischen seinen Angaben im Lebenslauf, der in der Parteizentrale vorlag und heute im BDC einzusehen ist, und seinen Ausführungen im Spruchkammerverfahren,[289] beruhen auf der Tatsache,

285 Buchner, Kamerad!, S. 372: „In der Behauptung des Angeklagten, die Dawes- und Youngregierung habe das deutsche Volk schlecht geleitet und würde es weiterhin schlecht leiten, und in der Bezeichnung der Vertreter dieser Dawes- und Youngregierung mit `Herrn Volksverderber´ sieht nun das Gericht nur eine Kritik an der Methode der deutschen Auslandspolitik, nicht aber einen Angriff gegen die Staatsform...“

286 Buchner, Kamerad!, S. 373.

287 Lilla, Joachim: Fehr, Anton, in: Lilla, Joachim: Staatsminister, leitende Verwaltungsbeamte und (NS-)Funktionsträger in Bayern 1918 bis 1945, URL: http://www.bayerische-landesbibliothek-online.de (22. Juni 2013).

288 Lebenslauf, o.D., BArch RKI 0059 Buchner.

289 Die Akten der Spruchkammer Starnberg, die während der Entnazifizierungsverfahren (Hoser, Paul: Entnazifizierung, in: Historisches Lexikon Bayerns, URL: http://www.historisches-lexikon-bayerns.de/Lexikon/Entnazifizierung (25.06.2013)) über die ehemals in der NSDAP organisierte Landkreisbevölkerung angelegt wurden, gehören inzwischen ebenso zu den Beständen des Staatsarchivs München wie die der übrigen oberbayerischen und Münchner Spruchkammern. Probleme ergeben sich

dass Buchner nach 1945 auf die obengenannten strafrechtlichen Vorwürfe nicht ein weiteres Mal antworten musste, da sie gar nicht erst erhoben wurden.[290] Buchner selbst äußerte sich wiederum nur allgemein über seinen „passiven und später immer offener gewagten aktiven Widerstand[es]" und betonte: „Ich habe weder vor, noch nach 1933 an einem politischen Gegner Rache geübt oder ihm körperlich oder seelisch, wirtschaftlich oder gesellschaftlich geschadet und keinem politischen Gegner gegenüber unsoziales oder rohes Verhalten an den Tag gelegt, oder einen körperlich misshandelt oder bedroht.
Bei einem Prozess im April 1932 wurde Buchner vom Starnberger Amtsgerichtsrat Karl Seubelt protegiert. Seubelt, 1882 in Lauf bei Nürnberg geboren, war 1920 der NSDAP beigetreten und hatte die Mitgliedsnummer 1867. Nach Auflösung der Partei trat er zwar erst 1933 wieder in die NSDAP ein, rühmte sich aber, auch in der Zeit davor alles getan zu haben, „um der Partei und den Parteigenossen förderlich zu sein". So habe er Buchner zwar zu einer gesetzlichen Mindeststrafe von drei Monaten verurteilen „müssen", die dieser aber dank einer allgemeinen Amnestie nicht antreten brauchte.[291]

---

beim Auffinden von Personen, die andernorts interniert und nicht in diesem Bereich entnazifiziert wurden. Eingesehen wurden sämtliche Akten der Spruchkammer Starnberg, immerhin 116 Kartons mit jeweils 30 bis 50 Sprüchen, je nach `Gewicht´ des Falles. Die Unterlagen und Berichte geben vielfältige Hinweise auf die führenden Persönlichkeiten auf lokaler Ebene, gleichwohl sind sie kritisch zu würdigen. Die Spruchkammerverfahren wurden nach 1945 im Zuge der Entnazifizierung der NSDAP-Mitglieder durchgeführt, um deren Rolle im Dritten Reich zu beurteilen.
Einerseits bemühten sich die Beklagten, denen die Beweislast oblag, um den Nachweis, dass sie, wenn überhaupt, nur an untergeordneter Stelle und ohne wirkliche Einflussnahme in das zu behandelnde Geschehen involviert waren, dass sie sich immer `anständig´ verhielten und im persönlichen Kontakt mit Verfolgten und missliebigen Personen Vergünstigungen gewährten, und im Übrigen sich selbst vielmehr als Opfer denn als Täter verstünden. Das Entlasten der eigenen Person geht in zahlreichen Fällen sogar bis zur Lüge vor Gericht. Manche als Zeugen an den Spruchkammerverfahren teilnehmende Personen stellen ihre eigene Position während des Dritten Reiches erkennbar überzogen positiv dar, mit der Absicht sich zu rechtfertigen und zu exkulpieren. In zahlreichen Fällen hatten sie ja bei ihrer Befragung das eigene Verfahren noch in Aussicht. Eine andere, mehrfach auffindbare Variante ist die Denunziation, die ebenfalls darauf abzielt, Schuld abzuwälzen und von sich selbst abzulenken.
Auffällig ist die passive Rolle der Richter und Beisitzer, die Aussagen der Beklagten und Zeugen nur entschärft hinterfragen und selten Behauptungen anzweifeln bzw. dafür Beweise verlangen. Alle Beteiligten sind noch im Jargon und der Denkweise der Nazi-Zeit so verhaftet, dass wiederholt Ankläger, Richter und Verteidiger die Rollen tauschen, ohne dass sie es selbst zu bemerken scheinen.
Es bleibt festzuhalten, dass die Selbsteinschätzungen, aber auch die Beurteilungen durch Zeugen sich desto weiter von der Wahrheit entfernen, je mehr Zeit seit dem Geschehen vergangen ist. Zeugen, die Abträgliches über den `Betroffenen´ zu berichten hatten, zogen sich resigniert zurück, da sie von der Sinnlosigkeit einer negativen Aussage überzeugt waren, oder stellten sich deswegen erst gar nicht zur Verfügung. Alles in allem ist die Beschäftigung mit den Spruchkammerakten eine für die Thematik notwendige, aber ob der offensichtlichen Unwahrheiten und Ungereimtheiten nicht immer ertragreiche Tätigkeit (Vgl.: Niethammer, Lutz: Entnazifizierung in Bayern: Säuberung und Rehabilitierung unter amerikanischer Besatzung, Frankfurt a.M. 1972; ders.: Die Mitläuferfabrik: die Entnazifizierung am Beispiel Bayerns, Berlin u.a. 1982)
290 Nach Buchners erster Verurteilung am 27. Mai 1949 berichtete der Neue Seebote in seiner Ausgabe vom 02. Juni 1949, zehn Zeugen seien nicht zur Verhandlung erschienen, wovon neun von der Kammer als Belastungszeugen geladen worden waren.
291 Seubelt an Landgerichtspräsident München II, 17. Oktober 1938, StAM Staatsanwaltschaften 4440. In diesem Schreiben reagiert Seubelt auf die Einleitung eines Disziplinarverfahrens vor dem Parteigericht. Darin brüstet er sich u.a., er habe dafür gesorgt, dass er den jetzigen stellvertretenden

Die NSDAP-Ortsgruppe Starnberg unter Buchner

Die Gründung der NSDAP-Ortsgruppe Starnberg

Wie erwähnt beteiligte sich Buchner schon am gescheiterten Putschversuch Hitlers im November 1923 und war im folgenden tatkräftig für die NSDAP tätig, auch in der Zeit ihres Verbotes bis zum 16. Februar 1925.[292] Dabei war er zu dieser Zeit noch kein ausgesprochener Nationalsozialist, sondern ein Mitglied des paramilitärischen Lagers mit einer grundsätzlichen Skepsis gegenüber der Weimarer Republik und einer Neigung zu gewalttätigen Bekehrungsversuchen, wie viele andere auch.[293] Buchner gründete am 24. Februar 1924 eine Ortsgruppe Starnberg der Großdeutschen Volksgemeinschaft[294] und war ihr Bezirksleiter.[295] Nähere Angaben über seine Aktivitäten und politischen Funktionen in dieser Zeit macht Buchner jedoch nicht. Einzige Andeutung bleibt eine „Keilerei mit dem `Völkischen Block´, die immerhin dazu führte, dass nun die Gastwirte bei der Vergabe ihrer Säle für Parteiversammlungen vorsichtig waren.[296]
Mit einem Paukenschlag - „Aufbruch! ... Das war, als bräche jäh eine Stichflamme hoch: Endlich! Nun mußte alles, alles wieder gut werden...“[297] - beginnt Buchner seine „Geschichte des Kreises Starnberg der NSDAP“ mit dem 27. Februar 1925. An diesem Tag hatte Hitler im Münchner Bürgerbräukeller seine erste Rede seit seiner Haftentlassung am 20. Dezember 1924 gehalten und dabei mit den herrschenden bürgerlichen Parteien, aber auch mit Kommunisten und Juden abgerechnet.[298] Mit dem Anspruch auf die alleinige Führung und Weisungshoheit innerhalb der Partei übernahm Hitler den Vorsitz der neugegründeten NSDAP.[299]

Die Aufbruchsstimmung in München entfesselte auch bei drei `Marschierern des 9. November´ und ehemaligen SA-Männern in Starnberg den Wunsch, eine eigene

Gauleiter Nippold von der Anklage wegen einer politischen Strafsache freigesprochen habe, obwohl sein Vorgänger ihn zu 3 Monaten Gefängnis verurteilt habe. - Kolportiert wird oben genannte Verhandlung in einem der wenigen erhaltenen Exemplare des „Tank“ vom 30. April 1932. Danach folgte Seubelt in seinem Urteil „zur allgemeinen Überraschung“ der Forderung der Staatsanwaltschaft-anders als er es 1938 darstellte.

292 Kershaw, Hitler, S.339 Anm. 20. Siehe auch: Jablonsky, David: The Nazi Party in Dissolution. Hitler and the Verbotzeit 1923-1925, Totowa 1989, besonders S. 47 ff.

293 Hübner, Christoph: Bund „Bayern und Reich“, 1921-1935, in: Historisches Lexikon Bayerns, URL: http://www.historisches-lexikon-bayerns.de/Lexikon/Bund_“Bayern_und_Reich“,_1921-1935 (22. Januar 2013).

294 Zu Großdeutsche Volksgemeinschaft vgl.: Probst, Robert: Großdeutsche Volksgemeinschaft (GVG), 1924/25, in: Historisches Lexikon Bayerns, URL: http://www.historisches-lexikon-bayerns.de/Lexikon/Großdeutsche_Volksgemeinschaft_(GVG),_1924/25 (09. Oktober 2012).

295 L&S 23./24. Mai 1936.

296 Buchner, Kamerad!, S. 10.

297 Buchner, Kamerad!, S. 7.

298 „Kampf der Teufelsmacht, die Deutschland in dieses Elend hineingestürzt [hat], Kampf dem Marxismus sowie dem geistigen Träger dieser Weltpest und Seuche, dem Juden. Kampf nicht nach bürgerlichem Muster, `vorsichtig´, damit er nicht zu wehe tut. Nein und nochmals nein!“ Vollnhals, Hitler S. 20.

299 „Ich bin nicht gewillt, mir Bedingungen vorschreiben zu lassen, solange ich persönlich die Verantwortung trage. Und die Verantwortung trage ich wieder restlos für alles, was in dieser Bewegung vorgeht.“ Vollnhals, Hitler S. 27.

Ortsgruppe aufzubauen.[300] Um ein Signal auszusenden, beschlossen sie für den 09. Mai 1925 eine Versammlung einzuberufen, bei der eine Ortsgruppe der NSDAP in Starnberg gegründet werden sollte. Trotz der Vorbehalte des Bezirksamtmanns Eduard Weiß,[301] der Buchner auch auf eventuelle Schwierigkeiten mit seiner vorgesetzten Dienststelle hinwies, fand am 09. Mai 1925 im Gasthaus „Unterbräu"[302] die Gründungsversammlung der Ortsgruppe Starnberg der Nationalsozialistischen Deutschen Arbeiterpartei statt, an der 37 Personen teilnahmen. Dabei versicherten „dreizehn Gläubige [...] dem Führer treue Gefolgschaft:
„Der Vermessungsbeamte Franz Buchner, der Tapezierer Max Ederer,[303] der Maurergeselle Gustl Urban,[304] der Zigarrengeschäftsinhaber Max Pöhlemann,[305] der Rechtsanwalt Peter Schweizer,[306] der Verkehrsflieger Toni Weiß,[307] der Buchbindermeister Georg Marx,[308] der Spenglermeister Josef Pfister,[309] der Studienrat

300 Buchner, Kamerad!, laut S. 7: „Franz Xaver Buchner, der „kleine Beamte", Max [Ederer], Tapezierer, und Gustl [Urban], Maurergeselle."
301 Eduard Weiß, geboren am 29. Mai 1870, war seit dem 01. September 1925 Vorstand des Bezirksamts Starnberg. Die Regierung von Oberbayern war mit seiner Amtsführung nicht immer einverstanden, sah ihm aber Nachlässigkeiten wegen der „besonderen Verhältnisse des Bezirksamts Starnberg" nach. Nach der „Machtübernahme" war seine Entlassung eine der ersten Maßnahmen des neuen Staatskommissars. Weiß hatte mit einer Unterwerfungsadresse noch versucht, der Versetzung in den Ruhestand zu entgehen. Dafür hatte er sich aber im Vorfeld zu häufig negativ über die Nationalsozialisten geäußert. BayHStA Minn 79333. Auch Claudia Roth berichtet von Bezirksamtmännern, die nach der Machtübernahme abgesetzt wurden, - z. B. S. 195 - ganz nach dem Herrschaftsverständnis des Kronacher Kreisleiters Dr. Paul Müller: „Der politische Leiter muß sich immer dessen bewußt sein, daß er für alles politische Geschehen in der Gemeinde verantwortlich ist. Wir wollen auch in den Amtsstuben der Behörden, die heute noch glauben, die Gesetzesparagraphen nach dem alten System auslegen zu müssen, den revolutionären Geist, den Geist des Nationalsozialismus hineintragen."
302 Wirtschaft am Seufzerberg in der Possenhofenerstraße.
303 Siehe Kapitel: Max Ederer.
304 August Urban: als 2. Vorsitzender der NSDAP-Ortsgruppe Starnberg 1922 genannt.
305 Max Pöhlemann: gehört zu Buchners ältesten politischen Freunden, trat schon 1920 in die Partei ein (20. März 1920), war 1922 Schriftführer der Ortsgruppe, ist Träger des Goldenen Ehrenzeichens und des Blutordens, war als Ratsherr im Magistrat der Stadt Starnberg 1933 für die NSDAP und als Verwaltungsrat der Bezirkssparkasse tätig; StAM SpKA K 4627 Max Pöhlemann.
306 Peter Schweizer: trat schon während der Revolution als Beisitzer im Revolutionstribunal auf (Sitzung vom 23. April 1919), war Mitglied der DVP, 1933 Ratsherr im Magistrat der Stadt Starnberg für die NSDAP.
307 Toni Weiß: Blutordenträger am 18. Mai 1923 zum Ortsgruppenleiter in Starnberg ernannt, 1924 Besitzer einer Motorrad- und Fahrrad-Werkstatt. (L&S 04. April und 02. Mai 1924).
308 Georg Marx: NSDAP-Mitglied 1923 und 1925 bis 1927, dann wegen „Interesselosigkeit" aus der Partei ausgeschlossen, Parteimitglied ab 1937, zwischen 1933 und 1937 einziger Ratsherr des Magistrats der Stadt Starnberg ohne Parteimitgliedschaft bei der NSDAP. Wird in „Kleinstadt unterm Hakenkreuz" als „Max" erwähnt und folgendermaßen charakterisiert: „Der übriggebliebene Schwarzweiß-rote Stahlhelmer Buchbindermeister Max ist der einzig Fähige in der Runde der Räte. [...] Er ist selbst von der Natur so glücklich belehnt, dass ihm seine eigene Unentbehrlichkeit Evangelium ist, sodass er mit Würde die Rolle ertragen kann, der Sündenbock des Rates der Stadt in den Augen der Bevölkerung zu sein." S. 30.
309 Josef Pfister: Enkel des Gründers der 1858 in Starnberg gegründeten Spenglerei Pfister, vgl. Amelungse-Kurth, Starnberg, S. 207-213. Da von Josef Pfister keine Spruchkammerakte vorliegt (obwohl er bis 1975 lebte) kann angenommen werden, dass er schon bald wieder aus der Partei austrat.

Franz Schmitt,[310] der Amtsoffiziant Ludwig Fleck,[311] der Eichmeister Robert Offenwanger,[312] der Hochschulprofessor Brunner,[313] und unser Herbergsvater, Georg Froschhammer,[314] Gastwirt `Zum Unterbräu'".[315]

„Restauration Unterbräu" am Seufzerberg in der Possenhofener Straße, zeitweise „Vereinslokal" der NSDAP (Postkarte, nicht gelaufen; Stadtarchiv Starnberg)

310 Franz Schmitt: kann nicht nachgewiesen werden.
311 Ludwig Fleck: kann nicht nachgewiesen werden.
312 Robert Offenwanger: wird schon anlässlich der NSDAP-Versammlung vom 20. März 1920 als neues Mitglied erwähnt - dort heißt er Offterwanger.
313 Brunner: kann nicht nachgewiesen werden.
314 Georg Froschhammer: kann nicht nachgewiesen werden.
315 Buchner, Kamerad!, S. 35 f.

Unter den Anwesenden befand sich auch Helmut Sündermann,[316] damals knapp fünfzehn Jahre alt, der spätere Hauptschriftleiter der nationalsozialistischen Parteikorrespondenz.[317] Die Mitgliedskarte Buchners trug die Nummer 3.988 und als Eintrittsdatum ist der 11. Mai 1925 angegeben.[318] Die Lokalpresse hatte die Versammlungseinladung zwar noch gedruckt und dafür 20 RM verlangt, einen Bericht Buchners über Verlauf und Ergebnis zu veröffentlichen, weigerte sie sich jedoch unter Hinweis auf „Platzmangel" und „politische Neutralität".[319]
Schon eine Woche später, am 15. Mai 1925, fand die erste Mitgliederversammlung statt, bei der Buchner „debattelos" zum 1. Vorsitzenden gewählt wurde; Max Ederer übernahm die Stellvertretung.[320]

Gewalt als Argument

Buchner und seine Kumpane der frühen Aktionen verstanden sich besser darauf, Andersdenkende mit handfesten Mitteln zu bearbeiten als sich auf eine wirkliche Diskussion einzulassen. Aus dem Gefühl zu den `Erweckten´ zu gehören, verstanden zu haben, wie Deutschlands Weg aus seiner „Schmach und Schande" herausführen kann,[321] `klärten´ sie auf ihre eigene Art auf: „Zur Erläuterung: Widerreden, die seinen Aufklärungsvorträgen entgegengestellt wurden, beseitigte Maxl [Ederer; F.H.] meist nach kurzer Zeit mit der Faust."[322] Mit Stolz, ja mit einer gewissen Genugtuung, dass ihr Verhalten die von ihnen als „Bürger"[323] beschimpften Mitmenschen aufschreckte, kommentiert Buchner die vielen verbalen und handgreiflichen Ausfälle gegenüber allen, die nicht auf der Seite der NSDAP standen, einigte man sich doch letztlich auf folgende `Kampfmethode´: „Erst das Wort, und bei Bedarf - die Faust."[324]
Erste Stufe der Eskalation waren Drohgebärden und verbale Ausfälle sowohl auf Seiten der Nationalsozialisten als auch der „Bolschewisten" und „Marxisten", wie Buchner - aber nicht nur er - alle politischen Gegner jenseits der bürgerlichen Parteien nannte.[325] Möglichst viele Parteimitglieder und Sympathisanten wurden versammelt, um ein eindrucksvolles Auditorium zu bilden und schon vor Beginn einer

316 Zu Sündermann: Klee, Das Personenlexikon S. 615 f. - Autobiographisch: Sündermann, Helmut: Hier stehe ich ... Deutsche Erinnerungen 1914/45. Aus dem Nachlaß herausgegeben von Dr. phil. Gert Sudholt, Leoni am Starnberger See 1975.
317 Helmut Sündermann, geb. 1911, Journalist, stellvertretender Kreisleiter des Kreises Starnberg, Stabsleiter des NSDAP-Reichspressechefs, nach dem Krieg Mitbegründer der rechtsextremistischem Monatszeitschrift Nation und Europa, Gründer des Druffel-Verlags, der Memoiren früherer führender Nationalsozialisten veröffentlicht, gest. 1972. Vgl.: Lilla, Statisten S. 659 Nr. 1139 Sündermann. Autobiographisch: Sündermann, Erinnerungen.
318 PKB 0123 BArch BDC.
319 Buchner, Kamerad!, S. 24 und S. 36.
320 Buchner, Kamerad!, S. 37.
321 Buchner, Kamerad!, z.B. S. 41: „Jawohl, das sind wir alle. Fanatiker für Deutschlands Auferstehung."
322 Buchner, Kamerad!, S. 72.
323 Buchner, Kamerad!, S. 234 f: „Bürger. Das Wort hat seit zehn Jahren einen üblen Geruch, es stinkt nach Feigheit und Faulheit. Gelee, Sülze, Marmelade, Brei, weich und schleimig. Hat kein Kreuz und keine Knochen..."
324 Buchner, Kamerad!, S. 227.
325 Z.B. Buchner, Kamerad!, S. 326: „die vereinigte Front der Bürgerlichen und Marxisten".

Veranstaltung die Machtverhältnisse zu verdeutlichen. War man Veranstalter, musste durch autoritäres Gehabe bereits mit den ersten Sätzen der Standort festgelegt werden: „Wir sind hier nicht in einer bürgerlichen, sondern in einer nationalsozialistischen Versammlung! Hier geben wir den Ton an! Wem das nicht paßt, der fliegt hinaus!!“[326] Besuchte man dagegen eine Veranstaltung der gegnerischen Parteien, so war Provokation angesagt: Eigene Flugblätter und Zeitungen wurden ausgelegt, Redner mit Zwischenrufen aus dem Konzept gebracht. Als Diskussionsbeitrag brüllte und klatschte „die Nazihorde [...] wie eine kriegsstarke Kompanie“ und um für eventuelle handfeste Auseinandersetzungen gerüstet zu sein, wurden ganze Batterien ausgetrunkener Biergläser unter den Stühlen gehortet, die als „Handgranaten“ Verwendung finden konnten.[327]
Ausgewachsene Saalschlachten bedurften einer gründlicheren Vorbereitung und passierten meistens im Zusammenhang mit Saalschutzmaßnahmen, bei denen die Starnberger SS-Männer dem Münchner SS-Sturm[328] zugeteilt wurden. Dabei gab es keine Schonung für den Gegner, und die eingesetzten Mittel erinnern an Bürgerkriegsverhältnisse.[329]

Juden[330] und andere Gegner

Im Bezirk Starnberg lebten nur wenige Juden, sie galten aber rund um die dortigen Seen als geschätzte Sommerfrische-Gäste.[331] Auf der Starnberger Seepromenade wurden sie schon ab 1925 zu Opfern von `Kesseltreiben´ der Nationalsozialisten, die sonntagnachmittags von Buchner und seinen Parteigenossen veranstaltet wurden. Die Auswahl, wer Jude sei und wer nicht, trafen sie jeweils per Augenschein. Dabei nahmen die selbsternannten Verteidiger „von deutschem Blut“ auch in Kauf, angezeigt und zu vier Wochen Gefängnis wegen Beleidigung verurteilt zu werden.[332] Als Konsequenz davon richteten sie nur mehr Augenmerk darauf, ob sich während ihrer Pöbeleien eventuell Polizei in der Nähe befand. Aber Buchner konnte mit Befriedigung feststellen, dass die jüdischen Sonntagsbesucher seltener kamen und schließlich die Seen mieden. Und auch die „Saisonjuden“, die ihre Villen am See hatten, verkauften sie zu seiner Genugtuung nach und nach.[333]

---

326 Buchner, Kamerad!, S. 235.
327 Buchner, Kamerad!, S. 101 f.
328 Hoser, Paul: Schutzstaffel (SS), 1925-1945, in: Historisches Lexikon Bayerns, URL: http://www.historisches-lexikon-bayerns.de/Lexikon/Schutzstaffel_(SS),_1925-1945 (24. November 2013).
329 Buchner, Kamerad!, S. 104: „Stühle, Steine, Gläser, Flaschen, Krüge, Aschenbecher verdunkeln sekundenlang die Sicht. Blut spritzt auf... [...] Dem Terror von links kann man nur mit noch schärferem Terror begegnen.“
330 Vgl. auch: Friedländer, Saul: Das Dritte Reich und die Juden. Die Jahre der Verfolgung 1933-1939, München 2007
331 Genaue Zahlen über die Angehörigen unterschiedlicher Konfessionen im Landkreis Starnberg für die Jahre der Weimarer Republik und des Dritten Reiches wurden nicht erhoben.
332 Buchner, Kamerad!, S. 78 f.
333 Buchner, Kamerad!, S. 79

Hasserfüllt schimpft Buchner auch auf die „Legende vom toten Soldaten" und seinen Dichter Bertold Brecht[334], den er fälschlich einen Juden nennt, und droht: „Wenn einst der Aufruhr durch die grauen Straßen raßt, dann rüstet zu Galgen und Schafott!... Nein! Nicht so! Ihr sollt nicht leben und nicht sterben dürfen in diesem Land. Deutsche Erde würde sich erbrechen vor euch, dem Auswurf Luzifers."[335]

Im Zentrum seiner antisemitischen Ausfälle steht immer wieder der jüdische Starnberger Rechtsanwalt Robert Held. Dieser hatte sich schon zu Zeiten Krohns gegen die Hetzkampagnen der Nationalsozialisten gewehrt und mutig Stellung bezogen. Bei Buchner wird er wiederholt zur Zielscheibe seines Spottes, so als er und der Schriftsteller Gustav Meyrink,[336] von Buchner ebenfalls fälschlicherweise als Jude bezeichnet, aus dem Starnberger Schachklub hinausgeekelt werden.[337] In wütenden Ergüssen lässt er zudem seinem Sozialneid gegenüber dem wohlsituierten Rechtsanwalt freien Lauf.[338]
Sprache und Methoden der Auseinandersetzung werden im Laufe der Erzählung immer martialischer und lassen keinerlei Zweifel an den Absichten zu: „Nicht schlagen und kampfunfähig wollen wir die Gegner machen - vernichten wollen wir sie! Ausrotten! Gewalt wird mit der Faust gebrochen! Schaut weg, Ästheten, wenn euch schlecht wird!"[339]

Misslichkeiten und Widerstände

Von Buchners nationalsozialistischer Agitation wenig erfreut zeigte sich zunächst einmal sein Vorgesetzter im Vermessungsamt. Der „Herr Obervermessungsrat" ermahnte ihn, sich nicht für den „Revolutionär" Hitler einzusetzen, der doch den Umsturz der bestehenden Ordnung predige und somit eine Gefahr für den Staat bedeute.[340] Im Frühjahr 1927 wurde Buchner zur Geschäftsaushilfe nach Wolfratshausen - wie er meint aus politischen Gründen in die „Verbannung" - geschickt. Unklar bleibt, ob diese Episode wirklich im Zusammenhang mit seiner nationalsozialistischen Agitation stand, oder ob es doch einen personellen Engpass im benachbarten Bezirk gab. Buchner jedenfalls nutzte diese Gelegenheit, um auf neuem

334 Brecht verbrachte den Mai 1923 als Sommerfrischler in Starnberg. Vgl: Schmied, Herbert: Autoren, Bücher, Zeitenwandel. 2000 Jahre literarische Spuren im Raum Starnberg, Starnberg 2008, S. 106.
335 Buchner, Kamerad!, S. 271.
336 Gustav Meyrink, eigentlich Gustav Meyer, geb. 1868, österreichischer Schriftsteller, sein bekanntestes Werk ist der phantastische Roman „Golem", gest. 1932, lebte 21 Jahre in Starnberg. Vgl.: Schmied, Herbert: Autoren, Bücher, Zeitenwandel. 2000 Jahre literarische Spuren im Raum Starnberg, Starnberg 2008, S. 86-89.
337 Buchner, Kamerad!, S. 88: „Grinsend tätscheln seine haarigen Affengreifer die königlichen Figuren."
338 Buchner, Kamerad!, S. 135: „Der gelbgesichtige Hebräer Held ‚verdient'... der deutsche Rechtswahrer hungert..."
339 Buchner, Kamerad!, S. 357.
340 Buchner, Kamerad!, S. 41.

Terrain sogleich mit der Werbung für die NSDAP weiterzumachen.[341]
Propagandaarbeit bedeutete für diejenigen, die sich so früh zur NSDAP bekannten, bei allem larmoyanten Klagen Buchners, immer die Gefahr, berufliche und soziale Nachteile zu erleiden. Die aggressiven Methoden der Parteiwerbung isolierten ihre Protagonisten. Mancher Kunde wandte sich daher einem anderen Geschäft zu, wenn er jedes Mal beim Betreten des Ladens mit Flugblättern oder Werbebroschüren konfrontiert wurde.[342] So konnte Buchner lamentieren, dass „offene geistige Auseinandersetzungen“ nicht möglich seien, und aufzählen, welche Genossen unter welchen vermeintlichen Repressalien zu leiden hatten: „Ederer Maxl führt ein Hungerdasein. Sein Geschäft ist restlos kaputt boykottiert. Schweizers Praxis ruiniert… Horner Hans steht auf der Straße. Grübl Sepp[343] stempelt… Steingrübl wird von einer Arbeitsstelle zur anderen gestoßen.“[344]
Aber nicht nur die politischen Gegner verwehrten den schnellen Weg zur Macht, auch die materiellen Umstände drückten auf die Moral und erschwerten das Leben ganzer Familien.[345] Um möglichst viele Parteiveranstaltungen durchziehen zu können, mussten Plakate gedruckt, Säle gemietet, Redner und Fahrtkosten bezahlt werden, gleichzeitig forderte aber auch die Parteizentrale außer den Mitgliedsbeiträgen eins ums andere Mal Sonderabgaben für diverse außerordentliche Umlagen.[346]
Buchner nimmt diese Umstände zum wiederholten Mal zum Anlass, selbstmitleidig die eigene `heroische´ Haltung zu betrachten: „Unsere unerschöpfliche Reserve aber war der Glaube an Adolf Hitler. In kritischen Lagen, wenn wir verlacht, verhöhnt und terrorisiert in den Versammlungen vor übermächtigen Gegnern standen, in drückendem Kleinkrieg, wenn wir einsam bei Nacht und Nebel, durchnäßt von Schweiß und Regen über Land zum Plakatieren fuhren, oder todmüde, ausgehungert und abgekämpft nach Hause tippelten und das Ziel unseres Kampfes in endloser Ferne verschwamm, dann dachten wir an Adolf Hitler. Um seinetwillen nehmen wir alles auf uns.“[347]
Buchners monatliches Gehalt als Vermessungsassistent belief sich 1931 auf 272.-

341 Buchner, Kamerad!, S. 151 f: „Der Viehjude Spatz ging nicht mehr ohne seine Fleischerdogge aus dem Stall, und bald liefen giftgeschwollene Beschwerden beim Amtsvorstand und bei der Regierung über den Hakenkreuzlerterroristen am Vermessungsamt ein.“
342 Buchner, Kamerad!, S. 212.
343 Josef Grübl, geboren am 11. März 1900 in Stockerau in Österreich wurde 1926 Parteimitglied. Er erhielt das Goldene Parteiabzeichen und 10 und 15jährige Dienstauszeichnung. Grübl war von 1926 bis 1929 Mitglied der SS, 1930 trat er der SA bei, der er als Sturmmann bis 1945 angehörte. In der Anklageschrift vor der Spruchkammer wurde er als „überzeugter aktivistischer und rücksichtsloser Anhänger der Partei, fanatischer Kämpfer für Adolf Hitler“ und Antisemit bezeichnet (14. August 1946). Sich selbst sah Grübl folgendermaßen: „Ich bin und war immer ein armer Teufel, welcher sich sein Brot immer mit schwerer Arbeit und schlechter Bezahlung verdienen mußte.“ Grübl an Spruchkammer Starnberg vom 25. August 1946. StAM SpKA K 4581 Josef Grübl.
344 Buchner, Kamerad!, S. 316.
345 Buchner, Kamerad!, S. 317: „Immer drückender werden die Lasten. Wir gönnen uns kaum ein Glas Bier in den Versammlungen. Wir sparen mit Rauchen. Wir spielen nicht. Nie sieht uns ein Theater oder ein Kino. Wir haben keine Ahnung vom Tanzen, kennen keinen Urlaub, keine Ruhe. Und haben Schulden über Schulden…“
346 Buchner, Kamerad!, S. 38.
347 Buchner, Kamerad!, S. 228 f.

RM, wovon er Frau und vier Kinder ernähren musste. An Miete hatte er 60 RM im Monat zu bezahlen.[348] Entsprechend knapp war sein finanzieller Spielraum in dieser Zeit.

Der „Deutsche Tag“ in Starnberg

Die junge Ortsgruppe Starnberg der NSDAP zeichnete sich laut Buchner durch ihre unermüdliche Aktivität und ihren ungebrochenen Idealismus aus. So begann schon zur Jahreswende 1925/26 die Idee für einen „Deutschen Tag“ zu reifen. Hauptmotiv scheint es gewesen zu sein, der politischen Gegenseite zu zeigen, wozu man fähig ist.[349]

Nach hektischen Vorbereitungen, Planungen und Selbstzweifeln, ob man sich mit diesem Projekt nicht doch finanziell und organisatorisch übernommen habe,[350] begann am 14. August 1926 die „große nationalsozialistische Kundgebung in Starnberg“ mit einem Festzug durch die Stadt. Zwischenzeitlich sah es so aus, als könnte einer der Hauptredner, Julius Streicher,[351] nicht erscheinen, weshalb sich Buchner an die Hauptgeschäftsstelle der NSDAP in München wandte mit der Bitte, ihm im Falle einer Absage Streichers Adolf Wagner als Redner zu reservieren.[352]

Der „Völkische Beobachter“ titelte: „Das Hakenkreuz im bayerischen Oberland.“ „Da kamen die Münchner, Sektion um Sektion, Holzkirchner und Rosenheimer, Kemptener, Neuburger, Augsburger, Vertreter aus Wien und Weimar, eine Gruppe Roßbacher[353] marschierte an, und die unermüdliche Kapelle des Frontkriegerbundes Rosenheim, die im Standquartier konzertierte, begleitete den Einzug der Abteilungen mit schneidigen Parademärschen.“[354]

Nachdem abends auch die Münchner SA mit dem Zug eingetroffen war, fand im Saal des Gasthofes „Pellet-Mayer“ die eigentliche Versammlung statt. Buchner be-

---

348 Gendarmeriehauptstation Starnberg an Bezirksamt Starnberg vom 10. November 1931, StAM LRA 28345.

349 Buchner, Kamerad!, S. 97: „Und wenn de G'schicht daneben geht, was nacha? Nacha dablecka s´uns, die Schwarzen und Roten und…“

350 Um Hitler als Redner zu gewinnen, musste die Ortsgruppe einen von der Parteileitung verfassten Fragebogen ausfüllen und bei erfolgter Zusage die „Richtlinien für Hitler-Versammlungen“ einhalten. BArch NS 18/5502

351 Zu Julius Streicher: Zelnhefer, Siegfried: Der Stürmer. Deutsches Wochenblatt zum Kampf um die Wahrheit, in: Historisches Lexikon Bayerns, URL: http://www.historisches-lexikon-bayerns.de/Lexikon/Der_Stürmer._Deutsches_Wochenblatt_zum_Kampf_um_die_Wahrheit (05. Juli 2013); Varga, William Paul: Julius Streicher, Diss. Ohio State University 1975; Bytwerk, Randall L.: Julius Streicher, New York 1983; Ruault, Franco: Tödliche Maskeraden: Julius Streicher und die „Lösung der Judenfrage", Frankfurt a.M. u.a. 2009; Roos, Daniel: Julius Streicher und „Der Stürmer“ 1923-1945, Paderborn 2014.

352 Buchner an Hauptgeschäftsstelle der NSDAP, 18. Juli 1926, BArch PKB 0123 Buchner.

353 Benannt nach Gerhard Roßbach, geb. 1893, deutscher Freikorpsführer, Sturmabteilung Roßbach 1919 beteiligt an Zug ins Baltikum, 1920 an Kämpfen in Oberschlesien und dem Kapp-Putsch, gest. 1967. Biographisches: Sauer, Bernhard: Schwarze Reichswehr und Fememorde. Eine Milieustudie zum Rechtsradikalismus in der Weimarer Republik, Berlin 2004, und: Sauer, Bernhard: Gerhard Roßbach-Hitlers Vertreter für Berlin. Zur Frühgeschichte des Rechtsradikalismus in der Weimarer Republik, in: Zeitschrift für Geschichtswissenschaft 50 (2002), S. 5-21.

354 VB 17. August 1926.

grüßte die Anwesenden und übergab das Wort an die Redner des Abends, an Ludwig Frank Gengler[355] und an Julius Streicher, der wieder einmal mit deutlichen Worten seinen Antisemitismus[356] predigte.[357]

Kirchplatz in Starnberg, mit Kriegerdenkmal
(nicht datiert; Stadtarchiv Starnberg, Sammlung Wörsching)

Der darauffolgende Sonntag begann mit einem Gottesdienst auf der Ludwigshöhe und einer Gefallenenehrung vor dem Kriegerdenkmal. Hier stieß Hitler unter Jubel der Versammelten zu dem Aufmarsch, durfte aber, da er mit einem Redeverbot belegt war, nicht das Wort ergreifen. Dennoch vermochte er großen Eindruck zu hinterlassen. Der damals noch minderjährige Helmut Sündermann hatte bei dieser Gelegenheit sein persönliches `Erweckungserlebnis´: „Unvergeßlich aber ist mir

355 Ludwig Frank Gengler, Mitarbeiter bei Theodor Fritschs „Handbuch der Judenfrage" (erste Auflage 1887, 40. Auflage 1936), der wiederum in seinem Hammer-Verlag auch die deutsche Übersetzung der „Zionistischen Protokolle", besser bekannt unter „Protokolle der Weisen von Zion" herausgab. Außerdem war Gengler Redakteur des Völkischen Beobachters und Verfasser einer Dissertation über die bayerischen Monarchisten. Dazu: Braun, Matthias Klaus: Hitlers liebster Bürgermeister-Willy Liebel (1897-1945), Nürnberg 2012; zu Fritsch siehe: Phelps, Reginald H.: Theodor Fritsch und der Antisemitismus, in: Deutsche Rundschau 87 (1961), S. 442-449.
356 Walter, Dirk: Antisemitische Kriminalität und Gewalt. Judenfeindschaft in der Weimarer Republik, Bonn 1999; Walter, Dirk: Antisemitismus (Weimarer Republik), in: Historisches Lexikon Bayerns, URL: http://www.historisches-lexikon-bayerns.de/Lexikon/Antisemitismus_(Weimarer_Republik) (11. Januar 2014).
357 VB 17. August 1926: „Er [der Jude; F.H.] wandert von Anbeginn wie Heuschreckenschwärme von Land zu Land. Wenn aus dem gelobten Land Wüste wurde, dann suchte er sich immer wieder ein neues Paradies. Der Jude steht nicht am Pflug; er nimmt aber die Ernte [...]."

der erste Blick auf den Mann geblieben, der im blauen Anzug schweigend einen Kranz am Starnberger Kriegerdenkmal niederlegte. Ruhig, forschend und fordernd ging sein Blick über die neugierige Menge. Als er dann im Wagen saß, von Männern im Braunhemd umringt, haben Hunderte von Starnbergern wie einem inneren Zwang gehorchend als Zeichen des Grußes den rechten Arm erhoben. Nimmt es Wunder, daß auch der eines Fünfzehnjährigen sich, einem Schwure gleich, emporstreckte?"[358]
Gengler und der Reichsführer-SS Joseph Berchtold[359] schlossen den „Deutschen Tag", und die SA- und SS-Einheiten zogen an den Ehrengästen Hitler und Gottfried Feder vorbei zur Stadt. Das schöne Wetter hielt die `Hitlerleute´ von der Abreise zurück, sodass den restlichen Tag in Starnberg ein Meer von Braunhemden zu sehen war. Privater Höhepunkt Buchners war eine kurze persönliche Begegnung mit Hitler, der ihn zu sich rufen ließ, ihm die Hand gab und „er sah mir in die Augen".[360]
Der Euphorie über die gelungene Veranstaltung folgte die Ernüchterung: Trotz gegenteiliger Erwartungen strömten nun nicht neue Parteianwärter zum nächsten Sprechabend. Buchner musste feststellen: „Wir sind wieder unter uns."[361]

Die Gründung der NSDAP-Ortsgruppe Herrsching 1926

Buchners Ehrgeiz war es seit langem, weitere Ortsgruppen im Bezirk Starnberg zu etablieren, aber trotz der Plakat- und Flugblattaktionen und Parteiversammlungen, die wegen der aus München angeforderten Redner für die Ortsgruppen hohe Kosten verursachten, blieb er zunächst erfolglos.
Im Herbst 1926 war Parteigenosse Oberlehrer Joseph Bauer[362] aus München in Herrsching als Redner mit dem Thema „Dawesplan"[363] angekündigt.

Herrsching gehört mit seiner Ersterwähnung 776 in den Freisinger Traditionen zwar zu den sehr alten Gemeinden im Landkreis Starnberg, war aber bis zur Mitte des 19. Jahrhunderts Hofmark der Herren von Seefeld. Die Bauern lebten von den kargen Böden mehr schlecht als recht. Erst die Schaffung einer Bahnstrecke Pasing-Herrsching 1903 brachte für die Ortschaft, die damals gerade etwas mehr als 450 Einwohner zählte, den Anschluss an die große Welt. Von nun an war München in weniger als einer Stunde erreichbar. Damit konnten andersherum Erholungssuchende und Sommerfrischler einfacher an den Ammersee gelangen und

358 Sündermann, Erinnerungen S. 27.
359 Joseph Berchtold, Reichsführer-SS 1926-1927.
360 Buchner, Kamerad!, S. 129.
361 Buchner, Kamerad!, S. 132.
362 Der spätere Stadtschulrat, Gauredner und Hauptstellenleiter für Kommunalpolitik, Mitglied des Reichstags Josef Bauer, geb. 1881, war Parteimitglied seit 1922. Laut Spruchkammerurteil vom 27. Oktober 1948 hat „der Betroffene durch Einsetzen seines persönlichen Ansehens und seiner Machtstellung in Wort und (Schrift) Tat, durch Veröffentlichungen in der NS-Presse und Reden im NS-Rundfunk bei der Zerschlagung der Bekenntnisschulen in München als Leiter des städt. Schulwesens die Hauptverantwortung zu tragen." StAM SpKA K 80 Josef Bauer. Lilla, Joachim: Der Bayerische Landtag 1918/19 bis 1933: Wahlvorschläge-Zusammensetzung-Biographien, München 2008, S. 303f.
363 Regelung der Reparationszahlungen Deutschlands an die Siegermächte des Ersten Weltkrieges vom 16. August 1924, benannt nach dem amerikanischen Finanzexperten Charles Gates Dawes.

entsprechend lebhaft entwickelte sich die Gemeinde Herrsching. 1936 zum Luftkurort[364] erklärt, wurde der Tourismus das neue Standbein des Ortes und brachte wirtschaftlichen Aufschwung. Im 20. Jahrhundert erlebte Herrsching eine rasante Bevölkerungsentwicklung. Waren es 1900 noch 448 Einwohner, konnten 1905 schon 582, 1907 749, 1916 843, 1919 1.149, 1925 1.371, 1933 1.424 und 1939 2.663 Herrschinger gezählt werden.[365]

Fritz Reinhardt, Staatssekretär im Reichsfinanzministerium, im Garten seines Herrschinger Anwesens 1934 (Archiv der Gemeinde Herrsching)

---

364 Protokollbuch der Gemeinde Herrsching vom 09. Dezember 1936, Archiv der Gemeinde Herrsching.
365 AR 29. Juli 1939.

Zur Versammlung im „Bahnhofhotel“ erschienen ca. 30 Zuhörer. Als nach Ende der Rede zur Diskussion aufgefordert wurde, meldete sich ein Unbekannter zu Wort und gab sich als Autor einer Schrift mit dem Titel „Der Dawesplan“ zu erkennen: Der Handelsschuldirektor Fritz Reinhardt[366], der zu einem einstündigen Referat über die vermeintlichen Tücken dieses Abkommens ausholte. Im Anschluss daran forderte ihn der Redner des Abends, Bauer, auf, in Herrsching eine Ortsgruppe der NSDAP aufzubauen. Offizieller Gründungstermin ist - sicher nicht zufällig - der 09. November 1926. 18 Mitglieder gehörten dieser ersten Mannschaft an, die die zweite Ortsgruppe der NSDAP im Landkreis Starnberg stellten.[367]

Die Herrschinger Parteigenossen

Selbstbewusst listet Buchner die ersten Herrschinger auf, die der neugegründeten Ortsgruppe angehörten: „Hilar Hochgesang, Bankbeamter, August Pittino, alt, Baumeister, Martha Schmid, Direktorswitwe, Johann Losch, Großkaufmann, Karl Moldenhauer, Forstrat a.D., Karl Bichler, Fischermeister, Anton Westermayer, Postassistent, Otto Gareis, Bootsbauer, Eugen Schick, Immobilienhändler, Josef Fehlner, Hotelbesitzer, Leonhard Bader, Gastwirt, Rudolf Jahn, Kaufmann, Johann Götschel, Bahngehilfe, Karl Pittino, Elektrotechniker, Albert Si(e)grist, Angestellter , Otto Edelmann, Maurer, Josef Kößler, Bäcker, Adolf Köhler, Handlungsgehilfe.“[368] Die Berufsangaben umfassen einen bemerkenswerten Ausschnitt der Herrschinger Bevölkerung, die zu dieser Zeit ca. 1.400 Einwohnern zählte. Bauern, die zur damaligen Zeit noch ca. ein Zehntel der Bevölkerung ausmachten, fehlen völlig. Arbeiter waren mangels Fabriken oder großer Gewerbebetriebe in Herrsching kaum vorhanden. Frauen waren auf den Land insgesamt wenig parteipolitisch engagiert.

Versucht man eine soziale Einordnung dieser ersten Mitglieder der Herrschinger NSDAP-Ortsgruppe, so gehören sie sowohl beruflich als auch gesellschaftlich zur mittleren und unteren Mittelschicht, wie 53 Prozent der in den Jahren vor 1933 eingetretenen Mitglieder.[369] Manche alteingesessene Familie war vertreten.[370] Die großen Bauernhöfe, deren Besitzer sich nicht in den Reihen der Parteigenossen fanden, hatten zwar gesellschaftlich Gewicht, den wirtschaftlichen und politischen

---

366 Zu Reinhardt siehe Kapitel Fritz Reinhardt.

367 Buchner, Kamerad!, S. 139-141.

368 Buchner, Kamerad!, S. 143.

369 Haar, Ingo: Zur Sozialstruktur und Mitgliederentwicklung der NSDAP, in: Benz, Wolfgang (Hrsg.): Wie wurde man Parteigenosse? Die NSDAP und Ihre Mitglieder, Frankfurt a.M. 2009, S. 60-73, hier S. 62.

370 Diesbezüglich widerspricht es teilweise der von Elke Fröhlich erforschten Entwicklung der NSDAP in Bayern auf dem Lande, worin sie feststellt: „Die NSDAP rekrutierte sich in der Phase der Minderheitenpartei [bis 1932/33; F.H.] sowohl in der evangelischen wie der katholischen Provinz überwiegend aus kleinbürgerlichem und Unterschichten-Potential.“ In Herrsching gehörten die frühen Parteigenossen der auf dem Land neu gewachsenen Mittelschicht der Handwerker und Gewerbetreibenden an. Fröhlich, Elke: Die Partei auf lokaler Ebene. Zwischen gesellschaftlicher Assimilation und Veränderungsdynamik, in: Hirschfeld, Gerhard/Kettenacker, Lothar (Hrsg.): Der „Führerstaat“: Mythos und Realität. Studien zur Struktur und Politik des Dritten Reiches, Stuttgart 1981, S. 255-269.

Einfluss hatten sie aber schon seit der Entwicklung des Ortes vom reinen Agrargebiet zum Ausflügler- und Sommerfrischler-Ziel an diejenigen Herrschinger abgegeben, die vom wachsenden Tourismus profitierten.

Herrschinger Parteigenossen der ersten Stunde, v.l.: Rathard Vogl, Schreinermeister, Lorenz Schmaderer, Schreinermeister, Georg Schönberger, Fotograf, Hilar Hochgesang, Versicherungsvertreter, Andreas Stoiber, Dentist, Luise Mautner, Gastwirtin, Ludwig Schertel, Angestellter, Isalina Brandenburg, Karl Moldenhauer, Forstrat, Hugo Brandenburg, Oberst a.D., vor dem „Vereinslokal" Café Flora 1936 (Archiv der Gemeinde Herrsching)

Fritz Reinhardt

Reinhardts frühe Jahre

Fritz Reinhardt[371] ist eine der Persönlichkeiten im Machtgefüge des `Dritten Reiches´, die trotz ihres nachweislichen Einflusses auf die Politik, in diesem Fall auf die Finanzpolitik und die daraus erwachsene Ungleichheit der Juden vor dem Gesetz und ihre physische Ausplünderung, in der bisherigen historischen Forschung

371 Vgl.: Das Deutsche Führerlexikon 1934/1935, Berlin 1934, S. 375: Reinhardt; Lilla, Statisten S. 498 Nr. 875; Höffkes, Generale S. 265-266. Zu den Schriften Reinhardts siehe: IfZ (Hrsg.): Bibliographie der Gauleiter der NSDAP, zusammengestellt von Günter Plum, 1970, S. 25-27. Die steuerrechtlichen, finanz- und betriebswirtschaftlichen Abhandlungen Reinhardts wurden nicht aufgenommen.

wenig Beachtung gefunden haben, da sie in der Reichsregierung im zweiten Glied standen. Erst in neuester Zeit wird seine Rolle bei der systematischen Ausgrenzung der Juden durch Maßnahmen wie die „Reichsfluchtsteuer“, die „Arisierungsabgabe“ und die „Judenbuße“ durchleuchtet.[372] Auch in seinem Spruchkammerverfahren verstand es Reinhardt, sich weitgehend aus der Schusslinie zu halten und sich auf die rein fachliche Ausrichtung seiner Arbeit im Finanzministerium zu berufen.[373]

Reinhardt, späterer Staatssekretär im Reichsfinanzministerium und dort zweite Kraft neben Reichsfinanzminister Lutz Graf Schwerin von Krosigk,[374] wurde am 03. April 1895 in Ilmenau/Thüringen geboren. Nach Bürger- und Handelsschule absolvierte er eine kaufmännische Lehre und betrieb „privatwirtschaftliche und volkswirtschaftliche“ Studien. Zwischen 1914 und 1918 war er in Russland kriegsinterniert. Nach seiner Rückkehr arbeitete er als Direktor der Thüringischen Handelsschule und Leiter der Akademie für Wirtschaft und Steuern in Ilmenau, wo er 1922 auch das „Deutsche Steuersyndikat“ gründete und gleichzeitig als Steuerbevollmächtigter beim Landesfinanzamt Thüringen beschäftigt war.[375] Laut Lilla[376] trat Reinhardt 1923 der NSDAP bei, in den Angaben zu seinem Spruchkammerverfahren nennt er selbst 1926 als Eintrittsjahr.[377] Der talentierte Managertyp Reinhardt betrieb von Herrsching aus eine nach und nach florierende Fernhandelsschule, in der er „Lehrgänge zwecks Heranbildung zum rechtskundigen Kaufmann und zum Steuerberater“ anbot.[378]

Reinhardt als Politiker und Unternehmer

Fritz Reinhardts politische Karriere ging seit und dank seiner NSDAP-Mitgliedschaft steil nach oben: Er wurde 1927-1928 Bezirksleiter des Bezirks Oberbayern-

---

372 Vgl.: Aly, Götz: Hitlers Volksstaat. Raub, Rassenkrieg und nationaler Sozialismus, Frankfurt a.M. 2005; Friedenberger, Reichsfinanzverwaltung; Kuller, Christiane: Finanzverwaltung und Judenverfolgung. Die Entziehung jüdischen Vermögens in Bayern während der NS-Zeit, München 2008; Drecoll, Axel: Der Fiskus als Verfolger. Die steuerliche Diskriminierung der Juden in Bayern 1933-1941/42, München 2009.

373 Z.B.: Erklärung Reinhardt zu seiner Spruchkammer-Sache vom 14. Oktober 1948: „Das Reichsfinanzministerium war ein reines Fachministerium. [...] Ich habe mich als sein [des Ministers Schwerin von Krosigk; F.H.] Staatssekretär im wesentlichen mit den Steuern und mit der gesamten fachlichen Ausbildung und Fortbildung der Beamten und Angestellten der Reichsfinanzverwaltung befasst.“ StAM SpKA K 1401 Fritz Reinhardt.

374 Johann Ludwig Graf Schwerin von Krosigk, geb. 1887, Studium der Rechts- und Staatswissenschaften, Ministerialdirektor im Reichsfinanzministerium, 1932 von Reichskanzler Franz von Papen zum Reichsminister im Finanzministerium berufen, 1937 Goldenes Parteiabzeichen ehrenhalber, in Hitlers Testament als Finanzminister benannt, nach Selbstmord Goebbels „Leitender Minister“ der sogn. geschäftsführenden Reichsregierung unter Reichspräsident Karl Dönitz, verkündete am 07. Mai 1945 die bedingungslose Kapitulation der Wehrmacht, im sogn. Wilhelmstraßenprozess als Kriegsverbrecher zu 10 Jahren Haft verurteilt, 1951 amnestiert, als Publizist tätig, gest. 1977; Klee, Das Personenlexikon S. 574; siehe auch: Schwerin von Krosigk, Lutz Graf: Memoiren, Stuttgart 1977.

375 Führerlexikon S. 375.

376 Lilla, Statisten S. 498 f.

377 Erklärung vom 14. Oktober 1948, StAM SpKA K 1401 Fritz Reinhardt.

378 Führerlexikon S. 375.

Süd der NSDAP, 1928 Gauleiter des Gaus Oberbayern-Schwaben, 1928-1930 Gauleiter des Gaus Oberbayern, 1929-1932 ehrenamtlicher stellvertretender Bürgermeister von Herrsching, 1930-1933 Mitglied des Reichstags als Obmann der NSDAP-Fraktion im Haushaltsausschuss und im Reichsschuldenausschuss. Hier wandte er das bei den frühen Nationalsozialisten erprobte Mittel der Provokation ausgiebig an und unterbrach mit Zwischenrufen und Pöbeleien die Redebeiträge anderer Abgeordneter.[379] Von 1933 bis 1945 war er auf persönliche Weisung Hitlers Staatssekretär im Reichsfinanzministerium als Nachfolger Dr. Artur Zardens,[380] der als Jude sein Amt aufgeben musste.[381] Reinhardt revanchierte sich bei Hitler für die Bestellung zum Staatssekretär dadurch, dass er bei den bayerischen Finanzbehörden intervenierte und erfolgreich durchsetzte, dass Hitler von Steuerzahlungen, die für die Einnahmen von „Mein Kampf" angefallen wären, befreit wurde.[382] Noch 1942 versicherte Reinhardt „seinem Führer", dass sich die Reichsfinanzen trotz des Krieges als „unerschütterlich" erweisen werden und die Reichsschulden mehr als ausgeglichen sein werden „durch die volkswirtschaftlichen Werte und Möglichkeiten, die durch das Deutsche Schwert gewonnen" sind.[383]

Nach Buchners Angaben übernahm zunächst Karl Bichler den Vorsitz der NSDAP-Ortsgruppe Herrsching, Reinhardt selbst bezeichnet sich jedoch in seinem Spruchkammerverfahren als Ortsgruppenleiter von 1926 bis 1927. Jedenfalls stürzte Reinhardt sich auf diese neue Aufgabe mit Energie und Tatendrang und kümmerte sich um die „Erziehung" der Parteigenossen.[384] Manch einer der neu Eingetretenen

379 Z.B.: Bayerischer Kurier 21. Oktober 1930: „Unter den nationalsozialistischen Radaumachern im Reichstag zeichnet sich besonders aus der Handelsschuldirektor a.D. und Volkswirt Fritz Reinhardt [...] Da er bisher noch nicht im Reichstag war, sind ihm, wie der Mehrzahl seiner Fraktionsgenossen, die parlamentarischen Sitten noch nicht geläufig. Während der Aussprache über die Regierungserklärung hat dieser Neuling im Parlament die Redner anderer Parteien andauernd durch Zwischenrufe unterbrochen, die nichts weniger als geistreich waren und meistens überhaupt nicht zur Sache passten. [...] Reinhardt war es auch, der dem Fraktionsführer der Bayer. Volkspartei, Prälat Leicht, die drohend geballte Faust entgegenhielt [...] Nach dem Reichstagshandbuch [...] ist Reinhardt Leiter einer nationalsozialistischen Rednerschule. Nach den Proben seines `Könnens´ darf man mit Fug und Recht stark bezweifeln, ob er gerade dazu der geeignete Mann ist. Es wäre schlimm, wenn seine Schüler die Manieren ihres Herrn und Meisters Reinhardt annehmen würden." Ebenso Frankfurter Zeitung 07. Februar 1931. In den Reichstagsprotokollen zur 5. Wahlperiode wird zwar häufig „fortdauernde Unruhe und Zurufe bei den Nationalsozialisten" vom Protokollführer notiert, Reinhardt selbst wird aber nicht als lautstarker Debattierer gesondert erwähnt.
380 Zarden wurde 1944 in Berlin von der Gestapo inhaftiert und beging daraufhin Selbstmord. Vgl. Ruppel, Irmgard: Erinnerungen, München 2009.
381 Begründung des Spruchs der Hauptkammer vom 16. November 1949, StAM SpKA 1401 Fritz Reinhardt.
382 Urteil der Hauptkammer München vom 17. Juni 1949. Darin wird ebenfalls festgestellt, dass durch Reinhardts Intervention weitere nationalsozialistische Einrichtungen wie der Eher-Verlag, die gewerblichen Betriebe der Reichszeugmeisterei, die „Frauenwarte", das „Braune Band e.V.", der „Lebensborn" und die „Arno Fischer Forschungsstätte" in den Genuss steuerlicher Vorteile kamen. StAM SpKA K 1401 Fritz Reinhardt.
383 Eberle, Henrik (Hrsg.): Briefe an Hitler. Ein Volk schreibt seinem Führer, Bergisch Gladbach 2007, S. 399.
384 Buchner, Kamerad!, S. 156: „Politische Tagesfragen werden behandelt, nüchterne Wirtschaftsprobleme erläutert, einfach und klar, wie es nur der `Herr Direktor´ jedem Laien nahebringen kann."

verdankte seine Mitgliedschaft Reinhardts ungebremsten Elan.[385] Sein Missionierungsdrang war so rastlos, dass Buchner neidvoll feststellte: „Wir haben keinen `Reinhardt´ in unserem Kampfgraben `Starnberg´, keinen Massenwerber und Großaufklärer." Aber er verweist auch auf die negativen Begleiterscheinungen, denn „die Kinder des Ortsgruppenvorsitzenden wurden vom Lehrer geprügelt; sie hatten zusammen mit ihrem Vater `öffentlich Flugblattagitation´ getrieben. Und auch den anderen Pgs. ergeht es nicht viel besser, ihre Geschäfte werden boykottiert und sie selbst gesellschaftlich gemieden und ausgegrenzt".[386]

Neben seiner politischen Betätigung gab Reinhardt die Zeitung „Rundschau für Wirtschaft und Steuer. Halbmonatsschrift für Gewerbe, Handel, Industrie, Landwirtschaft" heraus. Im August 1929 wies er in einem Inserat darauf hin, dass die ursprünglich „rein wissenschaftliche Zeitung", die zu diesem Zeitpunkt im 6. Jahrgang erschien,[387] ab dem 01. Oktober als „Wirtschaftlicher Beobachter" herausgegeben werde. Die Namensänderung sei der Tatsache geschuldet, dass die Zeitung sich zu einem „Beobachter aller Vorgänge der Deutschen Wirtschaft" gemausert habe.[388] In diesem Blatt machte Reinhardt unverhohlen Werbung für die NSDAP und argumentierte mit einer „nationalsozialistischen Wirtschaftsordnung", deren Grundlagen er jedoch nicht benennt. Dafür verspricht er schwindelerregende Summen an Steuereinnahmen bei Verwirklichung der vorgetragenen Idee. „Um mindestens 1 ½ Milliarden Reichsmark Zinsen und um mindestens eine Milliarde Reichsmark Steuern, also um insgesamt 2 ½ Milliarden Reichsmark jährlich, würden die Lasten der Deutschen Wirtschaft nach Nationalistischer (sic) Wirtschaftsordnung niedriger sein als nach der heute geltenden jüdischen Wirtschaftsordnung."[389]

Damit klingt schon Reinhardts zweites Credo an: Seine Angriffe gegen die „Macht des Judentums", denn „unser Volk taumelt im Dunkeln. Die Wahrheit wird ihm vorenthalten", und Reinhardt fühlte sich zur Aufklärung berufen.[390] Auch wenn Reinhardt wiederholt die „französische Industriespionage",[391] die „Politik der Nachgiebigkeit um jeden Preis"[392] oder „ausländische Schmarotzer"[393] anprangert, ist sein ausgemachter Gegner und Hauptfeind eines leistungsfähigen Deutschland `der

385 Z.B. RA Hanauer an Spruchkammer Starnberg vom 15. September 1947: „Es ist wohl allgemein bekannt, dass Reinhardt in Herrsching schon im Jahre 1929 eine ausserordentlich rege und demagogisch geschickte Propaganda für die NSDAP entfaltete und versuchte, Mitglieder für die Partei zu werben. So liess er sich auch die Gelegenheit eines häufigen geschäftlichen Zusammenseins mit dem politisch völlig ungeschulten und unerfahrenen Betroffenen nicht entgehen, um diesen für die Partei und ihre Ideen zu werben [...] ungefähr Mitte Januar 1930, legte Reinhardt dem Betroffenen eine Beitrittserklärung zur Partei vor." StAM SpKA K 4582 Karl Göppel.

386 Buchner, Kamerad!, S. 167.

387 Im Opac der BSB sind nur die Ausgaben 20. Juni 1928 (5. Jahrgang) bis 15. September 1929 nachgewiesen.

388 Rundschau für Wirtschaft und Steuer (RWSt) 31. August 1929.

389 RWSt 10. Dezember 1928.

390 RWSt 30. September 1928.

391 RWSt 15. November 1928.

392 RWSt 31. Juli 1928.

393 RWSt 15. Mai 1929.

Jude´, den er für moralischen Niedergang, Kriegsschuldlüge, Reparationszahlungen und Steuererhöhungen verantwortlich macht.
In seinem Verlag veröffentlichte er außerdem mindestens ein Prosawerk: „Die Törin und ihr Rebell. Ein Roman aus den heutigen Tagen" von Frieda Runge-Hecht, ein schwülstiges Werk, in dem die „rauen, ehrlichen Manneshände", „Herdes Fried", der beschützt werden muss, und die „Liebe zum eigenen Blut" beschworen werden.[394]

Reinhardt als Gauleiter von Oberbayern

Die Parteiorganisation der NSDAP bildete sich erst nach und nach heraus. Anfänglich auf München beschränkt, konnte sich die Partei formieren und konzentrieren. Als sich erste Ortsgruppen[395] außerhalb Münchens bildeten, waren sie noch keinen Regelungen durch die Parteileitung unterworfen. Sie akzeptierten aber in der Folge ihre Abhängigkeit von der Münchner Zentrale sowohl auf der organisatorischen Ebene als auch hinsichtlich der Übernahme von Taktik und Programm. Und auch Hitler forderte diese Unterwerfung als Grundlage für eine offizielle Anerkennung durch die Partei.[396] Die Ortsgruppen wählten bis 1929 ihre lokalen Führer in einer Mitgliederversammlung, auch wenn dieser ab November 1926 die Bestätigung für seine Ernennung bei der Gauleitung einholen musste. Erst ab 1929 wurde auf dieser untersten Ebene das „Führerprinzip" umgesetzt, was sich auch in der seit 1930 veränderten Verfügung in „Mein Kampf" entsprechend niederschlug.[397]

Als Mittler zwischen der Parteileitung und den Ortsgruppen diente der Gauleiter, von denen es 1928 25,[398] bis 1933 73 gab.[399] Die Organisation der Gauleitungen war noch keinen von der Zentrale vorgegebenen Regeln angepasst, sondern wurde ohne großen bürokratischen Aufwand in Privatwohnungen erledigt. Die Führung der Mitgliederakten und -unterlagen fand mit geringstem administrativem Einsatz statt.[400]
Fritz Reinhardt wurde 1928 zum Gauleiter des damals noch selbständigen Gaus Oberbayern ernannt, nachdem er im Jahr zuvor Bezirksleiter für Oberbayern-Süd

394 Runge-Hecht, Frieda: Die Törin und ihr Rebell, Herrsching 1931, S. 5, 62 und 72. Runge-Hecht hat weitere Werke verfasst, für die auf der letzten Seite u.a. geworben wird mit dem Urteil: „Die seelenwärmende Glut eines unermeßlich reichen, edlen, klugen Herzens leuchtet daraus hervor, geeignet, daß eine ganze Welt entarteter, naturfremder Menschen sich daran gesund lese. Ein Stück neuer Gottes- und Erdenglaube entströmt diesen schlichten Worten."
395 Zu Ortsgruppen allgemein: Reibel, Fundament.
396 Hitler, Mein Kampf S. 383: „Die Bildung von Bezirks-, Gau- oder Landesverbänden erfolgt ebenfalls nicht nur nach dem Bedarf an sich, sondern nach Erreichung der Sicherheit einer bedingungslosen Anerkennung der Zentrale."
397 Hitler, Mein Kampf S. 378: „Der erste Vorsitzende einer Ortsgruppe wird durch den nächsthöheren Führer eingesetzt..." Vgl. auch: Tyrell, Albrecht: Führer befiehl... Selbstzeugnisse aus der `Kampfzeit´ der NSDAP, Bindlach 1969, S. 265 f: „Es ist also nicht richtig, daß Hitler die Bestimmung eines Führers von der Wahl abhängig machen und daß er die Ortsgruppe über die Bestimmung gefragt haben will. Er steht vielmehr auf dem Standpunkt, daß die Zerrissenheit des deutschen Volkes die Einsetzung von Führern von oben her notwendig macht."
398 Volz, NSDAP S. 25.
399 Tyrell, Führer S. 216.
400 Hüttenberger, Gauleiter S. 25.

geworden war.[401] Wiederholt als pedantisch, genau, detailversessen und organisatorisch hoch effizient beschrieben, ist es unwahrscheinlich, dass bei ihm die Leitungsfunktionen unterentwickelt waren.[402] Wie bei manchem anderen seiner damaligen Kollegen wurde die Privatwohnung zur Parteizentrale umgewidmet.[403]

Buchner setzt die Ernennung Reinhardts zum Gauleiter im Gegensatz zu Tyrell[404] für den Beginn des Jahres 1928 an. Höffkes nennt als exakten Zeitraum den 01. Oktober 1928 bis 14. September 1930.[405] Ab diesem Zeitpunkt versuchte Reinhardt einen organisatorischen Neuanfang: In einer Versammlung der Stoßtruppführer in der „Eisenbahn" in Starnberg teilte er sein Gebiet in Unterabschnitte ein und wies jedem Ortsgruppenleiter ein Einsatzgebiet zu, das „räumlich zehn-, ja zwanzigmal größer war als das bisher bearbeitete Feld." Der Ortsgruppe Starnberg fielen zur Bearbeitung die „Orte am West- und Ostufer des Starnberger Sees, die Dörfer zwischen Wolfratshausen und Erling, im Süden bis nach Bernried und Seeshaupt, die Keuchen im Bachhauser Filz und die Höfe im Isartal ... an hundert feindliche Forts" zu. Das Herrschinger `Kampfgebiet´ umfasste an „sechzig feindliche Widerstandsnester. Rund um den Ammersee, bis in die Gegend um den Hohenpeißenberg, zwanzig Kilometer in die Quere, dreißig Kilometer der Länge nach".[406]

Gefürchtet waren nicht nur Reinhardts unmissverständlichen Anordnungen, mit denen er die Ortsgruppenführer eindeckte, sondern ebenso die Maßnahmen zur Einsparung auch kleinster Beträge, die er pedantisch auflistete und exakt abrechnen ließ.[407]

Im Herbst 1930 wurden Beschwerden laut, Reinhardt vernachlässige seine Pflichten als Gauleiter und Reichsredner.[408] Im November trat er als Gauleiter zurück,

---

401 Urteil der Hauptkammer München 17. Juni 1949, StAM SpKA K 1401 Fritz Reinhardt.

402 Schwerin von Krosigk, Memoiren S. 162: „Dieser Mann hatte keine anderen Interessen und kein anderes Gesprächsthema als sein Fachgebiet, er war ständig am Arbeiten und um Verbesserungen, Vereinfachungen oder Verfeinerungen bemüht, dann aber auch von seiner Idee so durchdrungen, daß er sich sehr schwer von der Undurchführbarkeit, den gefährlichen Auswirkungen oder der Unnötigkeit seiner Vorschläge überzeugen ließ."

403 Buchner, Kamerad!, S. 291: „Zwei Zimmerchen zu ebener Erde und ein Räumchen unter dem Dach der Villa `Moos´ zu Herrsching am Ammersee!"

404 Tyrell, Führer S. 225. Er nennt als Termin Juni 1928 und als Titel Gauleiter von Oberbayern-Schwaben. Reinhardt selbst gibt in seiner Erklärung zur Spruchkammer-Sache vom 14. Oktober 1948 an: „[...] Ende 1927 Leiter des Gaues Oberbayern ohne München. Diese Funktionen waren ehrenamtlich und nebenamtlich. Das Personal bestand aus nur einer Person, nämlich dem Gaugeschäftsführer [...] Ich schied [...] im Jahr 1930 aus der Funktion als Leiter des Gaues Oberbayern aus." StAM SpKA K 1401 Fritz Reinhardt.

405 Höffkes, Generale S. 265-266.

406 Buchner, Kamerad!, S. 191.

407 Halbmonatsbericht 13. Juli 1928: „Der Gauführer des neugeründeten Gaus Oberbayern-Schwaben, Direktor Reinhardt aus Herrsching überhäuft geradezu die Ortsgruppenführer mit Anordnungen, die wegen ihres Umfangs von den meisten Führern nicht befolgt und wegen ihres diktatorischen Charakters unangenehm empfunden werden. [...] Den Ortsgruppen verbleiben ab dieser Zeit zur Deckung ihrer Unkosten pro Mitglied im Monat nur mehr 30 Pfennig, während sie 50 Pfennig an die Gauleitung abzuführen haben [...]." BayHStA MA 101 235.

408 Himmler vom 05. und 17. September 1930, BArch NS 18/5023.

mutmaßlich aus Verärgerung, bei der Neuordnung der Gaugrenzen übergangen worden zu sein, bei der Adolf Wagner Gauleiter von München-Oberbayern wurde. Offiziell begründete er sein Ausscheiden jedoch mit der Arbeitsüberlastung durch die Führung der Reichspropagandaleitung II.[409]

Reinhardt als Reichspropagandaleiter II[410]

Von 1928 bis 1933 war Reinhardt nach eigenen Angaben Reichspropagandaleiter II in der Reichsleitung der NSDAP.[411] Tyrell nennt auch in diesem Fall einen abweichenden Zeitpunkt des Amtsbeginns, nämlich den 27. April 1930.[412] Nachdem in einem ersten Rundschreiben der Lehrplan für die Rednerausbildung festgelegt wurde, publizierte Reinhardt seit Juni 1929 das sogenannte „Rednermaterial“, in dem auch die „Richtlinien NS im Verkehr mit Reinhardt“ festgelegt waren.[413] Unterstützung fand Reinhardt bei der Reichsleitung der NSDAP, und Himmler wies ausdrücklich auf die guten Erfolge der nun „offizielle[n] Rednerschule der NSDAP“ hin.[414]

Jetzt begleitete auch der „Völkische Beobachter“ Reinhardts Bemühungen wohlwollend und berichtete beispielsweise am 13. November 1928 über 27 unterschiedliche Versammlungen in Oberbayern, auf denen die frisch geschulten Redner ihr Können unter Beweis gestellt hatten.[415] Auch in der Folgezeit brachte der „VB“ Berichte über die Erfolge der bei Reinhardt ausgebildeten Propagandisten[416] und gab den Beginn neuer Lehrgänge an der Rednerschule bekannt.[417]

Als Reichspropagandaleiter II wurde Reinhardt von Himmler, der bis zum Oktober 1930 die Propaganda-Abteilung der NSDAP leitete, unterstützt und gefördert.[418]

Auf der Münchner Führertagung am 27. April 1930 bekam Joseph Goebbels offiziell die Propagandaleitung übertragen. In seinem Tagebuch notierte er entzückt: „Nach der Rede steht Hitler nochmal auf und verkündet unter atemloser Stille

---

409 Pridham, Geoffrey: Hitler's Rise to Power. The Nazi-Movement in Bavaria, 1923-1933, London 1973, S. 198; ebenso: Lilla, Statisten S. 498. Lilla nennt hier als Datum für den Rücktritt den 14. September 1930.

410 Dazu: Paul, Aufstand, besonders S. 64-69.

411 Urteil der Hauptkammer München vom 17. Juni 1949. Reinhardt vermerkt dazu: „1928 bis 1933 Herausgabe von Rednermaterial und Rednerlehrbriefen in archivmäßiger Ordnung. [...] Zusammenfassung dieser Einrichtungen unter den Bezeichnungen `Rednerschule der NSDAP´ und `Reichspropagandaleitung II´.“ StAM SpKA K 1401 Fritz Reinhardt.

412 Tyrell, Führer S. 225.

413 Richtlinien NS im Verkehr mit Reinhardt. Darin werden die organisatorischen Voraussetzungen abgeklärt und das eigenwillige Abkürzungs- und Siglensystem Reinhardts unterbreitet, nach dem die Kursteilnehmer zu arbeiten und zu antworten hatten. Papierformat und Beschriftung wurden vorgegeben, Pünktlichkeit angemahnt. Gesondert erklärte Reinhardt die Zahlungsmodalitäten der Kursgebühr von 1,50 RM monatlich. BArch NS 26/274.

414 Tyrell, Führer S. 261 ff: Rundschreiben der Propaganda-Abteilung, 06. Mai 1929.

415 VB 13. November 1928: „Aufnahmeerklärungen waren überall der sichtbare Erfolg der mit lebhaftem Beifall aufgenommenen Ausführungen.“

416 Z.B.: VB 10./11. Februar 1929, 15. Februar 1929, 26. März 1929.

417 Z.B.: VB 17. Januar 1930, 15. April 1939, 05. November 1930, 07. Mai 1931, 21./22. Juni 1931, 31. Juli 1931, 01. Oktober 1931, 29. Oktober 1931.

418 Vgl. Schriftverkehr Himmler und Reinhardt BArch NS 5023.

meine Ernennung zum Reichspropagandachef. So, das gönn ich den anderen noch. Straßer (sic) ist kreidebleich."[419] Goebbels leitete die nun Reichspropaganda-Leitung I, RPL I genannte Abteilung.[420] Reinhardt, Leiter der RPL II, wurde dadurch von der Münchner Parteizentrale unabhängiger. Die Förderung, die er durch Gregor Strasser genoss, brachte ihn aber gleichzeitig in Opposition zu Goebbels.[421] Schon am 24. Mai 1930 vertraute dieser seinem Tagebuch an: Treffen „[...] mit dem größenwahnsinnigen Pg. Reinhardt. Er will mir ins Handwerk pfuschen. Ich werd ihm helfen."[422] Als Himmler im Oktober 1930 die Geschäftsleitung der RPL I an Heinz Franke[423] übergab, verschlechterte sich das Verhältnis der beiden Propaganda-Abteilungen. Der Ton wurde schärfer und gegenseitiges Misstrauen gewann Raum.[424]

Reinhardts Rednerschule als Mittel zur Durchsetzung der NS-Ideologie[425]

Schon am 05. März 1925 hatte Hitler bei einer Rede auf einer Münchner NSDAP-Versammlung die Einrichtung von Rednerschulen gefordert, da die Partei nur zehn bis zwölf gute Redner habe.[426] Ihm war klar, dass das Erscheinungsbild der Partei in der Allgemeinheit entscheidend vom Eindruck dieser Ansprachen abhing und dass nur auf diese Weise eine wirklich breite Öffentlichkeit hergestellt werden konnte: „Die Propaganda ist in Inhalt und Form auf die breite Masse anzusetzen

---

419 Goebbels, Joseph: Tagebücher 1924-1945, Bd. 2 1930-1934, herausgegeben von Reuth, Ralf Georg, München 2008[4], S. 479, Eintrag 28. April 1930.

420 Vgl. Paul, Aufstand, hier S. 64: „Mit der Übernahme der RPL durch den Berliner Gauleiter Goebbels begann 1930 eine qualitativ neue Phase der NS-Propaganda, die geprägt war durch eine forcierte Professionalisierung, durch verstärkte propagandistische Innovationen bei gleichzeitiger Überwindung des Himmlerschen Bürokratismus und durch den Prozeß der Übernahme propagandistischer Kompetenzen aus Strassers ROL [Reichsorganisationsleitung; F.H.]."

421 Stachura, Peter D.: Gregor Strasser and the Rise of Nazism, London 1983, S. 69, Anm. 10. In der Aufzählung der „close associates or even personal friends" wird auch „Fritz Reinhardt as Gauleiter of Upper Bavaria in October 1928" erwähnt. Auch bei Paul, Aufstand, wird Fritz Reinhardt auf S. 70 ein Vertrauter von Gregor Strasser genannt. Seine ungewöhnlich freundschaftliche Anrede in Briefen an Strasser sprechen ebenfalls für ein gutes persönliches Verhältnis der beiden zueinander. Vgl. z.B. Schreiben an Strasser vom 23. August 1931 mit den Eingangs- und Abschiedsfloskeln „Lieber Pg. Strasser [...]" und „Herzliche Heilgrüsse Ihr [...]" BArch NS 22/429. Zu Gregor Strasser auch: Kissenkoetter, Udo: Gregor Strasser und die NSDAP, Stuttgart 1978; Richardi, Hitler.

422 Goebbels, Tagebücher S. 483 Eintrag 24. Mai 1930.

423 Heinz Franke, geb. 1903, gelernter Kaufmann, Parteigenosse seit 1928; zu Franke: Paul, Aufstand S. 71.

424 08. Mai 1931, 12. Mai 1931, BArch NS 18/5020.

425 Reinhardts Rednerschule thematisieren: Arafe jr., Thomas Wiles: The Development und Character of the Nazi Political Machine, 1928-1930, and the NSDAP Electoral Breakthrough, Los Angeles 1967; Scanlan, Ross: The Nazi Party Speaker System, in: Speech Monographs 1949, Volume XVI, reprinted 1965, S. 84-148; Bytwerk, Randall L.: Fritz Reinhardt and the Rednerschule der NSDAP, in: Rhetorik. Ein Internationales Jahrbuch Band 2, 1981, S. 7-18; Bytwerk, Randall L.: Rhetorical Aspects of the Nazi Meeting: 1926-1933, in: The Quarterly Journal of Speech Volume 61 October 1975, S. 307-318.

426 Vollnhals, Hitler S.32-34, Dokument 9: 05. März 1925 Rede auf NSDAP-Versammlung in München, hier S. 33. Nach Reginald H. Phelps wurde Hitler schon am 24. November 1920 auf einer Versammlung der DAP zum `director of a party speakers' school´ ernannt. Siehe Phelps, Reginald H.: Hitler and the Deutsche Arbeiterpartei, in: Turner jr., Henry A. (Hrsg.): Nazism and the Third Reich, New York 1972, S. 5-19, hier S. 12.

und ihre Richtigkeit ist ausschließlich zu messen an ihrem wirksamen Erfolg."[427] Sowohl die inhaltliche als auch methodische Schulung sollte darauf ausgerichtet sein, komplexe Zusammenhänge auf eine einfache Formel zu reduzieren und mit einheitlichen, sich wiederholenden Floskeln zu vermitteln. Dabei genügte als Voraussetzung, um als Redner anerkannt zu werden, die Mitgliedschaft in der Partei nicht. Es bedurfte zunächst einer ausdrücklichen Zustimmung der Parteileitung, um eine Redeerlaubnis zu erhalten.[428]

Die NSDAP besaß 1927 nur ca. 300 Redner, lud aber gleichzeitig reichsweit zu rund 20.000 Versammlungen ein, d.h. die in der Relation wenigen Redner waren völlig überlastet, erst recht in der Zeit der Wahlkämpfe.[429] Heinrich Himmler, damaliger Leiter der Propaganda-Abteilung, konnte z.B. nur einen einzigen Redner, der zu drei Terminen sprach, schicken, als die Hannoveraner Gauleitung im Vorfeld der Reichstagswahl 13 Redner für 54 Veranstaltungen anforderte.[430] Doch die Parteizentrale setzte auf kein anderes Propagandamittel stärker als auf das gesprochene Wort.[431] Einer der Hauptorganisatoren dieser neuen Propagandamaschinerie der NSDAP war neben Gregor Strasser, Heinrich Himmler und Joseph Goebbels wie erwähnt Fritz Reinhardt.[432] Der sich seit der Wahl von 1928 vollziehende Schwenk, die Kräfte nicht mehr auf die Städte zu konzentrieren, sondern großräumig Dörfer und Kleinstädte propagandistisch zu bearbeiten, wurde erst durch die große Anzahl von `Sprechern´ möglich, die Reinhardts Rednerschule durchliefen und die durch ein umfangreicheres Themenangebot breitere Wählerschichten erreichten. Die Wirkung der nationalsozialistischen Vorträge gerade in kleinen, ländlichen Gemeinden war einer Untersuchung zufolge für die Wahlerfolge 1931 und 1932 ausschlaggebend.[433] Dabei kam der Rednerschule ein nicht unbedeutender Anteil zu.[434]

---

427 Hitler, Mein Kampf S. 376.
428 Vollnhals, Hitler S. 79, Dokument 44: 12. Mai 1925 An alle Ortsgruppen! Anordnung.
429 VB 27. Januar 1927.
430 Bytwerk, Randall L.: Die nationalsozialistische Versammlungspraxis. Die Anfänge vor 1933, in: Diesener, Gerald/Gries, Rainer (Hrsg.): Propaganda in Deutschland. Zur Geschichte der Massenbeeinflussung, Darmstadt 1996, S 35-50, hier S. 36.
431 Vgl. Paul, Aufstand; Stein, Peter: Die NS-Gaupresse 1925-1933. Forschungsbericht-Quellenkritikneue Bestandsaufnahme, München 1987; Museumsverbund Südniedersachsen e.V.: „...bis zum letzten Atemzuge..." - Propaganda in der NS-Zeit, Göttingen 1995.
432 Herbst, Charisma S. 216. Herbst resümiert über die Propaganda der NSDAP vor der Machtübernahme, S. 217: „Spätestens seit 1930 sind nicht nur die charismatischen Momente seiner [Hitlers; F.H.] Auftritte durchritualisiert und inszeniert, sondern ist ein Apparat, eine Propagandamaschine tätig, die diese Elemente des veralltäglichten Charismas in das letzte Dorf trägt und in dieser Verbreitung einer weiteren Veralltäglichung unterliegt, die einerseits durch systematische Professionalisierung und Schulung und die andererseits durch Talentausdünnung, durch das Ersetzen genuinen Charismas durch pure Inszenierung mittelmäßiger Träger und Repräsentanten gekennzeichnet ist."
433 Ohr, Dieter: Nationalsozialistische Propaganda und Weimarer Wahlen. Empirische Analysen zur Wirkung von NSDAP-Versammlungen, Opladen 1997, S. 142 f.
434 Herbst, Charisma S. 263 f: „Ohne diese Organisation [die Rednerschulung, F.H.] hätten sich Massen in dem erreichten Umfang wohl kaum mobilisieren lassen. Zugleich erlaubten die ausdifferenzierten Apparate die Entfaltung eines breiten Spektrums von Sachthemen, das eine sehr genaue Zielgruppenansprache ermöglichte."

Der Gautinger Ortsgruppenleiter Hermann Nafziger erinnerte anlässlich der Kreistagung 1938 an seine Anfänge als Parteiredner. Kurz vor der Reichstagswahl im September 1930 hatte er an einer Parteiversammlung in Stockdorf teilgenommen, bei der der Hauptredner aus München ausgefallen war. Der Stockdorfer Ortsgruppenleiter Dorsch versuchte in die Bresche zu springen, scheint aber den Anforderungen rhetorisch nicht gewachsen gewesen zu sein. Nafziger, der zuvor noch keinen Redeabend bestritten hatte, fasste sich ein Herz und meldete sich zum Thema „Youngplan und Versailles" zu Wort.[435] Aus Ärger über eine vorausgegangene Missstimmung vergaß er seine Scheu vor dem Publikum und verpackte seine Leitgedanken in eine Heldengeschichte. Er „sprach nun aus dem Herzen und innerster Überzeugung zu den Versammlungsbesuchern ohne jedes Lampenfieber. Am Ende hatte ich die ganze Versammlung begeistert [...] Wir alle aber waren froh, daß die Versammlung, welche am Anfang sehr traurig ausgesehen hatte, doch noch ein so guter Erfolg geworden war."[436] Auch Nafziger hatte die Reinhardtsche Rednerschule durchlaufen.

Die „Rednerbühne"

Buchner beklagte im Jahr 1928: „Aber Rednerkanonen, mittleren und schwersten Kalibers, die hineinfunken konnten in die feindlichen Nester, daß die Fetzen flogen, solche Kanonen waren rar-und kosteten Geld."[437]
Die Versammlungen brauchten einen geübten Redner, da man sich hierbei einem nicht nur wohlwollenden Publikum stellte. Es wurde beispielsweise zu einem aktuellen Redethema wie „Die Freimaurerei, ihr geheimes und verbrecherisches Wirken" in den Saal eines örtlichen Gasthauses eingeladen. Nach dem Referat gab es gewöhnlich eine Aussprache, bei der unterschiedliche Meinungen und Fragen vorgetragen werden konnten. Ziel dieser Veranstaltungen war es aber auch, durch Eintrittsgebühren und Spenden die Kasse der Ortsgruppe zu füllen und neue Parteimitglieder zu rekrutieren. Dies war das Podium, auf dem sich die auszubildenden Redner bewähren mussten, denn Vertreter anderer Parteien versuchten solche Veranstaltungen als Bühne für ihre eigene Propaganda umzufunktionieren—was vice versa geschah.

Das „Rednermaterial" für die nationalsozialistischen Sprecher[438]

Mit demselben unermüdlichen Elan, mit dem Reinhardt seine Fernhandelsschule betrieben hatte,[439] nahm er sich ab 1927 dieses neuen Projektes an: Zum Gauleiter

---

435 Stäbler, Wolfgang: Young-Plan, 1929/30-1932, in: Historisches Lexikon Bayerns, URL: http://www.historisches-lexikon-bayerns.de/Lexikon/Young-Plan, 1929/30-1932 (01. Mai 2013).
436 L&S 15./16. Juni 1938.
437 Buchner, Kamerad!, S. 228.
438 Unter dem Titel „Rednermaterial der NSDAP" bot Reinhardt Unterrichtsmaterial für seine Fernkurse an. Um zu zeigen, welches Spektrum er mit seinen Lehrgängen abdeckte und mit welcher Pedanterie er seine Materialien vorbereitete, ist im Anhang die Abschrift eines Werbeblattes eingestellt.
439 Das Wappen, das Reinhardt im Briefkopf für seine Fernhandelsschule verwendet, zeigt seine Initialen „FR", umgeben von einem Kranz aus den Worten „Durch Fleiß, Tatkraft, Ausdauer zum Ziel"-seinem Lebensmotto. Vgl. Schreiben Reinhardt an Himmler vom 13. März 1928, BArch NS 18/5003.

ernannt, verfügte er, jeder Ortsgruppenleiter müsse Parteiredner werden. Reinhardt verschrieb sich ganz der Organisation des Rednerwesens und baute nach dem Prinzip der Fernhandelsschule nun eine NSDAP-Rednerschule auf. Im Februar 1928 verschickte er ein erstes Rundschreiben innerhalb der Parteiorganisation mit der Ankündigung: „Ich sende in fünfzehntägigen Zeitabständen jedem Teilnehmer einen Aufgabenbogen. Auf diesem ist vorgeschrieben, was der Teilnehmer innerhalb der nächsten fünfzehn Tage zu tun hat.“[440] Dieses Material stellte Reinhardt selbst zusammen und entwarf nicht nur die Zielsetzung, sondern auch die Aufgabenstellung persönlich. Als Anspruch formulierte er: „Sie sollen nicht Schauspieler, sondern nationalsozialistischer Sprecher und dann nationalsozialistischer Redner werden. Das setzt voraus, daß Sie mit allen Fragen, die Sie in die Hirne unserer Volksgenossen und Volksgenossinnen einhämmern sollen, durchaus vertraut werden sollen, daß Sie von dem Idealismus, den Sie in die Herzen unserer Volksgenossen träufeln sollen, selbst durchdrungen sind und daß Sie die Begriffe Volk und Vaterland mit Ihrem eigenen Herzen erfaßt haben.“[441]

Das Studium der von Reinhardt gestellten Aufgaben erforderte ein wiederholtes Lesen und Durcharbeiten eines Beitrags oder Zeitungsartikels nach vorgegebenen Fragestellungen. Da aber die Inhalte der Antworten ebenfalls festgelegt waren, wurden nicht Analyse- und Kritikfähigkeit geschult, sondern das schlagfertige, aber unreflektierte, dafür aber parteikonforme Antworten. Der immer in „Lehrtage“ eingeteilte Kurs ermöglichte es den zukünftigen Propagandisten, sich einen gewissen Vorrat an Musterreden anzulegen, die sie ohne Manuskript bewältigen konnten. Das „Rednermaterial“ bot das Grundlagenwissen zur Ausarbeitung der Reden. Außerdem forderte Reinhardt die Lehrgangsteilnehmer auf, sich aus Zeitungsausschnitten ein eigenes Archiv aufzubauen, aus dessen Fundus sie für ihre zukünftigen Reden schöpfen sollten.

Nach Ende der theoretischen Ausbildung, in der Regel nach vier Monaten, hielten die Schüler eine Rede auf einem Sprechabend ihrer Ortsgruppe. Ein Parteifunktionär beurteilte diesen Vortrag, und bei positiver Bewertung folgten dreißig weitere Versammlungsreden als Test. Danach wurde der Kandidat zum offiziellen Parteiredner ernannt, was auch bedeutete, dass er für seine Tätigkeit höhere Gagen verlangen konnte.[442] Manche Reichsredner nahmen pro Veranstaltung zwischen 25 und 40 RM und konnten damit von ihrem Verdienst gut leben.[443]
„Über 100 neue Redner“ absolvierten den ersten Reichs-Redner-Kurs in Herrsching. Nach Beendigung ihres brieflichen Fernunterrichts waren sie zu einer vierzehntägigen Veranstaltung an den Ammersee gekommen, um den letzten Schliff zu erhalten.

440 Rundschreiben 2, 15. Februar 1928, BArch NS 18/5003.
441 Buchner,Kamerad!, S. 222f.
442 Vgl. Bytwerk, Reinhardt, hier S. 11.
443 Rundschreiben der Gauleitung Oberbayern, 15. Juli 1930, BArch NS 26/190. Nicht nur für die Redner selbst, sondern auch für Hitler und die NSDAP insgesamt war die Redetätigkeit eine lukrative Sache. Siehe z.B.: Kershaw, Hitler, S. 240 f. und Joachimsthaler, Anton: Hitlers Weg begann in München 1913-1923, München 2000, S. 255.

Buchners Erfolge als Parteiredner

An Buchners rhetorischer Entwicklung wird nachvollziehbar, wie nachhaltig die Schulung zum NSDAP-Redner funktionierte und wie die immer häufigeren und intensiveren Versammlungsabende Wirkung bei den Angesprochenen zeigten. Anfangs waren die Redner aus München die Stars der Veranstaltungen: „Gengler hat als Redner gefallen. Parteigenosse Hans Dauser[444] noch besser. Er ist auch Landtagsabgeordneter, das zieht mehr!“[445] Zu Anfang enttäuschten die Besucherzahlen bei den Rednerabenden meistens, trotz intensiver Vorarbeit, bei der Werbeplakate geklebt und Handzettel und persönliche Einladungskarten verteilt wurden.[446] In manchen Orten nützten auch wiederholte Anläufe lange nichts. Die Bevölkerung blieb gegen die massive Propaganda resistent. Die Abstände zwischen den einzelnen Auftritten waren offenbar zu groß. Ein hervorstechendes Beispiel hartnäckiger Verweigerung zeigte das mangelnde Interesse an Veranstaltungen der Bevölkerung in Tutzing: Immer wieder wurden „Massenversammlungen“ einberufen und zugkräftige Redethemen wie „Marxismus oder Nationalsozialismus“ aufgeboten, aber die Resonanz blieb aus.[447] Andere Orte schienen so weit von politischen Welthändeln abgeschnitten, dass nicht einmal Braunhemden als Nationalsozialisten erkannt wurden.[448]-Auch namhafte Parteigenossen waren nicht unbedingt Garanten für den guten Besuch einer Versammlung, selbst dann nicht, wenn ein Heinrich Himmler oder ein Rudolf Buttmann449 antraten.[450]

Auch Buchner unterzog sich schließlich der Fortbildung zum Parteiredner und übte ab August 1928 täglich drei bis vier Stunden,[451] obwohl Reinhardt `nur´ zwei bis drei Stunden für das Training angesetzt hatte.[452] Seine kabarettistischen Einlagen, in denen er seine Fortschritte in der Redetechnik und die Wirkung auf seine Kumpels beschreibt, täuschen nicht darüber hinweg, wie ernsthaft und bedeutungsvoll diese Redetätigkeit innerhalb der Parteiarbeit war.
Am 22. September 1928 erhielt Buchner in Pöcking seine Feuertaufe als öffentlicher Versammlungsredner.[453] Von da an war er unermüdlich unterwegs, manches Mal erfolglos, weil die Besucher ausblieben, wie in Münsing am 25. November

444 Hans Dauser, geb. 1877, Staatssekretär im bayerischen Wirtschaftsministerium, Mitglied des Bayerischen Landtags 1928-1933, Mitglied des Reichstags 1933-1945, gest. 1969 in München. Biographisches in: Lilla, Statisten.
445 Buchner, Kamerad!, S. 165.
446 Z.B. Buchner, Kamerad!, S. 177.
447 Buchner, Kamerad!, S.197.
448 Buchner, Kamerad!, S. 292: „...die Kellnerin erkundigte sich beim Auftragen der dritten Halbe respektvoll verlegen, ob die Herren vielleicht Kaiserjäger wären, österreichische? Oder von der neuen Gendarmerie? Von wegen der unbekannten Uniform...“
449 Dazu Wanninger, Susanne: „Herr Hitler, ich erkläre meine Bereitwilligkeit zur Mitarbeit.“ Rudolf Buttmann (1885-1947), Politiker und Bibliothekar zwischen bürgerlicher Tradition und Nationalsozialismus, Wiesbaden 2014; Wanninger, Susanne: Dr. Rudolf Buttmann-Parteimitglied Nr. 4 und Generaldirektor der Münchner Staatsbibliothek, in: Krauss, Marita (Hrsg.): Rechte Karrieren in München. Von der Weimarer Zeit bis in die Nachkriegsjahre, München 2010, S. 80-94.
450 Buchner, Kamerad!, S. 324 bzw. 326.
451 Buchner, Kamerad!, S. 226.
452 Richtlinien NS im Verkehr mit Reinhardt, Oktober 1928, BArch NS 26/274.
453 Buchner, Kamerad!, S. 231 ff.

1928, worüber auch noch im „Wolfratshausener Tagblatt" hämisch berichtet wurde,[454] insgesamt aber mit wachsendem Erfolg und Selbstbewusstsein. In Starnberg selbst fanden sich am 11. Oktober 1928, sicher zum Teil aus Neugier auf den Redner, im Gasthof „Eisenbahn" immerhin „über hundertzwanzig Menschen" ein.[455]
Zu Beginn des Jahres 1929 sprach Buchner an den Wochenenden mindestens zweimal im Landkreis, für März und April listete er seine vielfältigen Aktivitäten in den „zum Großkampfgebiet erklärten Bezirke(n) Traunstein und Rosenheim" auf.[456]

Buchner als Kreisleiter

„Im Frühjahr 1928 organisierte Gauleiter Parteigenosse Fritz Reinhardt die ersten Bezirke (Kreise) des Gaues Oberbayern". Diese lapidare Feststellung Buchners markiert die Entstehung der später komplexen Struktur der Gauverwaltung in Oberbayern. Die Bahnlinie Gauting-Tutzing und Pasing-Herrsching sollte als „Mittellinie" eines Bereiches angesehen werden, der sich rechts und links ca. 10 Kilometer weit in das Gelände erstreckte und als zu „bearbeitender" Bezirk der Kreisleitung unterstellt war. Da „ein Bezirksleiter [...] grundsätzlich nicht zugleich Ortsgruppenleiter oder SA-Führer sein"[457] sollte, stand beim Generalappell der Ortsgruppe Starnberg am 22. Mai 1928 die Neuwahl des 1. Vorsitzenden an. In der Versammlung blieb Buchner dennoch weiterhin unangefochten und unwidersprochen der Ortsgruppenführer. Am 07. November 1928 erweiterte Reinhardt das Bezirksgebiet Buchners um die Bahnlinie Gauting-Kochel, also das Ostufer des Starnberger Sees und Wolfratshausen mit Umgebung. Vor der `Machtübernahme´ waren Kreisleiter reine Parteiverwaltungsposten, die noch ohne Einfluss auf die staatlichen Stellen agierten.[458] Zwischenzeitlich gab es eine weitere organisatorische Unterteilung auf Kreisleiterebene. Mehrfach erwähnt wurde der Bezirk Starnberg unter der Führung Buchners und der Bezirk Herrsching zuerst unter Führung des Parteigenossen Grimm, später des Parteigenossen RA Schraut.[459] Laut „Anordnung" sollte jeder Kreisleiter grundsätzlich einmal, möglichst aber zweimal pro Woche auf einer öffentlichen Versammlung in seinem Kreis reden.[460]

Die Parteigenossen

Der Aufbau der Ortsgruppen im Bezirk Starnberg

Mit der geplanten Gründung einer Ortsgruppe der NSDAP in Starnberg begann Buchner seinen Bericht „aus der Geschichte des Kreises Starnberg" und während

454 Buchner, Kamerad!, S. 285.
455 Buchner, Kamerad!, S. 253.
456 Buchner, Kamerad!, S. 310.
457 Buchner, Kamerad!, S. 214.
458 Vgl. Roth, Claudia: Parteikreis und Kreisleiter der NSDAP unter besonderer Berücksichtigung Bayerns, München 1997; hier besonders S. 37-40.
459 Z.B. Die Front 16. Januar 1932, 20. Februar 1932; Heimatklänge aus Bayerns Gauen, 3. Ausgabe Dezember 1931.
460 Buchner, Kamerad!, S. 222.

der gesamten Zeitspanne, über die sich seine Erzählung erstreckt, blieb die Gründung weiterer Ortsgruppen zentrales Thema und Hauptinteresse der Schlüsselfiguren. Eine Ortsgruppe war die Propagandazelle der Partei und somit der Nukleus für die künftige Ausbreitung. Sie machte die Partei in einem überschaubaren Rahmen durch das Kleben von Plakaten, durch Aufmärsche, Fahnenhissen und Sprechabende sichtbar. Ihre Mitglieder waren präsent, wenn es um die Störung von Versammlungen anderer Parteien ging oder nur darum, Geschäftsleute um einen Obolus für die Parteikasse zu bitten. Jedenfalls fielen sie schon rein optisch durch ihre Aufmachung im Ortsbild auf, und durch die Krawalle, die sie mit ihren Kontrahenten provozierten, waren sie im Bewusstsein der Bevölkerung gegenwärtig.

In der von der Hauptgeschäftsstelle der Parteileitung 1922 herausgegebenen „Anweisung zur Ortsgruppengründung" wurde detailliert festgelegt, welche Schritte bei der Gründung einer Ortsgruppe vorausgesetzt wurden, um zu einem erfolgreichen Abschluss zu gelangen.[461] Über einen `Vertrauensmann´ sollten demnach die politischen Strukturen des Ortes analysiert und der Parteizentrale gemeldet werden. Gleichzeitig hatte dieser mit der Propaganda zu beginnen, zunächst im Verwandten- und Bekanntenkreis, um dann über Wirtshaus und Arbeitsstelle immer weitere Teile der Bevölkerung zu erreichen. Dabei sollte er sowohl Diskussionen über politische und wirtschaftliche Themen beginnen als auch unterschiedliches Werbematerial verteilen.

Die soziale Herkunft der Parteimitglieder

Dank der zwar nicht überlieferten, aber mutmaßlich ausführlichen und - bedenkt man die pedantische und akribische Vorgehensweise Reinhardts im Falle seiner Rednerschule zumindest für Herrsching - korrekt geführten Protokollbücher der Ortsgruppen Starnberg und Herrsching, die Buchner bei Abfassung seines Werkes noch vorlagen, lassen sich die einzelnen Parteimitglieder in der Reihenfolge ihres Beitritts während der `Kampfzeit´ genau erfassen. In vielen Fällen sind sie sogar mit kleinen biographischen Skizzen versehen, meistens wird mindestens der Beruf des Betreffenden erwähnt. Anhand dieser Beschreibung lässt sich die soziale Struktur der beiden frühen Ortsgruppen des Landkreises nachzeichnen. In Starnberg gehörten zum Grüppchen der Gründungsmitglieder ein Vermessungsbeamter, nämlich Buchner selbst, ein Tapezierer, Maurergeselle, ein Zigarrengeschäftsinhaber, ein Rechtsanwalt, ein Verkehrsflieger, ein Buchbindermeister, ein Spenglermeister, ein Studienrat, ein Amtsoffiziant, ein Eichmeister, ein Hochschulprofessor und ein Gastwirt.

Laut Mitgliederstand vom 01. Juni 1927 folgten der Hofrat Dr. Heinrich Brubacher mit Frau Therese, der Zahnarzt Dr. Heinz Brubacher, der Kriegsgerichtsrat Franz Haus mit Ehefrau Lilly, der Eisenbahnsekretär Ludwig Weigl, der Telefontechniker Gottfried Haft, der Metzger Hans Horner, der Schreiner Karl Dietrich, der Ökonomie-Praktikant Max Honsberg, der Hilfsarbeiter Hans Steingrübl, der Gärtner Josef Grübl, der Hilfsarbeiter Rudolf Lohrentz, die Geschäftsinhaberin Maria Salcher, der Goldschmied Josef Lüttich, der Schreiner Hans Hutter, die Villenbesitzerin Sofie

461 Tyrell, Führer S. 39-45.

Mothwurf, das Dienstmädchen Liesl Reiter, der Finanzkassier Albert Dern, die Geschäftsinhaberin Therese Fritz, der Elektrotechniker Rudolf Hofmann, der Steinmetz Franz Wimmer, der Elektrotechniker Michael Wopperer und der Hilfsarbeiter Alfons Eibl.[462]
Auch über die Herrschinger Ortsgruppe machte Buchner detaillierte Angaben. Am 09. November 1926 wurden, ein Bankbeamter, ein Baumeister, eine Direktorswitwe, ein Großkaufmann, ein Forstrat a.D., ein Fischermeister, ein Postassistent, ein Bootsbauer, ein Immobilienhändler, ein Hotelbesitzer, ein Gastwirt, ein Kaufmann, ein Bahngehilfe, ein Elektrotechniker, ein Angestellter, ein Maurer, ein Bäcker und ein Handlungsgehilfe Parteimitglied.[463]

Diese soziologische Struktur der frühen Parteimitglieder deckt sich weitgehend mit den Beobachtungen, die beispielsweise Michael H. Kater und Jürgen W. Falter in ihren Aufsätzen und Monographien zur Soziographie der NSDAP und zum Wählerverhalten in den 1920er und 1930er Jahren machen: Gerade auf den Dörfern und in den kleinen Städten waren es besonders die Handwerker und kleinen Gewerbetreibenden aus der unteren Mittelschicht, die sich von den Parteiparolen angesprochen fühlten. „Wie später im Norden, mag 1923 schon im Süden die erste Werbung für den Nationalsozialismus auf den Dörfern nicht von den Landwirten selbst, sondern von den ländlichen Handwerkern ausgegangen sein, die ihren wirtschaftlichen Notstand ihrerseits bis in die Vorkriegszeit zurückverfolgten.“[464]
Durch die Folgen des Weltkrieges und der Inflation, durch höhere Abgaben an den Staat, Arbeitslosigkeit, aber auch durch modernere Fertigungsmethoden städtischer Großbetriebe in ihrer wirtschaftlichen Stellung bedroht und von billigen Importwaren aus dem Markt gedrängt, fürchteten sie sich vor einem Abgleiten ins Proletariat.[465] Die griffigen Argumente der Nationalsozialisten versprachen die Rückkehr zu Verhältnissen wie vor dem Krieg und die Abkehr von den verhassten Reparationszahlungen.[466]
Einige der frühen Parteimitglieder im Bezirk Starnberg gehören zwar den gehobeneren gesellschaftlichen Schichten an, wie der Hochschulprofessor, der Hofrat und der Kriegsgerichtsrat, durch den an anderer Stelle verwendeten Zusatz `a.D.´ sind sie aber kenntlich als Angehörige der älteren Generation und als Pensionäre. Man muss sie als Sympathisanten einer der vielfältigen völkischen Bewegungen einstufen, die schon vor dem Ersten Weltkrieg großen Einfluss auf die politische Meinungsbildung hatten.[467] Die Beobachtung, dass sich die NSDAP „in der Phase der Minderheitenpartei [...] in der [...] Provinz überwiegend aus kleinbürgerlichem

462 Buchner, Kamerad!, S. 159 f.
463 Buchner, Kamerad!, S. 143.
464 Kater, Michael H.: Zur Soziographie der frühen NSDAP, in: VfZ 19 (1971), S. 124-159, hier S. 142.
465 Kater, Soziographie, hier S. 124; Kater, Generationenkonflikt; Falter, Jürgen W./Lindenberger, Thomas/Schumann, Siegfried: Wahlen und Abstimmungen in der Weimarer Republik: Materialien zum Wahlverhalten 1919-1933, München 1986; Falter, Hitlers Wähler; Falter, Jürgen W.: Zur Soziografie des Nationalsozialismus: Studien zu den Wählern und Mitgliedern der NSDAP, Köln 2013.
466 Z.B. Reinhardt, Fritz: Hände weg vom Youngplan! Warum?, Herrsching 1929.
467 Vgl. Albrecht, Dieter: Die Prinzregentenzeit, in: Schmid, Alois (Hrsg.): HDBG, gegr. von Max Spindler, Bd. 4: Das neue Bayern Teil 1, S. 394-413; Kershaw, Hitler, S. 175-184.

und Unterschichten-Potential“ rekrutierte, trifft auch für den Landkreis Starnberg zu.[468] Selbständige, die Buchner als frühe Anhänger der Partei werben konnte, wie der Tabakwarenhändler Max Pöhlemann, arbeiteten am unteren Einkommensniveau und mussten immer mit ihrem wirtschaftlichen und sozialen Abstieg rechnen.[469]
Bauern und landwirtschaftliche Arbeiter waren noch nicht in den Fokus der Partei geraten und hielten sich speziell im ländlichen Oberbayern noch an die Parteien, die christlich konservative Werte vertraten. In keiner bekannten Mitgliederliste des Bezirks Starnberg aus den frühen Jahren vor 1930 findet sich ein Landwirt. Der „Schmid Schorsch“, den Buchner als Bauer in Perchting erwähnt, war zuvor Lederarbeiter in Feldafing gewesen und konnte sich gerade einmal ein „Höflein mit viel Schulden und wenig Grund“ leisten.[470] Dennoch konnte sich die NSDAP nach 1930 zu einer immer stärker ländlich geprägten Partei entwickeln[471] und wurde zu einer „Volkspartei des Protests.“[472]
Manche der durch Inflation und Weltwirtschaftskrise geprägten Überlebenden des Ersten Weltkrieges fanden nicht zurück in ihr `bürgerliches´ Dasein oder hatten ein Leben ohne drohenden sozialen Abstieg vor den schrecklichen Ereignissen des Krieges nie gehabt.
Die überzeugten Anhänger, die später den harten Kern der unteren Führungsriege stellten, standen einem stark fluktuierenden Wählerpotential gegenüber,[473] da Viele auch deswegen ihr Kreuz bei den Nationalsozialisten machten, um gegen die Politik der Parteien der Weimarer Republik zu protestieren.[474] Die demokratischen Überzeugungen der durch Kriegs- und Nachkriegszeit geprägten Generation blieben gleichzeitig unausgeformt.

Motive für den Eintritt in die NSDAP

Was nun veranlasste den Einzelnen vor 1933 der NSDAP beizutreten?
Dr. Julius Buchmiller, Bezirkstierarzt aus Starnberg, begründete seinen Parteieintritt im Jahre 1926 mit den Versprechungen Hitlers, eine „Regierung des Friedens, der Sauberkeit und Gerechtigkeit“ einzurichten, denen er, wie auch bis 1939 das

468 Fröhlich, Die Partei, hier S. 255.
469 Kater weist darauf hin, dass kleine Geschäftsinhaber, gerade in Kleinstädten, ihre Mitgliedschaft mit dem Ressentiment begründeten, das kleine Kaufleute gegen den Kapitalismus der städtischen Großunternehmer hegten. Kater, Soziographie, hier S. 143.
470 Buchner, Kamerad!, S. 279. Georg Schmid wurde nach 1933 Bürgermeister von Perchting und Ortsbauernführer. Außerdem war er NSV-Kreisamtsleiter, Träger des Blutordens und des Goldenen Parteiabzeichens und wurde mit dem ersten Urteil der Spruchkammer Starnberg in die Gruppe der Hauptschuldigen eingereiht. StAM SpKA K 4637 Georg Schmid.
471 Vgl. Jakob, Reinhard: Überlegungen zu den Reichstagswahlen im Bezirksamt Fürstenfeldbruck 1928 bis 1933, in: Jakob, Nationalsozialismus, S. 14-33; hier S. 30: „Der NSDAP-Wähler schlechthin wandert von der Kleinstadt zur Landgemeinde. Innerhalb der Landgemeinde ist er bis November 1932 ein sich stark vermehrendes Phänomen der kleinen (bäuerlichen darf ergänzt werden) Gemeinden, bis dann 1933 die NSDAP-Wähler in den anderen Landgemeinden explosionsartig zunehmen.“
472 Falter, Hitlers Wähler S. 163-169 und 364-375.
473 Schäfer, Wolfgang: NSDAP. Entwicklung und Struktur der Staatspartei des Dritten Reiches, Hannover u.a. 1956.
474 Vgl. Kershaw, Hitler, S. 401-410.

Ausland, so zumindest sein Argument, glaubte. Er versicherte, nur aus Idealismus zur Partei gegangen zu sein, „ohne jedes egoistische Motiv, ferner, dass ich aus meiner Parteizugehörigkeit nie einen Vorteil, sondern höchstens Nachteile hatte."[475] Dabei war Buchmiller schon 1923 der SA beigetreten und wurde bis 1934 zum kommandierenden Standartenführer und ab 1937 zum Oberführer ehrenhalber der SA-Reserve ernannt. Seine Teilnahme am Hitlerputsch 1923 brachte ihm den Blutorden und sein früher Eintritt in die Partei das Goldene Parteiabzeichen ein. Er war Gründungsmitglied der Ortsgruppe der NSDAP in Holzkirchen. 1943 wurde er Kreisamtsleiter, d.h. er wurde mit der Geschäftsführung der Kreisorganisationsleitung beauftragt.[476]

Auch der Elektroingenieur Albert Dengler aus Stockdorf nahm für sich seine Gutgläubigkeit bezüglich der Versprechungen Hitlers in Anspruch. Demnach war seine Zugehörigkeit zur SA 1922 bis 1923 „ausschließlich durch meine Jugend bedingt" und kein Ausdruck seines politischen Engagements. Ebenso trat er 1932 der NSDAP angeblich nur deshalb bei, weil er ein dreiviertel Jahr arbeitslos gewesen war und sich durch die Partei eine Besserung der wirtschaftlichen Lage erhofft habe.[477]

Eine der heute viel diskutierten, aber wissenschaftlich widerlegten Ausreden[478] lieferte der in Herrsching lebende spätere Landtagspräsident Rudolf Hanauer.[479] Hanauer schrieb 1947, er sei ohne sein Wissen und Wollen vom NSRB, dem nationalsozialistischen Rechtswahrerbund,[480] bei der Partei angemeldet worden und habe sich nicht dagegen wehren können, da er im Begriff war, sich eine Existenz als Anwalt aufzubauen.[481]

Der Kaufmann Otto Kraklauer aus Herrsching erfand eine ähnlich entschuldigende Begründung für seinen Parteieintritt 1933: In einem Kaffeehaus habe ein Herr für die Partei gesammelt und auch ihn um eine Gabe gebeten. Um endlich seine Ruhe zu bekommen, habe er diesem Wunsch entsprochen, nicht ahnend, dass es sich bei seiner Unterschrift nicht um eine Spende für die Partei gehandelt habe, sondern um seinen Beitritt.[482]

Auch Bruno Picht aus Berg, Rittmeister a.D. und Landwirt, kam seinen eigenen Angaben nach eher unfreiwillig zur NSDAP: Als Mitglied des „Stahlhelms" trat er 1932

475 Buchmiller an Lagerspruchkammer Dachau vom 10. Juni 1948, StAM SpKA K 4557 Julius Buchmiller.
476 Spruch der Lagerspruchkammer Dachau vom 22. Juni 1948, StAM SpKA K 4557 Julius Buchmiller.
477 RA Plasch an Spruchkammer Moosburg vom 02. April 1947, StAM SpKA K 4562 Albert Dengler.
478 Kellerhoff, Sven Felix: Die Erfindung des Karteimitglieds. Rhetorik des Herauswindens: Wie heute die NSDAP-Mitgliedschaft kleingeredet wird, in: Benz, Wolfgang (Hrsg.): Wie wurde man Parteigenosse? Die NSDAP und ihre Mitglieder, Frankfurt a.M. 2009, S. 167-180.
479 Zu Hanauer: Balke, Hilde: Die Präsidenten des Bayerischen Landtags. Von 1946 bis 1994, Gersthofen 2001, S. 202-237.
480 Vgl. Sunnus, Michael: Der NS-Rechtswahrerbund (1928-1945). Zur Geschichte der nationalsozialistischen Juristenorganisation, Frankfurt a.M. 1990.
481 Hanauer an Spruchkammer Starnberg vom 04. März 1947, StAM SpKA 4584 Rudolf Hanauer.
482 Protokoll der öffentlichen Sitzung der Spruchkammer Starnberg vom 12. Juni 1947, StAM SpKA K 4602 Otto Kracklauer.

der SA bei, da er dort seiner Passion, dem Reiten, nachgehen konnte. Kurz nach dem Eintritt wurde ihm erklärt, jeder SA-Mann müsse auch Parteimitglied sein. Er fasste diesen Beitritt „lediglich als eine vorgeschriebene Begleiterscheinung seiner SA-Mitgliedschaft auf". 1936 wurde er „trotz seiner Weigerung und seiner Nichteignung" kommissarischer Schulungsleiter der Ortsgruppe Berg. Er trug das Parteiabzeichen, grüßte mit „Heil Hitler" und ist „nie ein Judenfreund gewesen."[483] Buchner erwähnt ihn und seinen Sohn schon 1928 als Zuhörer bei einer NSDAP-Versammlung in Berg.[484]

Ein ganz anderer Fall ist der Schlossergeselle Hans Horner aus Starnberg, der angab am 01. September 1929 auf Veranlassung seines Vaters in die HJ eingetreten zu sein. Damit gehört er zu den Gründungsmitgliedern der Starnberger HJ. Ihm selbst sei Politik egal gewesen, denn ihm hätten nur „die Wanderungen und Spiele Freude gemacht".[485] Die Richter der Spruchkammer bescheinigten ihm: „Das Bild, das der Betroffene der Kammer in langer, eindringlicher Vernehmung bot, ist das eines geistig schwerfälligen, im Grunde aber gutmütigen Menschen... Gedankenlosigkeit und Gleichgültigkeit, Urteilslosigkeit und Uninteressiertheit zeichnen ihn auch heute noch aus."[486]

Der Gemeinderat Herrschings beantragte im Jahre 1926 einen Boykottaufruf gegen den ehemaligen italienischen Staatsangehörigen August Pittino, der ein Baugeschäft im Ort besaß, „weil Mussolini sich Übergriffe gegen die Deutschen in Südtirol erlaubt hat[te]". Die Existenz der Familie Pittino stand auf dem Spiel. Auch wenn der Boykottantrag mit 8 zu 4 Stimmen abgelehnt wurde, so sah sich Pittino doch genötigt, auf seine Sympathie für die Deutschen hinzuweisen und zu versichern, dass er seine „Kinder deutsch erziehen lasse[n]".[487] Pittino, dessen Familie aus Udine stammte und 1913 die bayerische Staatsbürgerschaft verliehen bekommen hatte,[488] trat am 01. Mai 1933 in die NSDAP ein.[489]

Freiherr Friedrich Ernst Karl Sigmund von Reitzenstein, Offizier a.D. und Landwirt, wohnhaft in Herrsching und später Oberpfaffenhofen, trat schon am 01. Mai 1928 der Partei bei, um „eine Möglichkeit gegen den Bolschewismus" zu finden. Seit dem 29. Juli 1929 war er SS-Mitglied und wurde dort SS-Standartenführer. Er erhielt den Blutorden - „Der Blutorden war eine kollektive Sache, den bekam man erst 1933 mit Nachnahme" - und das Goldene Parteiabzeichen. 1936 war er auf dem Parteitag in Nürnberg Quartiermacher für die Polizei und allgemeine SS. Die Hilfskasse der SS zahlte ihm ab Juli 1939 eine monatliche Zuwendung von 160.- RM.[490]

---

483 Spruch der Spruchkammer Starnberg vom 19. Oktober 1948, StAM SpKA K 4625 Bruno Picht.
484 Buchner, Kamerad!, S. 239.
485 Horner an Spruchkammer Starnberg vom 01. August 1946, StAM SpKA K 4592 Hans Horner.
486 Protokoll der öffentlichen Sitzung der Spruchkammer Starnberg vom 22. August 1946, StAM SpKA K 4592 Hans Horner.
487 AR 27. Februar 1926.
488 Protokollbuch der Gemeinde Herrsching vom 13. September 1913, Archiv der Gemeinde Herrsching.
489 Meldebogen August Pittino vom 22. Mai 1946, StAM SpKA K 4625 August Pittino.
490 Protokoll der der öffentlichen Sitzung der Spruchkammer Starnberg vom 04. Oktober 1948, StAM SpKA K 4630 Friedrich von Reitzenstein.

Stellv. Gauleiter Parteigenosse Nippold eröffnet mit Kreisleiter Buchner und Kreisamtsleiter Gehra, Söcking, die Schulausstellung.

Von links: Heinrich Gehra, kommissarischer Kreisamtsleiter NSLB, Otto Nippold, stellvertretender Gauleiter, und Franz Buchner, Kreisleiter – Eröffnung der Schulausstellung in Söcking (Undatierter Zeitungsausriss, CI4; Gemeindearchiv Gauting)

Einer, der sich auf Provokationen und Widerstand gegen die Staatsgewalt gut verstand, war der in Gauting ansässige spätere stellvertretende Gauleiter Otto Nippold.[491]

1902 in Meinigen, Thüringen, geboren studierte Nippold zuerst Forstwissenschaft, sattelte dann aber auf Rechtswissenschaft um und absolvierte an Münchner Gerichten seine Referendarzeit. Noch bevor er das Assessorexamen ablegen sollte, trat er 1930 der NSDAP bei und arbeitete fortan ausschließlich für die Partei. Nippold zog am 01. Mai 1928 von München, wo er seit 1920 gemeldet war, nach Gauting zu.[492] Er wurde zunächst stellvertretender Ortsgruppenleiter in Gauting, außerdem Gauredner und Gaupropagandaleiter. Am 15. Dezember 1933 zog Nippold

491 Zu Nippold: Klee, Das Personenlexikon S. 437; Lilla, Joachim: Die stellvertretenden Gauleiter und die Vertretung der Gauleiter der NSDAP im „DrittenReich", Bremerhaven 2003, S. 62; Lilla, Statisten S. 441 f.

492 Familienbogen Nippold, Archiv der Gemeinde Gauting.

wieder nach München in die Mauerkirchnerstraße,[493] hielt aber weiterhin offizielle und persönliche Fühlung mit der Starnberger Kreisleitung. In Starnberg besaß Nippold ein Wochenendhaus.
Nippold, der als „fanatischer Nazi [...] und nach seiner Charakterveranlagung ein Ichmensch, der keinen Widerspruch duldete",[494] beschrieben wird, legte sich zu Beginn der 1930er Jahre als verantwortlicher Schriftleiter der nationalsozialistischen Gauzeitung des Gaus München-Oberbayern „Die Front" mehrfach mit den politischen Gegnern und den staatlichen Vertretern des Freistaats an. Wegen Vergehens gegen das Republikschutzgesetz wurde er im Dezember 1931 gleich zweimal angezeigt und ein Vorführungsbefehl gegen ihn erwirkt, da er zum Gerichtstermin unentschuldigt fehlte.[495] Im Winter 1932/33 hielt Nippold sich in Österreich und Italien auf, um seiner Verhaftung zu entgehen und kehrte erst im Januar 1933 nach Deutschland zurück, da seine Strafen dank einer allgemeinen Amnestie aufgehoben waren.[496]
Die Sympathie für den Nationalsozialismus teilte Nippold mit weiteren Familienmitgliedern: Nippolds Schwester Irmtrud war stellvertretende Gaufrauenschaftsleiterin.[497] Auf dem Kreistag der NSDAP in Starnberg 1938 ließ sich seine Frau Edith als stellvertretende Frauenschaftsleiterin feiern.[498]
Seit 1931 arbeitete Nippold als Gaugeschäftsführer und -schriftleiter, bis er 1934 von Gauleiter Adolf Wagner zum stellvertretender Gauleiter von Oberbayern ernannt und damit das Bindeglied zwischen Gau- und Kreisleitung wurde.
Bei Kriegsbeginn meldete Nippold sich freiwillig und wurde im Februar 1940 eingezogen.[499] Am 17. Mai 1940 starb er in Mondrepuis, Frankreich, den „Heldentod für Führer und Vaterland".[500] Die Parteipresse verklärte Nippold später zum Märtyrer.[501] Seine Frau Edith kam zu keinem so positiven Urteil. Seit 1932 mit Nippold verheiratet bekam sie drei Kinder von ihm und trat 1938 der Partei bei. Sie habe seit 1935 ihren Mann mit der späteren Gaufrauenschaftsleiterin Luise Römmelt

493 Familienbogen Nippold, Archiv der Gemeinde Gauting.
494 Spruch vom 10. Mai 1949, StAM SpKA K 4621 Edith Nippold.
495 Münchner Neueste Nachrichten 19. Dezember 1931.
496 Bericht des Regierungspräsidiums von Oberbayern vom 06. Februar 1933, BayHStA MA 106 670.
497 Sandtner an Hauptkammer München vom 26. Oktober 1949, StAM SpKA K 1491 Irmtrud Sandtner.
498 L&S 20. Juni 1938.
499 RA Eckhard König an Hauptkammer München-Land vom 21. März 1949 und Hauptkammer München-Land vom 10. März 1950. Eine Entnazifizierung beantragte Nippolds Witwe Edith, die sich damit gegen einen 30% Besitzentzug wehrte. StAM SpKA K 1255 Otto Nippold.
500 Auszug aus dem Gefechtsbericht der Kompanie, StAM SpKA K 1255 Otto Nippold.
501 Springer, Traditionsgau hier S. 27: „Gaugeschäftsführer Otto Nippold, dem die Systemgerichte nach und nach zweieinhalb Jahre Gefängnis aufgebürdet hatten, wurde verhaftet. Die Kerker waren gefüllt mit Nationalsozialisten."

teilen müssen. Ihr Mann sei sehr jähzornig gewesen, habe sie mehrfach misshandelt.-Dann aber habe sich der stellvertretende Gauleiter freiwillig zur Front gemeldet, weil er das Leben sattgehabt habe.[502]

Parteibeitritte bei Buchner

Eine nur mäßige Begeisterung für die nationalsozialistische Sache zeigte in der Folgezeit ein Gründungsmitglied der Starnberger NSDAP Ortsgruppe, der Buchbindermeister Georg Marx. Nach seiner Nennung als neuer Parteigenosse übergeht Buchner geflissentlich die Tatsache, dass Marx schon 1927 aus der Partei wegen Interesselosigkeit ausgeschlossen worden war.[503] Marx war anschließend als Vertreter der Deutsch-Nationalen-Volkspartei Stadtrat der Stadt Starnberg und dort von 1933 bis 1937 der einzige Ratsherr, der nicht der NSDAP angehörte. 1937 trat er auf Veranlassung Buchners doch wieder in die Partei ein, um weiterhin im Stadtrat bleiben zu können.[504]

An Franz Haus, einem ehemaligen Reichsmilitärgerichtsrat aus Pöcking, gedenkt Buchner noch als eines „unerschütterlich gläubigen Gefolgsmannes Adolf Hitlers und als eines lieben, treuen Kameraden".[505] Haus hatte die Mitgliedsnummer 1.059, eine Nummer höher als seine Frau Lilly.[506] 1926 lief ein Verfahren des Offiziersverbandes, ihn aus der Standesorganisation auszuschließen.[507] 1929 wurde er in den Vorsitz des Untersuchungs- und Schlichtungsausschusses der Partei (Uschla) berufen.[508]

Der Starnberger Bankbeamte Viktor Zimmermann saß schon am 15. Mai 1926 zusammen mit seiner Braut in einer Parteiversammlung und wurde dort als Sympathisant notiert.[509] Im Juli 1928 bejubelt Buchner Zimmermanns Parteieintritt, war er doch „einer von 1923. Frontsoldat, Freikorpsler. Früherer Bankbeamter. Dann entlassen wegen `Personalabbaus´. Heute Angestellter am königlich-bayerisch-republikanischen Amtsgericht Starnberg. Aber er kann die Hitlerei nicht lassen".[510] Zimmermann fungierte von 1932 bis 1934 als Kassierer der Ortsgruppe Starnberg, gehörte seit 1932 zusätzlich der SA-Reserve an und stieg dort 1944 zum Standartenführer auf. Als langjähriges Mitglied in der NSV, der NSKOV und des NS-Reichsbundes für Leibesübungen besaß er die 10- und 15-jährige Dienstauszeichnung und das SA-Sportabzeichen.

---

502 Nippold an Spruchkammer Starnberg vom 09. November 1946. „In Anbetracht der großen Verdienste und der Leistungen des stellvertretenden Gauleiters Otto Nippold" erhielt Edith Nippold von Kreisleier Buchner und Reichsschatzmeister Schwarz ein Grundstück. Da diese Überlassung aber nicht „auf Bitte oder Veranlassung der Betroffenen erfolgte", wurde ihr diese Schenkung in ihrem Spruchkammerverfahren nicht als Nutznießerschaft angerechnet und sie konnte das Grundstück behalten. StAM SpKA K 4621 Edith Nippold.
503 Buchner, Kamerad!, S. 36, S. 114.
504 RA Walz an Spruchkammer Starnberg vom 14. August 1946, StAM SpKA K 4612 Georg Marx.
505 Buchner, Kamerad!, S. 50.
506 Buchner, Kamerad!, S. 216.
507 Buchner, Kamerad!, S. 136.
508 Vgl.: Block, Nils: Die Parteigerichtsbarkeit der NSDAP, Frankfurt a.M. 2002.
509 Buchner, Kamerad!, S. 109.
510 Buchner, Kamerad!, S. 220.

Auch Josef „Sepp“ Grübl,[511] Hilfsarbeiter aus Starnberg, war schon zu der Zeit, als Buchner seine `Geschichte´ verfasste, in dessen Gunst erheblich gesunken. Grübls eigenen Angaben nach hatte er von Wahlfälschungen Buchners erfahren und daraufhin nicht nur ihm, sondern auch Hitler einen Brief geschrieben, was zu einem „fürchterlichen Krach“ ausartete.[512] Dennoch wird er von Buchner nicht nur erwähnt, sondern auch als „bekehrter Marxist“ besonders herausgestellt,[513] da er „vom Kommunismus kommend aus rein idealistischen Gründen Nationalsozialist geworden“ war.[514] Von seinen Arbeitskollegen auf dem Bau als „Arbeiterverräter“ beschimpft,[515] nahm Grübl als SS-Mann 1927 am Reichsparteitag in Nürnberg teil.[516] Er galt Buchner als Musterbeispiel des Arbeiters, der auf die `richtige´ Seite gefunden hatte. Josef Grübl schätzte die Situation in der Spruchkammerverhandlung allerdings etwas anders ein. Zwar gab er offen zu: „Wenn ich eine Watsche bekommen habe, habe ich mich auch gerührt [...]. Wenn die Schlägerei losgeht, muss ich auch angreifen.“[517] Doch schon 1929 habe er von den Parteigenossen Steingrübl, Ederer und Hilz Prügel bezogen, weil er mit sozialdemokratischen Arbeitskollegen Karten gespielt hatte.[518] Im Weiteren sei er als „Alter Kämpfer“ nach 1933 „ganz zurückgesetzt und übergangen“ worden, während sich die „Herren Starnberger `Parteibonzen´“ aufgeblasen hätten.[519] Letztlich war er, wie auch die Spruchkammer urteilte, einer, der den NS-Terror mit begründen und festigen half.[520]

Georg Schönberger, Fotograf aus Herrsching, nahm vor der Spruchkammer für sich in Anspruch, dass er nur „als Photograph bei Veranstaltungen gebeten wurde, Aufnahmen zu machen“.[521] Buchner erwähnt ihn als treuen Gefolgsmann. Bei der Generalversammlung der Ortsgruppe Herrsching am 06. Dezember 1927 gehörte Schönberger zu den Neuaufnahmen: „Herr Georg Schönberger (einer, der aushielt!) ...“[522] bzw. „Georg Schönberger, einer der Besten!“[523] Mit seinem Auto stand

511 Dem gebürtigen Österreicher Grübl wurde in der Stadtratssitzung vom 13. Juni 1933 die Einbürgerung genehmigt. L&S 19. Juni 1933.
512 Grübl an Spruchkammer Starnberg vom 25. August 1946: „Im März 1933 erfuhr ich [...], daß Buchner in dem Wahllokal `Gasthaus zur Eisenbahn´ `Nein´ Stimmen ausradierte und `Ja´ hinschrieb.“ StAM SpKA K 4581 Josef Grübl.
513 Buchner, Kamerad!, S. 111: „Ein deutscher Arbeiter hat zu seinem Volk zurückgefunden. Ein Wunder, Kamerad...“
514 Grübl an Spruchkammer Starnberg vom 25. August 1946, StAM SpKA K 4581 Josef Grübl.
515 Buchner, Kamerad!, S. 135.
516 Buchner, Kamerad!, S. 164.
517 Sitzungsprotokoll vom 04. März 1947, StAM SpKA K 4581 Josef Grübl.
518 RA Manz vom 17. September 1946, StAM SpKA K 4581 Josef Grübl.
519 Grübl an Spruchkammer Starnberg vom 25. August 1946, StAM SpKA K 4581 Josef Grübl.
520 Urteil vom 04. März 1947, StAM SpKA K 4581 Josef Grübl.
521 Anlage zum Spruch vom 28. Januar 1948, StAM SpKA K 4642 Georg Schönberger.
522 Buchner, Kamerad!, S. 171.
523 Buchner, Kamerad!, S. 172.

er jederzeit als treuer Wahlkampfhelfer und Werbemittel-Verteiler den Parteigenossen zur Verfügung.[524]

Fotograf Georg Schönberger in seinem „Bockerl" 1929
(Archiv der Gemeinde Herrsching)

Ein weiterer Herrschinger, der Dentist Andreas Stoiber, besuchte schon 1921 die Versammlungen der Nationalsozialisten in München, war vom 01. Mai bis zum 09. November 1923 Mitglied der NSDAP, gehörte zu den Marschierern des 09. November 1923 und trat 1928 erneut der Partei bei. Er erhielt das Goldene Parteiabzeichen, den Blutorden sowie die Dienstauszeichnung in Bronze und Silber und machte das SA-Sportabzeichen. Stoiber besuchte 1933 den Reichsparteitag in Nürnberg. Er fungierte von 1934 bis 1937 als geschäftsführender Ortsgruppenleiter und von 1942 bis 1945 als Presseamtsleiter. Er gehörte vom 01. Mai bis 09. November 1923 der SA an. Seit 1938 Mitglied der Allgemeinen SS wurde er dort ab dem Jahr 1942 im Rang eines Hauptsturmführers geführt. Er betätigte sich seit 1940 für den Sicherheitsdienst (SD).[525] 1934 bis 1938 gehörte er dem NSKK[526] an

524 Buchner, Kamerad!, S. 199: „Und Parteigenosse Schönberger fuhr sein Bockerl zusammen. Viele tausend Kilometer jagte er sein Kleinauto, beladen mit Parteigenossen und Werbematerial, auf schauderhaften Feldwegen durch den Kreis, rund um den Ammersee, bis in die verstecktesten Nester."
525 Sicherheitsdienst des Reichsführers SS, dazu: Wildt, Michael (Hrsg.): Nachrichtendienst, politische Elite und Mordeinheit. Der Sicherheitsdienst des Reichsführers SS, Hamburg 2003.
526 Nationalsozialistisches Kraftfahrkorps, dazu: Hochstetter, Dorothee: Motorisierung und „Volksgemeinschaft". Das Nationalsozialistische Kraftfahrkorps (NSKK) 1931-1945, München 2004; Hochstetter, Dorothee: Nationalsozialistisches Kraftfahrkorps (NSKK), 1931-1945, in: Historisches Lexikon

und stieg dort ab 1937 in den Rang eines Sanitätssturmführers auf. Von Ende 1944 an diente er als Zugführer im Volkssturm.[527] Stoiber selbst will diese Tätigkeiten nie wirklich ausgeübt haben. Er habe sie nur angegeben, um sich „besser durchsetzen zu können".[528]

Die Rolle der Parteigenossinnen[529]

Buchners Frauenbild entspricht ganz der von der Führung der NSDAP vorgegebenen Vorstellung, wie eine `echte deutsche Frau´ zu sein hatte. „Sowohl die Parteiideologen als auch die wenigen Politikerinnen der NSDAP betonten, dass die `deutsche Frau´ vor allem Gattin und Mutter sei und dass diese `Weseneigenschaften´ in einem nationalsozialistisch orientierten Staat die Stellung der Frau bestimmten. Politische Rechte als Staatsbürgerinnen seien hingegen nicht erforderlich."[530] Buchners eigene Frau tritt uns immer nur in Form der dem Manne treu dienenden, ihm für seine aufopfernde Tätigkeit den Rücken frei haltende Gefährtin entgegen, die die Kinder großzog und das Haus hütete, aber in der Stunde der Not trotz aller Widerstände, Sorgen und Ärgernisse fraglos zu ihm hielt.
Sogar Buchners Mutter findet in „Kamerad! Halt aus!" Erwähnung. Als „Mutter" bangt sie um die Verurteilung ihres Sohnes, „die deutsche Frau aber lehnt sich auf!", ganz dem Klischee der aufopferungsvollen und durch Leid nur stärker werdenden Soldatenfrau entsprechend.
Die wenigen Frauen, die laut Buchner in die NSDAP eintraten, handelten als vorbildliche Vertreterinnen ihrer Gattung. Immer schimmert ein Frauenbild durch, das sich an der Idee orientiert, dass die Frauen sich gerne freiwillig unterordnen und glücklich sind, keine Verantwortung übernehmen zu müssen.[531]

„Frau [Sophie] Mothwurf", die von Buchner als die „schwarz verschleierte Gestalt", bei anderer Gelegenheit als „Villenbesitzerin" bezeichnet wird, betätigte sich als großzügige Spenderin, wann immer die Kasse leer war.[532] „Marie Salcher, Geschäftsinhaberin" zeichnete sich durch ihren Mut aus, sich schon 1925 zu Hitler

Bayerns, URL: http://www.historisches-lexikon-bayerns.de/Lexikon/Nationalsozialistisches Kraftfahrkorps (NSKK), 1931-1945 (31. Oktober 2013).
527 Spruch der Spruchkammer Starnberg vom 22. November 1949, StAM SpKA K 4649 Andreas Stoiber.
528 Protokoll der öffentlichen Sitzung der Spruchkammer Starnberg vom 03. November 1949, StAM SpKA K 4649 Andreas Stoiber.
529 Vgl: Frauen und Nationalsozialismus: historische und kulturgeschichtliche Positionen, Osnabrück 1996; Steinbacher, Sybille (Hrsg.): Volksgenossinnen. Frauen in der NS-Volksgemeinschaft, Göttingen 2007; Wagner, Leonie: Nationalsozialistische Frauenansichten: Weiblichkeitskonzeptionen und Politikverständnis im Nationalsozialismus, Berlin 2010.
530 Heinsohn, Kirsten: Kampf um die Wählerinnen. Die Idee von der „Volksgemeinschaft" am Ende der Weimarer Republik, in: Steinbacher, Sybille (Hrsg.): Volksgenossinnen. Frauen in der NS-Volksgemeinschaft, Göttingen 2007, S. 29-47, hier S. 41 f.
531 Turner, Henry A. (Hrsg.): Otto Wagener-Hitler aus nächster Nähe. Aufzeichnungen eines Vertrauten 1929-1932, Kiel 1987, S. 102: „Und dann wieder so ein Mädel z.B. wie die kleine Hoffmann, oder die Geli, bei denen werde ich froh und heiter, und wenn ich ihre vielleicht törichten Plaudereien eine Stunde lang angehört habe [...] dann ist alle Müdigkeit und Unlust weg und ich kann mich wieder erneut auf die Arbeit stürzen."
532 Buchner, Kamerad!, S. 53.

bekannt zu haben,[533] ebenso wie im Oktober 1928 die „zwanzigjährige Doris Wiebel, Geflügelpraktikantin im Schloß Allmannshausen".[534] 1929 versammelte Berta Schweizer eine nationalsozialistische Kinderschar mit ca. 30 Buben und Mädchen, die die Vorläuferin des späteren Jungvolks bildete.[535] Luise Mauser aus Herrsching stellte ihr Café als „Vereinslokal" für die junge Partei zur Verfügung. Sie trat 1928 der Partei bei und das „Flora" wurde zum Treffpunkt der Nationalsozialisten. Mauser erhielt dafür das Goldene Parteiabzeichen.
An einer Razzia, die im Juli 1926 nach einem SA- und SS-Propagandamarsch durch das Münchner Stadtviertel Giesing stattfand, nahmen die Parteigenossinnen Sofie Mothwurf und Liesl Reiter nicht nur teil, sie versuchten auch in ihre Handtaschen bzw. in ihrer Bluse Waffen zu verstecken.[536] Als Flugblattverteilerinnen bei einer Versammlung des Bauernbunds zeigten sich Josefa Kiening und Resl Klug als unerschrockene Kämpferinnen für die Sache der NSDAP.

Die Entwicklung der NSDAP-Ortsgruppen im Bezirk Starnberg

Starnberg

Am 09. Mai 1925 hatte sich die Starnberger Ortsgruppe der NSDAP mit 13 Mitgliedern formiert. Anfänglich gehörten auch die Parteigenossen aus Gauting, Pöcking, Feldafing, Percha, Oberbrunn und Perchting dieser Gruppe an.[537] Ihre erste Versammlung fand - wie bereits erwähnt - am 15. Mai 1925 im Lokal „Zum Unterbräu" statt. Franz Buchner wurde zum Ersten Vorsitzenden gewählt, seine Stellvertretung übernahm Max Ederer, während Franz Schmitt Schriftführer wurde. Für den Februar 1926 gibt Buchner die Mitgliederzahl mit 26 an.[538] Bei der Generalversammlung am 01. Juni 1927 notierte Buchner einen Mitgliederstand von 33 Personen.[539] Am 22. Mai 1928 wurde Buchner in seinem Amt als Ortsgruppenvorsitzendem bestätigt, das Amt als Schriftführer übernahm Peter Schweizer.

Herrsching

Im „Bahnhofhotel"[540] in Herrsching wurde laut Buchner am 09. November 1926 die zweite Ortsgruppe der NSDAP im Landkreis Starnberg mit 18 Mitgliedern gegründet. Anlässlich der 10 Jahres-Feier der Ortsgruppe 1936 sprach die „Andechser Rundschau" vom August 1926 als Zeitpunkt der Gründung.[541] Nach unterschiedlichen Quellen[542] betätigte sich entweder Karl Bichler oder Fritz Reinhardt als Erster Vorsitzender. Anton Westermayer war sein Vertreter. Josef Fehlner fun-

533 Buchner, Kamerad!, S. 84.
534 Buchner, Kamerad!, S. 291.
535 Buchner, Kamerad!, S. 348: „[...] erzählte ihnen Märchen von einem großen Manne, den der liebe Gott uns geschickt habe, um Deutschland frei zu machen, und von einem neuen Reich, in dem jeder Bub Soldat werden dürfe [...]."
536 Buchner, Kamerad!, S. 119.
537 Buchner, Kamerad!, S. 331.
538 Buchner, Kamerad!, S. 99.
539 Buchner, Kamerad!, S. 159 f.
540 Inzwischen umbenannt in „Andechser Hof" am Landungssteg.
541 AR 19. September 1936.
542 Vgl. Kapitel Fritz Reinhardt.

gierte als Kassier und Josef Köhler als Schriftführer. Im März 1927 ersetzte Parteigenosse Ludwig Schertel [543] Köhler als Schriftführer.[544] Ein gutes Jahr nach der Gründung, am 06. Dezember 1927, waren 25 Herrschinger als Mitglieder der NSDAP eingeschrieben, nachdem zuvor einige wegen „passiver Mitgliedschaft" aus der Partei ausgeschlossen worden waren. Laut Buchner musste Karl Bichler gegen seinen Willen „aus taktischen Gründen" weiterhin den Vorsitz übernehmen. Die Parteigenossen Fehlner und Westermayer wurden in ihren Ämtern bestätigt. Ludwig Schertel bekleidete überdies den Posten des Schriftführers.[545]

Gauting

Ende November 1929 war es endlich auch in Gauting geschafft: Mit 17 Mitgliedern wurde im Gasthaus „Bären" eine Ortsgruppe der NSDAP ins Leben gerufen. Dabei waren Otto Nippold, Eugen Hübbe,[546] Xaver Dorsch,[547] Herbert Zanner,[548] Alfred Seitzer,[549] Franz Weigel,[550] Albert Dern,[551] Anton Brucklachner,[552] Hans Beer,[553] Kuno Vidal,[554] Karl Resch,[555] Gustav Bliemle,[556] Karl Spießl,[557] Richard Hallmann,[558] Anton Wagner,[559] Ina Hübbe,[560] und Gabriele Nippold.[561]

Schon im Frühjahr 1930 zählte die Ortsgruppe rund 50 Personen.[562]

Inning

Die Inninger folgten im März 1930 mit 12 Anhängern: Schlosser Hans Werner,[563]

543 Mehr zu Schertel siehe Kapitel Vor der Entscheidung.
544 Buchner, Kamerad!, S. 156.
545 Buchner, Kamerad!, S. 171 ff.
546 Kein Nachweis.
547 Kein Nachweis.
548 Kein Nachweis.
549 Kein Nachweis.
550 Kein Nachweis.
551 Kein Nachweis.
552 StAM SpKA K 4556 Anton Brucklachner. Anton Brucklachner senior war Parteimitglied 1928 bis 1929. Anton Brucklachner junior, der „anfänglich für die Nazipartei eingenommen war", wandelte sich zum „aktiven Kämpfer" in der Freiheitsaktion Bayern und wurde deswegen als „entlastet" eingestuft. Beschluss der Spruchkammer Starnberg vom 07. April 1948. 1936 wurde er noch zu den „wenigen Getreuen" aus Gauting gezählt, auf den sich die NSDAP in der „Kampfzeit" verlassen konnte. L&S 23./24. Mai 1936.
553 Kein Nachweis.
554 Im Staatsarchiv München sind die Spruchkammerakten der Spruchkammer Starnberg für den Buchstaben V nicht überliefert.
555 StAM SpKA K 4630 Karl Resch.
556 Kein Nachweis
557 Kein Nachweis
558 Kein Nachweis
559 Kein Nachweis.
560 Kein Nachweis.
561 Buchner, Kamerad!, S. 350 f.
562 Buchner, Kamerad!, S. 389.
563 Kein Nachweis.

Landwirt Eustach Eisenmann,[564] Gutsverwalter Josef Völlinger,[565] Hafnermeister Josef Nottensteiner,[566] Polizeianwärter Kuno Bader[567] und sein Vater, Bäckermeister Ludwig Bader,[568] Matrose Georg Kling,[569] Maurer Karl Reindl,[570] Schreinermeister Ludwig Frosch,[571] Schneidermeister Franz Kolbeck[572] und Drechslermeister Alois Becker.[573]

Steinebach
Der Oberpostinspektor i.R. Oskar Rausch[574] legte im August 1930 in Steinebach zusammen mit dem Kunstmaler Fritz Mühlbrecht[575], dem Architekten Hanns Huber[576], sowie Fritz Schobert[577] und seinem Sohn Hermann[578] den Grundstein für die dortige Ortsgruppe.[579] Nachträglich gesehen hatte es sich aber `nur´ um einen Stützpunkt gehandelt und wurde erst 1933 offiziell Ortsgruppe. Diese Parteigenossen machten durch ihre Sonnwendfeiern auf sich aufmerksam. Propagandaveranstaltungen und Rednerabende brachten neue Mitglieder. Auch der spätere Gauleiter von München-Oberbayern, Adolf Wagner und sein Stellvertreter Otto

564 StAM SpKA K 4567 Eustach Eisenmann. Obwohl der Inninger Ortsbauernführer Eisenmann dafür verantwortlich war, dass der Kauferinger Pfarrer Dr. Karl Mundigl für 21 Tage von der Gestapo in Haft genommen wurde - er hatte wiederholt das Gefangenenlager der Zivil-Internierten widerrechtlich aufgesucht - , reihte die Spruchkammer Starnberg ihn als Mitläufer ein. Spruch der Spruchkammer Starnberg vom 21. Mai 1948.
565 Im Staatsarchiv München sind die Spruchkammerakten der Spruchkammer Starnberg für den Buchstaben V nicht überliefert.
566 Kein Nachweis.
567 Kein Nachweis.
568 Kein Nachweis
569 Kein Nachweis.
570 Kein Nachweis.
571 Kein Nachweis.
572 Kein Nachweis.
573 Kein Nachweis.-Buchner, Kamerad!, S. 379.
574 StAM SpKA K 4628 Oskar Rausch. Der 1941 verstorbene Oskar Rausch wurde vom Bürgermeister der Gemeinde Steinebach 1948 als „gefürchteter, überzeugter Nazi" bezeichnet, demgegenüber „bei politischen Gesprächen besondere Vorsicht geboten erschien". Beschluss der Spruchkammer Starnberg vom 20. Dezember 1948.
575 StAM SpKA K 4618 Fritz Mühlbrecht.
576 StAM SpKA K 4593 Hanns Huber.
577 Kein Nachweis.
578 StAM SpKA K 4640 Hermann Schobert. Die Hauptkammer München reihte Hermann Schobert 1949 als Mitläufer ein, obwohl sie ihm sein „fanatische nationalsozialistische Einstellung" attestierte, die ihn dazu bewegte, „trotz seiner Befehlsgewalt als Stützpunktleiter Ausschreitungen, die im Ort vorkamen", nicht zu unterbinden. Spruch der Hauptkammer München vom 02. September 1949.
579 Buchner, Kamerad!, S. 390.

Nippold waren gern gesehene Gäste. Adolf Hitler soll im Mai 1932 Steinebach besucht und „in aller Stille“ im Gasthaus Raabe übernachtet haben. Sein Eintrag ins Fremdenbuch sei wie „ein Heiligtum“ gehütet worden.[580]

Gilching
Im Herbst 1930 war es laut Buchner auch in Gilching soweit: Unter der Führung des Ingenieurs Ernst Leichtenstern[581] kam eine nicht näher beschriebene Ortsgruppe zusammen.[582] Dabei muss es sich auch hier um einen Stützpunkt gehandelt haben, da die offizielle Ernennung zur Ortsgruppe erst 1934 erfolgte.[583]

Feldafing
In Feldafing gründete sich 1930 eine Ortsgruppe der NSDAP, nachdem man Ende März 1925 schon einmal einen Anlauf genommen hatte.[584] Damals berichtete der „VB“ davon, dass die frühere Ortsgruppe der GVG geschlossen der NSDAP beigetreten sei.[585] Ende Juli hielten die Feldafinger Parteigenossen eine Monatsversammlung ab, in der der Ortsgruppenvorsitzende von Pöcking, Georg Schmid,[586] bei gutem Besuch über die Führerversammlung in Rosenheim referierte. Es soll mehrere Neuaufnahmen gegeben haben.

Tutzing
Eine weitere Ortsgruppe stand kurz vor ihrer Verwirklichung. In Tutzing hatten sich der Gemeindebeamte Ernst Dötterl,[587] der Kaufmann Karl Seemann,[588] Ernst Violand[589] und Edgar Kreinath[590] zum Parteieintritt entschlossen und bildeten den Nukleus der laut Buchner sechsten Ortsgruppe im Kreis.[591] Anton Wittmann, der

580 AR 27. Juli 1940: „Im Mai 1932 besuchte Adolf Hitler Steinebach. Der Führer traf sich damals mit einem Freunde aus der Kampfzeit und übernachtete in aller Stille und von wenigen erkannt im Gasthaus Raabe. Der Eingang im Fremdenbuch, nachträglich immer mehr und mehr beachtet, ist heute ein Heiligtum.“

581 Ernst Leichtenstern wurde 1934 Gauamtsleiter, 1938 Ministerialrat und Leiter der Abteilung Film im Propagandaministerium, 1941 kommissarischer Bürgermeister von Görlitz, 1944 von Breslau. Vgl.: Klee, Das Personenlexikon S. 364.

582 Buchner, Kamerad!, S. 389.

583 Gaumitteilungsblatt vom 29. August 1934, StAM NSDAP 1149.

584 Buchner, Kamerad!, S. 50 f.

585 VB vom 04. April 1925.

586 StAM SpKA K 4637 Georg Schmid. Schmid war Ortsbauernführer, NSV Kreisamtsleiter und Inhaber des Goldenen Parteiabzeichens. Parteigenosse war er seit 1925. In der Urteilsbegründung vom 27. Oktober 1948 heißt es: „Er hat sich von den ersten Anfängen an in den Dienst der Partei gestellt und auch für diese geworben. Er gehörte der SA, als der Kampftruppe der Bewegung, an und hat die damals üblichen Saalschlachten mitgemacht und gelegentlich politische Gegner nach erprobtem SA-Rezept mundtot gemacht.“ Spruch der Berufungskammer für Oberbayern vom 27. Oktober 1948.

587 Kein Nachweis.

588 Kein Nachweis.

589 Im Staatsarchiv München sind die Spruchkammerakten der Spruchkammer Starnberg für den Buchstaben V nicht überliefert.

590 Kein Nachweis.

591 Buchner, Kamerad!, S. 420.

spätere Ortsgruppenleiter, soll die Gründung der Ortsgruppe aktiv gefördert haben.[592]

Die Gründung der ersten SA- und SS-Gruppen im Bezirk Starnberg

Die SA

Seit dem 03. August 1921 gab es die SA als Schutz- und Propagandatruppe der NSDAP. Gegründet als „Turn- und Sport-Abteilung der NSDAP", manchmal auch als „Turn- und Sport-Ausschuss" bezeichnet, wurde sie später nur noch als „Sturmabteilung" geführt und erhielt am 04. November 1921 bei einer Saalschlacht im Münchner Hofbräuhaus ihre legendäre Feuertaufe.[593] Nach dem Verbot der NSDAP und damit auch der SA 1923 fanden sich die ehemaligen Mitglieder zuerst im Schützen- und Wanderbund und anschließend im Bund Oberland zusammen. In dieser Formation mischten sie sich in den Wahlkampf um die Reichspräsidentenwahl ein.[594]

Die erste SA-Truppe des Bezirks bildete sich im März 1927 in Herrsching, „im Garten des Parteigenossen Reinhardt". Ihr gehörte Ludwig Schertel, Hilar Hochgesang, Roland Öhme[595] und Josef Pettinger[596] an. Der Gastwirt Rudolf Egle[597] und der Mechaniker Max Kohl[598] schlossen sich wenig später der Truppe an.[599]

Im Oktober 1930 trat der Bund Oberland geschlossen in die SA ein, und bis zum November meldeten die amtlichen Berichterstatter, alle ehemaligen Mitglieder seien zur NSDAP gewechselt.[600] Es wurde ein eigener SA-Trupp Starnberg aufgestellt, der zum Sturm 65 Gauting gehörte und bis zum Dezember des gleichen Jahres eine Stärke von 100 Mann erreichte. Im Herbst 1931 konnte ein eigener Sturm 23/2 in Starnberg aufgestellt werden. Sturmbannführer war der Verwaltungsangestellte Wilhelm Sengen, Parteimitglied seit 1931.[601]

Die Starnberger SA war im gesamten Bezirk als `Saalschutz´ gefürchtet und rühmte sich ihrer `Durchschlagskraft´. Rückblickend verklärte sich diese Anfangszeit zur

592 Berufungskammer München vom 20. März 1951; demnach war Wittmann von 1936 bis 1945 Ortsgruppenleiter von Tutzing. Laut eines Artikels im L&S vom 20. Juni 1938 war er von 1933 bis 1935 stellvertretender Ortsgruppenleiter, seit 1935 Ortsgruppenleiter. StAM SpKA K 4660 Anton Wittmann.

593 Volz, NSDAP S. 119.

594 L&S 17. Juni 1938. Darin über Sengen: „Geboren am 22. 2. 1901 in Aachen. Beruf: SA-Führer. Militärdienst: 1919 8. Kürassier-Regt., Grenzschutz Oberschlesien, RW. Reit.-Regt. 7 bis 9. 9. 31. Parteieintritt: 10. 9. 1931. SA-Eintritt: 10. 9. 1931. Führer des Sturmbanns III/2 und IV/2."

595 StAM SpKA K 4622 Roland Oehme. Oehme war seit 1928 Parteimitglied, besaß das „Goldene Parteiabzeichen" und war Zellenleiter. Als Angestellter des Staatssekretärs Reinhardt sei seine Parteizugehörigkeit eine „Existenzfrage" gewesen. Gemeint ist wahrscheinlich, dass er als Steueranwärter beim Finanzamt Starnberg Reinhardt als oberstem Dienstherrn unterstellt war. Klageschrift vom 13. August 1948.

596 Kein Nachweis.

597 Kein Nachweis.

598 StAM SpKA K 4601 Max Kohl. Kohl trat-zweimal ausgeschlossen-dreimal in die NSDAP ein.

599 Buchner, Kamerad!, S. 156.

600 Halbmonatsbericht 19. November 1930, BayHStA MA 102138.

601 L&S 17. Juni 1938; StAM SpKA K 4644 Wilhelm Sengen.

Geschichte einer verschworenen, mannhaften Truppe.[602] In einem „von einem SA-Mann geschrieben(en)“ Artikel des Jahres 1938 heißt es: „Diese geschlossene Kampfgemeinschaft gläubiger, treuer SA-Männer sah allen Schwierigkeiten fest ins Auge. Leicht war es nicht, die verhetzten Menschen zu überzeugen und für die Idee Adolf Hitlers zu gewinnen, aber schön und dankbar war unsere Aufgabe. Mancher Kampf mußte ausgefochten und bestanden werden.“[603]

„Zum Gedenken des 9. November 1923“
(Postkarte, nicht gelaufen; Privatbesitz)

602 Zur Frühzeit der SA vgl. „The Nazis were able to project an image that brought dividends at the ballot box, and one of the reasons for this success was that their propaganda involved more than pamphlets, newspapers, rallies and speeches: it also included the actions of thousands of political activists organised in the SA, actions which themselves were an expression of Nazi ideology, of the `struggle´ which was the cornerstone of the Nazi `world view´.“ Bessel, Richard: Violence as Propaganda: The Role of the Storm Troopers in the Rise of National Socialism, in: Childers, Thomas (Hrsg.): The Formation of the Nazi Constituency 1919-1933, Totowa 1986, S. 131-146, hier S. 144.
603 L&S 17. Juni 1938.

Die SS
Zum persönlichen Schutz Adolf Hitlers wurden gleich nach der Wiederbegründung der NSDAP im Frühjahr 1925 die „Schutzstaffeln" SS der NSDAP gebildet. Die Männer trugen eine schwarze Mütze mit Totenkopf, schwarzumrandete Hakenkreuzarmbinden und das Braunhemd mit schwarzem Binder. Sie verstanden sich als eine kleine elitäre Gruppe besonders treuer und zuverlässiger Parteigenossen.[604] Im Starnberger Landkreis wurde schon am 01. Dezember 1925 eine eigene SS-Truppe ins Leben gerufen, für die Buchner in Anspruch nimmt, einer der ältesten SS-Stürme Deutschlands zu sein.[605] Buchner selbst war Truppführer, Max Ederer, August Urban, Georg Schmid, Moser und Max Honsberg die ersten SS-Männer.[606] Ab dem Zeitpunkt ihrer Gründung trat die SS mit diversen Propagandamärschen und als Saalschutz in Erscheinung. Im Juli 1926 war Buchner mit seinen Leuten in München beim „großen SA- und SS-Propagandamarsch durch das Marxistenviertel Giesing" dabei, wo es zu erheblichen Handgreiflichkeiten und blutigen Zusammenstößen mit Kommunisten kam.[607]

Die Anfänge der NS-Frauenschaft im Bezirk Starnberg

1931 entstand unter der Leitung von Berta Schweizer, der Frau des Rechtsanwalts Peter Schweizer, der im weiteren Kreisrechtsamtsleiter wurde, in Starnberg die erste NS-Frauenschaft im Bezirk, der wenig später eine Gautinger Gruppe folgte. Die im Februar 1932 in Berg geschaffene Arbeitsgemeinschaft von Parteigenossinnen mündete im Oktober ebenfalls in eine eigene Frauenschaft.[608] Die Forstmeisterswitwe Sibylle von Druffel-Egloffstein, damals bereits 60 Jahre alt, wurde auf Betreiben Buchners am 07. September 1932 Kreisfrauenschaftsleiterin und übernahm die Organisation der Parteigruppierung.[609] Die innerparteiliche Beurteilung hob hervor, sie sei „trotz ihres Alters und Herzleidens ausserordentlich rege und aufnahmebereit" und besitze ein „besonders stark betontes Kameradschaftsgefühl und vorzügliche Einordnung".[610] Mit den Reden, die sie auf Veranstaltungen der Frauenschaft hielt, bewies sie sich als „überzeugte Anhängerin der nationalsozialistischen Gewaltherrschaft, insbesondere der Rassenlehre".[611] Ihre Tochter Ursula heiratete Gert Sudholt, den späteren Gauamtsleiter der NSV, und nach dessen Tod Helmut Sündermann.[612]

Anfang Oktober 1932 versammelte in Herrsching die Keramikerin Marie Janssen 12 Frauen zu einer ersten politischen Zusammenkunft. Am 07. Dezember sprach

---

604 Volz, NSDAP S. 122.
605 Buchner, Kamerad!, S. 86 f.
606 Buchner, Kamerad!, S. 87.
607 Buchner, Kamerad!, S. 119 f.
608 L&S 21. Juni 1938.
609 Lebenslauf, BArch PKB 0397 Sibylle von Druffel.
610 Beurteilung, BArch PKB 0397 Sibylle von Druffel.
611 Spruchkammer Starnberg vom 28. November 1946, StAM SpKA K 4564 Sibylle von Druffel.
612 Ursula, geborene von Druffel, Freiin von und zu Egloffstein, heiratete nach Sudholts Tod Helmut Sündermann und gründete mit ihm 1952 den Druffel-Verlag, der, zuerst in Berg am Starnberger See, zwischenzeitlich in Stegen bei Inning ansässig war und bis heute neonazistische Literatur vertreibt. Siehe: (29. November 2013).

Baronin von Druffel in Herrsching über Sinn und Wesen der NS-Frauenschaft, woraufhin eine Ortsgruppe gegründet wurde. Parteigenossin Marie Janssen erhielt die örtliche Führung übertragen, und Parteigenossinnen und Sympathisantinnen des nordöstlichen Ammerseegebietes wurden aufgefordert, sich mit der neuen Ortsleiterin zwecks eines Beitritts in Verbindung zu setzen.[613] Erste Bemühungen der Frauenschaft galten Weihnachtsfeiern für Kinder und Hilfe für bedürftige Parteigenossen.[614]

Sibylle von Druffel-Egloffstein, Kreisfrauenschaftsleiterin
(BArch R 9361 II/182810)

613 Der Tank 18. Dezember 1932.
614 AR 16. Oktober 1937.

Bis Januar 1933 entstanden im Kreis Starnberg 10 NS-Frauenschaften mit ca. 170 Mitgliedern,[615] der „Land- und Seebote" spricht in der Rückschau sogar von 14 Ortsgruppen und 400 Frauen.[616]

Die NSDAP nach der Wahl von 1928

Die Auswirkung der Wahl von 1928

Die Aktivitäten der politischen Parteien fanden in den Halbmonatsberichten des Regierungspräsidiums von Oberbayern in den Jahren 1926 bis 1930 ihren Niederschlag. Im Gegensatz zu Buchners auf die eigene Person und die Unternehmungen der Starnberger Ortsgruppe der NSDAP zentrierten Wahrnehmung schätzten die Referenten der Regierungspräsidentenberichte die Präsenz der NSDAP und die Zustimmung, die sie bei der Bevölkerung fand, deutlich geringer ein. Zwar wurde die „lebhafte Tätigkeit, insbesondere in Bezug auf Werbung", die die NSDAP auch und gerade im Bezirk Starnberg entwickelte, immer wieder vermerkt, gleichzeitig aber ihre Wirkung bezweifelt.[617]
Noch im Dezember 1928 heißt es über die Versammlungstätigkeit der NSDAP: „Der werbende Erfolg ist nicht von Bedeutung, Ortsgruppen haben sich nicht gegründet."[618] Und nur Wochen später fielen geplante Veranstaltungen in Tutzing, Gauting und Wessling wegen „ungenügenden Besuchs" ganz aus.[619]
Mit jeweils einer „großen öffentlichen Volksversammlung" am 18. und 19. Mai wurde der Wahlkampf 1928 im Bezirk beendet. Buchner lud zu einer Rede des Reichstagsabgeordneten Dr. Wilhelm Frick mit dem Thema „Neudeutsche Politik-Die Parteien und wir" nach Starnberg ein,[620] Reinhardt sprach selbst in Herrsching über „Die Ursachen unserer Not-und der Weg zur Freiheit."[621]

Die Ergebnisse der Wahl vom 20. Mai 1928, bei der man zugleich Reichstag, Landtag, Kreistag und Bezirkstag wählte, ließ Buchner jubeln: Zum ersten Mal wurde die NSDAP stärkste Partei, wenn auch nicht in Starnberg, so doch in Herrsching. Dort bekamen die Nationalsozialisten bei der Wahl zum Reichstag 208 Stimmen gegenüber 137 Stimmen für die zweitplatzierte Bayerische Volkspartei. Im gesamten Bezirk sah das Ergebnis etwas weniger prächtig aus, aber die NSDAP erreichte immerhin 1091 Stimmen und damit den fünften Platz.[622] Zwei Parteigenossen konnten in den Bezirkstag einziehen: Josef Fehlner aus Herrsching und Dr. Heinrich Brubacher aus Feldafing. Von den übrigen 31 Sitze entfielen 12 an die Bayerische Volkspartei, 9 an die Sozialdemokraten, 6 an den Bayerischen Bauernbund, 3 an die Deutschnationale Volkspartei und einer an die Kommunisten.[623]

---

615 L&S 21. Juni 1938.
616 L&S 23./24. Mai 1936.
617 Halbmonatsbericht 07. September 1926: „Eine am 20.8. in Starnberg und eine am 28.8. in Feldafing veranstaltete Versammlung waren nicht von Bedeutung." BayHStA MA 102 137.
618 Halbmonatsbericht 19. Dezember 1928, BayHStA MA 102 137.
619 Halbmonatsbericht 19. Januar 1929, BayHStA MA 102 137.
620 L&S 16./17. Mai 1928.
621 AR 19. Mai 1928.
622 Buchner, Kamerad!, S. 203 f.; BVP 3.746 Stimmen, SPD 2.944, BBMB 2.241, DNVP 1.445.
623 L&S 25. Mai 1928.

In Herrsching wurde wenige Wochen nach dieser Wahl mit einem „Deutschen Tag am Ammersee“ ein nationalsozialistisches Sommerfest gefeiert. Laut „Illustriertem Beobachter“ waren am 15. Juli 1928 über 500 `Braunhemden´ nach Herrsching gekommen: „Ein Kirchgang leitete die wohlgelungene Veranstaltung ein, eine kurze Feier am Kriegerdenkmal, Standmusik der Augsburger SA-Kapelle am See, sportliche Veranstaltungen aller Art folgten, ein deutscher Tanz gab den freudigen Ausklang.“ Parteigenosse Reinhardt hielt nach dem „Propagandamarsch“ eine Ansprache unter freiem Himmel.[624] Die Herrschinger Parteigenossen feierten ihren Wahlerfolg.

Die Gemeindewahl 1929

Der Damm war gebrochen, und als im folgenden Jahr am 08. Dezember Gemeindewahlen in Bayern stattfanden, bei denen die ehrenamtlichen Ratsmitglieder bestimmt wurden, gingen zwei Starnberger Stadtratsmandate an die NSDAP: An Franz Xaver Buchner und Max Pöhlemann.[625] Die Bayerische Volkspartei hatte 5 Sitze erreicht, die Parteilose Wahlgemeinschaft 4 Sitze, die Deutschnationale Volkspartei 2 Sitze und die Sozialdemokraten 3 Sitze. Auch in Gauting errangen die Nationalsozialisten einen Sitz. Demgegenüber standen 8 Sitze für die Liste Gemeinwohl und 5 Sitze für die Sozialdemokraten.[626]

Die Nationalsozialisten erhielten im neuen Herrschinger Gemeinderat drei Sitze: der Handelsschuldirektor Fritz Reinhardt, der Schreinermeister Lorenz Schmaderer und der Kaufmann Johann Losch wurden Ratsherrn. Außerdem gewann der Bauern- und Mittelstandsbund 3 Sitze, die Bayerische Volkspartei und die Sozialdemokraten je 2 Sitze, die Deutschnationale Volkspartei, die Parteilose Bürgervereinigung und der Wirtschaftsblock je einen Sitz.[627]

Nachdem die `Bewegung´ zeitweise nur eine Nebenrolle im Bezirk gespielt hatte, hatten die Nationalsozialisten es mit ihrer lauthalsen Agitation doch geschafft, Aufmerksamkeit zu erregen und ihr Lager zu konsolidieren.

Wahlerfolge der NSDAP

Die machtvolle Wahlpropaganda der NSDAP zielte überwiegend auf Destruktion und bot weder Alternative noch Gegenentwurf zu den Programmen der anderen Kandidaten. Obstruktion und Protest gegen die etablierten Parteien und ihre Programme standen als Propagandamittel an zentraler Stelle. Die NSDAP wurde zum Sammelbecken wirtschaftlich Unzufriedener und Zukurzgekommener. Ideologische Selbstdarstellung und Eigenwerbung, wie es in den Jahren der `Systemzeit´

---

624 Illustrierter Beobachter 1928 Folge 15 S. 192.
625 Buchner, Kamerad!, S. 352.
626 L&S 09. Dezember 1929. Ohne deutlicher zu werden kommentierte der L&S die Gemeindewahl: „Sieger- und Galgenhumor waren die charakteristischen Merkmale der Wahlstimmung, die sich in den Standquartieren der Parteien am Abend auswirkte und noch heute vormittag fortsetzte. Man sah nämlich heute vormittag einen Maurer im weißen Anzug mit Zylinder und Trauerflor am Arm mit seinem Werkzeug durch die Straßen wandern und in manchem Haus verschwinden-er wollte die Löcher zumauern, durch die gestern so manche Kandidaten gefallen sind.“
627 AR 14. Dezember 1929.

propagandistischer Alltag wurde, blieben aus. Noch war die NSDAP eine Protestbewegung.
Dennoch ist der Schluss, die NSDAP habe schon in der zweiten Hälfte der 1920er Jahre ein politisches Übergewicht gewonnen, den Buchner so gerne vermitteln möchte, nicht gerechtfertigt. Auch noch 1930 wurde der Besuch nationalsozialistischer Versammlungen in den Regierungspräsidiumsberichten durchweg „zum Teil als mittelmäßig, zum Teil als sehr gering bezeichnet". Bemerkenswerter Weise wurden aber von 33 während eines vierzehntägigen Berichtszeitraums gemeldeten politischen Veranstaltungen 23 von den Nationalsozialisten einberufen und auch in kleinen und kleinsten Orten abgehalten, die davon ausgehende Wirkung jedoch als minimal eingestuft.[628]
Offenbar bewirkte mehr die Aufsehen einfordernde und lautstarke Art der Parteienwerbung die Aufnahme in die Regierungspräsidentenberichte als die tatsächlich von ihnen ausgehende Bedrohung. Befürchtungen erweckte vielmehr die sich durch die Weltwirtschaftskrise[629] verschlechternde Lage, die im Berichtszeitraum zu zahlreichen Arbeitszeitverkürzungen und Betriebsstilllegungen führte.[630] Sogar die Zunahme von Einbrüchen sollte demnach durch die ökonomischen Probleme verursacht sein.[631] Und auch das Verhalten der Bauern, seit 1928 von den Nationalsozialisten \`entdeckt´ und in der Folge verstärkt umworben,[632] wird als bedenklich dargestellt, da sie zu „radikalen Ansichten neigen" und „kritiklos Gefolgschaft leisten" würden, wann immer jemand ihre verheerende wirtschaftliche Lage anprangert.[633] Dass damit die Gefahr bestand, dass die Landwirte für die entsprechenden Parolen der Nationalsozialisten anfällig sein könnten, wurde nicht bedacht.

628 Halbmonatsbericht 07. Januar 1930, BayHStA MA 102 137.
629 Vgl.: Blaich, Fritz: Der schwarze Freitag. Inflation und Weltwirtschaftskrise, München 1990; Meister, Rainer: Die große Depression. Zwangslagen und Handlungsspielräume der Wirtschafts- und Finanzpolitik in Deutschland 1929-1932, Regensburg 1991; Stäbler, Wolfgang: Weltwirtschaftskrise, 1929, in: Historisches Lexikon Bayerns, URL: http://www.historisches-lexikon-bayerns.de/Lexikon/Weltwirtschaftskrise,_1929 (15. Mai 2012).
630 Halbmonatsbericht 05. Februar 1926: „Das Tonwerk Tutzing hat sämtliche Arbeiter entlassen. Im Tonwerk Geisenbrunn befürchtet man Konkurseröffnung." 19. Mai 1926, 07. September 1926, 12. Oktober 1926, 08. Januar 1927, 21. März 1927, 21. April 1927, 07. Juni 1927, 06. Februar 1928, 05. November 1929, 04. Dezember 1929: „Im Tonwerk Geisenbrunn arbeiten noch 40 Personen, in der Ziegelei Argelsried nur mehr 8 Arbeiter (Ofenarbeiter). Bei Baier-Stockdorf hat sich im Metallwerk die Lage wieder gebessert. Dagegen soll im Textilwerk Tutzing ab 19. 12. 29 der Betrieb stillgelegt werden. 125 Arbeiter werden dadurch erwerbslos." BayHStA MA 102 137.
631 Halbmonatsbericht 20. Januar 1926: „Im Bezirk Starnberg nehmen die Einbruchsdiebstähle zu, was das Bezirksamt auf die zunehmende Arbeitslosigkeit zurückführt." BayHStA MA 102 137.
632 Halbmonatsbericht 08. März 1928: „Auch die nationalsozialistische deutsche Arbeiterpartei nimmt sich um die Not der Landwirtschaft an. In einer am 26. Februar im Bahnhofhotel in Herrsching abgehaltenen Versammlung dieser Partei sprach der Referent Dr. Buchner aus München etwa 2 Stunden über die Not des Bauern- und Mittelstandes und deren Ursachen." BayHStA MA 102 137. Vgl. auch: Ziegler, NSDAP, hier S. 505.
633 Halbmonatsbericht 20. März 1928. Dabei zeigt das Starnberger Bezirksamt sogar Verständnis für die Klagen der Landwirte: „Daß im Bezirk Starnberg das Mißverhältnis zwischen Erzeuger- und Viehpreisen und den Forderungen für notwendige Bedarfsartikel immer Anlaß zu Klagen gibt ist sehr

„Großkampfgebiet" Starnberg

Waren schon 1929 wahre Versammlungswellen über das Land gegangen, so wurde im Frühjahr 1930 der Kreis Starnberg zum „Großkampfgebiet" für Propagandaveranstaltungen der Nationalsozialisten erklärt. In schneller Folge hielt die Partei auch in den kleinsten Dörfern und Weilern Kundgebungen ab,[634] deren Taktik zuvor unter den Einberufern abgesprochen wurde: „Wir wissen, wie man Volksversammlungen vorbereitet und durchführt, geschickt und gründlich. Wir wissen, wo man die Gegenpartei angreift, kennen ihre schwachen Seiten, ihre verwundbaren Stellen. Wir kennen die Taktik der Diskussionsrede und stoßen jeden nieder, der die Klinge mit uns kreuzt. Wir haben Spaß daran und kennen kein Erbarmen."[635]

„Einen ganz außerordentlichen Umfang" und „regste Agitation" der Versammlungstätigkeit der NSDAP meldeten die Halbmonatsberichte des Regierungspräsidiums und hoben die Tatsache hervor, dass „zum Teil sehr gewandte Redner, die über zugkräftige Themen sprechen", eingesetzt würden.[636]
Begleitet von SA- oder SS-Männern, die den Saalschutz übernahmen und die zuvor schon werbewirksam in Uniform unter Absingen einschlägiger Lieder durch die Straßen gezogen waren und Werbezettel verteilt hatten,[637] wurden die Räumlichkeiten vor Beginn der Veranstaltung strategisch besetzt. Der Diskussionsleiter war verantwortlich für die Leitung der `Aussprache´, die sich gewöhnlich an eine Rede anschloss. Waren die Gegenargumente nicht nach dem Geschmack der Parteigenossen, konnte es passieren, dass dem Fragenden einfach das Wort entzogen wurde. Doch anfänglich wagten Buchner und seine Männer es noch nicht, dieses autoritäre Vorgehen einzusetzen, da es ihnen - welche Ironie - als „Terror und faschistische Gewaltmethoden" vorgeworfen worden wäre.[638] Wenig später waren sie nicht mehr so zimperlich.[639] Versammlungen im Bezirk Starnberg wurden im Sommer 1930 vor der Reichstagswahl grundsätzlich als „Kundgebungen" deklariert, um „die Ausführungen unserer Redner nicht durch einen gegnerischen Quatschkopf zerstören zu lassen."

---

leicht erklärlich und es ist den Landwirten nicht verständlich, warum man von ihnen neue Tiefkühlanlagen fordert, den Milchpreis aber immer mehr herabdrückt, die Einfuhr fremder Erzeugnisse fördert und unterstützt, die heimische Produktion aber ständig zurückgeht." BayHStA MA 102 137.

634 Himmler gibt in einem Rundschreiben vom 24. Dezember 1928 Anweisungen zur „Propaganda-Aktion", den Zielen, der Planung, Durchführung in einzelnen Schritten und den vorgesehenen Orten. Tyrell, Führer S. 255 ff.

635 Buchner, Kamerad!, S. 357.

636 Halbmonatsbericht 04. April 1930, BayHStA MA 102 138.

637 Z.B. mit der Aufschrift „Warum verlangt Ihr nicht, daß der Jude auch arbeitet? Warum bleibt Ihr bei den Parteien, die dies nicht verlangen? Soll er allein nur essen ohne zu arbeiten?" Halbmonatsbericht 04. Juli 1930, BayHStA MA 102 138.

638 Buchner, Kamerad!, S. 242.

639 Buchner, Kamerad!, S. 261: „Die Nationalsozialisten sind eben keine bürgerliche Partei!" als Kommentar auf ein grobes Redeverbot gegenüber „Moskauer Fremdenlegionären."

Aus den nun einsetzenden Erfolgen auf dem Gebiet der Kundgebungen folgerten die Starnberger Parteigenossen, dass ein noch intensiveres und massiveres Aufgebot zur Erreichung ihres Ziels der `Machtübernahme´ unerlässlich sei. So wurde zu Beginn des Jahres 1930 eine „Bezirksrednerschule" aufgebaut, die „zwei Handvoll Parteigenossen, Arbeiter der Stirn und der Faust", ausbildete. Jeder erarbeitete sich sein Thema, studierte `seinen´ Vortrag und stellte sich dann den übrigen Kampfgefährten. Diese wiederum sollten Schlagfertigkeit und Diskussionssicherheit des Kandidaten schulen und verbessern, indem sie mit Zwischenrufen und Einwürfen eine reale Versammlungsrunde simulierten. Tipps derer, die schon `im Feuer´ gestanden hatten, wurden weitergereicht und Verhaltensmaßregeln für alle Eventualitäten ausgegeben.[640]

Bändertanz in Gilching, Stab mit Hakenkreuz-Aufstecker
(undatiert, ohne Angabe des Anlasses; Privatbesitz)

Der Wahlkampf von 1930

Das Ergebnis der intensiven Bemühungen um Rednernachwuchs und des Propagandaeinsatzes in die Fläche machte sich im Wahlkampf 1930 bemerkbar. „Heute haben wir mehr Redner als die andere Seite" triumphierte Buchner. „Vierzig Redner halten im Gau Oberbayern den Gegner in fast eintausend `Kundgebungen´ nieder. Zwei-, dreimal sprechen sie sonntags: am Vormittag um zehn Uhr, am Nach-

640 Buchner, Kamerad!, S. 379 f.

mittag um drei Uhr, am Abend um acht Uhr. Fünfundsechzig Versammlungen rollen allein an einem Samstag und Sonntag ab." Und auch die Wirkung dieser Offensive erkannte Buchner weitblickend: „Dörfer, die noch nie eine politische Versammlung sahen, werden unter Feuer genommen. Dörfchen, die unsere Gegner noch nicht mit Flugblättern zu erreichen vermögen, hören Adolf Hitlers Prediger... Wir haben Kanonen genug! Das Blatt hat sich gewendet!"[641] Und immer mit dabei waren SA und SS, um den `Schutz´ der Veranstaltung zu gewähren; oder auch um bei Veranstaltungen anderer Parteien inkognito ohne Uniform und Parteiabzeichen als Störer aufzutreten und den gegnerischen Redner mit provokanten und aufreizenden Einwürfen lächerlich zu machen.[642] Die Stimmung allgemein war angespannt und aggressiv.[643]

Wenige Tage vor der Reichstagswahl kam es noch einmal zu einer „Hochflut von politischen Versammlungen, wie sie bis dahin wohl noch nie zu verzeichnen war".[644] Deutschlandweit wurden ungefähr 1.000 Redner eingesetzt, die auf insgesamt 34.000 Wahlversammlungen sprachen.[645] Eine ganzseitige Wahlanzeige der NSDAP „An die gesamte Bevölkerung Oberbayerns!", die am Tag vor der Wahl in der „Andechser Rundschau" geschaltet wurde, trug mit ihrer Betonung wirtschaftlicher Themen Reinhardts Handschrift und war noch einmal eine Abrechnung mit den politischen Gegnern.
Die Wahlpropaganda hatte von der reinen Obstruktion und Diffamierung politischer Gegner gewechselt zu einem Programm mit `nationalsozialistischen´ Lösungen der anstehenden Probleme. In dieser Phase als `Pseudoprogrammpartei´ konnte die NSDAP ihre Wählerschaft erweitern. Sie formulierte nun eigene Standpunkte, wenn auch verschwommen oder unkonkret, steckte Ziele und entwickelte Perspektiven zur Erreichung dieser Vorgaben.[646] Hitler selbst sprach von der „Mehrung der Kraft der Nation" und begab sich damit, wie Kershaw es formuliert, nicht nur auf einen Wahlkampf, sondern auf einen „Kreuzzug".[647]

Reaktionen der Lokalpresse

Im „Land- und Seeboten" setzte die Berichterstattung über den Wahlkampf erst kurz vor der Wahl selbst ein. Von Ahnungen geplagt kommentierte die Schriftlei-

---

641 Buchner, Kamerad!, S. 396 f.

642 Buchner, Kamerad!, S. 400: „Heute wirkt der `demokratische Gedanke´ der Staatspartei nur mehr als Witz, den humorlose Gesellen um die Pointe brachten."

643 Z. B. Halbmonatsbericht 03. September 1930: „In Starnberg wurde das Kriegerdenkmal in roher Weise beschädigt, in Tutzing die katholische Kirche durch grünen Farbanstrich. Die Täterschaft ist in beiden Fällen noch nicht aufgeklärt." BayHStA MA 102 138.

644 Halbmonatsbericht 17. September 1930, BayHStA MA 102 138.

645 Paul, Aufstand S. 125.

646 Vgl. Zofka, Zdenek: Die Ausbreitung des Nationalsozialismus auf dem Lande. Eine regionale Fallstudie zur politischen Einstellung der Landbevölkerung in der Zeit des Aufstiegs und der Machtergreifung der NSDAP 1928-1936, München 1979, S. 342.

647 Kershaw, Hitler, S. 419. Diese Formulierung findet sich für das Vorgehen der Nationalsozialisten schon im Frühsommer 1930 im Halbmonatsbericht 03. Juni 1930: „Nach Bericht des Bezirksamtes Traunstein haben die Nationalsozialisten angekündigt, `in nächster Zeit einen Kreuzzug auf das Land´ beginnen zu wollen."

tung die Gründe für die politisch unruhige Lage: „Hätten wir eine mit ausreichenden Rechten und Zuständigkeiten ausgestattete Staatsspitze, hätten wir eine die Alleinherrschaft und Allmacht des Parlaments kontrollierende und mäßigende Erste Kammer mit absolut gleichen Rechten, dann hätte sich in Deutschland niemals eine so trostlose Fraktions- und Parteienherrschaft entwickeln können, dann wären tausend Beschlüsse nicht nach Parteivorteil, vermeintlicher Volksgunst und agitatorisch-egoistischen Gesichtspunkten gefasst worden , dann hätten wir auch keine so leichtsinnige Finanzwirtschaft erlebt und dann stünde Deutschland nicht jetzt wieder an einem staatspolitischen Abgrund, aus dem Chaos und Reichszerfall, Aufruhr und Revolution als drohende Gespenster heraufgrinsen."[648]
Die „Andechser Rundschau", die tendenziell den Nationalsozialisten positiv gegenüberstand, brachte keine Berichte von Wahlkampfveranstaltungen. Die Parteien schalteten keine Anzeigen.

Ergebnisse der Reichstagswahl von 1930 im Bezirk Starnberg

Buchners „Bericht aus der Geschichte des Kreises Starnberg der NSDAP" endet mit dem lauthals bejubelten `Wahlsieg´ vom 14. September 1930. In Deutschland war es zu einem politischen Erdbeben gekommen: Von zwölf Sitzen im Reichstag 1928 wuchs die Fraktion der NSDAP auf 107 Sitze. Die Nationalsozialisten waren mit 18,3% die zweitstärkste Partei nach der SPD mit 24,5% geworden; die KPD erhielt immerhin 13,1% der Stimmen.[649] Die Auswirkungen der Weltwirtschaftskrise von 1929 machten sich im deutschen Reich bemerkbar und beeinflussten das Abstimmungsverhalten der Wähler zu Gunsten der radikalen Parteien.[650]

Buchner behauptet zwar „Wir sind die Stärksten!"[651] Einer Überprüfung im Bezirk Starnberg hält diese Aussage aber nicht stand: Die BVP erreichte immer noch 4.442 Stimmen, die NSDAP erhielt 3.322, und auch die SPD konnte immer noch 3.171 Stimmen auf sich vereinen. In der Stadt Starnberg spiegelt sich dieses Ergebnis: BVP 791, NSDAP 777, SPD 561 Stimmen. Einzelne Gemeinden des Kreises zeigten jedoch ein anderes Abstimmungsverhalten: In Buch am Ammersee siegten die „Hitlerleute", ebenso in Gauting, Stockdorf, Hechendorf, Herrsching, Inning, Oberalting, Oberbrunn, Perchting und Steinebach.

648 L&S 23. Juli 1930.
649 Falter, Wahlen S. 44.
650 „Der für die Gesamtentwicklung der NSDAP entscheidende Machtzuwachs in der Reichstagswahl vom 15. September 1930 beruhte nun allerdings nicht nur auf der Ausnutzung der Chance, die die Krisensituation der Landwirtschaft bot, und auf den im Zusammenhang mit der Identifizierung mit landwirtschaftlichen Interessen getroffenen Maßnahmen. Die Wahlanalyse zeigt vielmehr deutlich, daß sich neben der Bauernschaft auch das Bürgertum der NSDAP anschloß und daß darüber das alte Parteiensystem des Weimarer Staates zerbrach. Der Grund für dieses Verhalten des Bürgertums ist allein in der sich im Herbst 1930 erstmals voll auswirkenden Weltwirtschaftskrise zu suchen. Unter ihrem Druck gab es seine - wenn auch häufig nur vordergründige - Loyalität gegenüber dem bisherigen Staatssystem endgültig auf und suchte eine neue politische Plattform außerhalb des traditionellen Parteienschemas und der parlamentarischen Demokratie." Schäfer, NSDAP S. 14.
651 Buchner, Kamerad!, S. 427.

Auffällig viele jüngere Beamte des Finanzamtes, des Amtsgerichts und des Messungsamtes hatten nach Feststellung des Bezirksamtes Starnberg lebhafte Wahlwerbung für die NSDAP betrieben.[652]

NSDAP-Pressearbeit auf lokaler Ebene

„Der Tank"

Die Kämpfe mit den politischen Gegnern, die Provokationen und Schmähungen häuften sich gerade in der Zeit von der Reichstagswahl 1930 bis zur Machtübernahme. Die Nationalsozialisten traten auf Landkreisebene mehrfach und verstärkt durch Pöbeleien und Schlägereien negativ in Erscheinung. Zur ideologischen Unterstützung, aber auch, um auf lokaler Ebene Gerüchte zu verbreiten und gezielt gegen einzelne Personen zu hetzen, wurde zudem ein eigenes \`Kampfblatt´ gegründet.[653] Mit Beginn des Jahres 1932 tauchte das neue Presseorgan im Landkreis auf: „Der Tank-Kampfblatt des Bezirks Starnberg-Schongau der NSDAP". Helmut Sündermann zeichnete im Impressum verantwortlich und Franz Buchner verwendete es als sein Sprachrohr. Er selbst nannte sich dabei Herausgeber.[654] Gedruckt wurde „Der Tank" in Tutzing, im Buchdruckereigeschäft des späteren Ortsgruppenvorsitzenden Anton Wittmann. Es kam zu wiederholten Durchsuchungen der Druckereiräume.[655] Dieses Hetzblatt der Starnberger Kreisleitung ist in nur sehr wenigen Exemplaren erhalten, die aber an der aggressiven und verleumderischen Grundtendenz keinen Zweifel lassen.[656] Formulierungen wie „die \`Münchner Pest´- das ist kein Druckfehler, sondern man nennt sie so, weil sie stinkt vor lauter Lügen [...]" tragen deutlich Buchners Handschrift.[657] Inhaltlich werden anfangs hauptsächlich aktuelle Themen auf lokaler Ebene angesprochen, dann zunehmend auch Kommentare zu reichsweiten tagespolitischen Ereignissen gegeben. Angriffe auf Juden und \`Bolschewisten´ sind entweder in herabwürdigende Witze gepackt oder mit provokanten Behauptungen ausgeschmückt.[658] „Der Tank" wurde mehrfach

---

652 Halbmonatsbericht 06. Oktober 1930, BayHStA MA 102 138. - Diese Beobachtung wird durch Neumeier gestützt, der bemerkt: „Die Beamten waren in den unteren Gruppen leicht und in den höheren Besoldungsgruppen deutlich überdurchschnittlich an den NSDAP-Wahlerfolgen beteiligt." Neumeier, Gerhard: Vergleichende regionale Wahlstudien zu den Reichstagswahlen am Ende der Weimarer Republik. Der Landkreis Fürstenfeldbruck im Vergleich mit den Landkreisen Erding, Friedberg, Günzburg und Weilheim (1928-1933), in: ZBLG 76 (2013), S. 883-948, hier S. 895.

653 Ein ähnliches „Kampfblatt," das nur in einem Exemplar überliefert ist, brachte die NSDAP im Werdenfelser Land unter dem Titel „Die Wettersteinwacht" hervor. Vgl. Utschneider, Ludwig: Oberammergau im Dritten Reich. 1933-1945, Oberammergau 2000, S. 8.

654 Lebenslauf, BArch RKI 0059 Buchner.

655 L&S 20. Juni 1938.

656 Ich habe über private Kontakte die Kopien von drei Exemplaren erhalten: 19. November 1932, 26. November 1932 und 18. Dezember 1932, sowie ein Original, 23. April 1932, erwerben können. Außerdem befindet sich ein Exemplar vom 30. April 1932 im BayHStA in den Akten Slg. Personen 4629 Buchner, Franz.

657 Gemeint ist die „Münchner Post." Hoser, Paul: Münchener Post, in: Historisches Lexikon Bayerns, URL: http://www.historisches-lexikon-bayerns.de/Lexikon/Münchner_Post (09. April 2013).

658 Im Tank Nr. 36 vom 18. Dezember 1932 wurde beispielsweise behauptet, eine dem kommunistischen „Rotfrontkämpferbund" angeschlossene Gruppe habe in München durch Einbrüche, Diebstähle und Räubereien Geldmittel beschafft, um die Propaganda der KPD für die Sowjetunion zu finanzieren.

verboten, was seinen aggressiven und hetzerischen Texten geschuldet war, mit denen er politische Gegner, den Staat und die Kirchen angriff.[659] Die Nationalsozialisten sahen in seiner Verteilung außerdem eine Möglichkeit, das erteilte Flugblattverbot zu umgehen.[660]
Eine komplette Überlieferung des Blattes ist nicht bekannt. In der Personensammlung des Hauptstaatsarchivs[661] und in Privatbesitz sind einzelne Exemplare erhalten.

„Die Front"

Auf Gauebene verstärkte „Die Front" die nationalsozialistische Presselandschaft. Ihr Herausgeber war Adolf Wagner, der verantwortliche Schriftleiter sein Stellvertreter als Gauleiter Otto Nippold. Als „Westend-Wacht" entstand am 01. Dezember 1929 ein Mitteilungsblatt der Ortsgruppe München-Westend. Dieses ging im Juni 1930 in die „Münchner Wacht. Mitteilungsblatt des Gaues und der Ortsgruppen Münchens der national-Sozialistischen Deutschen Arbeiter-Partei (sic)" über und nannte sich ab September „Die Front". „Die Front" war zwar keine spezifisch auf den Starnberger Bezirk zugeschnittene Propagandaschrift, enthielt aber dank ihrer in Gauting ansässigen Leiter Wagner und Nippold häufig Berichte über Ereignisse und Begebenheiten aus dem Würmtal und Fünfseengebiet.
„Die Front" berichtete nicht nur von der „viehische[n] Rohheit des Reichsbanner" anlässlich der „Murnauer Saalschlacht",[662] sondern nutzte ihre Artikel auch, um auf lokaler Ebene massiven Druck auf einzelne Personen auszuüben. Das bekam beispielsweise der Gautinger Buchhändler Karl Dingfelder zu spüren, der als neu eingetretener Parteigenosse 1929 in den dortigen Gemeinderat gewählt wurde, dann aber nicht fähig war, „die Interessen der schaffenden Bevölkerung Gautings so zu vertreten, wie das unsere Weltanschauung erfordert." Da er wegen nachfolgender Streitigkeiten aus der Partei austrat, aber seinen Gemeinderatssitz nicht

---

659 Vgl. Pridham, Hitler´s Rise S. 247: „It was not surprising, that most Nazi newspapers should have been no more than `combat rags´ (Kampfblätter). This had two adverse consequences. Their function as the mouthpiece of aggressive and provocative party propaganda often brought them into conflict with the authorities, but it also restricted their popular appeal. The frequency of prohibitions depended on a number of local factors such as the attitude of the town police towards the Nazis, the degree of radicalism of the newspaper editor and the strength of the NSDAP in the town in question."
660 „`Der Tank´, unser Flugblattersatz, klein, aber scharf geschliffen und gefürchtet, in einer Nacht aus dem Nichts geschaffen, half über das Flugblattverbot hinweg." L&S 23./24. Mai 1936.
661 Slg. Personen 4629 Franz Buchner, BayHStA.
662 Die Front 22. Juli 1931. - Die als „Murnauer Saalschlacht" in die Geschichte eingegangene SPD-Versammlung fand am 01. Februar 1931 im Hotel Kirchmeir in Murnau statt. Als Redner zum Thema „Diktatur oder Demokratie" trat der Vizepräsident des Bayerischen Landtags, Erhard Auer, auf. Während der anschließenden Diskussion provozierten die ca. 60 angereisten Nationalsozialisten unter Führung des Murnauer Ortsgruppenführers und Kreisleiters Otto Engelbrecht die übrigen Versammlungsteilnehmer u.a. mit dem Absingen des Horst-Wessel-Liedes. In der aus dieser Brüskierung entstehenden Schlägerei wurden 26 Personen verletzt und mehr als Hundert Masskrüge gingen zu Bruch. Obwohl die Nationalsozialisten daraufhin angeklagt wurden, wurden nur einzelne Beschuldigte verurteilt. Ihr Berufungsverfahren, bei dem auch der Schriftsteller Ödön von Horváth gegen die Nationalsozialisten ausgesagt hatte, endete mit einem Freispruch. Halbmonatsbericht 20. Februar 1931, Münchner Post 21. Juli bis 03. August 1931, Illustrierter Beobachter 21. November 1931, (24. Oktober 2013).

aufgab, wurde er in einem halbseitigen Bericht „Der Fall Dingfelder" vorgeführt.[663] Dingfelder war offenbar misshandelt worden, was „Die Front" nur zu Spott veranlasste[664] und schließlich darin gipfelte, dass seine „ehrenwörtliche Erklärung",[665] mit der er sich zum Gehorsam gegenüber der Partei verpflichtet hatte, ihm zum Hohn in der Zeitung abgedruckt wurde.

„Heimatklänge aus dem Vierseengebiet"

Die „Heimatklänge aus dem Vierseengebiet" erschienen am 12. Januar 1928 zum ersten Mal mit dem Anspruch, „alles Wissenswerte aus dem Vierseengebiet, der Umgebung und aus aller Welt" zu berichten. Der Kaufmann Albert Siegrist[666] zeichnete für die Schriftleitung verantwortlich, zusammen mit dem Druckereibesitzer Anton Weiß besorgte er Druck und Verlag. Die meist vierseitige Zeitung erschien einmal wöchentlich als „amtliches Publikations-Organ". Gesellschaftlich verortete sich das Presseorgan selbst als liberal und wurde vom Bayerischen Bauern- und Mittelstandsbund[667] als „unser örtliches Bundesblatt" bezeichnet, das es mit Inseraten und Abonnements zu unterstützen galt.[668] Die „Heimatklänge" brachten wie angekündigt kurze Artikel über das Weltgeschehen. Nachdem zuerst Anton Weiß seit Juni 1928 allein verantwortlich für das Blatt zeichnete, übernahm W. Drexler aus Gröbenzell ab dem 10. Januar 1931 die Schriftleitung und seitdem änderten sich Titel und politische Ausrichtung der Lokalzeitung grundlegend. Man nannte sich fortan „Heimatklänge aus Bayerns Gauen" und rief zur „Nationale[n] Einheit" als „des Deutschen Volkes Rettung" auf.[669] Die Verantwortlichen betrieben unter diesem betulichen und leutseligen Namen massive NSDAP-Propaganda, so dass die Zeitung wiederholt in bezirksamtlichen Verlautbarungen auftauchte und gelegentlich eine Ausgabe sichergestellt wurde.
Die „Heimatklänge" warben für die offizielle Gauzeitung „Die Front" und stellten in den Zeiten, in denen „Die Front" eingezogen wurde, im Bezirk den medialen Ersatz.[670] Auf mindestens zwei Ausgaben prangte zusammen mit der Überschrift ein

663 Die Front 24. Oktober 1931.
664 S.o.: „Vor einigen Tagen hat nun Herr Dingfelder von uns unbekannter Seite eine wahrscheinlich wohl verdiente Tracht Prügel bezogen, der er sich durch lautes Hilfeschreien und Heulen vergeblich zu entziehen versuchte."
665 Es handelt sich um die ehrenwörtlichen Erklärungen, die auch die Herrschinger Gemeinderatskandidaten schon veröffentlicht hatten, und die die im Gegensatz zu den anderen Parteien reputierlichen Absichten der Nationalsozialisten unterstreichen sollten.
666 Albert Siegrist wurde am 28. August 1874 in Holziken im Aargau/Schweiz geboren. Er zog 1920 von Pöcking nach Herrsching, das er 1929 in Richtung Marquartstein wieder verließ. Meldekarte Albert Siegrist, Archiv der Gemeinde Herrsching.
667 Vgl. Haushofer, Heinz: Der Bayerische Bauernbund 1893-1933, in Gollwitzer, Heinz (Hrsg.): Europäische Bauernparteien im 20. Jahrhundert, Stuttgart 1977, S. 562-586.
668 Z. B. Heimatklänge aus dem Vierseenland 21. Juli 1928.
669 Heimatklänge aus Bayerns Gauen vom 10. Januar 1931. Die Namensänderung wurde mit der Verbreitung des Blattes weit über die Grenzen des Vierseenlandes hinaus begründet. Immerhin wurden dem bisherigen Spektrum Berichte über Olching und Gröbenzell hinzugefügt, wo der neue Schriftleiter herstammte.
670 Z.B. Bezirksamt Starnberg an Staatsministerium des Innern vom 08. August 1931, 24. August 1931, 31. August 1931, 06. September 1931, 14. September 1931, StAM RA 57828.

dickes Hakenkreuz auf der Titelseite.[671] Der Wechsel des Titels zu „Heimatklänge aus Bayerns Gauen“ sollte die großflächige Verbreitung der Zeitung suggerieren. Die „Heimatklänge“ sind mit wenigen Ausnahmen von 1928 bis 1931 als gebundene Kopien im Archiv der Gemeinde Gilching überliefert. Der Jahrgang 1932, der noch erschienen sein soll, fehlt. In einem Verzeichnis der politischen Zeitungen, die im Verwaltungsbezirk Starnberg herausgebracht wurden, sind zum 08. August 1933 die „Heimatklänge“ nicht aufgezählt.[672]

Heimatklänge aus Bayerns Gauen

Nr. 10 — 1931

DES VOLKES WOHL DAS OBERSTE GESETZ

Leitung: W. Drexler.

1. Ausgabe März

Verantwortlich für den gesamten Inhalt: W. Drexler in Gröbenzell. — Druck und Verlag: Anton Weiß, Buch- und Handelsdruckerei in Gilching bei München. Die Heimatklänge aus Bayerns Gauen erscheinen wöchentlich einmal an jedem Sonntag. — Bezugspreis durch die Post bezogen monatlich 80 Pfg. Sämtl. Postanstalten nehmen Bestellungen entgegen. Als Erscheinungsort für Postbezieher gilt Pasing bei München. Bankkonto: Bezirkssparkasse Starnberg, Zweigstelle Seefeld (Oberbayern)

4. Jahrgang 1931

Deutscher Michel, wohin hat man Dich geführt . . .

Zwanzig Millionen Deutsche sind zu viel auf der Welt, sagte nach Kriegsende der französische „Tiger“ Clemenceau und gab die Richtlinien zu dem teuflischen Frie- … kes ist eine Hoffnungslosigkeit und Müdigkeit eingetreten, mit einem Worte, wir sind auf dem Standpunkte der „Wurschtigkeit“ angelangt. Die berechtigten und großen … vor Dich, denn Du hast in Deinem Lande eine Bewegung, an deren Spitze ein Mann steht, der Deutschland und sein Volk von den Fesseln befreien wird. Es ist kein

Titelblatt „Heimatklänge aus Bayerns Gauen“, 1. Ausgabe März 1931
(Archiv der Gemeinde Gilching)

Aktivitäten im Bezirk Starnberg 1930/31

Berichte der lokalen Polizeistationen und der Bürgermeister sind nur vereinzelt und zeitlich eingeschränkt, d.h. für die beginnenden 1930er Jahre, überliefert. Sie geben schlaglichtartig Einblick in die Vorgehensweise der Ordnungsmacht und ihre Art der Datenerhebung. Diese Meldungen waren die Grundlage der wöchentlichen, halbmonatlichen oder monatlichen Nachrichten, die die Bezirksämter an das Regierungspräsidium weiterleiteten.[673]

Persönliche Einschätzungen und Haltungen der Berichterstatter werden bei den Beurteilungen schnell deutlich. Beispielsweise antwortete der Herrschinger Bürgermeister Josef Summer noch am 15. Februar 1930 auf die Nachfrage nach dem Vollzug des Reichsvereinsgesetzes vom 19. April 1908, das die Aufrechterhaltung

671 Heimatklänge aus Bayerns Gauen 1. Ausgabe März 1931 und 2. Ausgabe März 1931.

672 Verzeichnis der im Verwaltungsbezirk Starnberg erscheinenden politischen Zeitungen und Zeitschriften vom 08. August 1933, StAM LRA 28348.

673 Wenn nicht anderweitig angeben, stammen die folgenden Zitate aus dem Akt StAM LRA 28345, einer Lose-Blatt-Sammlung, die ansatzweise alphabetisch geordnet ist. Leider fehlt in manchen Fällen sogar die Datierung bzw. bei Zeitungsausschnitten die Quellenangabe.

der öffentlichen Sicherheit garantieren sollte, es gäbe in der Gemeinde „keine Ortsgruppe, Jugendgruppe oder andere Formen von Vereinen und Organisationen [...], die eine Einwirkung auf polit.[ische] Angelegenheiten bezwecken wollen". Die Gendarmeriebeamten waren vom Bezirksamt angewiesen, regelmäßig Verzeichnisse der Parteien und Vereine anzulegen, die sich politisch betätigten. Die Umfrage des Bezirksamtes Starnberg vom Sommer 1931 nach politischen Vereinen in den Gemeinden ist ein archivalischer Glücksfall—obwohl es qualitativ und quantitativ erhebliche Unterschiede in der Bearbeitung der Fragen gibt—da die Antworten fast vollzählig überliefert sind. Zu sehen ist in einer Momentaufnahme, welche Präsenz die NSDAP im Bezirk Starnberg im Jahre 1931 hatte:

In Tutzing stand am 07. September 1931 Dr. Lorenz Dürrwanger[674] der Partei vor, die 28 Mitglieder hatte. Bei der letzten Reichstagswahl 1929 bekam sie 342 Stimmen. Die Partei besaß einen Stoßtrupp, den Kaufmann Franz Fruth[675] führte. Über die weiteren Parteien wurde gemeldet:

Partei	Vorstand	Mitglieder	Wählerstimmen
Bayerische Volkspartei	Wolfgang Bodemann, Schlossermeister	nicht bekannt	609
SPD	Georg Steigenberger, Kaufmann	nicht bekannt	288
Deutschnationale Volkspartei	nicht bekannt	nicht bekannt	113
Kommunistische Partei	Michael Zirngibl	glaublich 85	101
Arbeiterturn- und Sportverein[676]	Bartl, Maurer	nicht bekannt	
Kraftfahrer- und Fahrradverein Solidarität	Hans Keil, Hilfsarbeiter	nicht bekannt	

Die beiden letztgenannten Vereine wurden als „sozialdemokratisch eingestellt" eingestuft und deshalb in die Aufzählung der Gendarmerie-Station aufgenommen. Diese Beurteilung übernahmen auch weitere Berichterstatter.

674 Lorenz Dürrwanger, geboren am 27. Juni 1888, gab als Beruf Filmtheaterbesitzer und Wein-Vertreter an. Er trat 1930 der Partei bei und war bis zu seinem Austritt 1932 Stützpunktleiter in Tutzing. Nach seinen Angaben bekam Tutzing erst 1933 eine Ortsgruppe. Er selbst wandte sich nach „gemachten Beobachtungen und Erfahrungen" von der Partei ab. 1934 trat er jedoch wieder in die NSDAP ein, da ihm ein Ausschluss aus der Reichsfilmkammer angedroht wurde, der er als Filmtheaterbetreiber aber angehören musste. StAM SpKA K 4565 Lorenz Dürrwanger.

675 Franz Fruth, geboren am 30. Januar 1885 in München, gehörte der Partei nur von 1931 bis 1932 an. In dieser Zeit war er auch SA-Truppführer. StAM SpKA K 4574 Franz Fruth.

676 Teichler, Hans Joachim: Geschichte des ATB/ATSB 1892-2008, in: Kruke, Anja (Hrsg.): Arbeiter-Turn- und Sportbund (1893-2009), Bonn 2012, S. 387-405.

Hechendorf verfügte am 28. August 1931 über 18 NSDAP Partei-Mitglieder, geführt vom Wirtssohn Ludwig Wörl, der gleichzeitig als SA-Führer der Ortsgruppe Seefeld-Hechendorf fungierte.
Die Ortsgruppe Oberalting-Seefeld-Güntering mit ihren 40 Mitgliedern leitete Rittmeister a.D. Karl von Lattorff.
Die Seefelder Gendarmerie-Station berichtete weiter, Drößling, Meiling, Unering und Widdersberg besitze keine politischen Vereine, in Frieding habe der Bayerische Bauern- und Mittelstandsbund 40 Mitglieder unter der Leitung des Landwirts Ludwig Kaiser.
Für Oberalting wurde vermerkt:

Partei	Vorstand	Mitglieder
Bayerische Volkspartei	Max Zistl, pens. Postbeamter	20
Bund Oberland Kleinkaliber-Schützen	Karl Vogl, Schlosser	15
KPD	Ludwig Westermayer, Hilfsarbeiter	35

Für den 30. August 1931 meldete die Gemeinde Feldafing für die „Hitlerbewegung" 25 Mitglieder, wovon 5 bei der SA waren. Ortsgruppenleiter war der schon erwähnte Hofrat Dr. Heinz Brubacher.
Die weiteren politischen Vereine waren:

Partei	Vorstand	Mitglieder	Sonstige Anhänger
Bayerischer Heimat- und Königsbund	Andreas Schwankhardt, Gartenmeister	60	80
SPD	Karl Schachtner, Hausmeister und Schreiner	44	120
Bayerische Volkspartei	Isidor Lettner	120	

Die Gendarmerie Erling zählte am 31. August 1931 an politischen Vereinen im Ort:

Partei	Vorstand	Mitglieder
Bayerische Volkspartei	Johannes Fischer, Landwirt	51
Bayerischer Bauern- und Mittelstandsbund	Alois Breu, Landwirt	12

SPD	Johann Georg Dorn, Forstarbeiter	15
Bayerischer Heimat- und Königsbund	Michael Sedlmeir, Bäckermeister	62
Sportclub Erling	Eugen Hemberger, Mechaniker	28

Ebenso berichtete sie für Machtlfing von keiner NSDAP Gruppierung. Die Gemeinde hatte folgende politische Vereine:

Name	Vorstand	Mitglieder
Bauernverein[677]	Konrad Sontheim, Bürgermeister	33
Bayerischer Bauern- und Mittelstandsbund	Johann Huber, Landwirt	8
Stahlhelm	Johann Sontheim, Landwirt	18

Aschering besaß demnach überhaupt keinen politischen Verein.
Auch für Aufkirchen und Kempfenhausen fiel der Bericht vom 12. September 1931 bezüglich der NSDAP negativ aus.
Kempfenhausen hatte außerdem:

Verein	Vorstand	Mitglieder
Stahlhelm	Otto Lichtenberg, Major	43
Scharnhorst Jugend	Otto Lichtenberg, Major	10

Die Aufzählung für die Gemeinde Aufkirchen war gleichlautend wie für Kempfenhausen.
Die Weßlinger, die ebenso für Oberpfaffenhofen, Steinebach und Hochstadt sprachen, konnten erst am 08. Januar 1932 für Steinebach über eine im Herbst zuvor neugegründete Ortsgruppe der NSDAP berichten, die 18 Mitglieder besaß und von Oberpostinspektor Oskar Rausch[678] geleitet wurde.

677 Braun, Oliver: Bayerischer Christlicher Bauernverein, 1898-1933, in: Historisches Lexikon Bayerns, URL: http://www.historisches-lexikon-bayerns.de/Lexikon/Bayerischer Christlicher Bauernverein, 1898-1933 (08. Mai 2012).

678 Oskar Rausch war 1941 verstorben. Das postum angestellte Spruchkammerverfahren gegen den pensionierten Oberpostinspektor aus Leipzig wurde im Spruch vom 20. Dezember 1948 eingestellt, obwohl Rausch als „fanatisches, gefürchtetes, überzeugtes Parteimitglied" charakterisiert wurde. Er schien einer milderen Beurteilung würdig, da „keine Verdachtsmomente vorliegen, dass er Militarist oder Nutzniesser war". StAM SpKA K 4628 Oskar Rausch.

In Weßling gab es außerdem:

Verein	Vorstand	Mitglieder
SPD	Johann Buchner, Maurer	20
Radfahrverein „Solidarität“	Georg Sailer, Hilfsarbeiter	19
Bayerischer Bauernbund	Michael Sanktjohannser, Schmiedemeister	20
Bayerische Volkspartei	Anton Muther, Oberpostinspektor	10

Operpfaffenhofen meldete:

Verein	Vorstand	Mitglieder
Bayerische Volkspartei	Alois Fendt, Landwirt	10
Bayerischer Bauernbund	Ludwig Mörtl, Landwirt	20

Für Hochstadt wurde über keinen politischen Verein berichtet.
Gauting vermeldete am 31. August 1931 eine 80 Mitglieder starke Ortsgruppe unter der Führung des Oberingenieurs Xaver Dorsch.
Die übrigen Parteien hatten folgende Vorstände:

Partei	Vorstand	Mitglieder
Bayerische Volkspartei	Matthias Westenrieder, Landwirt	ca. 80
SPD	Ferdinand Edenhofer, Eisendreher	150
Stahlhelm	Heinz Görtz, Major a.D.	ca. 30
KPD	Heinrich Heindl, Metallschläger	25

Bei den angegliederten Gemeinden hatte die Partei in Krailling etwa 50 Mitglieder unter der Führung des Hauptmanns a.D. Josef Dostler.
Kraillings weitere Parteien waren:

Partei	Vorstand	Mitglieder
Reichsbanner	Fritz Köppel, Werkmeister	ca. 30
Bayerische Volkspartei	Xaver Maier	ca. 60
Wirtschaftspartei	Martin Hackl, Schuhfabrikant	ca. 25

Stahlhelm	Donatus Stenzel, Hauptmann a.D.	ca. 20
Deutschnationale Volkspartei	Von Könitz, Major a.D.	ca. 20
KPD	Ludwig Hirschvogl, Heizungsmonteur	ca. 15

In Oberbrunn hatte die NSDAP 27 Mitglieder mit Landwirt Nikolaus Grad[679] als Ortsgruppenleiter. In Buchendorf gab es keine politischen Vereine. Unterbrunn hatte eine Ortsgruppe des Bayerischen Bauernbundes mit 40 Mitgliedern. Ihr Vorstand war der Landwirt Georg Huber.

Herrschings 100 Mitglieder starke Ortsgruppe führte der Regierungsbaumeister a.D. Robert Schnetzler.[680] Weitere Parteien waren:

Partei	Vorstand	Mitglieder
Bayerische Volkspartei	Max Rehm, Bauunternehmer und Landwirt	35
SPD	Josef Leitner, Eisenbahnarbeiter	20
Bayerischer Bauernbund	Nikolaus Pittrich, Landwirt und Kohlenhändler	50

Gilching-Argelsried besaß eine 50 Personen starke Ortsgruppe, welcher Ingenieur Ernst Leichtenstern vorstand.

679 Nikolaus Grad, geboren am 27. November 1899 in Mammhofen, wird in den Spruchkammerakten als Stützpunktleiter seit 1933 geführt, was bei der Größe Oberbrunns wahrscheinlich ist. Grad wurde 1930 Parteimitglied und Blockleiter, 1933 Ortsbauernführer und 1935 Bürgermeister Oberbrunns. StAM SpKA K 4578 Nikolaus Grad.

680 Robert Schnetzler, am 14. August 1882 in London geboren, trat 1929 der Partei bei. 1930 zog er nach Herrsching und übernahm ein Jahr später die Ortsgruppenleitung. Wegen der „Meuterei" in Herrsching im Januar 1933 wurde er auf Betreiben Reinhardts und Buchners als Ortsgruppenleiter abgesetzt. 1934 übernahm er das Amt des Kulturwarts. 1937 erhob Schnetzler vor dem Parteigericht Anklage gegen den damaligen Ortsgruppenleiter Ludwig Schertel wegen Beleidigung des Führers und der Partei. Buchner lehnte die Einleitung eines Parteigerichtsverfahrens aber ab und erteilte Schnetzler eine scharfe Rüge. StAM SpKA K 4640 Robert Schnetzler. Die gegen Schnetzler beantragte Entlassung aus der Partei wurde vom Gaugericht aufgehoben. Nachträglich will Schnetzler ab diesem Zeitpunkt sich von der Partei zurückgezogen haben, was ihn aber nicht vom Festhalten an seiner Grundüberzeugung abhielt: „Im Nationalsozialismus bedeuten [...] Ehre und Charakterhaltung das Höchste - und das Wesen der nationalsozialistischen Bewegung geht geradezu darauf hinaus, nur Männer von wahrem Charakter an die Leitung einer jedweden Stelle heranzulassen! Dass dies vorerst und auf einen Schlag nicht gelingen kann, hindert nicht, dass ein steter und unbeugsamer Kampf um die grundlegend germanischste Auffassung der Ehre geführt werden muss, in dem Bewusstsein, dass wenn nicht heute, so doch morgen die Ausscheidung aller Jener zu erfolgen hat und erfolgen wird, die ihrer charakterlichen Gesinnung und Beschaffenheit nach nicht im Staate Adolf Hitlers mitzureden berechtigt sind." Schnetzler an Schertel vom 01. März 1937, BArch OPG I0051.

Ansonsten waren die folgenden Gruppierungen vertreten:

Partei	Vorstand	Mitglieder
Bayerischer Bauern- und Mittelstandsbund	Leonhard Schneider, Landwirt	150
Jungbauernbund	Johann Grandl, Landwirt	30
Bayerische Volkspartei	August Wurm, Gärtner	60
MSPD	Lorenz Leppert, Brauer	90
KPD	Georg Reitter, Gärtner	13
Stahlhelm	Josef Wölfle, Oberlehrer	40
Bayerischer Heimat- und Königsbund	Josef Wölfle, Oberlehrer	20
Bayerischer Bauern- und Mittelstandsbund, Ortsgruppe Argelsried	Jakob Strohmeier, Landwirt	20

Für die Stadtgemeinde Starnberg wurde am 01. September vermeldet, dass die NSDAP 200 Mitglieder unter der Führung des Obersteuersekretärs Karl Scherer habe.[681]

Starnberg besaß an politischen Vereinen:

Partei	Vorstand	Mitglieder
SPD	Ulrich Krämer, Maurer	75
Reichsbanner	Franz Xaver Schneider, Hausmeister	87
Bayerische Volkspartei	Josef Jägerhuber, Kaufmann und Bürgermeister	100
Deutschnationale Volkspartei	Leonhard Ebert, Kassenoberverwalter	70
Bayern und Reich	Ludwig Rucker, Oberveterinär	40
Bayerischer Heimat- und Königsbund	Friedrich Fermberg, Oberlehrer	145

681 Karl Scherer, am 27. September 1899 in Augsburg geboren, kam 1928 als Steuerinspektor nach Starnberg. Hier trat er im selben Jahr der NSDAP bei und wurde sofort Ortsgruppenleiter. Scherer war Parteiredner, seit 1933 Stadtrat in Starnberg, Gauhauptstellenleiter und nannte sich „Beauftragter des Kreisleiters“. Scherer hatte das Goldene Parteiabzeichen, das Ehrenzeichen des 09. November und die Dienstauszeichnung in Bronze und Silber. StAM SpKA K 1598 Karl Scherer.

Stahlhelm	Max von Dzimbowsky, Legationsrat	
KPD	Erich Langenbruch, Dachdecker	38
Bund Oberland	Sebastian Baumgärtner, Obersteuersekretär	20
Andreas Hofer-Bund	ist aufgelöst	
Heimatschutz	ist aufgelöst	
Hitlerjugend	ist aufgelöst	
Luisenbund[682]	Anna Schreiber	40
Sportring	Alfred Driemel, Hilfsarbeiter	100
Kampfgemeinschaft gegen Warenhaus und Konsumverein	Xaver Fink, Metzgermeister	2
VVV Deutschland	ist aufgelöst	
Jungkameradschaft Kleinkaliberschützen	Sebastian Eisenschmid junior	25

Dagegen gab es in Hadorf, Hanfeld, Leutstetten, Maising, Perchting und Söcking keinerlei politische Vereine.
Schließlich berichtete die Inninger Gendarmeriestation noch am 31. August von einer 28 Mann starken Ortsgruppe unter der Leitung des Schlossers Hans Werner. Inning hatte außerdem:

Partei	Vorstand	Mitglieder
SPD	Michael Krapfl, Arbeiter	30
Jugend-Sport-Verein	Paul Ladner, Elektromonteur	72

Für Buch, Breitbrunn und Steinebach meldete sie jedoch „Fehlanzeige." In Steinebach gab es lediglich einen Jugendbund mit 30 Mitgliedern unter der Führung des Schreiners Karl Guggelberger, der „vaterländische Interessen" vertrat und sich für die „Erhaltung einheimischer Sitten und Gebräuche" einsetzte.

682 Ein nach Königin Luise von Preußen benannte nationalistische und antisemitische Frauenorganisation, gegründet 1923; siehe: Schöck-Quinteros, Eva: Der Königin Luise Bund. „Unser Kampfplatz ist die Familie!", in: Schöck-Quinteros, Eva/Streubel, Christiane (Hrsg.): „Ihrem Volk verantwortlich!" Frauen der politischen Rechten 1890-1937. Organisation-Agitation-Ideologie, Berlin 2007, S. 231-270.

Zum Zeitpunkt der Datenaufnahme war demnach die politische Landschaft bezirksweit ausgeprägt und vielschichtig.

Befürchtungen in der Bevölkerung

Nach dem ersten Durchgang der Reichspräsidentenwahl vom 13. März 1932, bei dem Hitler 30,1% der Stimmen holte, gab es im Bezirk Starnberg von Gerüchten gespeiste Befürchtungen, die Nationalsozialisten würden im Falle eines Sieges der Hitlerleute die meisten Stellen in öffentlichen Ämtern mit Parteigenossen besetzen.[683] Die Stimmung in der Bevölkerung war so aufgeheizt, dass sich Buchner als Bezirksleiter und Scherer als Ortsgruppenleiter zur Schaltung einer halbseitigen Anzeige im „Land- und Seeboten" veranlasst sahen. Darin wehrten sie sich gegen „hirnrissige wie bösartige Erfindungen", die die Partei diskreditieren sollten.

Die Ängste der Bevölkerung erinnern lebhaft an Befürchtungen, die im Zusammenhang mit der gescheiterten Revolution von 1918/19 geweckt worden waren, nur diesmal auf die rechte Szene projiziert. Dabei hatte das Staatsministerium des Innern in einem Rundschreiben bezüglich des Republikschutzgesetzes schon ein Jahr früher davor gewarnt, dass die NSDAP die Leser ihrer Propagandablätter „für einen gewaltsamen Umsturz der Verfassung innerlich" ausrichten und „eine ideologische Beeinflußung der Massen zur Vorbereitung auf einen revolutionären Gewaltakt" betreiben würde.[684] Die Gerüchte hatten immerhin dazu geführt, dass am 19. März bei allen Funktionären der NSDAP im Bezirk Starnberg Haussuchungen stattfanden, die allerdings ergebnislos blieben. Keine zwei Wochen später titelte der „Land- und Seebote": „Auch in Bayern wollten die Hitlerleute am 13. März putschen!" und veröffentlichte zum Beweis dafür einen Artikel des „Bayerischen Amtlichen Pressedienstes", in dem Berichte über eine geplante Machtübernahme durch die Nationalsozialisten im Falle eines Wahlsieges von Hitler aus dem gesamten Oberland zusammengefasst wurden. Buchner wird zitiert mit der Prophezeiung, Hitler werde „wie ein Sturmwind die anderen Strohmannkandidaten über den Haufen rennen".[685]
Angst vor Umsturz und Gewalt machte sich breit und die Schriftleitung des „Land- und Seeboten" sah sich genötigt zu Mäßigung aufzurufen. „Achtet den Menschen!" lautete die Forderung, denn „Tote und Verwundete füllen die Rubriken der Wahlkampfopfer" und „die politische Leidenschaftlichkeit, der Fanatismus und der Haß gegen die \`andern´ bricht jeden Damm der Vernunft und der Achtung vor den Gesetzen des Staates".[686]

683 Halbmonatsbericht 07. April 1932, BayHStA MA 102 138.
684 Staatsministerium des Innern an die Regierungen, Kammern des Innern, die Polizeidirektionen und Staatspolizeiämter, die Stadtkommissare und die Bezirksämter vom 14. März 1931, StAM RA 57828.
685 L&S 04. April 1932.
686 L&S 04. April 1932.

Wer wählte die NSDAP?

Erstaunlich weitsichtig, aber ohne politische Konsequenzen daraus zu ziehen, berichtete das Bezirksamt Starnberg am 21. März 1932: „Die NSDAP erfreut sich auf dem Lande merkwürdigerweise besonderer Sympathien bei den Ärzten und Tierärzten, die vielfach auch stark agitatorisch tätig sind. Auch die mittleren Beamten der Finanzämter und Gerichte sind in größerem Umfange der Bewegung ergeben. [...] Bei der im Bezirke wahrzunehmenden Zunahme der Anhängerschaft der NSDAP war es auffallend, daß nicht nur unter den Rednern, Versammlungsleitern und Einberufern nationalsozialistischer Versammlungen die Beamtenschaft einen großen Teil der Agitationsleiter gestellt hat, sondern daß auch sonst aus Beamten- und merkwürdigerweise auch aus Pensionistenkreisen Viele den Anschluß an diese Partei bis zum letzten Augenblicke noch gesucht haben und nicht bedenken, daß sie damit ja gegen den Staat, dem sie zu dienen haben, Sturm laufen. Es ist überhaupt eine merkwürdige Verwirrung in der geistigen Verfassung mancher Kreise zu beobachten gewesen, die, wenn sie nicht wieder korrigiert wird, zu recht sonderbaren Zuständen in der Zukunft führen kann."[687]

Die Bevölkerung verunsicherten noch immer die Gerüchte, die im Falle eines Sieges der Nationalsozialisten eine Neubesetzung aller amtlichen Stellen prophezeiten. Ludwig Ritter von Knözinger,[688] seit Oktober 1924 Regierungspräsident von Oberbayern, wurde - ein Jahr bevor er des Dienstes enthoben wurde - noch deutlicher. Er mahnte auf das Entschiedenste vor den Nationalsozialisten und der von ihnen ausgehenden Bedrohung für die staatliche Ordnung. „Auch heute gibt es noch Leute, die aus `Idealismus´ oder in der tatsächlichen Meinung, daß die NSDAP in der Lage und willens wäre, das deutsche Volk aus den gegenwärtigen Schwierigkeiten herauszuführen, dieser Partei folgen. Der Staat hat doch wohl die dringende Pflicht, diesen Leuten die Augen zu öffnen durch einen deutlichen Hinweis auf das widerspruchsvolle Wirtschaftsprogramm, die niederträchtigen Wahlkampfmethoden, die nackte Stellenjägerei, die mit dem bisherigen Wüten der Partei gegen die sogenannten Parteibuchbeamten in krassem Widerspruch steht, und die Wiederkehr einer Rätezeit ahnen läßt."[689]

Eine Analyse des Wählerverhaltens im Bezirk Starnberg kann aus Mangel an aussagekräftigen Zahlen nicht vorgenommen werden. Für den angrenzenden Bezirk Weilheim liegt seit neuestem eine Untersuchung vor, die wegen der einmaligen Quellenlage von besonderer Bedeutung und wegen der strukturellen Ähnlichkeit

687 Halbmonatsbericht 21. März 1932, BayHStA MA 102 138.

688 Ludwig Knözinger wurde am 13. April 1862 in München geboren, wo er von 1881 bis 1885 Jura studierte. 1918 wurde er nobilitiert. 1924 wurde er Regierungspräsident von Oberbayern. 1930 wurde er in den dauernden Ruhestand versetzt, was aber nach drei Tagen aufgehoben wurde. Am 01. April 1933 enthoben ihn die Nationalsozialisten des Amtes. Knözinger starb 1943. Deutinger, Stephan: Ludwig Knözinger, in: Deutinger, Stephan/Gelberg, Karl-Ulrich/Stephan, Michael (Hrsg.): Die Regierungspräsidenten von Oberbayern im 19. und 20. Jahrhundert, München 2005, S. 232-237; Deutinger, Stefan: Die bayerischen Ministerpräsidenten, in: Rumschöttel, Hermann/Ziegler, Walter (Hrsg.): Staat und Gaue in der NS-Zeit. Bayern 1933-1945, München 2004, S. 379-417; BayHStA MInn 64464 Ritter Ludwig von Knözinger.

689 Halbmonatsbericht 21. März 1932, BayHStA MA 102 138.

der beiden benachbarten Bezirke Starnberg und Weilheim vergleichbar ist, auch wenn im Bezirk Weilheim durch das Bergbaugebiet um Peißenberg und Penzberg eine zahlenmäßig umfangreichere Arbeiterschicht ansässig war als im Bezirk Starnberg. Bernhard Wöll untersucht darin das Wahlverhalten der unterschiedlichen sozialen Gruppen bei der Reichstagswahl vom 31. Juli 1932, als der für die spätere Ernennung Adolf Hitlers zum Reichskanzler entscheidenden Wahl, da der erdrutschartige Wahlerfolg die Grundlagen dafür schuf. Mit Hilfe der ökologischen Regressionsanalyse[690] fragt er nach der Parteienpräferenz sozialer Gruppen, die ihre Stimmabgabe nach Konfession bzw. nach Klassenzugehörigkeit tätigten.[691] Er teilt die Berufsgruppen in Arbeiterschicht und Neue und Alte Mittelschicht ein, die ihr Selbstverständnis nicht aus ihrem Einkommen, sondern aus ihrem Beruf zogen.

Wöll kommt bei seiner Untersuchung, woher die Wähler Hitlers stammten, zu dem Schluss, dass die Alte Mittelschicht, bestehend aus selbständigen Geschäftsleuten, Gastwirten, Handwerksmeistern, Kleinunternehmern, Bauern und Angehörigen der freien Berufe den mit knapp 40% stärksten Anteil am Stimmenzuwachs der NSDAP im Jahr 1932 zu verantworten hatte. Die Neue Mittelschicht, zu der Angestellte und Beamte zählen und die in den Landgemeinden nur ca. 4% der Bevölkerung ausmacht, ist mit durchschnittlich 28% NSDAP-Wählern vertreten.[692] Die von Buchner häufig vorgenommene Auflistung der Arbeitsgebiete der Parteigenossen korrespondiert mit dieser Aussage, dass gerade die Angehörigen der Alten Mittelschicht der NSDAP vermehrt ihre Stimme gaben. Unter den `dreizehn Gläubigen´ der ersten Stunde waren sieben selbständige Geschäftsleute und Handwerksmeister und ein Gastwirt, vier Personen zählten zur neuen Mittelschicht.

Vor der Entscheidung

Reichspräsidentenwahl 1932

Der 2. Wahlgang der Reichspräsidentenwahl am 10. April 1932 brachte im Bezirk Starnberg für Hindenburg[693] 11.762 der 17.151 abgegebenen Stimmen, Hitler erhielt 4.683 Stimmen. Im Gegensatz zum Reichstrend, bei dem Hitler seinen Stim-

---

690 Die ökologische Regressionsanalyse ist ein statistisches Verfahren, das den Zusammenhang zwischen zwei und mehr Variablen darstellt. Vgl. Wöll, Bernhard: Woher kamen Hitlers Wähler? Untersuchungen der Wählerschichten der Parteien bei Reichstagswahlen im Bezirksamt Weilheim unter besonderer Berücksichtigung der NSDAP, in: Lech-Isar-Land Heimatkundliches Jahrbuch 2014, S. 59-98, hier S. 76.

691 Vgl.: Borowsky, Peter: Wer wählte Hitler und warum? Ein Bericht über neuere Analysen der Wahlergebnisse 1928 bis 1933, in: Borowsky, Peter: Schlaglichter historischer Forschung. Studien zur deutschen Geschichte im 19. und 20. Jahrhundert, aus dem Nachlass herausgegeben von Rainer Hering und Rainer Nicolaysen, Hamburg 2005, S. 235-253.

692 Wöll, Hitlers Wähler. In seinem Artikel räumt Wöll auch mit dem immer noch gängigen, schon von Falter widerlegten, Vorurteil auf, Frauen hätten am Wahlerfolg der NSDAP einen erheblichen Anteil und weist anhand von Unterlagen, die das Statistische Reichsamt anlegen ließ, nach, dass in der Stadt Weilheim Frauen bevorzugt die BVP wählten und die Wahl der NSDAP erst 1933 den Anteil der männlichen Wähler erreichte.

693 Vgl. Goltz, Anna von der: Hindenburg, Power, Myth, and the Rise of the Nazis, Oxford 2009; Maser, Werner: Hindenburg. Eine politische Biographie, Rastatt 1989; Pyta, Wolfram: Hindenburg. Herrschaft zwischen Hohenzollern und Hitler, München 2007.

menanteil von 30,1% auf 36,8% hochschrauben konnte und eine Stimmenzunahme von 18,3% verzeichnete,[694] erhielt er im Bezirk Starnberg sechs Stimmen weniger als zuvor am 13. März. Dabei wurde die Stimmenverteilung noch durch die vielen Ausflügler, die mit Stimmscheinen abgestimmt hatten, verfälscht. Das Abstimmungsergebnis in sechs Gemeinden fällt auf, da es nicht das bezirksweite Zahlenverhältnis von ungefähr 3:1 für den Reichspräsidenten und seinen Herausforderer widerspiegelte, sondern ein für Hitler erheblich günstigeres Resultat zeigte. In Berg stimmten 216 Einwohner für Hindenburg und 100 für Hitler, in Buch waren es 108 zu 86, in Hechendorf sogar 134 zu 127, in Herrsching immerhin 564 zu 366, in Oberbrunn 65 zu 43, und in Steinebach überflügelten die Hitlerstimmen die Befürworter Hindenburgs sogar knapp mit 161 zu 159.[695]

Paul von Hindenburg, Reichspräsident 1925-1934
(Postkarte aus der Serie „Kriegshelden", nicht gelaufen; Privatbesitz)

694 Volz, NSDAP S. 39.
695 L&S 11. April 1932.

Drei Tage nach der Wahl wurden SA und SS reichsweit verboten. „Der Tank“ machte sich in einer Glosse über die Maßnahmen lustig, mit denen dabei in Starnberg Waffen sichergestellt werden sollten. Noch vor kurzem sei man froh gewesen, „als ehemalige SA und SS Leute als Freikorpskämpfer während der Räteregierung ihren Kopf hinhielten“, heute hingegen seien „Hemden, Leibriemen, Kochgeschirre, wollene Decken, Stempel und dergleichen verboten“.[696]

Wahlkampfmittel

In Ganzen gesehen waren die Geschehnisse im Landkreis Starnberg aber nahezu harmlos gegen die Welle an Gewalt, die das ganze Reich, besonders nach Aufhebung des SA und SS Verbotes am 16. Juli, erfasste,[697] auch wenn es gleich am Abend des 17. Juli 1932 in Starnbergs Innenstadt zu Tumulten kam. Dort gerieten zuerst vermeintliche Hamburger SA-Leute[698] mit Zivilpersonen aneinander, wobei es Verletzte gab. Später am Abend fielen sogar Schüsse, als ein Trupp Reichsbannerleute mit SA-Männern zusammenstieß. Die „natürlich stark in der Minderheit“ befindliche Polizei schritt zwar jedes Mal ein, konnte aber nur die Verletzten im Krankenhaus auflisten: „Der Reichsbannermann Gilgenrainer Albert mit Schußverletzung am Bein, (2 leichtverletzte Reichsbannerleute konnten sich nach Anlegen von Verbänden nachhause begeben), die Nationalsozialisten Gröber Nikolaus[699] mit Hiebverletzung am Kopf, Horner Johann mit Stichverletzung am Kopf, Wolf Rupert mit Nervenschock, Ernst Josef mit schwerer Kopfverletzung durch Schlag, Driemel Alfred mit Hiebverletzung am Kopf und Stark Xaver mit Hiebverletzung am Kopf“.[700] Des Weiteren gab es eine Reihe Leichtverletzter, darunter auch Unbeteiligte.

„Die Front“ berichtete erwartungsgemäß über einen etwas anderen Ablauf des Abends. Ihrem Artikel nach wurden in beiden Fällen SS-Männer von „Reichsjämmerlingen“ angegriffen, und die sich daraus entwickelnden Händel waren reine Verteidigungsmaßnahmen. Immerhin gestand sie der eingreifenden Starnberger Polizei zu, dass sie trotzdem sie in der Minderheit war, „ihren schweren Dienst [...] vorzüglich versah“.[701]

Die Beunruhigung in der Bevölkerung war groß, „in einer Zeit wie heute, wo buchstäblich um den Staat gerungen wird, wo von Diktatur und Revolution geschrien wird, wo der Wille zu revolutionären Umwälzungen und der Wille zu ruhiger, gesetzmäßiger Fortentwicklung sich schärfer als je gegenüberstehen“.[702] Die `Bewegung´ machte ihrem Namen alle Ehre. Sie hatte den Übergang von der militanten

696 Der Tank 23. April 1932.

697 Kershaw, Hitler S. 462.

698 Es stellte sich heraus, dass Starnberger SA-Männer in einem Hamburger Wagen unterwegs waren. L&S 25. Juli 1932.

699 Nikolaus Gröber, geboren am 03. März 1904 in München, wurde 1923 Parteimitglied mit der Nummer 225.962. Gröber war an der oben erwähnten Schlägerei in Pöcking und weiteren Auseinandersetzungen mit politischen Gegnern beteiligt. 1934 wurde er Bademeister der Stadt Starnberg. StAM SpKA K 4581 Nikolaus Gröber.

700 L&S 18. Juli 1932.

701 Die Front 23. Juli 1932.

702 L&S 28. Juli 1932.

Protestorganisation zur straff aufgebauten Parteiformation aber noch nicht ganz geschafft.

Ansicht von Starnberg mit Fotomontage, Blick vom See aus
(Postkarte Verlag H. Becker, München, gelaufen 16. Juni 1934; Stadtarchiv Starnberg)

Die Berichterstattung in der Bezirkspresse

Wie in den Jahren zuvor beschränkte sich der Starnberger „Land- und Seebote" bis zum Jahr 1933 hauptsächlich auf seine Rolle als Beobachter und Mahner. Er vermied offene politische Stellungnahmen zugunsten von Kommentaren, in denen einem friedlichen Miteinander der Kontrahenten das Wort geredet wurde,[703] und verstand sich als überparteilicher Mittler zwischen den Gegenspielern. Ehrlich erschüttert zeigte sich der Chefredakteur über die zunehmende Gewalt in der politischen Auseinandersetzung und fragte vergeblich nach einer Lösung aus dem Dilemma.[704] Objektiv war der „Land- und Seebote" aber auch in dieser Phase nicht. Vielmehr nahm er, vor jeder der vielen Wahlen besonders deutlich, zugunsten der

703 Z.B. L&S 31. Dezember 1932: „[...] den Frieden wollen wir erkämpfen, in dem alle Gutgesinnten und um des Volkes Wohl ehrlich Besorgten ihre Kräfte gemeinsam messen und jeder das Seine leistet von seinem Standpunkt aus, zum Wohle des Ganzen."
704 L&S 14. Juli 1932: „Blutige Kämpfe verhindern können sie [die Polizisten; F.H.] nur dann, wenn Frauen und Männer aller Parteien `diese entsetzliche Entartung politischer Meinungskämpfe einmütig ablehnen und verabscheuen.´ Wenn das aber nicht geschieht - und es geschieht nicht, wenn täglich von neuem Blut in Strömen fließt, - was dann?"

BVP Stellung, sei es in seinen Kommentaren, sei es durch die massierte und privilegierte Stellung der Anzeigen, die sogar vielfach nicht einmal als solche gekennzeichnet waren.[705]

Als Geschäftsführer und Schriftleiter der „Andechser Rundschau" begleitete Ludwig Schertel die Aktivitäten Reinhardts mit wohlwollender Aufmerksamkeit. Schertel, 1904 in Selb geboren, kam 1924 als kaufmännischer Angestellter zu der Keramischen Werkstätten AG nach Herrsching[706] und trat im Jahr 1926 mit der Mitgliedsnummer 56.711 in die NSDAP ein.[707] Er gehörte zu Reinhardts engeren politischen Mitarbeitern in Herrsching und nutzte auf beruflicher Seite die Möglichkeiten, die Reinhardt mit seiner Fernhandelsschule zur Ausbildung bot.[708] Schertel heiratete 1930 die Tochter der neuen Besitzerin der „Andechser Rundschau", Therese Hochgesang.

Im April 1933 wurde Schertel nach dem Ausscheiden Reinhardts aus dem Herrschinger Gemeinderat - durch seine Tätigkeit als Staatssekretär im Reichsfinanzministerium und seine dadurch bedingte Anwesenheit in Berlin reichte ihm die Zeit für sein Amt in Herrsching nicht mehr aus - Reinhardts Nachfolger als zweiter Bürgermeister. Von 1937 bis 1939, dem Zeitpunkt seiner Einberufung in die Reichswehr, war er Erster Bürgermeister. Während des Krieges vertrat ihn Hans Bader auf diesem Posten. Für die Öffentlichkeit und amtlichen Verlautbarungen blieb Schertel aber auch in dieser Zeit immer dann der Erste Bürgermeister, wenn er auf einem seiner zahlreichen Urlaube in Herrsching weilte.[709] Gleichzeitig war Schertel zwischen Oktober 1933 und August 1939 Ortsgruppenleiter der Herrschinger NSDAP und seit 1936 Mitglied im Kreistag. Schertel trug das Goldene Parteiabzeichen und besaß die NSDAP-Dienstauszeichnung in Silber und Bronze.[710] In einer Anfrage der Gauleitung München-Oberbayern vom 08. November 1938 be-

705 Z. B.: L&S 05. April 1932: „Wir wollen Hindenburg!"; L&S 06. April 1932: „Hindenburgappell an die Jugend", L&S 07. April 1932: „Durch Faulheit zum Bolschewismus? Warum auch diesmal jeder Hindenburgwähler wählen muß."

706 Lebenslauf, StAM SpKA K 4636 Ludwig Schertel.

707 Meldebogen, StAM SpKA K 4636 Ludwig Schertel.

708 AR 31. Dezember 1927: „In einem Inserat in heutiger Nummer zeigt Herr Ludwig Schertel an, daß er ab 1. Januar eine Beratungsstelle für Steuersachen und Buchführung eröffnet [...] Herr Schertel hat durch Teilnahme an Lehrgängen der Deutschen Fernhandelsschule Fritz Reinhardt-Herrsching eine theoretische und praktische Ausbildung zum Steuerberater und zum Buch- und Bilanzkaufmann erfahren [...]."

709 Beispielsweise AR 16. März 1940: „Bürgermeister und Ortsgruppenleiter Schertel, der zu den zurzeit in Urlaub hier befindlichen Soldaten zählte [...]" Hans Bader, Wirt des Gasthauses „Zur Post", vertrat Schertel als Bürgermeister während dessen Abwesenheit. Zu Bader: AR 15. Juni 1940. Darin: „Als nun im Jahre 1937 unser Ehrenbürgermeister Summer aus Gesundheitsrücksichten das Amt des Bürgermeisters niederlegte, da stellte sich unser Hans Bader [...] wieder in den Dienst seiner Mitbürger und übernahm das Amt des 1. Beigeordneten. Nun hat er in all den Schwierigkeiten, die ein Krieg für eine Gemeindeverwaltung bringt, dieser vorzustehen. Und er tut dies mit einem Fleiß und Unverdrossenheit, daß wir uns alle freuen, gerade ihn in dieser großen Zeit unser Gemeindeoberhaupt nennen zu dürfen."

710 Spruchkammer des Arbeits- und Interniertenlagers Moosburg vom 23. Juni 1949, StAM Spruchkammerakte K 4636 Ludwig Schertel.

urteilt der Kreisleiter Buchner Schertel als „gehört zur alten, treuen Garde der Partei. Er ist fleißig, tüchtig und einsatzbereit und hat einen einwandfreien Charakter".[711]
Bei Kriegsbeginn 1939 wurde Schertel zur Luftwaffe einberufen. Im Mai 1945 kam er in Kriegsgefangenschaft. Schertel blieb bis August 1947 in Moosburg in Internierungshaft[712] und kehrte nach einem Zwischenaufenthalt in Pullach bei München 1949 nach Herrsching zurück. Dort wurde er von der Gruppierung Flüchtlings- bzw. Notgemeinschaft anlässlich der Bürgermeisterwahl am 27. März 1949 zum Kandidaten aufgestellt. Schertel erhielt 312 Stimmen und erreichte damit den dritten Platz. Seine Teilnahme an der Wahl wurde jedoch annulliert, da er noch nicht rechtskräftig von der Gruppe III der Minderbelasteten in die Gruppe IV der Mitläufer eingereiht worden war. Als in die Gruppe III Verurteilter war er überhaupt nicht wählbar, was Folgen für den Ausgang der Bürgermeisterwahl in Herrsching hatte.[713] Bei der Wahl 1960 gelang Schertel die Rückkehr ins Bürgermeisteramt. Bis 1972 leitete er als Erster Bürgermeister die Geschicke der Gemeinde Herrsching.

Seit Reinhardt am 21. Dezember 1929 zum zweiten Bürgermeister von Herrsching gewählt worden war, erschienen in der „Andechser Rundschau" Artikel, in denen über Reinhardts Kandidatur für den Reichstag und seine Wahl berichtet wurde,[714] aber auch Berichte über seinen Einsatz für das Gemeindewohl, wenn er sich beispielsweise für drastische Sparmaßnahmen[715] oder für den Neubau eines Postgebäudes[716] einsetzte. Vor dem Ende der 1920er und zu Beginn der 1930er Jahre rasch aufeinander folgenden Wahlen brachte das Lokalblatt Werbeanzeigen der NSDAP, meistens Einladungen zu Versammlungen und Kundgebungen.[717]

Die „Andechser Rundschau" wurde ebenso wie der „Land- und Seebote" für persönliche politische Auseinandersetzungen missbraucht. Fritz Reinhardt, beflügelt vom guten Abschneiden seiner Ortsgruppe bei der Landratswahl vom 24. April 1928, `warnte´ Mitglieder der `Hindenburgfront´ namentlich, Verdächtigungen bezüglich Kauf und Umbau seines Hauses in der Summerstraße zu wiederholen. In ungemein scharfer Weise bezeichnet er sie als „gemeingefährliche[n] Schwätzer und bösartige[n] Quatschkopf" und als „erbärmlichen Ehrabschneider, Verleumder und Lügner, den ich unnachsichtig gerichtlich zur Verantwortung ziehen werde".[718] Die so angegriffenen Ortsgruppenführer der Bayerischen Volkspartei,

711 Gauleitung München-Oberbayern an die Kreisleitung Starnberg vom 08. November 1938, BArch PK I0038.
712 Der öffentliche Kläger bei der Spruchkammer des Internierten-Lagers Moosburg vom 12. August 1947, StAM Spruchkammerakte K 4636 Ludwig Schertel.
713 Gemeindewahlleiter an Hauptkammer München-Land vom 29. März 1949, StAM Spruchkammerakte K 4636 Ludwig Schertel.
714 AR 02. August 1930, 20. September 1930, 30. Juli 1932, 06. August 1932.
715 AR 03. Mai 1930.
716 AR 01. August 1931.
717 Beispielsweise AR 05. Mai 1928, 13. September, 05. März 1932, 12. März 1932, 23. April 1932, 09. Juli 1932, 23. Juli 1932, 30. Juli 1932, 08. Oktober 1932, 29. Oktober 1932.
718 AR 30. April 1932.

Major von Wachter und Regierungsforstrat Weiger, wiesen die Vorwürfe nicht nur zurück, sondern mahnten einen anderen Politikstil ohne „gewissenlose Verunglimpfung politischer Gegner" an, da sie sich nicht „die Kampfesweise der NSDAP" zu eigen machen wollten.[719]

Weitere Wahlen

Die Landtagswahl von 1932

Am 24. April 1932 fanden in Bayern Landtagswahlen statt. Im Vorfeld hatte die BVP eine fast ganzseitige Anzeige im „Land- & Seeboten" geschaltet, in der sie noch einmal auf die programmatischen Erklärungen der Starnberger NSDAP vom 23. März einging. In der „notwendigen Aufklärung" wurden die damals vorgebrachten Argumente Zitaten gegenübergestellt, die diversen anderen NS-Publikationen entnommen waren.[720] Quintessenz war die Feststellung, die NSDAP sei „sozialistisch, unitaristisch, unchristlich!" Dagegen stehe nur die Bayerische Volkspartei als „Bollwerk", die „die Bayern schon einmal vor der marxistischen Flut bewahrt hat." Auch wenn deutlich die NSDAP Adressat der Annonce war, verwirrt die unscharfe Beschuldigung `linker`, d.h. sozialistischer, Umtriebe.

Die Landtagswahl brachte der NSDAP 43 Landtagssitze, und damit war sie nur knapp hinter der BVP mit 46 Sitzen zweitstärkste Kraft. Der Bezirk Starnberg spiegelte das Ergebnis mit 5.170 für die BVP zu 4.846 Stimmen für die NSDAP. Die Wahlbeteiligung betrug ca. 76%. Somit agierten die Wähler im Bezirk Starnberg nicht anders als der Durchschnitt in anderen ländlichen bayerischen, katholischen Gebieten ab 1932 und verhalfen der NSDAP, eine Massenpartei zu werden.[721] So ist anzunehmen, dass die NSDAP es in dieser Phase auch hier schaffte, die agrarische Bevölkerung für sich zu gewinnen. Die Parteieintritte von Landwirten vor der Machtübernahme sind zwar nur vereinzelt nachweisbar,[722] aber der Anteil an Bauern unter den Parteimitgliedern im Bezirk war insgesamt gering.[723] Das schließt andererseits eine Tendenz zur NSDAP nicht aus. Eine nicht unerhebliche Anzahl Landwirte entschied sich im Mai 1933 sofort zum Parteieintritt, was eine vorausgehende Sympathie für den Nationalsozialismus nahelegt, auch wenn ebenso politischer Opportunismus eine Rolle gespielt haben mag. So hatten sich Teile der alteingesessenen dörflichen Eliten unter dem Eindruck drohender wirtschaftlicher

---

719 AR 07. Mai 1932. Für Wachter und Weiger finden sich keine Nachweise.
720 L&S 23./24. April 1932.
721 Fröhlich, Die Partei.
722 Beispielsweise: StAM SpKA K 4567 Eustach Eisenmann, Inning, Parteieintritt 1930; SpKA K 4625 Bruno Picht, Berg am Starnberger See, Ortsgruppenschulungsleiter, Parteieintritt 1932; SpKA K 4627 Josef Pulfer, Tutzing, Parteieintritt 1930; SpKA K 4628 Anton Rauscher, Gilching, Parteieintritt 1930; SpKA K 4630 Friedrich Freiherr von Reitzenstein, Herrsching, Parteieintritt 1928; SpKA K 4637 Georg Schmid, Perchting, Parteieintritt 1925, Ortsbauernführer; SpKA K 4657 Jakob Werl, Maising, Parteieintritt 1932, Bürgermeister, Ortsbauernführer; SpKA K 4661 Ludwig Woerl, Güntering/Hechendorf, Bürgermeister, Ortsgruppenleiter, Kreisbauernführer, Parteieintritt 1930.
723 Vgl. Gies, Horst: NSDAP und landwirtschaftliche Organisationen in der Endphase der Weimarer Republik, in: VfZ 15 (1967), S. 341-376.

Einbrüche zur aktiven Mitarbeit in der Partei entschieden und wurden in der Folge mit lokalen Führerstellen belohnt.[724]

Die Reichstagswahl vom 31. Juli 1932

Bis zur Reichstagswahl am 31. Juli, ausgelöst durch die Aufforderung des Reichspräsidenten Hindenburg an seinen Reichskanzler Brüning, zurückzutreten,[725] hielt die Herrschinger NSDAP-Ortsgruppe wöchentliche Versammlungen ab. „Die letzten Tage der Republik“[726] wurden ebenso beschworen wie erklärt wurde „Warum jeder gute Bayer am 31. Juli nationalsozialistisch wählen muß!“[727] Der Reichstagsabgeordnete Reinhardt, der eine Wiederwahl anstrebte, forderte „Gebt Hitler die Macht!“[728] und sprach zum Thema „Brüning-Papen-Hitler“.[729]

Das Wahlergebnis vom 31. Juli 1932 brachte keine klare Mehrheitsbildung im Reichstag. Die Nationalsozialisten konnten zwar ihre Mandate von 110 auf 230 mehr als verdoppeln, aber die Frage, wie künftig regiert werden soll, blieb.[730] Verglichen mit der Stichwahl um das Reichspräsidentenamt hatte die NSDAP kaum hinzugewonnen. Hindenburg weigerte sich, Hitler zum Reichskanzler zu ernennen.[731] Die Lage schien für die Nationalsozialisten aussichtslos.[732]

724 Beispielsweise: StAM SpKA K 4552 Jakob Bichler, Argelsried, Bürgermeister und Ortsbauernführer; SpKA K 4575 Martin Gastl, Hochstadt, Ortsgruppenleiter; SpKA K 4579 Josef Grenzebach, Aschering, Bürgermeister, Ortsgruppenleiter, Ortsbauernführer; SpKA K 4581 Max Guggemos, Traubing, Ortsbauerführer; SpKA K 4584 Johann Happach, Hadorf, Ortsbauernführer; SpKA K 4595 August Jakob, Buch am Ammersee; SpKA K 4605 Michael Krönauer, Meiling; SpKA K 4606 Josef Königbauer, Etterschlag, Bürgermeister, Mitglied der Bezirksbauernkammer; SpKA K 4607 Carl Laux, Kempfenhausen/Berg am Starnberger See, Bürgermeister, Ortsgruppenleiter, Ortsbauernführer; SpKA K 4613 Hans Mauser, Inning, Ortsgruppenleiter; SpKA K 4615 Josef Metz, Gilching, Bürgermeister; SpKA K 4619 Josef Nagl, Frieding, Bürgermeister, Blockleiter; SpKA K 4626 Clemens Poelt, Pöcking, Ortsbauernführer; SpKA K 4628 Albert Ranftl, Güntering, Bürgermeister, Ortsbauernführer; SpKA K 4633 Michael Ruhdorfer, Pöcking, Ortsgruppenleiter; SpKA K 4638 Luitpold Schmid, Wessling, Ortsbauernführer.

725 Kershaw, Hitler S. 460.

726 AR 02. Juli 1932.

727 AR 09. Juli 1932.

728 AR 23. Juli 1932.

729 AR 30. Juli 1932.

730 L&S 02. August 1932.

731 L&S 16. August 1932: „Hindenburg hat denn auch, wie es ausdrücklich im amtlichen Bericht heißt, erklärt, daß er es vor seinem Gewissen und seinen Pflichten dem Vaterland gegenüber nicht verantworten könne, die gesamte Regierungsgewalt ausschließlich der Nationalsozialistischen Bewegung zu übertragen, die diese Macht einseitig anzuwenden gewillt sei. Zwischen der Forderung Hitlers, ihm die alleinige Staatsmacht zu übertragen und dem Standpunkt Hindenburgs, daß einer einzelnen Partei nicht die ausschließliche Staatsgewalt ausgeliefert werden könne, gab es keine Kompromisse. Der Gedanke aber, die Nationalsozialisten entsprechend ihrer Stärke im Rahmen einer vom Vertrauen des Reichspräsidenten getragenen Präsidialregierung an der Verantwortung zu beteiligen, war mit Hitlers Weigerung, sich mit anderen Faktoren in die Staatsführung zu teilen, von vorneherein diskussionsunfähig geworden.“

732 Vgl. Kershaw, Hitler, S. 461-469.

Im Bezirk Starnberg setzte sich zwar die BVP noch in einigen Gemeinden gegenüber der NSDAP knapp durch,[733] zog aber insgesamt mit 6.373 BVP-Stimmen zu 6.551 Stimmen für die NSDAP den Kürzeren. Wieder einmal war das Herrschinger Ergebnis für die NSDAP besonders eindrucksvoll. Hier hatten mit 619 Bürgern 200 mehr für die Nationalsozialisten gestimmt als bei der Wahl vom 24. April und damit doppelt so viele wie bei der Reichstagswahl 1930. Reinhardt wurde wieder in den Reichstag gewählt.[734]

Adolf Wagner betonte: „Keiner der übrigen Gaue Bayerns und Deutschlands mit überwiegend katholischer Bevölkerung hat auch nur annähernd eine ähnliche Leistung aufzuweisen wie wir. Darauf können und wollen wir stolz sein!“ und forderte den Eintritt Hitlers in die verantwortliche Führung des Reiches.[735] Der Kommentator des „Land- und Seeboten“ dagegen hatte nach einer Woche unverminderter Gewalt und schlimmstem Terror böse Vorahnungen und forderte ein Ende der Tatenlosigkeit: „Ein Volk wartet und es wartet leider vergebens. Es sieht sich einem Zögern der verantwortlichen Gewalten in der Anwendung der staatlichen Gewaltmittel gegenüber, für das es kein Verständnis hat [...]“[736]

Die Reichstagswahl vom 06. November 1932

Der erneute Wahlkampf im Bezirk Starnberg hinterließ in Presseinseraten nur geringe Spuren. Am 08. Oktober 1932 sprach Wilhelm Frick, „Staatsminister a.D., Führer der Reichstagsfraktion der NSDAP und Vorsitzender des Auswärtigen Ausschußes“ über „Der Endkampf um das neue Deutschland“ im Strandbad Fleischmann in Steinebach.[737] Zu Parteigenossen Aloys Fleischmanns 50. Geburtstag am 07. August war eigens Gauleiter Wagner an den Wörthsee gekommen und hatte dessen deutschen Schaffensgeist und deutsche Arbeitsfreude gelobt.

Reinhardt drohte auf einer Wahlversammlung damit, dass der neue Reichstag gegen den Reichspräsidenten und seinen Kanzler eine Klage wegen Verfassungsverletzung einreichen werde. Ebenso sprach er von einem geplanten Volksentscheid, um den Rücktritt Hindenburgs zu erzwingen. Die Starnberger Nationalsozialisten waren offenbar überzeugt, dass es bei einer weiteren Reichstagsauflösung zu einem Bürgerkrieg kommen werde.[738]

---

733 In Aschering, Berg, Breitbrunn, Buchendorf, Drößling, Erling (mit 312 zu 73 Stimmen), Feldafing, Hadorf, Hanfeld, Kempfenhausen, Krailling II, Leutstetten, Machtlfing, Maising, Meiling, Oberbrunn, Percha, Pöcking, Starnberg I und IV, Tutzing, Unterbrunn. L & S 01. August 1932.
734 AR 06. August 1932.
735 Die Front 06. August 1932.
736 L&S 08. August 1932.
737 AR 08. Oktober 1932.
738 Halbmonatsbericht 19. November 1932: „So führte insbesondere am 5.11.1932 in Pöcking der Referendar Brömse aus Herrsching aus. `Sollte aber der kommende Reichstag noch einmal aufgelöst werden, dann gibt es aber auch bei unserem Führer Hitler keinen Verfassungsbruch mehr und er wird seine braunen Bataillone aufmarschieren lassen und Ordnung schaffen. Aber wehe etwa denjenigen, die sich der großen Bewegung in den Weg stellen wollten. Diese müssen wie die Volksverräter an den Galgen. Es gibt dann kein Stürzen mehr, sondern nur ein Kopf kürzer machen´.“ BayHStA MA 102 138.

Aloys Fleischmann, Wirt des Strandbads „Wörthsee", mit den Töchtern Luise und Frieda, 1929 (Archiv der Gemeinde Wörthsee)

Die „Heimatklänge aus Bayerns Gauen" hatten sich für den Wahlkampf mit „Der Front" zusammengetan und eine „Sonntags-Morgenpost" an ihre Ausgabe geheftet, die mit dem Untertitel „Die Front" auf ihren Ursprung verwies und dazu dienen sollte, den ländlichen Verhältnissen angepasst die bäuerliche Bevölkerung anzusprechen.[739]

Bei der Reichstagswahl am 06. November 1932 wurde die Bayerische Volkspartei mit 4.821 Stimmen bzw. 31,2% zur stärksten Partei im Bezirk gewählt. Die NSDAP erhielt 4.480 Stimmen, was 29,1% der Stimmen entsprach. Die Wahlbeteiligung lag bei knapp 80%, im Juli hatte sie noch bei ca. 84% gelegen. Die SPD erreichte 2.402 Stimmen bzw. 15,6%, die KPD 1.228 Stimmen bzw. 8% und die Kampffront 1.321 Stimmen bzw. 8,6%. Der Bayerische Bauern- und Mittelstandsbund kam auf 1.152 Stimmen, was 7,5% entsprach.[740] Ein Vergleich mit der Auszählung der Juli-Wahl ist nicht möglich, da damals rund 4.000 Personen mit Stimmscheinen im Bezirk zur Wahl gingen, was das Ergebnis der einzelnen Parteien verfälscht.[741]

739 Halbmonatsbericht 19. November 1932, BayHStA MA 102 138.
740 AR 11. März 1933.
741 AR 12. November 1932.

Wieder war in Bayern nicht die SPD, sondern die BVP der entscheidende Gegner der NSDAP. Und wieder gab es einige Gemeinden im Bezirk, in denen die Wahlergebnisse nicht dem Durchschnitt entsprachen. So hatten sich die Wähler von Buch, Drößling, Etterschlag, Feldafing, Frieding, Gauting, Hechendorf, Herrsching, Hochstadt, Inning, Krailling I, Oberalting, Oberbrunn, Oberpfaffenhofen, Perchting, Pöcking, Starnberg, Steinebach, Traubing, Unering, Unterbrunn, Weßling und Widdersberg in der Mehrheit für die Nationalsozialisten entschieden. Warum nun Argelsried, Gilching und Söcking keine NSDAP-Mehrheit mehr hatte, dafür aber die Stimmen in Drößling, Oberbrunn, Perchting, Pöcking und Unterbrunn angestiegen waren, bleibt unklar.

Ein weiteres Mal ist das Erlinger Wahlergebnis auffällig. Schon im Juli hatten sich 312 Stimmberechtigte für die BVP und nur 73 für die NSDAP entschieden, nun waren es 251 zu 46.[742] Eventuell zeigte sich hier doch eine gewisse Resistenz gegen nationalsozialistisches Gedankengut, die der bis heute vom Kloster Andechs dominierte Ort durch die überproportionale Präsenz katholischer Geistlichkeit bewahrte.

Reinhardt wurde wiederum Mitglied des Reichstags und übernahm dort den Vorsitz des Haushaltsausschusses der NSDAP.

Zwischenbilanz

In seinem Bericht über die Entwicklung der NSDAP im Landkreis Starnberg während der sogenannten Kampfzeit schaffte es Buchner, den Eindruck zu vermitteln, die Partei, vorrangig in seiner Person verkörpert, habe trotz erheblicher Widerstände und ungerechter Behandlung von Amts wegen, stetig an Kraft und Einfluss gewonnen und sei durch etwaige Rückschläge im Glauben an die Richtigkeit der eigenen Sache nur gewachsen. Befragt man keine anderen Quellen könnte man meinen, die NSDAP sei im Landkreis Starnberg schon sehr bald eine gewichtige politische Größe geworden. Die mühsamen Fortschritte bei der Anzahl der Versammlungsteilnehmer feierte man wie Siege, jedes einzelne der neuen Mitglieder wurde sozusagen persönlich begrüßt und die unausbleiblichen Niederlagen wurden aus der ex post Sicht nachträglich zum Triumpf umgedeutet. Der Aufstieg der NSDAP war damit logische und folgerichtige Konsequenz seines – Buchners - persönlichen Einsatzes.

Die offiziellen Kreise nahmen die Anfänge der NSDAP weit weniger zur Kenntnis. Von der lokalen Presse vollkommen ignoriert und erst als die Provokationen zu Beginn der 1930er Jahre nicht mehr zu übergehen waren kommentiert, registrierten auch die amtlichen Stellen zwar mit Verblüffung die rege Werbetätigkeit der Partei, schätzten aber die Wirksamkeit der Veranstaltungen als gering ein. Den Nationalsozialisten kam in der Berichterstattung eine ähnliche Beachtung zu wie den Kommunisten, die aber im Landkreis Starnberg wegen dessen Wirtschaftsstruktur sowieso nur gering vertreten waren. Nur in Tutzing gab es eine größere organisierte Gruppe der KPD, deren Mitglieder sich aus der Arbeiterschaft der dortigen,

742 L&S 07. November 1932.

schon im Niedergang befindlichen, Textilindustrie rekrutierten. Solange sich diese beiden extremen politischen Ausrichtungen untereinander bekämpften und die übrige Bevölkerung großenteils in Ruhe ließen, griffen die staatlichen Organe zwar strafverfolgend ein, weitergehende Konsequenzen ergaben sich aus den gerichtlichen Verfahren für sie nicht.

Der Aufbau einer Parteistruktur auf lokaler Ebene begann erst mit Fritz Reinhardts Eintritt in die Politik. Als ausgewiesener Experte in der Strukturierung und Vermittlung komplexer Zusammenhänge übertrug er seine diesbezügliche Leidenschaft auf die parteipolitische Arbeit. Auf seine Veranlassung hin wurde der Gau Oberbayern-Schwaben, dessen Gauleiter er wurde, organisiert, eine Einteilung in Bezirke vorgenommen sowie Anweisungen zur Bestellung eines Kreisleiters und zur Abhaltung von Versammlungen und Sprechabenden gegeben. Von nicht zu unterschätzender Bedeutung für die flächendeckende Verbreitung der Parteiideen wurde die Einrichtung seiner Rednerschule, deren Absolventen besonders in der wahlintensiven zweiten Hälfte der 1920er Jahre und zu Beginn der 1930er Jahre im gesamten Reich für einen ungeahnten Bekanntheitsgrad der NSDAP sorgten.

Reinhardt mit seinem Organisationstalent und seiner peniblen Überprüfung der erteilten Anordnungen, bildete das Gegengewicht zum emotionalen, leidenschaftlich agierenden Buchner, der sich selbst bis dahin mehr als Einzelkämpfer und gesellschaftlichen Außenseiter verstand. Beide zusammen ergaben ein ungleiches, aber effektives Team, das zwar nicht auf Augenhöhe agierte, - Buchner blieb immer gegenüber Reinhardt in der Stellung des Untergebenen - aber durch seine unterschiedlichen intellektuellen Ansprüche und daraus resultierenden Argumentationen und Vorgehensweisen ein sehr breites Publikum ansprechen konnte. Durch das weitgefächerte Themenangebot, das den geschulten Referenten zur Verfügung stand, erlangte die Partei im öffentlichen Diskurs nach und nach die Meinungsführerschaft. Zugleich stellte Reinhardts Position als Gauleiter, später auch als Mitglied des Reichstages und Propagandaleiter II der NSDAP, eine stete Fühlung mit der Parteispitze in München sicher.

Die Parteibasis der Nationalsozialisten vergrößerte sich im selben Maß wie sich die wirtschaftlichen und die reichspolitischen Verhältnisse verschlechterten. Zusätzliche Aufmerksamkeit und gesellschaftliche Anerkennung gewannen die 'Hakenkreuzler' durch den Einzug verschiedener Parteigenossen in einzelne Gemeinderatsgremien. Zunehmend wurde die NSDAP für den unteren Mittelstand interessant. Kleine Beamte, Handwerker und Angestellte traten verstärkt der Partei bei. In den dörflichen Hierarchien befanden sie sich am unteren Rand der gesellschaftlichen Anerkennung und wurden von wirtschaftlichen Depressionen, heraufziehender Inflation und Arbeitslosigkeit am schnellsten bedroht. Die grobschlächtige, aber zugleich machtvolle Bildsprache der nationalsozialistischen Propaganda fiel bei ihnen auf besonders fruchtbaren Boden, waren sie doch der kleinlichen Streitereien der regierenden Parteien überdrüssig. Ein Gedankengut, das antiliberale, antimarxistische, antisemitische und antikapitalistische Reflexe ansprach, begeisterte, da es die eigene Unzufriedenheit und Zukunftsangst formulierte. Die angesprochenen politischen Themen, die sich mit der bedrohlichen sozialen und wirtschaftlichen Lage beschäftigten, trafen beim lokalen Milieu auf offene Ohren.

Straßenterror, der offene Bruch von Gesetzen und die aggressive Propaganda verschreckten die Bürger anfangs. Aber noch konnten diese gewalttätigen Aktionen einer kleinen Gruppe zugeschrieben werden, die jung und bindungslos von einem Weltkrieg übriggeblieben war, und schon noch den Weg in die bürgerliche Gesellschaft antreten würde. Zudem fand ein Engagement gegen die drohende Gefahr linker Umstürzler in einem von der Revolution verstört zurückgebliebenen Umfeld immer noch Anklang. Solange rechte und linke Extremisten einander bekämpften bestand kein Anlass trennend einzuschreiten. Je länger die Präsenz der Nationalsozialisten auch in den hintersten Winkeln der Provinz anhielt und je aggressiver ihr Auftreten wurde, desto weniger konnten sich die Bürger ihrer Wirkung entziehen.

Organisierte Opposition gab es im Bezirk Starnberg nicht. Die einzigen Gruppen, die sich der Faszination und Anziehungskraft der Nationalsozialisten entzogen, definierten sich über festgefügte weltanschauliche oder politische Positionen.[743] Die übrigen Bürger gewöhnten sich nicht nur nach und nach an die Anwesenheit der Nationalsozialisten, sondern brachten sich selbst dadurch in Position für eventuelle spätere Verwendung, dass sie ihnen zu gesellschaftlicher Anerkennung verhalfen.
Inzwischen verspielten die konservativen politischen Eliten im Reich, die sich um den alternden Reichspräsidenten scharten, die letzten Möglichkeiten, den Parteienstaat zu retten. Da sie selbst kein Interesse an der Stärkung demokratischer Prinzipien hatten, setzten sie darauf, mit Hilfe der Nationalsozialisten und Hitlers die Macht der Parteien und die parlamentarischen Rechte einzuschränken. Sie waren der elitären Ansicht, die politischen Parvenüs problemlos an die Leine nehmen zu können.[744] Nach dem Scheitern der Regierung Hermann Müller im März 1930 fungierten Heinrich Brüning, Franz von Papen und Kurt von Schleicher als Regierungschefs der Präsidialregimes. Gemäß § 48 der Weimarer Verfassung agierten sie mit Notverordnungen, die Gesetzeskraft besaßen. Damit war die Gewaltenteilung aufgehoben, Exekutive und Legislative lagen beim Reichspräsidenten und Reichskanzler. Nach Hitlers Weigerung, sich in ein solches Kabinett einbinden zu lassen, kam es zu der nicht vorhergesehenen Situation eines ausweglos scheinenden politischen Patts.

743 Ziegler, NSDAP, hier S. 507 f.
744 Kershaw, Hitler, S. 473 f.

„Die Welt gehört den Führenden, sie gehen der Sonne Lauf,
und wir sind die Marschierenden, und keiner hält uns auf!

Das Alte wankt, das Morsche fällt, wir sind der junge Sturm,
wir sind der Sieg. Sprung auf! Marsch, marsch! Die Fahne auf den Turm.

Die Welt gehört den Bauenden, aus Trümmern steigt es kühn,
wir sind die Festvertrauenden, das Reich muß neu erblühn!

Der Kerl muß nicht geraten sein, den unser Lied nicht packt;
Ein Kerl muß bei Soldaten sein, gleich schlägt sein Herz im Takt.

Holt alle hinterm Ofen vor, grad den, dem´s nicht gefällt,
und singt ihm unsre Strophen vor, bis er das Lied behält!"
Hugo W. Schmidt[745]

An der Macht

Der Machtwechsel[746]

Zum Jahreswechsel 1932/33 urteilte der „Land- und Seebote", „daß Bayern unter der Leitung verantwortungsbewußter Politiker unter der Devise `Für Recht und Gerechtigkeit und für ein selbständiges Bayern´ mit Zähigkeit sich behaupten konnte und am Beginn der neuen Jahresrechnung in einer Lage sich sieht, die nicht als schlecht bezeichnet werden kann". Die Politik sei gekennzeichnet gewesen vom „Bestreben, von Bayern unter allen Umständen die Erschütterung der inneren Ordnung fernzuhalten, die außerhalb Bayerns dem politischen Gesicht der inneren Entwicklung so viele beklagenswerte Wunden geschlagen hat". Mit diesem schiefen Bild beschwört der Leitartikler die drohenden Gefahren als für den Augenblick gebannt, obwohl „unter solchen Umständen auch das neue Jahr voller Schwierigkeiten sein wird".[747]

Den Rücktritt der Regierung Schleicher und die Ernennung Hitlers zum Reichskanzler am 30. Januar 1933 begleitete der Kommentator mit der bangen Frage, „auf welchem Wege und mit welchen Methoden diese Regierung das deutsche Volk zu führen gedenkt",[748] um schon zwei Tage später festzustellen: „Die Zeichen stehen wieder auf Kampf und Sturm."[749] Propagandaumzüge der Nationalsozialisten legten es offensichtlich auf Provokation an, auch wenn es sich um `Freudendemonstrationen´ wegen Hitlers Ernennung zum Reichskanzler handelte. Reichsweit

745 Schmidt, Hugo W. (Hrsg.): Uns geht die Sonne nicht unter. Lieder der Hitler-Jugend, Köln 1934, S. 97.
746 Dazu grundsätzlich: Bracher, Karl Dieter/Sauer, Wolfgang/Schulz, Gerhard (Hrsg.): Die nationalsozialistische Machtergreifung. Studien zur Errichtung des totalitären Herrschaftssystems in Deutschland 1933/34, Köln/Opladen 1960; Rumschöttel, Hermann/Ziegler, Walter (Hrsg.): Staat und Gaue in der NS-Zeit. Bayern 1933-1945, München 2004.
747 L&S 03. Januar 1933.
748 L&S 31. Januar 1933.
749 L&S 02. Februar 1933.

führte der nun einsetzende Wahlkampf für die Reichstagswahl am 05. März zu blutigen Zusammenstößen.[750] Die NSDAP mobilisierte noch einmal ihren gesamten Apparat an Propagandamitteln[751] und verlangte „zur Deckung der anfallenden erhöhten Ausgaben für den Reichstagswahlkampf" eine Pflichtumlage von 1.- RM je Parteimitglied.[752] Erstmals wurde auch der Rundfunk in die Propagandamaschinerie eingebaut und auf Ansprachen des Reichskanzlers Hitler hingewiesen.[753] In der lokalen Presse selbst erschien erstaunlich wenig Wahlwerbung. Aber die verunsicherte Bevölkerung hatte große Erwartungen an die `Bewegung´ und versuchte sogar, ihre persönlichen Interessen durch Einschalten von Parteiorganisationen durchzusetzen.[754]

Blick über Starnberg nach Süden mit Aussichtsturm
(Postkarte, nicht gelaufen; Stadtarchiv Starnberg, Sammlung Wörsching)

750 L&S 22. Februar 1933: „In 4 Wochen 71 polit. Todesopfer!"; Kershaw, Hitler S. 582.
751 Propaganda-Abteilung des Gaus München-Oberbayern an alle Kreis-, Ortsgruppen- und Stützpunktleiter vom 02. Februar 1933, StAM NSDAP 468.
752 Propaganda-Abteilung des Gaus München-Oberbayern an alle Kreis-, Ortsgruppen- und Stützpunktleiter vom 07. Februar 1933, StAM NSDAP 468.
753 Z.B. Grypa, Dietmar: Kampfzeit und Machtergreifung der NSDAP in Burghausen, Burghausen 2000, S. 33 f.
754 Beispielsweise: Halbmonatsbericht 06. Februar 1933. Darin wird über die Forderung eines Berger Malers gegen den Schlossbesitzer Dr. Schiff-Drost berichtet, die er über die SA eintreiben lassen wollte. BayHStA MA 106 670.

Die Reichstagswahl vom 05. März 1933

Nach wie vor überschätzten die Zeitungskommentatoren die Gefahr von links und forderten eine „Front gegen den Bolschewismus!" Die Unterzeichnung der Notverordnung am 28. Februar,[755] die erhebliche Einschränkungen der persönlichen Freiheit und der Versammlungs- und Pressefreiheit vorsah, wurde daher zu einer Maßnahme „zum Schutze des deutschen Volkes gegen die kommunistische Gefahr" stilisiert, die „natürlich von einer Regierung nur dann ergriffen wird, wenn wirklich höchste Gefahr im Verzuge ist".[756] Die Reichstagswahl vom 05. März brachte den Nationalsozialisten reichsweit 43,9% der abgegebenen Stimmen. Zusammen mit dem Koalitionspartner Kampffront Schwarz-Weiß-Rot, der 8% erreichte, hatten sie 52% und damit die absolute Mehrheit. Die Wahlbeteiligung lag bei 88,8%.[757]
Die 17.592 im Bezirk Starnberg abgegebenen Stimmen verteilten sich folgendermaßen:
7.680 Stimmen für die NSDAP, entspricht 43,6%; 4.431 Stimmen für die BVP, entspricht 25,2%; 2.382 Stimmen für die SPD, entspricht 13,5%; 1.418 Stimmen für die Kampffront, entspricht 8,1%; 790 Stimmen für den BBMB, entspricht 4,5%; 749 Stimmen für die KPD, entspricht 4,3%; 76 Stimmen für die Deutsche Volkspartei; 37 Stimmen für den Christlich Sozialen Volksdienst; 29 Stimmen für die Deutsche Staatspartei, zusammen 8%.[758]

Im Bezirk Starnberg gab es nur noch wenige Gemeinden, in denen die BVP bei der Auszählung vor den Nationalsozialisten lag. Wieder gehörte Erling dazu (224 zu 151), ebenso Krailling II, Leutstetten, Maising, Percha I und Tutzing I. In anderen Orten wie Etterschlag, Gauting, Inning oder Traubing gewannen die Nationalsozialisten überlegen. Unverhältnismäßig hohe Gewinne strichen sie in Hechendorf (173 zu 33), Herrsching (538 zu 162), Oberpfaffenhofen (129 zu 13) und Unering (36 zu 4) ein.[759] Damit waren die „Grundlagen des politischen Lebens umgestürzt".[760]

Am 09. März ernannte der Reichsminister des Innern, Dr. Wilhelm Frick, General Franz von Epp zum Reichskommissar von Bayern. Die Vorstände der Bezirksämter protestierten „zwar pflichtgemäß gegen die Hissung der Hakenkreuzfahne", konnten sich aber angesichts der faktischen Gegebenheiten nicht dagegen wehren.[761]

755 Ziegler, Walter: Die "Machtergreifung", 9. März 1933, in: Historisches Lexikon Bayerns, URL: http://www.historisches-lexikon-bayerns.de/Lexikon/Machtergreifung_in_Bayern,_9._März_1933 (31. März 2013).
756 L&S 01. März 1933.
757 Volz, NSDAP S. 50.
758 AR 11. März 1933.
759 L&S 06. März 1933: Etterschlag 128 NSDAP, 31 BVP; Gauting 900 NSDAP, 450 BVP; Inning 264 NSDAP, 93 BVP; Traubing 175 NSDAP, 61 BVP.
760 L&S 08. März 1933.
761 Halbmonatsbericht 20. März 1933. Dieser Bericht ist nicht mehr von Knözinger unterzeichnet. Einleitend dazu betont der neue, stellvertretende Berichterstatter Rauck: „Der Zweck der Halbmonatsberichte der Regierung war bisher, die höchsten Stellen über die Lage im Regierungsbezirk, die Stimmung der Bevölkerung, sowie über Einzelvorgänge zu unterrichten, die nicht ohne weiteres aus

Für Buchner bedeutete dieser politische Umschwung, dass er endlich Zugang zu einem konservativen Presseorgan wie dem „Land- und Seeboten" bekam, das ihm bisher die Möglichkeit zu eigenen Stellungnahmen verweigert hatte. In einem ersten Artikel „Auch bei uns weht das Hakenkreuz" feierte er die Wahl von vier Abgeordneten aus dem Bezirk Starnberg: seine eigene und die Wiederwahl Reinhardts in den deutschen Reichstag, sowie die Wahl Adolf Wagners und Rudolf Buttmanns in den Bayerischen Landtag.[762]

`Meuterei´ der Ortsgruppe Herrsching

Herrsching galt im ganzen Bezirk als „Hochburg des Nationalsozialismus".[763] Dass „die Einstellung des überwiegendsten Teils der Bevölkerung Herrschings [...] leider sehr zu Gunsten der Nazis" war,[764] war laut Vorprüfungsausschuss im Bereich des Staatsministeriums für Unterricht und Kultus, der nach dem Krieg für die Spruchkammern Beurteilungen für Lehrkräfte ausstellte, dem Einfluss von Fritz Reinhardt zu verdanken. Als „Nazi von `Rang´" und zweiter Bürgermeister habe er „alle den Nazis vertrauten Methoden" angewandt, „um die Gemeinde nach seinem Sinn zu formen". Reinhardt war damit so erfolgreich, dass Herrsching bis 1933 „schon stark nazistisch verseucht war". Reinhardt muss über außerordentliche Fähigkeiten, seine Zuhörer zu begeistern, verfügt oder ein bereitwilliges Publikum angetroffen haben. Die Zahl der Inhaber des Goldenen Parteiabzeichens war in Herrsching ungewöhnlich hoch. Schulrat Oskar Baur sprach von einem Blutordenträger und 16 Besitzern des Ehrenzeichens der Partei.[765]
Trotz dieser besonderen Stellung hatten „ständige Revolten und Meutereien" die Herrschinger Ortsgruppe in Verruf gebracht. 1932 war die Herrschinger SA Befehlen der SA-Führung Süd, die von ihnen Saalschutz-Dienst in weiter entfernten Orten verlangte, nicht nachgekommen. Sie erhielten eine Rüge. Daraufhin traten die SA-Männer ohne Uniform an und weigerten sich, Dienst zu tun. Die SA-Führung verstand dieses Verhalten als Meuterei.[766]
Am 30. Januar 1933, eigentlich sollte die Ernennung Hitlers zum Reichskanzler gefeiert werden, führte ein Treffen der Ortsgruppe zum Eklat. Sämtliche Gründungsmitglieder hatten sich über das „anstössige[n] und unehrenhafte[n] Verhalten[s] verschiedener Parteigrößen" empört gezeigt und wollten ihren Austritt erklären.[767] Dem späteren Staatssekretär Reinhardt wurde ein unsauberes privates Verhalten gegenüber seinen weiblichen Angestellten vorgeworfen. Er habe auch

---

der Presse entnommen werden können. Wenn die Berichte für die höchste Stelle von Nutzen sein soll, müssen sie auch da, wo sie einmal gelegentlich Unerfreuliches zu melden haben, ungeschminkt die Dinge beim richtigen Namen nennen und bestehende Mängel auszeigen, damit ihnen, soweit möglich, begegnet werden kann." BayHStA MA 106 670.

762 L&S 10. März 1933.

763 Bonfig an Landrat Starnberg vom 09 April 1946, StAM SpKA K 4553 Hanns Valentin Bonfig.

764 Erklärung Böhnlein vom 11. November 1945, StAM SpKA K 4559 Josef Böhnlein.

765 Vorprüfungsausschuss an Spruchkammer Starnberg vom 04. November 1946, StAM SpKA K 4549 Oskar Baur. 15 Blutordenträger im Bezirk listet der L&S in seiner Ausgabe am 08. November 1938 auf.

766 Kohl an Spruchkammer Starnberg vom 30. Oktober 1947, StAM SpKA K 4601 Max Kohl.

767 Fehlner an Spruchkammer Starnberg vom 01. Februar 1948, StAM SpKA K 4570 Josef Fehlner.

Stimmenkauf betrieben, da er bei Wahlen für jede Stimme für Hitler einen Liter Bier angeboten habe.[768] Die Herrschinger Parteigenossen nahmen nicht nur „gegen die führenden Kreise, in ihrer Lebensführung Stellung",[769] sondern forderten Rechenschaft über das „sich entwickelnde[n] Bonzen- und Geschäftemachertum". Der ebenfalls anwesende Kreisleiter Buchner sah sich genötigt, einen der lautesten Ankläger, Max Kohl, noch am selben Abend aus der Partei auszuschließen.[770] Am 14. Februar sollte die Lage auf einer internen Versammlung geklärt werden. Dazu erschienen Reinhardt, Buchner und Sudholt mit einer persönlichen Leibgarde, einem SA-Trupp aus Starnberg, waren sie sich doch der Kontrolle der Situation nicht sicher.[771] Der Herrschinger Ortsgruppenleiter Robert Schnetzler wurde abgesetzt. Die Parteimitglieder erhielten eine Rüge, die Gauleiter Wagner bestätigte.[772] Außerdem wurde ihnen erklärt, dass die Ortsgruppe „aus Kommunisten bestände und nach Dachau gehöre".[773] Vorerst kehrte Ruhe ein.

Erste Terror-Maßnahmen

„In jedem Staate hat die Regierung in der gesunden Opposition Antrieb und Ausgleich für Entwicklung und Fortschritt. Der nat.[ional]soz.[ialistische] Staat, als Staat der Wirklichkeit gewordenen Volksgemeinschaft, die den Parteienstaat zerbrochen hat, kennt keinen Platz für Oppositionsparteien, die sich zum Sprachrohr der freien Kritik machen könnten.
Ihre Aufgabe als Mahner und Wegweiser zu Bewegung und Fortschritt müssen daher andere Kräfte übernehmen, soll nicht der Staatsapparat zwangsläufig von Stillstand und Fäulnis bedroht werden.
Noch eines ist dabei entscheidend: die nat.soz. Revolution hat in ihrer bisherigen Entwicklung im wesentlichen zunächst nur die Spitzenämter des Staates besetzen können. Die überwiegende Zahl der mittleren und unteren Ämter sind [sic] vorläufig in der Hand offener oder versteckter Gegner oder neutraler Beamter geblieben. Sie fallen daher für Übernahme der Aufgabe, von unten befruchtend zu wirken, aus."[774]
Als Ernst Röhm dieses Rundschreiben an die SA-Führer im Reich verschicken ließ, war er auf dem Höhepunkt seiner Macht angekommen. Die SA hatte der `nationalen Erhebung´ mit zum Sieg verholfen und Röhm träumte von der Schaffung eines SA-Staates. Vorausgegangen war eine blutige Abrechnung seiner Männer mit de-

768 Kohl an Spruchkammer Starnberg vom 30. Oktober 1947, StAM SpKA K 4601 Max Kohl.
769 Protokoll vom 03. November 1949, Aussage Karl Brömse, StAM SpKA K 4649 Andreas Stoiber.
770 Kreisleitung NSDAP an Kohl vom 09. März 1933. „Bemerken möchte ich an dieser Stelle nochmals, dass gerade Sie in der Mitgliederversammlung vom 30.I.1933 dauernd Störungen hervorgerufen haben, und schon allein dadurch Ihr zwangsweises Ausscheiden aus der Partei, ohne Reichsuschla, sich selber zuzuschreiben haben." StAM SpKA K 4601 Max Kohl.
771 Fehlner an Spruchkammer Starnberg vom 01. Februar 1948, StAM SpKA K 4570 Josef Fehlner.
772 Schnetzler an Spruchkammer Starnberg vom 17. Februar 1948, StAM SpKA K 4640 Robert Schnetzler.
773 Protokoll vom 03. November 1949, Aussage Stoiber, StAM SpKA K 4649 Andreas Stoiber.
774 Die nationale Erhebung: Der Oberste SA-Führer vom 01. September 1933, BayHStA StK 5256.

nen, die sich ihnen in den Weg stellten oder mit denen sie aus der Vorzeit Rechnungen offen hatten.[775] Auch die wiederholten Ermahnung des Innenministers Frick konnte diese Welle an Brutalität gemischt mit Amtsanmaßung nicht stoppen, obwohl er seine Behörden sogar dazu aufrief, strafbare Handlungen von Angehörigen der SA nachdrücklich zu verfolgen.[776] Dennoch räumten SA und SS-Trupps Büros von Verbänden und Parteien aus, besetzten die Räume und drangsalierten die mutmaßlichen Gegner. Durch systematische Interventionen und Übergriffe gegenüber kommunalen Einrichtungen sorgten sie für das bedrohliche politische Klima, das den Ruf nach einer umfassenden Kontrolle unausweichlich machte. Es war daraufhin ein Leichtes, die von der Berliner Zentrale entsandten Reichskommissare zu installieren. Sogar in Bayern, das bis dahin als Zufluchtsstätte gefährdeter Politiker galt, konnte Ministerpräsident Heinrich Held am 09. März 1933 dem Druck nicht länger Stand halten. Reichsinnenminister Frick setzte gegen seinen Willen General von Epp als Generalstaatskommissar ein.[777] Schon am folgenden Tag schrieb Georg Heim einen verzweifelten Brief an den Reichspräsidenten, in dem er um Schutz für bayerische Regierungsmitglieder vor NS-Übergriffen bat.[778]

Seit dem 09. März überstürzten sich die Ereignisse. In einer „Chronik der politischen Ereignisse in Bayern" vermerkte der „Land- und Seebote" lapidar: „Im Vollzug obiger Verfügungen des kommissarischen Verwalters des bayerischen Innenministeriums, Wagner, wurden auch im ganzen Bezirk Starnberg sämtliche Funktionäre der KPD und sämtliche Reichsbannerführer in Schutzhaft genommen und nach Starnberg verbracht."[779] Hierbei bewährte es sich, dass die Parteigenossen schon zuvor von der Parteileitung aufgefordert worden waren, Namen, Adressen und Auffälligkeiten der politischen Gegner zu sammeln und weiterzuleiten.[780] Ein schneller Zugriff war also garantiert. Ludwig Westermayer aus Hechendorf-Güntering war schon am 08. März inhaftiert und für 8 Monate nach Dachau geschickt

775 Kershaw, Hitler, S. 631-650.
776 Die nationale Erhebung: Reichsminister des Innern an die Reichsstatthalter vom 06. Oktober 1933: „Trotz der wiederholten Kundgebung des Herrn Reichskanzlers und trotz meiner zahlreichen Rundschreiben sind in den letzten Wochen immer wieder neue Übergriffe unterer Führer und Mitglieder der SA gemeldet worden [...] Soweit Mitglieder der SA von den zuständigen Behörden nicht ausdrücklich als Hilfspolizeibeamte oder als Hilfsbedienstete im Grenzdienst eingestellt sind, stehen ihnen irgendwelche polizeiliche Befugnisse überhaupt nicht zu. Jedes polizeiliche Vorgehen der SA hat daher in Zukunft unter allen Umständen zu unterbleiben [...]." BayHStA StK 5257.
777 Vgl. Ziegler, NSDAP, hier S. 514 ff. Ebenso: Kommission für bayerische Landesgeschichte (Hrsg.): Die Protokolle des Bayerischen Ministerrats 1919-1945: Das Kabinett Held IV. Mai 1932 - März 1933, bearbeitet von Walter Ziegler, München 2010, hier S. 280-284 und 287-346.
778 Akten der Reichskanzlei/Regierung Hitler: 1933-1945; Teil I, Bd. 1, 30. Januar bis 31. August 1933: Dokumente Nr. 1 bis 206, Boppard a. Rhein 1983, hier Dokument Nr. 54. Auch das folgende Dokument Nr. 55 beschäftigt sich mit NS-Übergriffen; darin beschwert sich der stellvertretende Vorsitzende der DNVP Friedrich von Winterfeld in einem Schreiben an den Reichskanzler vom 10. März 1933.
779 L&S 11./12. März 1933.
780 Longerich, Himmler S. 135 f.

worden.[781] Ihm wurde „hetzerische[n], rege kommunistische[n] Tätigkeit" vorgeworfen.[782] Der Maurer Paukner aus Hochstadt wurde ebenfalls als Kommunist in Schutzhaft genommen und für 10 Wochen einbehalten.[783] Auch Anton Rami, Einschaler in einem Starnberger Betrieb, aktives Mitglied der SPD und Reichsbanner-Mann, wurde verhaftet,[784] wie auch der Söckinger Architekt Wilhelm Wildhagen, dessen Töchter, während ihr Vater im KZ Dachau war, mittellos zurückblieben.[785] Viele Opfer dieser ersten Aktion gegen politische Gegner bleiben namenlos: In Steinebach trafen sich 10-12 Kommunisten, um die politische Lage zu überdenken. Dabei wurden sie von ca. 60 SA-Männern überfallen und so schwer misshandelt, dass „das Blut [...] an den Wänden" hing.[786] Auch in Gilching holte man die Kommunisten,[787] und auch sie wurden vorher von der SA verprügelt.[788] Die Inninger SA nahm sich vier Antifaschisten vor, die sie so traktierten, dass die Gilchinger Gendarmerie-Station sich weigerte, sie zu übernehmen. Daraufhin wurden sie in Inning der dortigen Polizei übergeben, die sie im Starnberger Amtsgerichtsgefängnis ablieferte. Die Inhaftierten kamen nach München ins Polizeipräsidium, dann weiter ins KZ Lager Dachau. Einer der Gefangenen, der Gilchinger Anton Hägele, wurde nach sechs Wochen KZ für weitere vier Wochen im Polizeipräsidium in Untersuchungshaft festgehalten, um danach ins Gefängnis Stadelheim überstellt zu werden. Dort „gab es lediglich Vernehmungen und Misshandlungen. Meine Zelle durfte ich nur zur Vernehmung, sowie Misshandlung verlassen".[789] In Argelsried suchte die SA nach dem Kommunisten Hatt, der sich aber rechtzeitig in Sicherheit bringen konnte.[790] Der Reichsbannermann Wendelin Ponradl aus Pöcking machte seiner Verzweiflung Luft und beschoss in der Nacht des 19. März das Haus des dortigen Ortsgruppenführers Karl Fischer. Er und zwei seiner Genossen wurden am 20. März von der SA verhaftet.[791] Zuvor hatte er u.a. von Gert Sudholt Prügel bis zur Bewusstlosigkeit bezogen, da er von ihm ein vermeintliches Waffenversteck

781 Sitzungsprotokoll vom 19. Januar 1948, Aussage Westermayer, StAM SpKA K 4560 Otto de Crignis junior.
782 De Crignis an Gauleitung München vom 16. August 1933. Die Verhaftung fiel umso leichter als Westermayer von den ortsansässigen Nationalsozialisten verdächtigt wurde, er habe im November 1932 auf den SS-Truppführer Seefeld-Günterings, Mathias Steinherr, einen Mordanschlag verübt. StAM SpKA K 4560 Otto de Crignis jun. Gendarmeriestation Seefeld an Polizeidirektion München vom 26. Dezember 1932.
783 Spruch vom 23. April 1948, StAM SpKA K 4575 Martin Gastl.
784 Eidesstattliche Erklärung Rami vom 15. November 1947, StAM SpKA K 4580 Fritz Groll.
785 Wildhagen an Spruchkammer Starnberg vom 21. August 1947, StAM SpKA K 4623 Gottfried Osterritter.
786 Eidesstattliche Erklärung Eduard Deyerl vom 23. August 1946, StAM SpKA K 4606 Max Käsbohrer.
787 Vernehmung Elise Reisinger vom 19. Dezember 1946, StAM SpKA K 4587 Philipp Helbig.
788 Spruch vom 12. April 1948, StAM SpKA K 4628 Anton Rauscher.
789 Eidesstattliche Erklärung Anton Hägele vom 21. Januar 1947, StAM SpKA K 4618 Alois Mühlbauer.
790 Bichler an Spruchkammer Starnberg vom 08. April 1947, StAM SpKA K 4552 Jakob Bichler.
791 Halbmonatsbericht 05. April 1933, BayHStA MA 106 670.

erpressen wollte.[792] Den Verleger Dr. Hans Carl aus Feldafing ließ Ortsgruppenleiter Dr. Brubacher als mutmaßlichen Juden und Kommunisten einsperren.[793] Dr. Erwin Müller wurde in der Nacht des 30. März geholt, um ärztliche Hilfe zu leisten, da bewaffnete SA-Männer unter der Führung Ernst Greilingers in die Vordermühle in Starnberg eingedrungen waren und politische Gegner verprügelt hatten.[794]

Auch Pfarrer litten unter den Schikanen der nunmehr ungebremsten neuen Machthaber. In Starnberg fand bei dem Theologiestudenten Alois Braunreiter eine Hausuchung im Zusammenhang mit dem Vorgehen gegen katholische Jugendverbände statt. In Tutzing beanstandete der Ortsgruppenleiter eine Predigt des Kaplans Johann Evangelist Huber. Joseph Wilhelm hatte als Pfarrer von Oberalting unter Verwarnungen, Verhören und Drohungen des Ortsgruppenleiters zu leiden. Der Kaplan Johann Hufnagel aus Gauting erhielt von der Kreisleitung der NSDAP eine Verwarnung, weil er den Hitlergruß verweigert hatte. Post und Telefon des Starnberger Pfarrers Michael Ostheimer wurden seit 1933 überwacht.[795]

Besonders die SA erreichte durch ihre willkürlichen und zum Teil mit äußerster Brutalität ausgeführten Überfälle auf missliebige Zeitgenossen eine Atmosphäre der Verunsicherung und Hoffnungslosigkeit, da von keiner Seite Hilfe möglich schien.[796] Jeder, der auch nur einen Ansatz zum Widerstand zeigte, konnte ohne Rechtsmittel in diese Welle der Gewalt und Schutzlosigkeit geraten. Dabei hatte Hitler offiziell alle Maßnahmen untersagt, die nicht von oben angeordnet waren. Der für Bayern eingesetzte Reichskommissar Ritter von Epp war der einzige Bevollmächtigte und Weisungsberechtigte, wenn es um Maßnahmen gegen öffentliche Einrichtungen in Bayern ging.[797]
Dafür erhielten die Häftlinge, die der NSDAP angehörten und in der Nacht vom 09. März `befreit´ worden waren von Hans Frank, zu diesem Zeitpunkt Staatskommissar des Bayerischen Justizministeriums, Generalamnestie, da „die Würde und der Anstand der deutschen Justiz die Freiheit der Freiheitskämpfer Adolf Hitlers" erfordere.[798]

---

792 Protokoll vom 26. März 1947, Aussage Ponradl, StAM SpKA K 4637 Georg Schmid.
793 Eidesstattliche Erklärung Carl vom 04. Oktober 1949, StAM SpKA K 4556 Heinrich Brubacher.
794 Müller an Spruchkammer Starnberg vom 03. September 1946, StAM SpKA K 4618 Erwin Müller.
795 Hehl, Ulrich von: Priester unter Hitlers Terror. Eine biographische und statistische Erhebung, Mainz 1984, hier Sp. 50, 102, 209, 719, 152/153.
796 Vgl.: Longerich, SA, besonders Kapitel IV/1: Der Terror der SA nach dem 30. Januar 1933, S. 165-179.
797 „In Wiederholung meines Befehls, daß von nun ab alle weiteren Maßnahmen zur Vollendung der nationalen Revolution planmäßig von Oben angeordnet werden und Einzelaktionen zu unterbleiben haben, bestimme ich für das Land Bayern den Reichskommissar von Epp als einzigen Bevollmächtigten und letzte Instanz für alle Maßnahmen, die von den Parteidienststellen gegenüber öffentlichen Einrichtungen des Landes Bayern getroffen werden. Solche Entscheidungen des Reichskommissars von Epp sind daher für alle Parteidienststellen bindend. Es ist seinen Anordnungen unter allen Umständen sofort Folge zu leisten." Reichskanzler Adolf Hitler vom 28. März 1933, BayHStA StK 5257.
798 L&S 11./12. März 1933.

Der Machtwechsel geht weiter

Der „Tag von Potsdam“

Am 21. März 1933 fand in Potsdam, genau 62 Jahre nach der Eröffnung des ersten Reichstages des Kaiserreiches, die konstituierende Sitzung des neugewählten deutschen Reichstages statt. Bei dieser im Rundfunk übertragenen Inszenierung trat Reichskanzler Hitler in Cut und Zylinder auf und verbeugte sich als scheinbare Geste der Unterwerfung vor Reichspräsident Hindenburg. Diese Vorführung vermeintlichen Einvernehmens der konservativen Kräfte mit dem Nationalsozialismus wurde bis 1945 als `Feier zum Tag von Potsdam´ wiederholt und hatte seinen Nachhall auch auf regionaler Ebene: In Starnberg wehten von allen amtlichen Gebäuden die Hakenkreuzfahne und die schwarz-weiß-rote Flagge, vielfach auch die weiß-blauen Landesfarben.[799] Zusammen mit den nationalen Wehrorganisationen, den SA- und SS-Verbänden und Truppeneinheiten marschierten Abordnungen der unterschiedlichen Vereine zu den Gottesdiensten. Mit Musik und Gesang gingen anschließend die Züge durch die Straßen der Stadt, um sich am Kriegerdenkmal zu sammeln.

„Postdam 21. März 1933“, Reichskanzler Adolf Hitler und Reichspräsident Paul von Hindenburg (Postkarte, nicht gelaufen; Privatbesitz)

799 Vgl.: Rittenauer, Daniel: Staatswappen im revolutionären und nachrevolutionären Bayern (1918-1923), in: ZBLG 73 (2010), S. 831-850.

Ähnlich pompöse politische Darbietungen gab es in Tutzing und Gauting. In erstaunlich kurzer Zeit wurden, wie durch eine unsichtbare Regie veranlasst, die Inszenierungen im ganzen Bezirk koordiniert. Die Herrschinger luden ihre Nachbargemeinden zum Feiern ein. Auch hier zog man zum Festgottesdienst und anschließend zum Kriegerdenkmal. „Herrschings Bevölkerung alt und jung, ohne Unterschied des Standes oder der Parteizugehörigkeit, in seltener Einmütigkeit" hörte die Rede des Vorstandes des Veteranen- und Kriegervereins, Ulrich Stumbaum. Am Nachmittag durfte die Schuljugend aus Herrsching, Breitbrunn, Frieding, Widdersberg und Drößling mit ihren Familien die Filme „Hitler-Jugend in den Bergen" und „Hitlers Freiheitsflug über Deutschland" kostenlos anschauen. Feierlicher Abschluss des ereignisreichen Tages war ein Fackelzug auf die Leitenhöhe,[800] wo ein riesiges Freudenfeuer in Form eines Hakenkreuzes entzündet wurde. Mutmaßlich nahmen 400 bis 500 Personen daran teil.[801]
Seefeld-Oberalting erlebte einen Festgottesdienst unter Beteiligung sämtlicher Vereine und eine Ansprache des Ortsgruppenleiters der NSDAP, Baron Karl von Lattorff, am Kriegerdenkmal. In Steinebach traf sich die einheimische SA mit den Männern von Walchstadt und Inning, um in einem Festzug mit Vertretern der Vereine zum Strandhotel „Fleischmann" in Wörthsee zu ziehen und dort „unter den flotten Klängen der SA-Kapelle" den Rest des Abends zu verbringen. Auch Gilching feierte den 21. März mit einem vielbesuchten Festgottesdienst für die katholische Kirchengemeinde und beendete unter Absingen nationaler Lieder den Abend mit einem Freudenfeuer auf dem „Ölberg".[802]

Ehrenbürgerschaften und Straßenumbenennungen im Bezirk

Mit der Machtübernahme begann eine wahre Welle von Unterwerfungsbezeugungen im Bezirk. Besonders rasch reagierte die Gemeinde Widdersberg, die schon Mitte März 1933 die Absicht kund tat, die Verbindungsstraße zwischen Widdersberg und Neuwiddersberg in Adolf-Hitler-Straße zu benennen.[803]
Die Stadt Starnberg verlieh am 22. März Hindenburg und Hitler auf Antrag der NSDAP Fraktion das Ehrenbürgerrecht und benannte den Kriegerdenkmalplatz in Hindenburgplatz sowie die Hauptstraße in Adolf-Hitler-Straße um.[804] In einer außerordentlichen Gemeinderatssitzung, ebenfalls am 22. März, beschloss der Herrschinger Gemeinderat einstimmig, dem Reichspräsidenten Paul von Hindenburg und dem Reichskanzler Adolf Hitler die Ehrenbürgerschaft anzutragen.[805] Die nationalsozialistischen Ratsmitglieder waren dazu ebenso in Uniform erschienen wie zahlreiche Mitglieder der Ortsgruppe.[806] Gleichzeitig wurde bestimmt, dass die Bahnhofstraße in Von Hindenburgstraße und die Verbindung vom Bahnhof zur

800 Straße in Herrsching, die den Moränenhügel hinaufführt.
801 AR 25. März 1933.
802 AR 25. März 1933.
803 AR 18. März 1933.
804 Protokoll der Sitzung des Stadtrats Starnberg vom 22. März 1933, Stadtarchiv Starnberg.
805 Um die Auszeichnung noch zu unterstreichen ließ man die Ehrenurkunden von dem Andechser Kunstmaler Lothar Schwink auf Pergament ausführen und durch den 2. Bürgermeister und Staatssekretär Reinhardt persönlich in Berlin überreichen. L&S 10. April 1933.
806 AR 25. März 1933.

Seestraße in Adolf Hitlerstraße umbenannt werden sollen. Die Waldeckstraße[807] benannte man nach dem „vor der Feldherrnhalle für die nationale Erhebung gefallenen Herrschinger" in Klaus von Papestraße um.[808] In Herrsching war man außerdem so stolz auf den neu ernannten Staatssekretär im Reichsfinanzministerium, Fritz Reinhardt,[809] dass der Gemeinderat ihn am 25. April zusammen mit Adolf Wagner ebenfalls in seine Ehrenbürgerliste aufnahm.[810] Reinhardt hatte vom greisen Reichspräsidenten ein Dankesschreiben aus Berlin mitgebracht, in dem dieser seinen „neuen Mitbürgern" Grüße und beste Wünsche für die Zukunft sandte.[811] Reinhardt kam noch zu weiteren Ehren durch die Gemeinde: Am 26. Juni 1935 wurde beantragt und beschlossen, die Seestraße, an der das Reinhardtsche Anwesen lag, als Dank, dass er sich „in zahlreichen Fällen für die Belange der Gemeinde eingesetzt hat", in Fritz Reinhardt-Straße umzubenennen.[812] Zwei Monate später verpflichtete sich der Bürgermeister Summer für sich und seine Amtsnachfolger dafür Sorge zu tragen, dass das Grundstück des Staatssekretärs bei der Festsetzung des Baulinienplans nicht beeinträchtigt wird.[813] In Tutzing wurden ebenfalls und unter großer Anteilnahme der Bevölkerung Hindenburg und Hitler in die Liste der Ehrenbürger aufgenommen, sowie die große Seepromenade in Hindenburgpromenade und die Bahnhofstraße in Adolf Hitlerstraße umbenannt.

Die kleine Gemeinde Hochstadt leistete sich zu Ehren der `Machtübernahme´ immerhin eine „erhebende Feier, mit einer derartigen Beteiligung", wie der Ort sie noch nie erlebt hatte.[814]

Am 28. März zogen die Kraillinger nach: Hindenburg, Hitler und der Bayerische Staatskommissar Epp erhielten die Ehrenbürgerschaft. Der bisherige Karl von Hirsch-Platz hieß ab sofort Hindenburghöhe, die bisherige Bergstraße Franz-von-

---

807 Heute Schönbichlstraße.

808 Protokollbuch der Gemeinde Herrsching vom 22. März 1933, Archiv der Gemeinde Herrsching.

809 Reinhardt wurde am 01. April 1933 zum Staatssekretär im Reichsfinanzministerium ernannt. Volz, NSDAP S. 53.

810 Protokollbuch der Gemeinde Herrsching vom 25. April 1933. In der Begründung heißt es: „Herr Staatssekretär Reinhardt hat sich in grossem Maße um die Gemeinde Herrsching verdient gemacht. Im weiteren aber hat Herr Staatssekretär Fritz Reinhardt als einer der ersten und tatkräftigsten Kämpfer der Deutschen Freiheitsbewegung mitgearbeitet, diese Bewegung zum Nutzen unseres gesamten Vaterlandes zum Sieg zu führen. Seine Tätigkeit als Gauleiter und Wegbereiter für den Nationalsozialismus im Gaugebiet München-Oberbayern war Pionierarbeit im wahrsten Sinne. Der Führer der Bewegung und Volkskanzler, Adolf Hitler, hat die Arbeit dieses Mannes besonders geschätzt und dieser seiner Wertschätzung nunmehr dadurch Ausdruck gegeben, dass er Staatssekretär Reinhardt auf einen der wichtigsten Posten im Reich berufen hat. Die Gemeinde Herrsching ist stolz, ihren Mitbürger und bisherigen zweiten Bürgermeister an einem solchen hervorragenden Platz zu wissen. Die Gemeinde will diese Berufung und Anerkennung der großen Arbeitsleistung ihres Mitbürgers und bisherigen zweiten Bürgermeisters durch Verleihung der höchsten Ehre die sie zu vergeben hat, durch das Ehrenbürgerrecht würdigen. Gegeben am 1. Feiertag der nationalen Arbeit." Archiv der Gemeinde Herrsching.

811 AR 29. April 1933.

812 Protokollbuch der Gemeinde Herrsching vom 26. Juni 1935, Archiv der Gemeinde Herrsching.

813 Protokollbuch der Gemeinde Herrsching vom 30. August 1935, Archiv der Gemeinde Herrsching.

814 AR 01. April 1933. Man zog mit Musik, SA, HJ und Pg-Kolonne zum festlich geschmückten Platz vor dem Kriegerdenkmal, wo der Toten gedacht wurde. Nach Reden des Stützpunktleiters und Absingen des Horst-Wessel-Liedes beendete ein Parademarsch der SA die Veranstaltung.

Eppstraße und die Elisenstraße Adolf-Hitlerstraße.[815]
Wenig später war es auch in Pöcking so weit: Auch hier ernannte man Hindenburg, Hitler und von Epp zu Ehrenbürgern, denen ebenfalls Straßen gewidmet wurden. Als weitere Steigerung beschloss der Gemeinderat zur Erinnerung an den 21. März 1933 eine Linde zu pflanzen, die eine entsprechende Inschrift erhalten sollte.[816]
Sogar die Gemeinde Buch hatte seit dem 02. April eine Adolf-Hitler-Höhe.[817]
Die Gautinger konnten Adolf Wagner seine Ernennung zum Ehrenbürger persönlich überreichen, da er dort seinen Wohnsitz hatte.[818] In ihrer Sitzung vom 24. März hatten die Ratsherrn auf Antrag Nippolds auch Hindenburg und Hitler mit der Ehrenbürgerschaft bedacht.[819]

Hitler-Brunnen in Seefeld-Oberalting an der Adolf Hitler-Straße, Einweihung am 30. Juli 1933
(Postkarte, nicht gelaufen; Archiv der Gemeinde Herrsching)

815 L&S 30. März 1933.
816 L&S 04. April 1933. Die Hauptstraße wurde zur Hitlerstraße, die neue Bahnhofstraße zur Hindenburgstraße und die Verbindung zwischen Feldafinger- und Hindenburgstraße zur Eppstraße.
817 Der Höhenzug bei Bachern von der Brauerei bis zum Oberholz mit Blick auf den Wörthsee wurde umbenannt. AR 08. April 1933.
818 L&S 10. April 1933.
819 Protokollbuch der Gemeinde Gauting vom 24. März 1933, Archiv der Gemeinde Gauting. Im Juni 1945 sah sich die Gemeinde Gauting genötigt einige Straßenumbenennungen vorzunehmen: „Gauting: Schlageterstraße, vorher Schulstraße; Adolf-Wagnerstraße, vorher nördl. Teilstrecke; Ritter von Eppstraße, vorher noch ohne Bezeichnung, Albert Dernstraße, vorher noch ohne Bezeichnung; Andreas Bauriedlstraße, vorher noch ohne Bezeichnung; Stockdorf: Sudentenstraße, vorher noch ohne Bezeichnung." Archiv der Gemeinde Gauting: Protokollbuch der Gemeinde Gauting vom 25. Juni 1945. - Albert Dern gehörte zu den Gründern der NSDAP-Ortsgruppe in Gauting und wurde schon von Buchner erwähnt. Andreas Bauriedl wurde während des Hitler-Putsches von Schüssen der Münchner Polizei tödlich getroffen und fiel auf eine Hakenkreuzfahne. Diese mit seinem Blut getränkte Fahne wurde später als die sogenannte „Blutfahne" zu einer Reliquie der NS-Bewegung. Vgl. Köpf, Peter: Der Königsplatz in München: ein deutscher Ort, Berlin 2005, S. 60 f.

Oberalting-Seefeld[820] und Gilching[821] zogen ebenfalls nach. Oberalting beschloss außerdem einen Hitlerbrunnen zu errichten.[822]
In Erling wurden zur Abwechslung Hindenburg, Hitler, Wagner und Epp die Ehrenbürgerwürde angetragen.[823]
Hechendorf vergab diese Ehrung nur an Wagner und benannte die Ortsstraße Hechendorf-Güntering in Adolf-Hitlerstraße um.
Gilching legte noch einmal nach und leistete sich die Umbenennung der 5. Straße in der Wald-Kolonie Neu-Gilching in Adolf-Hitlerstraße zu Ehren des „unvergleichlichen Führer[s] der nationalsozialistischen Freiheitsbewegung".[824]
Hochstadt bekam mitten in der Ortschaft einen Adolf Hitlerplatz sowie den Ehrenbürger Wagner,[825] während Inning den Platz vor dem Gasthof zur Post in Adolf-Hitlerplatz umbenannte.[826]
In Feldafing erhielt am 17. Mai 1933 der Bernheimerplatz den Namen E[duard].-Th[eodor].-Comptonplatz, benannt nach dem Kunstmaler, der in der Gemeinde gelebt hatte.[827] Der Name des jüdischen Kommerzienrat Otto Bernheimer, Kunstsammler und –händler, musste weichen, obwohl er sich um die Belange Feldafings verdient gemacht hatte.[828] Die heutige Neindorffstraße hatte die Bezeichnung Eppstraße.[829]

Die ersten Wochen nach der „Machtergreifung"

In den ersten Wochen nach der „Machtergreifung" überschlugen sich die Ereignisse, als wäre der Aktionismus der Nationalsozialisten zuvor nochmal angestaut worden und käme nun erst richtig zur Entladung.[830]
Die große Mittelstandskundgebung des Bezirksverbands des Handwerks und Ge-

820 Am 04. April wurden wiederum Hindenburg, Hitler und Epp zu Ehrenbürgern; die Oberalting-Seefelderstraße wurde Hindenburgstraße, die Straße zwischen dem Oberaltinger Marienplatz und der Eichenallee Ritter von Eppstraße und der Platz vor dem Gasthof zur Post zum Adolf Hitlerplatz. AR 15. April 1933.
821 Am 13. April wurden Hindenburg, Hitler und Epp auch in Gilching Ehrenbürger. L&S 19. April 1933. Auf Antrag des Gemeinderatsmitglieds Leichtenstern vom 26. April 1933 wurde Adolf Wagner das Ehrenbürgerrecht der Gemeinde Gilching verliehen und ein Bild Adolf Hitlers für die Gemeindekanzlei angeschafft. AltR-Wersonhaus 12-778 vom 26. April 1933, Archiv der Gemeinde Gilching.
822 AR 24. Juni 1933. Der Brunnen stand an der heutigen Kreuzung Hauptstraße und Graf-Toerring-straße.
823 AR 06. Mai 1933.
824 AR 06. Mai 1933.
825 AR 13. Mai 1933.
826 AR 03. Juni 1933.
827 Protokollbuch der Gemeinde Feldafing vom 17. Mai 1933, Archiv der Gemeinde Feldafing.
828 Vgl.: Bernheimer, Otto: Erinnerungen eines alten Münchners, München 1957; Bernheimer, Konrad O.: Narwalzahn und Alte Meister. Aus dem Leben einer Kunsthändler-Dynastie, Hamburg 2013.
829 Anlage zum Antrag des AK-Feldafinger Chronik vom 30. Dezember 2004, Archiv der Gemeinde Feldafing.
830 Zu dieser Feststellung kommt auch Bernhard Gotto für Fürstenfeldbruck: Gotto, Bernhard: Die NSDAP in Fürstenfeldbruck, in: Kramer, Ferdinend/ Latzin, Ellen (Hrsg.): Fürstenfeldbruck in der NS-Zeit. Eine Kleinstadt bei München in den Jahren 1933 bis 1945, Regensburg 2009, S. 117-173, hier S. 129.

werbes am 26. März 1933 in Starnberg wurde zur politischen Bühne für Hoheitsträger der Partei und ihre SympathisantenTenor der gehaltenen Reden war die Überzeugung, das Werk Adolf Hitlers beweise, „daß der Nationalsozialismus die Rettung des Mittelstandes für die Rettung Deutschlands selber hält". 80 Prozent der Handwerker stünden hinter der Partei und wollten „eine einheitliche nationale Auffassung uns erringen".[831]

Der Herrschinger `Poet´ Hellmut Wolff, der sich mit Reiseführern, Handlesekursen und „Beratung in allen Lebenslagen"[832] über Wasser hielt, sprang auf den erfolgversprechenden Zug nationalsozialistischer Begeisterung auf und bot einen Abend über „Deutsche Kultur-arische Mystik in der Wiedergeburt". Dabei stellte er das Horoskop des 21. März 1933, das zu freudigen Erwartungen Anlass gäbe, und deutete die Hände des `Volkskanzlers´ und diejenigen Hindenburgs im „Sinn wahrer Mystik und schöpferischer deutscher Kultur". Weitere Veranstaltungen mit entsprechenden Themen wurden angekündigt.[833]

Für den 01. April wurde im Bezirk zum `Judenboykott´ aufgerufen. Jüdische Organisationen in England und Amerika würden „eine zügellose, verbrecherische Agitation, die sich von Greuellügen eine Diskreditierung der neuen deutschen Regierung erhoffte", betreiben und zum Boykott deutscher Waren aufrufen. Dagegen gelte es sich zu wehren und „mittels einer riesenhaften Aufklärungspropaganda eine `gewaltige Volksbewegung zur Bildung von Boykott-Komitees gegen die jüdischen Geschäfte in Deutschland als Antwort auf die Boykottandrohung des internationalen Judentums´ ins Leben zu rufen". Man sah sich im Recht, war man doch der „jüdischen Hetze" ausgeliefert. Die Ortsgruppen und Organisationsgliederungen wurden aufgerufen, Aktionskomitees zu bilden, die die planmäßigen Operationen gegen jüdische Geschäfte, Handwerker und Unternehmen koordinieren sollten. „Schlagartig am Samstag, 1. April, Punkt 10 Uhr vormittags" sollte der Boykott einsetzen und bis auf Widerruf durch die Parteileitung andauern.[834] Über die Beteiligung der örtlichen Parteigruppierungen an diesem Aufruf lassen sich keine Unterlagen finden, die Zeitungen schweigen sich über eventuelle Aktionen aus. Einzig zwei Fotografien, die mit `Juden raus!´-Schildern posierende SA-Männer zeigen, lassen darauf schließen, dass auch auf dem Land auf die Weisung aus Berlin reagiert wurde.[835]

Schwierig wird die Einschätzung, wie effektiv diese antisemitischen Maßnahmen waren, durch die Tatsache, dass es keine verlässlichen Zahlen über die im Bezirk ansässigen Juden zu dieser Zeit gibt. Die „Andechser Rundschau" versuchte indessen den Absatz des bei ihr zu beziehenden Buches `Mein Kampf´ mit dem Argument zu steigern, dass man die „Maßnahmen der heutigen Reichsregierung" erst verstehen könne, wenn man das Werk gelesen habe.[836]

831 AR 01. April 1933.
832 AR 22. April 1933.
833 AR 01. April 1933.
834 L&S 29. März 1933.
835 Chronik Anita Menzel 1933, Archiv der Gemeinde Herrsching.
836 AR 15. April 1933.

Die Ortsgruppe der NSDAP posiert vor dem „Juden hier unerwünscht"-Schild am Ortseingang zum 01. April 1933 (Chronik A. Menzel 1934; Archiv der Gemeinde Herrsching)

Des Jubels konnte gar nicht genug sein. Für den 20. April stand der Führer-Geburtstag an und im ganzen Bezirk rüstete man zu adäquaten Feierlichkeiten. Starnberg führte Haussammlungen für hilfsbedürftige Volksgenossen durch und pflanzte am Südende der Seepromenade eine „Hitler-Eiche".[837] Die ganze Stadt war dafür festlich beflaggt, die üblichen Abordnungen unterschiedlicher nationalsozialistischer Verbände marschierten auf und Buchner sprach vom „h[ei]l.[igen] Glauben an ihn", Adolf Hitler, „der unserem Volke vielleicht ein besseres Dasein geben werde".[838]

Auch Tutzing hatte sich mit weiß-blauen, schwarz-weiß-roten und Hakenkreuz-Fahnen geschmückt. Höhepunkt war ein nächtlicher Fackelzug, an dem außer den

837 L&S 19. April 1933.
838 L&S 21. April 1933.

nationalsozialistischen Organisationen auch die lokalen Vereine teilnahmen. Für den 23. April hatten die Herrschinger Parteigenossen in das Hotel „Seehof" eingeladen, um „eine schlichte aber würdige Feier" zu Ehren des `Volkskanzlers´ abzuhalten. Auch hier war ein Marschzug aus Hitlerjugend, Bund Deutscher Mädel, Arbeitsdienstkommando Erling und SS durch die Straßen Herrschings vorausgegangen. Als sinniges Geburtstagsgeschenk wurden die neugegründete HJ und der BDM dem `Führer´ gewidmet.[839]
Auch Steinebach beging den Führer-Geburtstag „in pietätvoller, würdiger Weise" und auch hier stand die Hitlerjugend im Mittelpunkt, die sich schon „gut gedrillt" zeigte und mit Gedichten, „der Zeit entsprechend", brillierte. Herbergsvater, Bürgermeister und NSDAP-Pressewart Aloys Fleischmann schenkte anschließend der SA den Platz für ein eigenes Heim und 500 RM Startkapital, um deren sehnlichsten Wunsch nach einem eigenen HJ-Heim in Erfüllung gehen zu lassen.[840]
Die Berger Bevölkerung stiftete Lebensmittel für „Bedürftige", und der Ortsgruppenführer Sudholt ließ es sich nicht nehmen, die Pakete persönlich zu verteilen. Auf der abendlichen Feier erfreute die Frauenschaftsleiterin Baronin von Druffel mit ihrer „zündenden" Rede, und die überraschende Ankunft des Kreisleiters Buchner löste großen Jubel aus.[841]
Unter „Anteilnahme der SA von Inning, Walchstadt, Etterschlag, Greifenberg und Schondorf und sämtlicher Vereine" feierte man in Inning am Abend des 19. April mit Fackelzug, Marsch- und Chormusik und Reden Hitlers Geburtstag. Auch hier wurde besonderer Wert darauf gelegt zu betonen, dass die Bevölkerung nahezu geschlossen und auf jeden Fall freiwillig an diesen Jubelveranstaltungen teilnahm.

Die Geburtstagsfeierlichkeiten gingen nahtlos in die Feiern zum 01. Mai über, den sich die NSDAP als „Tag der nationalen Arbeit" angeeignet und inhaltlich umgedeutet hatte.[842] Nichts wurde dem Zufall überlassen. Die Gau-Propagandaleitung gab detaillierte Richtlinien und Anordnungen heraus zu Straßenschmuck, Platzkonzerten, Beflaggung und Kundgebungen, bei denen Hitlers Ansprache zur „Verkündung des 1. Jahresplanes der Deutschen Aufbauarbeit der Reichsregierung" gehört werden sollte.[843]
Als kommunaler Mittelpunkt rüstete sich Starnberg zu ganztägigen Festivitäten: Um 9 Uhr 30 vormittags traten die einzelnen Verbände vor dem Gasthof „zur Eisenbahn" an und marschierten unter Vorantritt des Musikzuges des SA-Sturmes 23/2 durch die Stadt. Um 10 Uhr sprach der Reichstagsabgeordnete und Erste Bürgermeister Buchner während einer Kundgebung am Tutzingerhof-Platz. Um 11 Uhr wurde im „Pellet-Mayer"-Saal die Eröffnungsrede für den Tag der nationalen Arbeit durch den Reichsminister Dr. Goebbels aus Berlin übertragen. Um 3 Uhr

839 AR 29. April 1933.
840 AR 29. April 1933.
841 L&S 26. April 1933.
842 Kershaw, Hitler, S. 602 f.
843 Gau-Propagandaabteilung-Richtlinien und Anordnungen zur Durchführung des Feiertages „Der nationalen Arbeit" (1.Mai 1933) vom 20. April 1933, StAM NSDAP 648.

nachmittags fand in denselben Räumlichkeiten die Vorführung der Filme „Das blutende Deutschland" und „Das neue Italien" statt.[844] Um 8 Uhr abends übertrug man den Staatsakt aus Berlin, bei dem der erste Jahresplan der deutschen Aufbauarbeit als „Manifest des Reichskanzler" verkündet wurde. Im Anschluss daran wurden die Filmvorführungen vom Nachmittag wiederholt.[845] Der gesamte Tag wurde durch Aktivitäten der Partei geprägt, die keinen Spielraum für anderweitige Interpretationen oder Erinnerungen an die ursprüngliche Bedeutung des Datums freiließen.
In der nachfolgenden Berichterstattung ging das Ereignis aber gegenüber der Landung des Flugbootes Do X am 29. April auf dem Starnberger See unter, zumal sich zu dieser Gelegenheit auch der Ehrenbürger Starnbergs, Adolf Hitler, persönlich sehen ließ.[846]

Landung der DoX auf dem Starnberger See am 29. April 1933, das größte Verkehrsflugzeug seiner Zeit, gebaut von den Dornier-Werken
(Archiv der Gemeinde Herrsching)

Dafür wurde in Erling umso intensiver mit den nun schon üblichen Märschen und Reden der neu eingeführte Feiertag begangen, dessen Höhepunkt die Einweihung des ersten in Bayern errichteten sogenannten „Arbeitslagers" des Deutschen

844 Dazu: Kleinhans, Bernd: Ein Volk, ein Reich, ein Kino: Lichtspiel in der braunen Provinz, Köln 2003.
845 L&S 27. April 1933.
846 L&S 02. Mai 1933.

Handlungsgehilfen-Verbandes[847] darstellte.[848] Der Oberaltinger Veteranenverein hatte seinen Jahrestag auf den 01. Mai verlegt und war vom Erfolg der Veranstaltung so begeistert, dass man beschloss, von nun ab immer an diesem Datum zusammen zu kommen.[849]
Und auch die Steinebacher richteten schon wieder eine große Feier im „Fleischmann´schen Strandbad" aus, zu der sich sogar der Ehrenbürger Innenminister Wagner angesagt hatte. Wagner dankte für die ihm erwiesene Ehre und bat die Bürger Steinebachs „mitzuhelfen an dem Wiederaufbau und der Gesundung unseres lieben Deutschen Reiches".[850]
In Wessling zogen am 01. Mai alle Formationen in die Kirche, der katholische Pfarrer von Oberpfaffenhofen stand beim Vorbeimarsch auf der Tribüne und grüßte mit erhobener Rechter.[851] So berichtete auch das Regierungspräsidium von Oberbayern zufrieden von den „eindrucksvoll gestalteten Massenkundgebungen für den Gedanken der wahren Volksgemeinschaft", die vor der Kulisse mit Flaggen und frischem Grün geschmückter Straßen stattfanden.[852]

Damit nicht genug fand am 07. Mai in Herrsching gleich ein „Deutscher Jugendtag" mit Straßensammlung und turnerischen Vorführungen von Jungvolk, HJ und BDM statt.[853] Dennoch hatte man genug Energien, um am folgenden Wochenende noch einen „vaterländischen Theaterabend" zu bestreiten.[854]

Nur wenig später wurde die „Deutsche Sonnwend 1933" zelebriert. Mit Festkonzerten, Dampferrundfahrten, „Feuerreden" und Glockengeläute sollte der Tag in Starnberg begangen werden und in einem „nat.[ional] soz.[ialistischen] Riesen-Sonnwend-Feuerwerk" enden.[855] Das Wetter machte den Festgästen einen Strich durch die Rechnung, dennoch fanden in Starnberg, Tutzing, Leutstetten und am Bismarckturm Zeremonien statt.[856] Erling, Steinebach und Inning standen mit ihren Veranstaltungen den Festlichkeiten im östlichen Bezirk in nichts nach.[857] Da ist es verständlich, dass die NSDAP-Sprechabende eher geringen Zulauf hatten,[858] da die beschriebenen Aktivitäten nur ein Ausschnitt aus den vielfältigen Inszenierungen waren, die von der Partei getragen wurden.

---

847 Seit 1893 eine deutsch-nationale Angestelltengewerkschaft, die 1933 in der Deutschen Arbeitsfront aufging. Siehe auch: Hamel, Iris: Völkischer Verband und nationale Gewerkschaft. Der Deutschnationale Handlungsgehilfen-Verband 1893-1933, Frankfurt a.M. 1967.
848 L&S 03. Mai 1933.
849 AR 06. Mai 1933.
850 AR 06. Mai 1933.
851 Schmid an Spruchkammer Starnberg vom 12. November 1947. Schmid war von dieser Geste des Pfarrers so beeindruckt, dass er für sich kein Hindernis mehr sah und der Partei beitrat, StAM SpKA K 4638 Luitpold Schmid.
852 Halbmonatsbericht 19. Mai 1933, BayHStA MA 106 670.
853 AR 13. Mai 1933.
854 AR 20. Mai 1933: „Zur Aufführung gelangte `SA marschiert´ (Horst Wessel), ein ernstes Stück in 2 Aufzügen und einem Nachspiel von Hans Sponholz, ferner `Heil Hitler´, symbolisches Festspiel für das erwachte Deutschland in 1 Akt (6 Bilder) von H. Streiter."
855 L&S 14. Juni 1933.
856 L&S 27. Juni 1933.
857 AR 01. Juli 1933.
858 AR 15. Juli 1933.

Gleichschaltung der Gemeindevertretungen

Am Nachmittag des 23. März 1933 stimmten 441 gegen 94 Abgeordnete des Reichstags für ihre eigene Entmachtung. Das „Gesetz zur Behebung der Not von Volk und Reich", auch als Ermächtigungsgesetz bekannt, trat am folgenden Tag in Kraft.[859] Eine Woche später, am 31. März, wurde mit dem „1. Gesetz zur Gleichschaltung der Länder mit dem Reich" die Auflösung der gemeindlichen Selbstverwaltungen beschlossen. Die Gemeinde-, Kreis- und Bezirksräte sollten nach dem Reichstagsschlüssel neugebildet werden.[860] Die kommunistischen Stimmen fielen einfach weg.
In atemberaubender Eile verkündeten daraufhin die Gemeindevertretungen des Bezirks Starnberg ihre Selbstauflösung und arrangierten sich gemäß den Vorgaben des Gleichschaltungsgesetzes neu. Demnach wurden „die gemeindlichen Selbstverwaltungskörper [...] neu gebildet nach der Zahl der gültigen Stimmen die bei der Wahl zum Deutschen Reichstag am 5. März 1933 im Gebiet der Wahlkörperschaft abgegeben worden sind". Stimmen, die auf Wahlvorschläge der Kommunistischen Partei entfielen, blieben unberücksichtigt.[861] In Starnberg, Gauting und Tutzing wurden am 22. April die Stadt- bzw. Gemeinderäte bestimmt, die nach diesen Vorgaben zugelassen wurden. Der „Land- und Seebote" berichtete, in sämtlichen Gemeinden des Bezirks sei die Gleichschaltung in dieser Form vollzogen worden.[862]

Eigentlich sollte in Starnberg der Erste Bürgermeister Jägerhuber vorübergehend die Geschäfte alleine führen, eine Bekanntmachung des Innenministeriums vom 05. April setzte aber alle Gemeinderäte bis zum Erlass neuer Vorschriften vorübergehend wieder ein.[863] Die Unsicherheit über die anschließende Vorgehensweise endete mit der Veröffentlichung der amtlichen Weisung vom 08. April, in der als Endtermin für die Präsentation der neu zusammengesetzten Räte der 27. April festgelegt wurde.[864] Bis dahin bildeten 15 ehrenamtliche Mitglieder den Stadtrat. Dabei entfielen auf die NSDAP 7 Sitze, auf die BVP 4, auf SPD und Kampffront Schwarz-Weiß-Rot je 2 Sitze. Der Wahlleiter der Stadt gab am 22. April das Ergebnis der Neubildung des Stadtrates bekannt. Für die NSDAP wurden als Ratsmitglieder bestimmt: Franz Buchner, Beamter; Karl Scherer, Finanzbeamter; Max Pöhlemann, Kaufmann; Hans Horner, Metzger; Peter Schweizer, Rechtsanwalt; Xaver Fink, Metzgermeister und Ludwig Greilinger, Arbeiter.
Für die Kampffront Schwarz-Weiß-Rot und Deutsche Volkspartei: Leonhard Ebert,

---

859 RGBl 1933 Teil I S. 141.
860 Volz, NSDAP S. 52; RGBl 1933 Teil I S. 171.
861 L&S 03. April 1933. Dazu: Kershaw, Hitler, S. 593 f: „Das Tempo der 'Gleichschaltung' wurde wesentlich von NS-Aktivisten durch Druck von 'unten' bestimmt. Viele Organisationen waren aber auch ohnedies nur allzu gern bereit, den Erwartungen der neuen Zeit gerecht zu werden und sich vorauseilend selbst 'gleichzuschalten'." Und: Gotto, Bernhard: Nationalsozialistische Kommunalpolitik: Administrative Normalität und Systemstabilisierung durch die Augsburger Stadtverwaltung 1933-1945, München 2006.
862 L&S 22./23. April 1933.
863 L&S 07. April 1933.
864 L&S 10. April 1933.

Kassenoberverwalter und Georg Marx, Buchbindermeister.
Für die Bayerische Volkspartei: Josef Jägerhuber senior, Kaufmann; Otto Gassner, Baumeister; Johann Medele, Krankenüberwacher und Georg Wenzel, Fischermeister.
Für die Sozialdemokratische Partei Deutschlands: Ulrich Krämer, Mauerer und Alois Höbel, Schreinermeister.[865]
In der Stadtratssitzung vom 15. Mai hielt Buchner seine Antrittsrede als Bürgermeister. Darin griff er den einzigen verbliebenen SPD-Stadtrat Krämer an, da dieser bei seiner Wahl das unbeschriebene Blatt abgegeben habe, und forderte ihn auf, sein Mandat zur Verfügung zu stellen. Krämer verließ daraufhin die Sitzung. SPD Stadtrat Höbel hatte schon zuvor sein Amt niedergelegt. Vor Höbel hatte sein Fraktionskollege Georg Diller schon einen Rückzieher gemacht. Er stellte sein Amt als Ersatzmann der SPD im Stadtrat zur Verfügung „nachdem ich inzwischen aus der Sozialdemokratischen Partei ausgetreten bin".[866]
Buchners weitere Ausführungen beinhalteten die Grundsätze, nach denen er zum Wohle der Stadt zu arbeiten gedachte. Darunter findet sich auch der Hinweis an alle Fürsorgeempfänger zwischen dem 18. und 25. Lebensjahr, sich freiwillig zum Arbeitsdienst zu melden, denn „wer das ablehnt, werde ins Konzentrationslager Dachau gebracht".[867] Ende März war das erste offizielle Konzentrationslager auf dem Gelände der ehemaligen Pulverfabrik in Dachau eingerichtet worden.[868]

In Herrsching war schon bei der Gemeinderatssitzung am 22. März der SPD-Vertreter Gärtnermeister Hans Rauchensteiner aus dem Gremium ausgetreten. Nach dem neuen Schlüssel hatte der dortige Gemeinderat nun nur mehr 10 anstelle vorher 12 Mitglieder, die sich auf 7 Nationalsozialisten, 2 Vertreter der Bayerischen Volkspartei und einem Deutschnationalen verteilten.[869]
In Gauting erhielt die NSDAP gemäß den neuen Bestimmungen 6 Sitze und in Tutzing 4.[870]

865 Der Wahlleiter für die Gemeinde Starnberg vom 22. April 1933, Stadtarchiv Starnberg SR NS 34.
866 Notiz betr. Neubildung des Stadtrates vom 25. April 1933, Stadtarchiv Starnberg SR NS 34.
867 L&S 16. Mai 1933.
868 Neue Nationalzeitung Augsburg 21. März 1933: „Das erste Konzentrationslager bei Dachau errichtet. Die neue Heimat für 5000 kommunistische und sozialdemokratische Volksschädlinge." Am 22. März 1933 meldete auch der L&S: „Am Mittwoch werde in der Nähe von Dachau das erste Konzentrationslager mit einem Fassungsvermögen für 5000 Menschen errichtet werden. Hier würden die gesamten kommunistischen und, soweit dies notwendig sei, die Reichsbanner- und sozialdemokratischen Funktionäre, die die Sicherheit des Staates gefährdeten, zusammengezogen, da es auf die Dauer nicht möglich sei und den Staatsapparat zu sehr belaste, diese Funktionäre in den Staatsgefängnissen unterzubringen. Es habe sich gezeigt, daß es nicht angängig sei, diese Leute in die Freiheit zu lassen, da sie weiter hetzen und Unruhe stiften. Im Interesse der Sicherheit des Staates müsse diese Maßnahme getroffen werden ohne Rücksicht auf kleinliche Bedenken."
869 AR 08. April 1933.
870 L&S 22./23. April 1933. In Gauting bekam außerdem die SPD 4 Sitze, die BVP 3 und die Kampffront Schwarz-Weiß-Rot/DVP 2 Sitze. In Tutzing bekam die BVP 4 Sitze, die SPD und die Kampffront Schwarz-Weiß-Rot/DVP je 1 Sitz. Obwohl damit die Parteien jenseits der NSDAP eigentlich noch eine Mehrheit gehabt hätten, nutzten sie ihre Möglichkeit nicht nur nicht aus, sondern schlossen freiwillig Vereinbarungen mit der NSDAP, die ihre politische Zukunft sichern sollten. In Herrsching beispielsweise ließ sich Bürgermeister Summer, mit einem aktuellen Aufnahmeantrag für die Partei versehen, mit den Stimmen der NSDAP wiederwählen.

In Hechendorf und Steinebach wurden die bisherigen Bürgermeister Baur und Aumiller durch die aktiven nationalsozialistischen Parteimitglieder Ludwig Wörl junior und Aloys Fleischmann ersetzt.[871] Jakob Aumiller und seine Familie waren zuvor rücksichtslos unter Druck gesetzt worden. 1934 wurde nachträglich noch ein Verfahren gegen das ehemalige BVP-Mitglied eröffnet, in dem ihm Unstimmigkeiten in der Gemeindekasse vorgeworfen wurden.[872] Beim zweiten Bürgermeister Steinebachs, Matthäus Schmötzl, fand eine Haussuchung statt, woraufhin er seinen Posten niederlegte, ebenso wie der Gemeinderat Josef Weiß, dem Verhaftung angedroht wurde.[873] Weitere politische Gegner und Personen, die sich gegen die Nationalsozialisten ausgesprochen hatten, wurden eingeschüchtert, vereinzelt geschlagen und/oder zeitweise inhaftiert.[874]
In der Folge reichten in Hechendorf nur die Nationalsozialisten Wahlvorschläge für den neuen Gemeinderat ein, die übrigen Parteien verzichteten freiwillig.[875] In Söcking wurde der langjährige Bürgermeister Georg Bader unter herabsetzenden und entwürdigenden Umständen seines Amtes enthoben.[876] Auch die übrigen Gemeinden des Bezirks ersetzten ihre bisherigen Gemeindevertretungen durch Gremien, die dem Schlüssel der Reichstagswahl entsprachen.[877]

Manch ein Bürgermeister entschloss sich, rasch in die Partei einzutreten, um seinen Posten behalten zu können. Beliebte Begründung war im Rückblick die Sorge um die Gemeinde, die ansonsten einem „gefürchteten Nazi" in die Hände gefallen wäre.[878] Diese Argumente nahmen auch Angestellte der Gemeindeverwaltung mehrfach für sich in Anspruch.[879]

---

871 AR 01. April 1933. Zumindest die Absetzung des Landwirts Aumiller, dem Gefährdung der öffentlichen Ruhe und Sicherheit zur Last gelegt wurde, erregte sogar bei der AR Unverständnis.
872 Zeugnis über Hanns Huber, StAM SpKA K 4593 Hanns Huber. Vgl. auch: Klasen, Sepp (Hrsg.): „Zu Störungen irgendwelcher Art ist es nirgends gekommen." Texte und Dokumente zur Machtübernahme der Nationalsozialisten in den Gemeinden des heutigen Landkreises Weilheim-Schongau März bis Juni 1933, Schongau 1983.
873 Protokoll vom 02. September 1949, StAM SpKA K 4640 Hermann Schobert.
874 Z.B.: Zeugnis über Hanns Huber, StAM SpKA K 4593 Hanns Huber.
875 AR 22. April 1933.
876 Stellungnahme Maria Bader vom 05. Dezember 1945, StAM SpKA K 4545 Hermann Alletag. Allerdings vergaß Maria Bader offensichtlich zu erwähnen, dass ihr Bruder nur wenige Jahre später als Nachfolger des erkrankten Parteigenossen Osterritter von Kreisleiter Buchner ernannt wurde. L&S 06. Oktober 1937.
877 Z.B.: AR 06. Mai 1933, Gemeinderat Drössling und Argelsried, AR 13. Mai 1933, Gemeinderat Traubing, Etterschlag, Weßling, Hochstadt, Breitbrunn und Buch.
878 Z.B. in Pöcking Bürgermeister Ruhdorfer aus Furcht vor dem Ortsgruppenleiter Karl Fischer. Beilage 1 zum Meldebogen, StAM SpKA K 4555 Sebastian Brandstetter. Ebenso betont der Landwirt Jakob Bichler, er sei von der Bauernschaft gedrängt worden, das Amt des Bürgermeisters von Geisenbrunn, Argelsried und Steinberg, das er seit dem 01. Januar 1925 bekleidete, weiterhin zu übernehmen. Dafür musste er in die Partei eintreten. Bichler an Spruchkammer Starnberg vom 08. April 1947, StAM SpKA K 4552 Jakob Bichler.
879 Z.B. Hans Pfeufer, Verwaltungsoberinspektor der Gemeinde Tutzing, der nur durch seinen „formellen" Beitritt zur NSDAP verhindert zu haben glaubte, „daß die Gewaltherrschaft der NSDAP den von ihr erstrebten Eingang in die Verwaltungsgeschäfte der Gemeinde Tutzing finden konnte." StAM SpKA K 4625 Hans Pfeufer: Pfeufer an Bürgermeister der Gemeinde Tutzing vom 14. Oktober 1945.

Der neue Bezirkstag setzte sich aus fünf Mitgliedern der NSDAP, zwei Vertretern der Bayerischen Volkspartei und je einem Vertreter der SPD und der Kampffront Schwarz-Weiß-Rot/Deutsche Volkspartei zusammen. Eines dieser NSDAP-Mitglieder war Joseph Fehlner, der aber sein Amt sofort zur Verfügung stellte.[880]
Der Bezirksoberamtmann von Starnberg, Eduard Weiß, trat zum 01. Juni „seinem Ansuchen entsprechend" in den dauernden Ruhestand,[881] aber schon seit März führte Dr. Johann Mang kommissarisch die Geschäfte.[882] Außerdem saß seit dem 22. März Buchner oder sein Stellvertreter Sudholt als Verbindungsmann der NSDAP in einem eigenen Raum im Bezirksamt, um den nun notwendig gewordenen Parteienverkehr abzuwickeln.[883]

Vollkommene Gleichschaltung

Die dem Wahlergebnis der letzten Reichstagswahl entsprechende Sitzverteilung im Gemeinderat war nur ein Zwischenschritt zur völligen Ausschaltung aller anderen Parteien als der NSDAP, und auch Vereine, Verbände und Gewerkschaften konnten sich dem Zwang zur `Gleichschaltung´ nicht widersetzen.
Am 19. Mai 1933 verkündete der „Land- und Seebote" die Gleichschaltung der Metzger-, Bäcker-, Schuhmacher- und Schneiderinnung, um „der NSDAP bezw. ihrer Untergliederung dem Kampfbund des gewerblichen Mittelstandes maßgeblich den Einfluß in der Innungsvorstandschaft einzuräumen, um auch den wirtschaftlichen Grundsätzen der Bewegung Rechnung zu tragen".[884] Entsprechend übernahm Parteimitglied Metzgermeister Xaver Fink aus Starnberg auch den Vorsitz der gleichgeschalteten Metzgerinnung.

Das Generalsekretariat des Bayerischen Bauern- und Mittelstandsbundes stellte seine Tätigkeit zum 30. Juni ein,[885] nachdem der Bauernbund bereits am 11. April seine Existenz für beendet erklärt und seinen Mitgliedern den Beitritt in die NS-Bauernschaft empfohlen hatte.[886] In einer Eilanweisung beauftragte der SA-Sonderkommissar des Bezirksamtes Starnberg, Gert Sudholt, die Bürgermeister

---

Hans Seibert wurde nach seinen Worten vom Ortsgruppenleiter Hess ebenfalls zum Beitritt gezwungen. Andernfalls hätte er seine Stelle als Gemeindeschreiber in Wessling verloren. Anlage zum Meldebogen, StAM SpKA K 4643 Hans Seibert.

880 L&S 22./23. April 1933. Für die NSDAP: Georg Schmid, Landwirt, Perchting - Hans Werner, Installateur, Inning - Karl Sudholt, Kaufmann, Leoni - Josef Fehlner, Gastwirt, Herrsching - Xaver Dorsch, Regierungsbaumeister, Gauting; für die BVP: Josef Sieber, Ökonomierat, Aschering - Konrad Lotter, Kaufmann, Unterbrunn; für die SPD: Friedrich Harms, Werkmeister, Stockdorf; für die Kampffront Schwarz-Weiß-Rot/DVP: Lorenz Kergl, Schmiedmeister, Starnberg. - Fehlner legte sein Amt sofort nieder und wurde durch Paul Bußmeyer, Bankbeamter a.D., Pöcking, ersetzt. L&S 27. April 1933.

881 AR 13. Mai 1933.

882 RA Mayer an Spruchkammer Starnberg vom 28. April 1948, StAM SpKA K 1114 Johann Mang. Vgl. Roth, Parteikreis S. 194-204.

883 L&S 22. März 1933.

884 L&S 19. Mai 1933.

885 L&S 01./02. Juli 1933.

886 Becker, Winfried: Bayerische Volkspartei (BVP), 1918-1933, in: Historisches Lexikon Bayerns, URL: http://www.historisches-lexikon-bayerns.de/Lexikon/Bayerische_Volkspartei_(BVP),_1918-1933 (30. September 2012); Schönhoven, Klaus: Die Bayerische Volkspartei: 1924-1932, Düsseldorf 1972; Braun, Oliver: Deutsche Bauernschaft, 1927-1933, in: Historisches Lexikon Bayerns, URL:

„sämtliche Mitglieder der Bayerischen Volkspartei und der Sozialdemokratischen Partei, die Gemeinderat sind, aus diesem auszuschließen".[887] Die von Ernst Röhm seit dem 12. März 1933 eingesetzten SA-Sonderkommissare sollten sowohl die Abgabe illegaler Waffen organisieren als auch die Realisierung der nationalsozialistischen Gesetze überwachen. Sie agierten von lokalen Parteiorganisationen unabhängig[888] und „repräsentierten den eigentlichen Typus von außerordentlichen Sondergewalten".[889] Eingesetzt wurden sie als Instrument der Machtdurchsetzung gegenüber der inneren Verwaltung und den Berufsverbänden.[890] Vielfach mischten sie sich auch in deren Arbeit ein.[891] Mit der Entmachtung der SA und Ermordung Röhms 1934 wurden auch die Stellungen der SA-Sonderkommissare aufgehoben.

Die Starnberger Ulrich Kämmer, Maurer, und Bartholomäus Obinger, Hilfsarbeiter, beide Nachrücker der SPD-Fraktion im Stadtrat, erklärten, „aus der Schutzhaft vorgeführt", dass sie ihr Mandat niederlegen würden.[892] Kein Wunder, dass daraufhin das Ende der nationalsozialistischen Revolution beschworen wurde und der „Land- und Seebote" verbreitete, alle politischen Parteien außer der NSDAP hätten sich selbst aufgelöst und „ihre Wiederkehr oder Neubildung ist für alle Zeiten ausgeschlossen".[893]

Das Protokollbuch der Gemeinde Herrsching vermerkt für die Sitzung vom 12. Juli 1933 lapidar: „Es wird zur Kenntnis genommen, dass die bisherigen Gemeinderats-Mitglieder Max Rehm und Johann Neff sowie die aufgestellten Ersatzleute Thomas Jäger und Johann Salcher ihren Austritt aus dem Gemeinderat erklärt haben. Der Austritt wird als zulässig anerkannt und bewillig."[894] Damit hatten die

---

http://www.historisches-lexikon-bayerns.de/Lexikon/Deutsche Bauernschaft, 1927-1933 (03. März 2013).

887 Sonderkommissar des Bezirks Starnberg vom 01. Juli 1933: „Hiermit beauftrage ich Sie, sämtliche Mitglieder der Bayerischen Volkspartei und der Sozialdemokratischen Partei, die im Gemeinderat sind, aus diesem auszuschließen und zwar wie folgt. Entweder bei der nächsten Gemeinderatssitzung oder es geht der Gemeindediener zu jedem in die Wohnung. Es sind sämtliche Gemeinderatsmitglieder der BVP und der SPD sowie deren Ersatzmänner zu veranlassen, dass sie ihren Austritt aus den oben genannten Parteien und gleichfalls ihren Austritt aus dem Gemeinderat (Mandatsniederlegung) schriftlich erklären. Es kommen, darauf mache ich ausdrücklich aufmerksam, nur die Gemeinderatsmitglieder der BVP und der SPD in Frage, nicht aber die Gemeinderatsmitglieder der NSDAP [...] Ist ein Gemeinderatsmitglied der BVP Mitglied irgend einer Unterorganisation der NSDAP [...], so braucht derselbe nicht aus dem Gemeinderat ausscheiden, wenn er seinen Zutritt zur NSDAP Fraktion erklärt." Stadtarchiv Starnberg SRNS 34.

888 Vgl. Longerich, Peter: Die braunen Bataillone. Geschichte der SA, München 2003

889 Gotto, Bernhard: Polykratische Selbststabilisierung. Mittel- und Unterinstanzen in der NS-Diktatur, in: Hachtmann, Rüdiger/Süß, Winfried (Hrsg.): Hitlers Kommissare. Sondergewalten in der nationalsozialistischen Diktatur, Göttingen 206, S. 28-50, hier S. 30.

890 Hachtmann, Rüdiger/Süß, Winfried: Editorial: Kommissare im NS-Herrschaftssystem. Probleme und Perspektiven der Forschung, in: Hachtmann, Rüdiger/ Süß, Winfried (Hrsg.): Hitlers Kommissare. Sondergewalten in der nationalsozialistischen Diktatur, Göttingen 2006, S. 9-27, hier S. 17.

891 Hoser, Südbayerns Städte, hier S. 93.

892 Betreff Zusammensetzung des Stadtrats Starnberg vom 01. Juli 1933, und Betreff Schutzhaft der Stadtratsmitglieder der SPD vom 2. Juli 1933, Stadtarchiv Starnberg SRNS 34.

893 L&S 12. Juli 1933.

894 Protokollbuch der Gemeinde Herrsching vom 12. Juli 1933, Archiv der Gemeinde Herrsching.

letzten Vertreter der BVP den Gemeinderat auf Anweisung des Sonderkommissars verlassen. Der Herrschinger Bürgermeister meldete prompten Vollzug.[895]

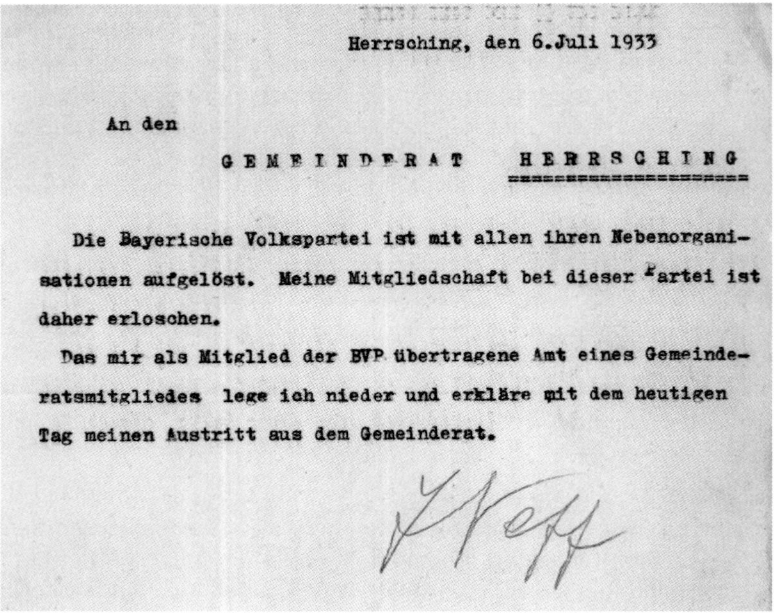

Herrsching, den 6.Juli 1933

An den

GEMEINDERAT HERRSCHING

Die Bayerische Volkspartei ist mit allen ihren Nebenorganisationen aufgelöst. Meine Mitgliedschaft bei dieser Partei ist daher erloschen.

Das mir als Mitglied der BVP übertragene Amt eines Gemeinderatsmitgliedes lege ich nieder und erkläre mit dem heutigen Tag meinen Austritt aus dem Gemeinderat.

Neff

Rücktrittsschreiben des BVP-Gemeinderats Johann Neff, Herrsching, vom 06. Juli 1933 (Archiv der Gemeinde Herrsching)

Vereine und Verbände

Nachdem außer SA, SS und Stahlhelm alle Wehrverbände verboten worden waren, wurden schon Anfang April 1933 in Starnberg eine Reihe Vereine und weiterer Verbände aufgelöst, und zwar der Arbeiter-, Turn- und Sportverein, der Radfahrverein „Solidarität", der Fußballklub „Vorwärts", die Plattlergruppe „Waxenstoana", der Wanderklub „Die Naturfreunde", die „Rote Hilfe Deutschlands", die Sozialistische Arbeiterjugend und der Männergesangsverein - Organisationen, die teilweise schon durch ihren Namen sozialdemokratisch zu verorten waren.[896] Das Bezirksamt Starnberg entzog einer Reihe „marxistischer" sowie „artfremden d.[as] i.[st] nichtarischen" Organisationen die Anerkennung als gemeinnützig, was ebenfalls ihre Auflösung zur Folge hatte. Speziell aufgezählt werden der Arbeiter-Radfahrverein „Solidarität" in Feldafing, Gauting, Krailling und Umgebung und Starnberg, der Radfahrverein „Solidarität" in Traubing, der Arbeiter-Rad- und Kraftfahrverein in Tutzing, der Radfahrerbund „Solidarität" in Wessling, der Arbeiter-Turn-

895 Gemeinde Herrsching an Sonderkommissar des Bezirksamts Starnberg vom 06. Juli 1933, Archiv der Gemeinde Herrsching: LH-1933.

896 L&S 05. April 1933. Vgl. auch: Zofka, Zdenek: Dorfeliten und NSDAP. Fallbeispiele der Gleichschaltung aus dem Kreis Günzburg, in: Broszat, NS-Zeit IV, hier: S. 395-398.

und Sportverein Gauting, Starnberg und Tutzing, der Arbeiter Gesangsverein „Harmonie“ in Gauting, der Männer Gesangsverein Starnberg, der Arbeiter Gesangsverein „Echo“ in Planegg-Krailling, der Gebirgstrachten-Erhaltungsverein „Würmlust“ und „Almfrieden“ in Gauting, der Wanderklub der Naturfreunde mit Skiabteilung in Starnberg und die Vereinigung „Wehrsport“ in Söcking.[897]
Ebenso wie die sozialistischen Nebenorganisationen waren bis spätestens Juni 1933 alle sozialdemokratischen Ortsvereine annulliert und ihre Mandatsträger durch Einschüchterung und Bedrohung ausgeschaltet worden.

Je weiter das Jahr voranschritt, umso mehr Verbände und Organisationen lösten sich einem Verbot zuvorkommend entweder freiwillig auf oder wurden „gleichgeschaltet“ und damit einer nationalsozialistischen Vereinigung angegliedert. Die Bezirksbauernkammer löste sich gemäß eines Gesetzes vom 05. Mai 1933 auf und bestellte den Land- und Gastwirt Ludwig Woerl aus Güntering, der seit 1930 Parteimitglied und seit wenigen Tagen Bürgermeister des Ortes war,[898] zum kommissarischen Vorsitzenden.[899] Anschließend wurde für den 21. Mai zu einer „Massenversammlung“ zur Gründung einer NS-Bauernschaft für die Orte Herrsching, Erling, Landstetten, Machtlfing, Frieding, Widdersberg, Drößling, Unering, Rausch und Mühlfeld eingeladen, die im Andechser Klostergasthof stattfinden sollte.[900]

Die Gastwirte des Bezirkes, repräsentiert durch den Gewerbeverein der Gastwirte, stimmten am 23. Mai der Ablösung ihrer Standesvertretung zu. Die neue Vorstandschaft hatte den Segen der NSDAP.[901]
Als weitere Standesvertretungen gaben die Freie Innung Starnberg, die Fischerinnung, die Einzelhandelsvereinigung der Lebensmittelhändler von Starnberg und Umgebung und die Schmiedezwangsinnung Starnberg ihre Gleichschaltung bekannt. Der Gewerbeverein Tutzing, die Tapeziererinnung Starnberg und die Freie Innung Seefeld-Oberalting kündigten den gleichen Schritt für die nächsten Tage an,[902] den auch der Kavallerieverein[903] und der Kriegsopferverband[904] beschritten.

Der Verein für Rasensport in Herrsching begrüßte die Gleichschaltung ausdrücklich, da „das Führerprinzip schon seit nahezu 5 Jahren praktisch durchgeführt wird, zumal ja sämtliche Mitglieder, längst, wenn auch nicht alle Parteigenossen, so doch eingefleischte Anhänger der Idee Adolf Hitlers“ seien.[905] Der Erlinger Sportverein folgte eine Woche später.[906] Sowohl der Veteranen- und Kriegerverein

897 Bezirksamt Starnberg an Regierung von Oberbayern vom 27. Juni 1933, StAM LRA 28348.
898 Meldebogen, StAM SpKA K 4661 Ludwig Woerl.
899 AR 27. Mai 1933.
900 AR 20. Mai 1933.
901 L&S 29. Mai 1933.
902 L&S 09. Juni 1933.
903 L&S 13. Juli 1933.
904 L&S 20. Juli 1933.
905 AR 02. September 1933.
906 AR 09. September 1933.

Starnberg[907] als auch der Turn- und Sportverein Starnberg von 1880 änderten ihre Satzungen den neuen, das Führerprinzip verwirklichenden Richtlinien entsprechend,[908] und auch der Sängerbund Herrsching konnte sich der Gleichschaltung so wenig widersetzen[909] wie die lokalen Wirte.[910] Die Versammlung des Turnvereins Oberalting zur Durchführung des Führergrundsatzes verlief erst dann reibungslos, als der 2. Bezirksführer des Zugsspitzkreises Peter Ziller aus Herrsching und der Seefelder Ortsgruppenleiter von Lattorff mit ihrer Anwesenheit für einen ruhigen Verlauf sorgten.[911]

Vorbeimarsch der SA anlässlich der Enthüllung des Hitler-Brunnens in Seefeld am 30. Juli 1933 (Chronik Eintrachtshausen 1933; Archiv der Gemeinde Seefeld)

Die Bevölkerung war fasziniert von der Dynamik und Begeisterungsfähigkeit der `Bewegung´. Die Schattenseiten, Drangsalierungen, Bedrohungen und Verhaftungen politisch Andersdenkender und den Nationalsozialisten unliebsamer Minderheiten, taten die meisten ab als kurzzeitige Begleiterscheinungen energischer Umwälzungen, die natürlich bald wieder abflauen würden. Dennoch wusste man im

907 L&S 26. September 1933.
908 L&S 03. Oktober 1933.
909 AR 21. Oktober 1933.
910 L&S 10. Oktober 1933.
911 AR 04. November 1933. Weitere Gleichschaltungen: Krieger- und Veteranenverein Steinebach-AR 04. November 1933, Bezirksgruppe Starnberg des Bundes Naturschutz in Bayern-04. November 1933, Zimmerstutzenschützengesellschaft D´Wildschützen Herrsching-AR 02. Dezember 1933, Ankündigung der Gleichschaltung aller Zimmerstutzen-Schützengesellschaften des Bezirks für den 01. Januar 1934-AR 09. Dezember 1933, alle Verkehrsverbände-AR 03. Februar 1934, Volksbank-24. Februar 1934.

Regierungspräsidium von Oberbayern schon im September 1933, dass die Gemeinderatsumbildungen nicht nur zu positiven Effekten führten und mancherorts Personen ausgeschieden waren, die keinen gleichwertigen Ersatz fanden.[912]

Veränderungen in der Redaktion des „Land- und Seeboten"

Der Schriftleiter Otto Michael Knab

Nachdem der „Land- und Seebote" bisher seine positive Haltung gegenüber der Bayerischen Volkspartei durchgehalten und deutlich demonstriert hatte, herrschte seit der Machtübernahme ein anderer Stil in der Redaktion: Die Nationalsozialisten erschienen in den Verlagsräumen, um die Artikel zu überwachen. „Mit dem Triumph der nun auszukostenden Szene in der Stimme, aber väterlich loyal gefärbt, verlangten die eindrucksvoll mit dicken Pistolen umgürteten Herren - indes sie liebevoll ihre Pistolentaschen streichelten, aber betonten, sie möchten alles in aller Freundschaft machen - die Zeitung zu zensieren."[913]
Der Verfasser dieser Zeilen ist Otto Michael Knab, zum damaligen Zeitpunkt verantwortlicher Schriftleiter des „Land- und Seeboten" und durch seine bisherige Einstellung den Nationalsozialisten gegenüber als deren ausgesprochener Gegner bekannt. Knab, 1905 in Simbach am Inn geboren, hatte bei der Zeitung 1924 als Setzer und Redaktionsassistent angefangen.[914] Hatte er zu Beginn, während der später so genannten `Kampfphase´ der NSDAP, noch geglaubt, durch Ignorieren der Parteitätigkeiten ihre Marginalisierung zu fördern, musste er sich 1932 eingestehen, dass nur ein aktives Auftreten die Bewegung stoppen konnte. Daraufhin schloss er sich der Bayernwacht,[915] dem konservativen Pendant zu SA, SS und Reichsbanner, an,[916] vertraute aber ansonsten noch auf die „Leitung verantwortungsbewußter Politiker unter der Devise: `Für Recht und Gerechtigkeit und für ein selbständiges Bayern´".[917]

Eine Zeitlang gelang es Knab, sich einzureden, der neue Staat werde nach ein paar `Kinderkrankheiten´ in für alle erträgliche Bahnen zurückfinden. „Den Menschen muß das Leid läutern. Durch den Kampf mit dem Leid muß er groß werden" schrieb er zum Karfreitag 1934, fand aber die Zuflucht „der irrenden, fehlenden, suchenden, leidenden Menschheit" nicht mehr im Kreuz der Nationalsozialisten,

912 Halbmonatsbericht 05. September 1933: „Die im Vollzug der Ministerialbekanntmachung [...] durchgeführte Umbildung der Gemeinderäte hat leider hier und dort dazu geführt, daß langjährige bewährte Bürgermeister aus den Ämtern scheiden mußten und nicht immer durch gleich tüchtige Leute ersetzt wurden." BayHStA MA 106 670.
913 Knab, Kleinstadt S. 18.
914 Zu Knab siehe: Fröhlich, Elke: Redakteur am Starnberger „Seeboten", in: Broszat, Martin/Fröhlich, Elke (Hrsg.): Bayern in der NS-Zeit VI-Die Herausforderung des Einzelnen. Geschichten über Widerstand und Verfolgung, München/Wien 1983, S. 115-137.
915 Altendorfer, Otto: Bayernwacht, 1924-1933, in: Historisches Lexikon Bayerns, URL: http://www.historisches-lexikon-bayerns.de/Lexikon/Bayernwacht, 1924-1933 (07. Juli 2012).
916 Die Übernahme der Leitung der Bayernwacht lehnte Knab, da es „ein im letzten Augenblick mit unzulänglicher Vorbereitung gegründetes Unternehmen [war] und daher scheitern [mußte]". Rechtfertigung über den Grund des Beitritts zur NSDAP, StAM SpKA K 4581 Josef Grübl.
917 L&S 03. Januar 1933.

sondern im Kreuz der Christen[918] und nutzte im Folgenden kirchliche Feiertage, um auf eine höchste Führerschaft jenseits Hitlers hinzuweisen.[919]

Knabs Zweifel

Am 29. Juni 1934 war es ein Jahr her, dass der „Land- und Seebote" offizielles Mitteilungsblatt der NSDAP geworden war. Der Leitartikel Knabs, den er aus diesem Anlass verfasste, sollte ihm den Zorn der lokalen Machthaber einbringen. In seinem Beitrag rechtfertigte Knab sich vor seinen Lesern und sich selbst als jemand, der sein Wort, für „das neue Deutschland" zu arbeiten, nicht nur schematisch, sondern auch persönlich erfüllt habe, „und zwar nie unter Verleugnung, aber immer unter Einsatz unserer früheren Haltung". Daraus folgerte Knab, er habe das Recht auch eine Bitte zu tun. In einer Versammlung waren pauschal heftige Angriffe gegen Katholiken gerichtet worden, da der Mitbegründer einer katholischen Jugendorganisation in Schlesien am Mord an einem SA-Mann beteiligt gewesen war. Er wehrte sich gegen eine kollektive Verurteilung und suchte um Fairness nach, hätten doch auch die meisten Katholiken „zur restlosen Bejahung des neuen, des nationalsozialistischen Staates" gefunden.[920]

Ein letztes Mal machte Knab einen Kotau vor den Machthabern als er nach der Ermordung Röhms „des Führers Strafgericht" kommentierte und ihm darin für die vermeintliche Rettung der Deutschen dankte.[921] Dennoch hatte Buchner ihm in Anwesenheit von Dr. Richard Einhauser, Eberhard Kreysern und Josef Vonwerden eröffnet, dass er von nun an nur noch zu veröffentlichen habe, was ihm von ihnen aufgetragen und erlaubt sei. Er sollte „Dinge aufnehmen, die eine Hetze gegen deutsche Volksgenossen darstellen und uns selbst bespucken. Ich soll lediglich der Verantwortliche bleiben und alles mit meinem Namen decken."[922] Da Knab unter dem selbstbetrügerischen Versuch, sich die Herrschaftsallüren Buchners schön zu reden, Artikel geschrieben hatte, in denen er der NSDAP und ihren lokalen Vertretern ein gewisses Wohlwollen entgegenbrachte, war Buchners Attacke ein raffinierter Vorstoß, seinen Eingriff in die Pressefreiheit zu kaschieren. Knab galt nicht als Freund der NSDAP und seine Zustimmung und sein Beifall wären so von besonderem Wert gewesen.

918 L&S 29. März 1934.

919 Z.B. L&S 30. Mai 1934: „Also legen wir Schmuck an unsere Häuser wie wir es tun, wenn Führer unseres Volkes zu uns kommen! Den höchsten Führer unser aller wollen wir in Demut und Glauben und Zuversicht grüßen: Gott unter uns."

920 L&S 29. Juni 1934.

921 L&S 02. Juli 1934.

922 Knab, Otto Michael: Mein letzter Leitartikel, der nicht gedruckt werden darf. 15. Juli 1934. Abschrift in StAM SpKA K 4567 Richard Einhauser.

Otto Michael Knab (LRA 28293 StAM)

Knabs Flucht

Am 14. Juli 1934, einen Tag vor seiner Flucht, schrieb Knab „Mein letzter Leitartikel, der nicht gedruckt werden darf", die Rechtfertigung für seine Entscheidung, Deutschland zu verlassen. Darin beschrieb er den Druck, den Buchner inzwischen gegen die Redaktion aufgebaut hatte. Er kam zu dem Schluss: „Meine Arbeit hat vor meinem Gewissen jeden vertretbaren Sinn verloren. Ich kann nach Gewissen und Charakter unter dieser Knebelung unmöglich arbeiten."[923] Er tippte den Artikel mit so vielen Durchschlägen, wie er zur Hand hatte, und schickte sie an Freunde und Bekannte mit der Bitte sie ebenfalls zu vervielfältigen und zu verteilen.[924] Seine Familie hatte er zu Freunden nach St. Gallen gebracht und kehrte selbst nach einer kurzen, vergeblichen Rückkehr nach Starnberg am 15. Juli seiner Heimatstadt den Rücken.[925]

923 Knab, Leitartikel.
924 Knab, Bernard M.: Otto Michael Knab´s Fox-Fables, Washington 1966, Note 5 Chapter 1.
925 Otto Knab vom 16. Dezember 1946: „Meine Frau war nach schwerer halbjähriger Krankheit zur Erholung in Diessen am Ammersee, zusammen mit unseren damals zwei Kindern.[...] Als während ihrer Abwesenheit meine Position mit den nationalsozialistischen Behörden immer bedenklicher

Knab verließ Deutschland in Richtung Schweiz, da er „nach meinem Gewissen zu einem Verneiner dieses Systems werden [musste], das in seiner Kulturlosigkeit vom Bolschewismus höchstens gradweise, nicht aber grundsätzlich sich unterscheidet".[926] Im Schweizer Exil setzte Knab sich halb ironisierend, halb wehmütig mit den Verhältnissen in seiner ehemaligen Heimatstadt vom 30. Januar 1933 bis zum 15. Juli 1934, dem Tag seiner Flucht aus Deutschland, auseinander und veröffentlichte schon Ende August 1934 das Buch „ Kleinstadt unterm Hakenkreuz. Groteske Erinnerungen aus Bayern"[927]. Darin schilderte er seine „Erlebnisse und Erfahrungen" mit den Machthabern des `Dritten Reiches´ und den Auswirkungen der braunen Ideologie auf eine Provinzstadt. Er veränderte die Namen der Akteure nur um wenige Buchstaben - Buchner wurde beispielsweise zu Büchner - so dass jedem zeitgenössischen Starnberger die Protagonisten bekannt gewesen sein müssen.[928] Bis auf wenige Details lassen sich die beschriebenen Geschehnisse durch andere Quellen verifizieren. Der ironisierende Ton des Autors nimmt den Ereignissen an vielen Stellen die Spitze. Knab berichtet im direkten Anschluss an seine Flucht vor den Nationalsozialisten über deren Verhalten in Starnberg. Die nachfolgenden Verbrechen während des „Dritten Reichs" an unzähligen Unschuldigen konnte er aber noch nicht antizipieren, was vielleicht seine nachgiebige Ausdrucksweise erklärt.[929] Das Buch soll schon kurz nach seinem Erscheinen in hektographierten Blättern in Starnberg kursiert sein.[930]Die Schwächen des Buches für die Frage nach der Ursache des schnellen und ungehemmten Aufstiegs der Natio-

---

wurde, entschloss ich mich, von dem Angebot unserer Schweizer Freunde in St. Gallen Gebrauch zu machen und wenigstens meine Frau und die Kinder in die Schweiz zu schicken, um mehr Bewegungsfreiheit zu haben, im Fall etwas mit mir passieren würde, das einen schnellen Entschluss notwendig machen würde. Nach dem 30. Juni, dem Tag des berühmten „Röhmputsches", wurde meine Situation dank den Bemühungen von Dr. Einhauser, Franz Buchner und Eberhard Kreysern so heiss, dass ich mich entschloss schnell zu handeln. Ich rief meine Frau telephonisch an, gleich heimzukommen, sie war aber unfähig, zufolge ihrer schwachen Gesundheit, die Reise allein zu machen, da sie mit den Kindern wiederholtes Umsteigen nötig gemacht hätte. In dieser Lage wand ich mich an Sie. Sie erlaubten mir Ihren Personenwagen für diesen Zweck zu mieten und—hier ist unser eigenes Erinnern etwas ungenau—Sie holten entweder meine Frau in Diessen ab und brachten sie zur Bahn nach Weilheim oder von Weilheim nach Starnberg, oder vielleicht sogar direkt von Diessen nach Starnberg. Ich hatte inzwischen legal einen Familienpass besorgt und begleitete dann meine Familie per Bahn durch die Schweiz, kehrte aber nochmal zurück, in der Absicht meinen Beruf aufzugeben und etwas weniger Gefährliches zu finden, wurde jedoch einige Tage nach meiner Rückkehr aus der Schweiz gewarnt, dass in engsten Parteikreisen beschlossen worden war, mich nach Dachau zu bringen, worauf ich dann allein, und diesmal ohne Ihre Hilfe, die Flucht wagte, die mir auch gelang." StAM SpKA K 4598 Lorenz Kergl.

926 Erklärung Otto Knab vom 21. März 1947, StAM SpKA K 4567 Richard Einhauser.

927 Knab, Otto Michael: Kleinstadt unterm Hakenkreuz. Groteske Erinnerungen aus Bayern, Luzern 1934 (im Folgenden: Knab, Kleinstadt).

928 Knab, Fox Note 10 Chapter 1: „Knab says that upon leaving Germany he had made a pledge to his friends to work as much as possible outside German borders for a free Germany. In this true account of the takeover of his town by the Nazis, he chose to write under his full name in order to stand behind the facts."

929 Erstaunlicherweise beteiligte sich Knab als Autor an der 1970 erschienenen Chronik der Stadt Starnberg ohne darauf einzugehen, wie übel ihm die Nationalsozialisten seinerzeit mitgespielt hatten.

930 Vgl. Fröhlich, Redakteur, hier S. 134 f.

nalsozialisten im Bezirk sind sein ausschließlicher Starnberg-Bezug und seine zeitliche Begrenzung. Dafür ist die Schilderung der Atmosphäre im überschaubaren Beziehungsgeflecht der Gesellschaft einer Kleinstadt dicht und plastisch und zeigt lebensnah die Schwächen und Stärken seiner Hauptfiguren.

Knab wanderte 1938 nach Portland, Oregon, USA, aus. Im Juli 1936 war ihm die deutsche Staatsangehörigkeit aberkannt worden.[931] Er starb 1990 in Portland, nachdem er zwischenzeitlich noch einmal nach Starnberg zurückgekehrt war und sogar am 1972 erschienenen `Heimatbuch der Stadt Starnberg´ mitgearbeitet hatte.

Der „Land- und Seebote" als nationalsozialistisches Kampfblatt

Nach Knabs erster Begegnung mit der neuen politischen Macht in den Redaktionsräumen verstärkte Buchner den Druck auf den Zeitungsverleger des „Land- und Seeboten", Josef Jägerhuber, wenig später deutlich. Dieser sollte einen Vertrag unterschreiben, der die Zeitung zu einem nationalsozialistischen Kampfblatt umwandeln und der den Nationalsozialisten eine 51% Mehrheit daran sichern würde. Andernfalls verlöre sie den Amtsblatt-Charakter und eine andere Zeitung erhielte das Recht, die amtlichen Mitteilungen zu drucken.[932] Im Weiteren wurde der Vater des Verlegers, der Bürgermeister und Mitinhaber des Verlags, Joseph Jägerhuber senior, am 28. Juni morgens um halb 6 Uhr zusammen mit den übrigen Mitgliedern der Stadtratsfraktion der Bayerischen Volkspartei verhaftet. Diesem Druck konnte der mit KZ bedrohte Verleger nicht widerstehen und er unterschrieb die Entmündigung des Verlags. Ein alter Parteigenosse und ein SS-Mann mussten, obwohl überflüssig für den Betrieb, eingestellt werden, eine übliche Maßnahme der Nationalsozialisten, um ihre Anhänger in Lohn und Brot zu bringen und deren `Verbundenheit´ zu fördern.[933]

Das Vorgehen der Partei auf Bezirksebene

Die von Gregor Strasser geschaffene Organisationsstruktur der NSDAP entwickelte sich von einer Vielzahl an Sachabteilungen bzw. angeschlossenen Verbänden, die sich mit jedem erdenklichen Lebensbereich der potentiellen Wähler beschäftigten, zu einem weitverzweigten System, das sich in der Einteilung in Gaue, Kreise, Ortsgruppen, Stützpunkte, Zellen und Blocks abbildete und in den Organisationsbüchern der NSDAP festgeschrieben wurde.[934] Das Vordringen der NSDAP in einzelne Berufsbereiche wurde durch die `angeschlossenen Verbände´ erleichtert und ergänzt. Das sich daraus ergebende Vorhandensein von Spezialisten auf allen Sachgebieten war die Grundlage für die reibungslose Regierungsarbeit nach der Machtübernahme 1933.[935] Das Motto lautete: „Die nationalsozialistische Revolution hat den Staat des Verrates und des Meineides überwältigt und an seine Stelle

---

931 Erklärung Otto Knab vom 21. März 1947, StAM SpKA K 4567 Richard Einhauser.
932 Knab, Kleinstadt S. 19 f.
933 RA Mayer an Spruchkammer München vom 28. April 1948, StAM SpKA K 1114 Johann Mang.
934 Z.B. Der Reichsorganisationsleiter der NSDAP (Hrsg.): Organisationsbuch der NSDAP, München 1937.
935 Herbst, Charisma S. 249 f.

gesetzt wieder ein Reich der Ehre, Treue und Anständigkeit. Die nationalsozialistische Weltanschauung ist das Gesetz des Staates geworden."[936]

Die NSDAP im Jahreslauf

Wie im Jahr 1933 begonnen, entwickelte die NSDAP einen regelmäßig ablaufenden Terminkalender, der ähnlich dem Feiertagskalender der christlichen Kirchen das Jahr in einer lockeren Folge von Festlichkeiten strukturierte. Zuerst medial überbordend beworben und präsentiert ließ die Begeisterung der `Volksgenossen´ in den Jahren bis zum Kriegsbeginn jedoch merklich nach, und die Versammlungswellen, die in unregelmäßigen Abständen ausgerufen wurden, richteten sich nun gegen „eine gewisse Sattheit im deutschen Volke" und dienten dazu, „die Massen des Volkes wachzurufen, bis auch der letzte Mann vom Gedankengut des Nationalsozialismus durchdrungen"[937] war.
Die vielfältigen Veranstaltungen hatten aber nicht nur die Absicht, den Menschen den nationalsozialistischen Horizont nahezubringen, sondern sie waren immer auch Selbstvergewisserung und Erinnerungsarbeit im Namen der Partei und des `Führers´. Die sogenannten Märtyrer der Bewegung wurden als Zeugen für die Größe der geschichtlichen Entwicklung angerufen, und die Feiertage innerhalb des Jahreslaufes bildeten zelebrierte Stationen der Geschichte vom `Dritten Reich´.[938] Die vielbeschworene `Volksgemeinschaft´, eine Bezeichnung, die schon im 19. Jahrhundert verwendet und seit dem Ersten Weltkrieg als Begriff für ein nationales Zusammengehörigkeitsgefühl der Deutschen aktiviert wurde[939] - man erinnere sich nur an den bekannten Ausspruch des Kaisers, es gäbe mit Kriegsbeginn keine Parteien mehr, nur noch Deutsche - entwickelte sich immer mehr zu einem Medium, das die Möglichkeit bot, dem System missliebige Gruppen wie Juden, Sozialdemokraten oder Kommunisten, auszugrenzen.[940]

„Zum 30. Januar!" titelte die „Andechser Rundschau" und versprach: „Wir wissen, der Führer verlangt von uns für sich keinen Dank, er verlangt aber von uns, daß wir als Deutsche unseren Mann dort stellen, wo wir hingestellt sind und das wollen wir geloben, den Posten voll zu erfüllen, den wir einnehmen."[941] In Starnberg beschwor man die immer inniger werdende Verbundenheit mit dem Reich Adolf Hitlers, während die Mitglieder der Ortsgruppe beim gemeinsamen Mithören einer Rundfunkübertragung an den in Berlin von den Großen der Partei gehaltenen Reden und dem „gewaltigen historischen Fackelzug" teilnehmen konnten.[942]

936 Gaumitteilungsblatt „Der Traditionsgau": Geleitwort vom 01. Februar 1935, StAM NSDAP 1149.
937 AR 06. November 1937.
938 Vgl. Behrenbeck, Helden.
939 Bruendel, Steffen: Volksgemeinschaft oder Volksstaat. Die „Ideen von 1914" und die Neuordnung Deutschlands im Ersten Weltkrieg, München 2003.
940 Vgl.: Wildt, Michael: Volksgemeinschaft als Selbstermächtigung. Gewalt gegen Juden in der deutschen Provinz 1919 bis 1939, Hamburg 2007.
941 AR 25. Januar 1936 [Die folgenden Anmerkungen beziehen sich alle beispielhaft auf das Jahr 1936, das willkürlich ausgewählt wurde.].
942 L&S 31. Januar 1936.

Der Heldengedenktag,[943] der von den Nationalsozialisten umbenannte Volkstrauertag, bot Anlass für Reden über den „Opfergeist(es) der Helden des großen Krieges und der Gefallenen der Bewegung", die mit Vorliebe nach Märschen zum jeweiligen Kriegerdenkmal gehalten wurden.[944] Die Begleitung von Musikkapellen und das Abfeuern von Böllern unterstrichen den weihevollen Charakter des lokalen Großereignisses.[945]

Weniger getragen, aber umso würdiger wurde wenig später der „Geburtstag des Führers" begangen, der sich zu einem Nationalfeiertag gemausert hatte. In Gedenken an „die Frau, die unserem Volk diesen Führer geschenkt hat", sollten an diesem Tag besonders die alten Mütter geehrt werden,[946] was mit der Bewirtung und Unterhaltung von ausgewählten Frauen feierlich gestaltet wurde. Bezeichnend für die emotionale Lage dieses Tages ist ein Gedicht, das „von einem alten Mütterchen in Seefeld" ersonnen wurde:

„Unser Führer gottbegnadet,
wie sonst keiner alle Zeit,
Euch, liebe deutsche Frauen ladet,
zu seinem Wiegenfeste heut.
Weil er seine Mutter ehret,
Die ihm Leben gab und Geist,
Die ihm nur das Beste lehret,
Bis der Tod sie ihm entreißt.
Weil er kennt die Mutterliebe,
Mutterschmerzen, Muttertreu,
Weil er weiß, was Frauenhände
Täglich Gutes schaffen neu.
Deshalb ehrt er jede Mutter,
Jede Frau mit deutschem Blut,
Und besonders ehrt das Alter
Unser Führer, lieb und gut..."[947]

---

943 www.politische-bildung-brandenburg.de: Halbe und die rechtsextremistische Propaganda: „Zum gesetzlichen Feiertag wurde der nationale Trauertag aber erst 1934 während der NS-Herrschaft erklärt, unter dem Titel `Heldengedenktag´; der Termin blieb zunächst der Sonntag Reminiscere. Am `Heldengedenktag´ wurde indes nicht nur der Toten des Ersten Weltkrieges gedacht, sondern auch der sogenannten `Gefallenen der Bewegung´, d.h. derjenigen Parteigänger der NSDAP, die bei dem Putschversuch am 9.11.1923 ums Leben gekommen waren. Im Jahr 1939 ordnete Hitler an, den `Heldengedenktag´ auf den 16. März zu verlegen, den Tag der Wiedereinführung der Wehrpflicht 1935, wenn dieser Tag auf einen Sonntag fiel. Wenn nicht, sollte der `Heldengedenktag´ am Sonntag vor dem 16. März begangen werden. Damit gab man die letzte Bindung an den christlichen Kalender auf. Gleichzeitig wurde für die `Gefallenen der Bewegung´ ein eigener Gedenktag eingeführt, der 9. November." (09. Mai 2013), und: Zentner, Christian/Bedürftig, Friedemann (Hrsg.): Das große Lexikon des Dritten Reiches, Augsburg 1983, hier S. 246.

944 L&S 13. März 1936.

945 AR 14. März 1936.

946 L&S 21. April 1936.

947 AR 25. April 1936.

Der ursprünglich von den linken Arbeiterbewegungen besetzte 01. Mai wurde 1933 Nationalfeiertag und bekam den Titel `Tag der nationalen Arbeit´. Er sollte die `Verbundenheit aller Werktätigen´ demonstrieren und fand seinen Ausdruck in überwältigenden Großkundgebungen. Den nachfolgenden Muttertag nahm man zum Anlass nicht nur den älteren Frauen die Ehre zu erweisen, sondern „Verständnis für Mutterliebe und Muttersorge" zu wecken, ganz nach dem Vorbild des `Führers´, der „trotz ungeheurer Arbeitslast die Zeit findet, sich um dieses ihm so wichtige Thema zu sorgen".[948]

Ähnlich getragen und mit fragwürdigen Inhalten aufgeladen fanden die unterschiedlichen Sonnwendfeiern statt, die „wie es unsere Vorfahren seit Jahrtausenden schon getan haben [...] im Sprühen und Flackern der Lohe, des ewigen Lebenslichtes, des Quells unseres Daseins" die Kraft und den Segen des Feuers verherrlichten.[949]

Ernte Dank-Umzug in Herrsching 1935, Wagen des Ortsbauernführers Nikolaus Pittrich
(Archiv der Gemeinde Herrsching)

Beim von der deutschen Nation „im Bewußtsein ihrer Stärke" gefeierten Erntedankfest wurden die Ergebnisse der „Erzeugungsschlacht" den Volksgenossen präsentiert.[950] Von kleineren lokalen Veranstaltungen abgesehen, bei denen der Rede des Bauernführers und des `Führers´ in Rundfunkübertragungen gelauscht wurde, war die zentrale Veranstaltung im Kreis Starnberg ein eindrucksvoller Festzug durch Gilching-Argelsried. Auf dem Festplatz nahm Kreisleiter Buchner

948 AR 09. Mai 1936.
949 AR 20. Juni 1936.
950 Dazu: Miller, Joseph: Geschichte der nationalsozialistischen Reichserntedankfeste 1933-1944: eingebunden in das zeitgeschichtliche Geschehen, München 2011.

den Vorbeimarsch ab, bevor er den Erntekranz in Empfang nahm und als Höhepunkt der Feierlichkeiten eine Rede über die Bauern und ihre harte Pflicht hielt.[951] Die Veranstaltung fand bei der Kreisleitung so großen Anklang, dass 1937 bestimmt wurde, „dass in aller Zukunft das Erntedankfest des Kreises Starnberg in Gilching abgehalten“ werden sollte. Einzelne Erntedankfeste sollten nicht mehr durchgeführt werden. Dafür wurden die Kreisgemeinden aufgefordert, einen ihrer Einwohnerzahl gemäßen Betrag unter dem Betreff `Erntedank´ an die Kreisleitung abzuführen.[952]

Aufmarsch vor dem Kriegerdenkmal in Oberpfaffenhofen (am Biergarten der Gastwirtschaft Plonner) anlässlich des Heldengedenktages, Mitte der 1930er Jahre (Sammlung Erich Rüba, Wessling)

Ebenfalls im Oktober begannen die Aktivitäten für das WHW: Spendenaufrufe, Sammlungen und „Eintopfsonntage“[953] kennzeichneten die winterliche Betriebsamkeit rund um den „Kampf gegen die Not“.[954] Anhand monatlich wechselnder Abzeichen, die für die Spenden verteilt wurden, war eine Kontrolle möglich, ob man die jeweils angelaufene Aktion auch unterstütze. Die Sammler, die von Tür zu Tür gingen, wurden von unterschiedlichen Gliederungen gestellt, so beispiels-

951 AR 03. Oktober 1936.
952 Kreisleitung der NSDAP an den Bürgermeister der Gemeinde Breitbrunn vom 08. Oktober 1937, Archiv der Gemeinde Herrsching, Breitbrunn Jahresrechnung 44.
953 AR 07. Dezember 1935: „Morgen ist der dritte Eintopfsonntag in diesem Winter. Vergiß nicht, Deutscher, daß Du an diesem Tag im Zeichen der Volksgemeinschaft Dein Opfer bringen sollst! Du wirst morgen als Teil einer 70-Millionen-Front ein einfaches Eintopfgericht zu Dir nehmen und am Montag, wenn die Sammler kommen, freudig Dein Scherflein beitragen zur Linderung der Not Deiner armen Volksgenossen. Nicht spenden sollst Du, sondern opfern!“
954 AR 10. Oktober 1936.

weise die Jungvolk-Pimpfe, die eine Kleider- und Wäschesammlung durchführten.[955] Am „Tag der nationalen Solidarität", dem ersten Sonntag im Dezember, fanden intensivierte Straßensammlungen mit Vorliebe durch Exponenten der Partei statt, die als „Bekenntnis zur Volksgemeinschaft" gefeiert wurden.[956] Die Sammeltätigkeit des WHW dauerte bis in den März des folgenden Jahres. Wer sich dieser Aktion zu entziehen suchte, konnte damit rechnen, persönlich zur Verantwortung gezogen zu werden, da die Sammler meldeten, wer sich weigerte zu spenden.[957]

Als Höhepunkt des nationalsozialistischen Jahreslaufes galt die `Feier des 9. November´, zu der Hitler traditionell die `alten Kämpfer´ zu einem Treffen in den Münchner Bürgerbräukeller einlud. Die Idee, für die `Märtyrer der Bewegung´ einen eigenen Totenkult zu etablieren, formulierte Hitler erstmalig auf seinem „Rechenschaftsbericht" während einer NSDAP-Versammlung am 27. Februar 1925 im Münchner Bürgerbräukeller.[958] Immerhin schaffte er mit dieser Umdeutung der historischen Geschehnisse aus einem missglückten Staatsstreich ein für die Identitätsstiftung der NSDAP bedeutsames, positives Ereignis zu kreieren. Aus dem Bezirk Starnberg nahmen jedes Mal stolz einige `Blutordenträger´ an der Veranstaltung teil, während in den Ortsgruppen auf Versammlungen der Toten vor der Feldherrnhalle und der `Blutopfer´ des Gaues Oberbayern gedacht wurde.[959] Sogar in kleinen Stützpunkten wie in Etterschlag erklang Beethovens Trauermarsch und ein Gauredner erinnerte an den „Opfergang des deutschen Volkes".[960]

Den Abschluss der jährlichen Festakte bildete das Weihnachtsfest, dem man eine neue Konnotation zu geben versuchte. Als „Wegbereitung neuen Lebensstils" begingen Partei, Wehrmacht und Bevölkerung die gemeinsame Starnberger Weihnachtsfeier, die man eine Wintersonnwendfeier hätte nennen können.[961] Weihnachtliche Klänge und Geschichten suchte man vergebens, das Horst-Wessel-Lied

955 L&S 15. Oktober 1936.
956 AR 05. Dezember 1936.
957 Der Gastwirt Josef Sepperl von Meiling bekam beispielsweise folgenden Brief: „Es ist mir zu Ohren gekommen, dass Sie sich geweigert haben ein Abzeichen des WHW zu kaufen. Es ist selbstverständlich Ihre Angelegenheit, ob Sie mithelfen, dem Führer die Mittel zu geben die Not zu lindern, oder ob Sie dies verweigern. Im letzteren Falle ist es ganz selbstverständlich, dass Sie sich aus der Volksgemeinschaft ausschließen, aber dann auch die daraus sich ergebenden Konsequenzen zu tragen haben. Ich kann mir vorstellen, dass in Zukunft keine Versammlungen oder sonstige Veranstaltungen in Ihrer Gastwirtschaft abgehalten werden können. Wenn Sie glauben, dass Sie deswegen, weil Sie die einzige Gastwirtschaft haben, eine aktive Maßnahme nicht durchgeführt werden könnte, so täuschen Sie sich. Es gibt Mittel und Wege, die Volksgenossen auch auf einem anderen Wege zu erfassen. Sehen Sie diesen Brief nicht als eine Drohung an, weil es eine solche nicht ist, sondern lediglich eine Aufklärung. Sie können also tun, was Sie für das richtige halten, wir unserer seits tun das gleiche." Kreiskommunalamtsleiter Starnberg an Josef Sepperl vom 20. November 1939, StAM NSDAP 585.
958 Vollnhals, Hitler Dok. 6, S. 14-28, hier S. 27.
959 AR 14. November 1936.
960 L&S 13. November 1936.
961 L&S 21. Dezember 1936: „Durch diese gemeinsame Wintersonnenwendfeier gewann so die Gesamtheit der Bevölkerung sichtbar und überzeugend einen Eindruck von dem Ringen unserer Wehrmacht und unserer Partei um arteigene blutgebundene Lebensformen und um Deutschlands Weltgeltung."

und andere nationale Lieder standen stattdessen auf dem Programm. Nach einer `Führerehrung´ wurde das Fest der „Weihenacht“ zur altgermanische „Besinnung auf die unvergängliche Kraft des Lebens“ erklärt. Nach einer verbalen Verbrüderung mit der Wehrmacht folgte das „ergreifende“ Theaterstück „Petermann schließt Frieden“, dessen Bühnenbild ein Unterstand mit Laufgraben war. Humorvolle Einlagen und Lieder der HJ rundeten die „schönen Stunden gemeinsamer Volksweihnacht“ ab.[962]

„Lebendes Bild“, dargestellt von der SAR(eserve) anlässlich des Deutschen Abends in Seefeld am 09. Dezember 1934 (Chronik A. Menzel 1934; Archiv der Gemeinde Herrsching)

Neben diese fest vorgegebenen Tage, an denen Führer und NSDAP glorifiziert wurden, traten weitere Gelegenheiten, die Aufmerksamkeit auf das rastlose Bemühen der Partei zu lenken. Die wöchentliche Ortsgruppenarbeit,[963] jährliche „Reichsbe-

962 L&S 21. Dezember 1936.

963 Für die 2. Januarhälfte 1936 wird aufgelistet: „Starnberg: 18.1. Appell der Politischen Leiter Bereitschaft I; 18.1. General-Mitgliederversammlung der NSDAP, Ortsgruppe Starnberg; 18.1. DAF-Amtswalter-Sprechabend; 20.1. Rednerkurs; 22.1. Kreisamtsleiter-Besprechung; 25.1 Appell der Ortsgruppen- und Stützpunktleiter des Kreises Starnberg; 26.1. Ortsgruppen-Versammlung des Reichsbundes der Deutschen Beamten; 30.1. Sprechabend der NSDAP, Ortsgruppe Starnberg-Feldafing: 17.1. Sprechabend der NSDAP, Ortsgruppe; 24.1. Tonfilm „Ein Mann will nach Deutschland“; 27.1.Polit.-Leiter Appell-Gauting: 17.1. General-Mitglieder-Sprechabend der NSDAP, Ortsgruppe; 23.1. Ortsgruppenschulung i. Braunen Haus-Pöcking: 25.1. Sprechabend der NSDAP, Ortsgruppe-Weßling: 18.1. Mitglieder-Versammlung der DAF u. Schulungsvortrag eines Gauredners; 20.1. Versammlung des

rufswettkämpfe" und Kreistage, mehrfach im Jahr wiederholte Versammlungswellen und Ortsgruppentagungen mit Kreisbeteiligung sowie außerordentliche Ereignisse wie Beförderungen oder Beerdigungen verdienter Parteigenossen sorgten für eine permanente mediale und physische Präsenz der Nationalsozialisten. Dennoch waren diese kontinuierlichen Aktivitäten nicht nur erfolgreich. Der Bevölkerung wurden sie offenbar einfach zu viel.

Die `Märzgefallenen´ an Beispielen

`Märzgefallene´ nannten die langjährigen Parteigenossen, die sogenannten `Alten Kämpfer´, herablassend die Mitglieder, die noch schnell vor der Aufnahmesperre am 01. Mai 1933 in die NSDAP eingetreten waren.[964] In diesem Titel schwang der Vorwurf des Opportunismus mit. Seit dem 01. Januar 1933 waren ca. 1,6 Millionen Menschen aufgenommen worden, wovon ca. 1,3 Millionen erst zum 01. Mai ihren Antrag einreichten.[965] Neben der Möglichkeit, die eigene Ausgangsposition im neuen Machtgefüge optimal zu gestalten, waren sicher auch der Wunsch, möglichst unauffällig in die neue Zeit überzugehen, oder die Unterwerfung unter äußere Zwänge Gründe für den massenhaften Parteieintritt. Diese Entwicklung bewirkte eine gravierende Veränderung der Mitglieder- und Wählerstruktur. Der Anteil der Arbeiter nahm ab, während Beamte und Angestellte deutlich zulegten. Ebenso zeigten sich nun gehobenes Bürgertum und Funktionseliten an der Parteimitgliedschaft interessiert.[966] Buchner profitierte im persönlichen und amtlichen Umgang von diesem Prozess, denn nun drängten sich „so viele Verehrer u.[nd] Bewunderer heran, besonders auch aus besseren Kreisen, daß er in ein anderes Milieu rückte".[967]
Auf der Ebene des Bezirks Starnberg lässt sich zeigen, dass gerade Lehrer, aber auch andere Angestellte und Beamte wie Polizisten, Bahn- und Postbedienstete oder Verwaltungsfachleute unbedingt noch in die NSDAP aufgenommen werden wollten.[968]

Maria Brandstetter, Lehrerin in Starnberg, später `Jugendwalterin´ und `Kreisreferentin im Lehrerbund´, trat noch rechtzeitig zum 01. Mai 1933 der NSDAP bei. Das Bezirksschulamt Starnberg beschrieb sie als den „schlimme[n] Geist, der jahrelang

---

Reichsnährstandes in Weßling; 23.1. Sprechabend der Pol. Leiter; 25.1. Sprechabend des Reichsbundes der Deutschen Beamten in Steinebach; 26.1. Mitgliederversammlung der NSDAP, Ortsgruppe; 30.1. Tonfilm „Ein Mann will nach Deutschland" L&S 17. Januar 1936. Diese Auflistung berücksichtigt nur den östlichen Kreisbereich.

964 Die Aufnahmesperre wurde am 19. April 1933 von Reichsschatzmeister Franz Xaver Schwarz verfügt. VB 22. April 1933.-Weitere Titel dieser Opportunisten der ersten Stunde waren „Märzveilchen", „Maiglöckerl" oder „Juni-Röserl."

965 Weigel, Björn: „Märzgefallene" und Aufnahmestopp im Frühjahr 1933, in: Benz, Wolfgang (Hrsg.): Wie wurde man Parteigenosse? Die NSDAP und ihre Mitglieder, Frankfurt a.M. 2009, S. 91-109, hier S. 94.

966 Haar, Sozialstruktur, hier S. 71.

967 Verteidigungsschrift, StAM SpKA K 4576 Christian Gerstetter.

968 Vollständige Angaben können anhand der Spruchkammerakten nicht gemacht werden, da einerseits zahlreiche Betroffene nicht von der Starnberger Spruchkammer verhandelt wurden und andererseits manche Parteigenossen bis zu den Verhandlungen in der Nachkriegszeit verstorben waren.

im Schulhaus Starnberg umging".[969] Sie habe nur helfen wollen und sich dabei „für die idealen Ziele des Nationalsozialismus" begeistert, lautete dagegen ihre Selbsteinschätzung.[970] Brandstetter, Jahrgang 1888, war bis zu ihrem Abgang 1919 klösterliche Lehrerin gewesen. Nach ihrer Ausbildung zur Volksschullehrerin kam sie 1928 nach Starnberg. Dort lernte sie die Familie Buchner kennen, deren Tochter sie unterrichtete. Diese Nähe zu Buchner, die sie auch in ihrem Spruchkammerverfahren nicht abstritt,[971] machte sie sich zunutze und berichtete dem Kreisleiter eifrig, was sie über Kollegen und Schüler in Erfahrung brachte. Sie sei gefährlich gewesen und man habe zu spüren bekommen, „daß sie viel hin und her getragen hat". Sie sei „der Schrecken der Lehrerschaft, da keine Lehrkraft vor ihrer Angeberei sicher ist, nicht einmal der Regierungsschulrat",[972] der auf ihr Betreiben hin von Buchner in den Ruhestand geschickt worden sein soll.
Sie ließ die Kinder „fleißig Heil Hitler rufen" und bei Weigerung sorgte sie dafür, dass die Familie von der Fürsorge vorgeladen wurde. In einem besonders gravierenden Fall soll sie das Kind „verwahrlost und überfüttert" genannt und mit der Einweisung in eine Anstalt gedroht haben. Ihre Kollegin Sophie Karner wurde wegen der Aufführung eines Weihnachtskrippenspiels von ihr angeschwärzt und bekam außerdem Schwierigkeiten bei ihrer Beförderung. Ihren Kollege Markus Wimmer denunzierte sie wegen angeblich unzureichender Behandlung der Geschichte der NSDAP in seinem Unterricht. Sie selbst wurde im Mai 1933 von Buchner als stellvertretende Schulleiterin vorgeschlagen. Die Gaureferentin des NS Lehrerbundes (NSLB), Lore Mayr, geriet im Herbst 1936 heftig mit Brandstetter aneinander über die Frage, ob Mädchen und Knaben gemeinsamer Sportunterricht erteilt werden sollte oder nicht.[973] Daraufhin beurteilte der Gauamtsleiter Streicher Brandstetter als „eine Natur, mit der schwer zu arbeiten ist".[974] Noch 1948 zeigt sich der Öffentliche Kläger Dr. Gerbes entsetzt über ihre „Führerverhimmelung" und wollte sicherstellen, dass „die Betroffene nicht mehr in ihren Beruf zurückkehren kann und mit ihrer Labilität auf die Jugend losgelassen wird".[975]

Nicht alle \`Märzgefallenen´ wandten sich mit diesem Enthusiasmus der NSDAP zu. Hilde Schmid, Lehrerin in Buch am Ammersee, trat zwar „in der Hoffnung, dass Hitler Deutschland aus dem Chaos herausführen könne", 1933 in die Partei ein,

---

969 Bezirksschulamt Starnberg vom 19. Dezember 1946, StAM SpKA K 4555 Maria Brandstetter.
970 Protokoll vom 16. Dezember 1947, StAM SpKA K 4555 Maria Brandstetter. Im Folgenden sind alle Zitate und Angaben dieser Spruchkammerakte entnommen, sofern sie nicht anders gekennzeichnet sind.
971 Brandstetter begründet ihre häufigen Besuche bei der Familie Buchner mit ihrer eigenen kalten Wohnung. Zudem habe sie mit Frau Buchner viel genäht und gestopft. Buchner sei zuhause überhaupt nicht politisch gewesen: „Er war Briefmarkensammler, hat Bücher geschrieben und gemalt." Protokoll vom 16. Dezember 1947, StAM SpKA K 4555 Maria Brandstetter.
972 Knab, Kleinstadt S. 61.
973 Gaureferentin NSLB an Kreiswalter NSLB vom 30. Oktober 1936, StAM NSDAP 1030.
974 Gauamtsleiter an Kreisleiter vom 31. Dezember 1936, StAM NSDAP 1030.
975 Gerbes betr. Brandstetter vom 22. Juni 1948, StAM SpKA K 4555 Maria Brandstetter. Wenig später setzte sich das „Katholische Volksbüro" für eine Beschleunigung ihres Entnazifizierungsverfahrens ein, um sie nach erfolgter Einstufung als Mitläuferin wieder als Lehrerin einstellen zu können. Katholisches Volksbüro an Spruchkammer Starnberg vom 29. Juli 1948.

wurde aber schon im folgenden Jahr ernüchtert, als ihr älterer Bruder im Zuge des \`Röhm-Putsches´ ums Leben kam und ihr jüngerer Bruder längere Zeit im Gefängnis saß.[976]

Der Bauer Johann Happach aus Hadorf „musste" der NSDAP beitreten, „um meine Familie und unsern Hof zu schützen". Als ehemaliges Mitglied der Bayernwacht habe er sich nach der Machtübernahme bedroht gefühlt und um sein Hab und Gut gefürchtet. 1943 wurde Happach Ortsbauernführer und war damit uk (unabkömmlich) gestellt.[977]

Der technische Reichsbahnsekretär Franz Kasparbauer aus Gilching trat lediglich „der Form halber" der Partei bei, denn „daß man Verführern zum Opfer gefallen sei, war gerade in der Zeit von 1933 bis 1938 am allerwenigsten zu erkennen" gewesen. 1935 übernahm er den Posten des NSDAP-Filmstellenleiters.[978]

Dr. Adolf Eisert stand nach eigenen Angaben dem Nationalsozialismus innerlich fern, trug keine Parteiabzeichen oder Uniform und besuchte keine Versammlungen. Dennoch war es für ihn opportun, im Mai 1933 Mitglied der NSDAP zu werden, denn dadurch erhielt er die Genehmigung zur Behandlung von Kassenpatienten. Seine zahnärztliche Privatpraxis in Starnberg war nicht mehr so gut gelaufen und er erhoffte sich nun eine geschäftliche Verbesserung durch die Behandlung von Parteigenossen.[979]

Die Organisation der NSDAP auf Bezirksebene

Die vertikale Organisation der NSDAP funktionierte reichsweit nach dem gleichen Muster: Block, Zelle, Ortsgruppe, Kreis und Gau bildeten die unterschiedlichen Einheiten. Der Blockleiter musste die Parteibeiträge einziehen, für Parteiwerbung sorgen und Broschüren verkaufen. Außerdem kontrollierte er auf unterster Instanz das Wohl- bzw. Fehlverhalten seiner Mitbürger und meldete entsprechende Handlungsweisen an die zuständigen Dienststellen weiter. Die Nationalsozialisten selbst definierten die Tätigkeit des Blockleiters folgendermaßen: „Er wird bei den ewig Unzufriedenen allmählich das Verständnis wecken für oft nur falsch ausgelegte und mißverstandene Maßnahmen und Gesetze der nationalsozialistischen Regierung. Er soll die Volksgenossen auffordern, Fragen zu stellen, und darauf hinweisen, daß sie sich ihm gegenüber ruhig aussprechen sollen, ohne daß ihnen deshalb Schwierigkeiten bereitet werden, sie im übrigen jedoch betreffs Redereien anderen Volksgenossen gegenüber gegebenenfalls zur Zurückhaltung ermahnen. In auftauchenden Klagen und Meckereien über eventuell erkennbare Mißstände irgendwelcher Art hat er bei seinen Besuchen nicht etwa mit einzustimmen, um damit seine Solidarität zu zeigen, sondern er muß in jedem Fall bestrebt sein, positiv und lebensbejahend zu denken und durch seine zuverlässige Haltung auf die betreuten Menschen entsprechend einzuwirken."[980]

---

976 Spruch vom 26. Januar 1948, StAM SpKA K 4638 Hilde Schmid.

977 Notizen für die Spruchkammer Starnberg, StAM SpKA K 4584 Johann Happach.

978 Politischer Lebenslauf vom 13. Januar 1947, StAM SpKA K 4597 Franz Kasparbauer.

979 Spruch vom 09. Juli 1947, StAM SpKA K 4567 Adolf Eisert.

980 Kadatz, Erhard: Block und Zelle in der NSDAP. Nach den Richtlinien des Reichsorganisationsleiters Dr. Ley, Dresden 1937, S. 19.

Die SA[981] und die SS

Schon vor der „Machtergreifung“ hatten SA und SS sich mit ihren Aufmärschen, Umzügen und Selbstdarstellungen lautstark bemerkbar gemacht, aber seit die Kontrolle über das öffentliche Leben weitgehend bei den Nationalsozialisten lag drängten sie sich zusammen mit den übrigen Parteiformationen immer stärker in den Alltag der Bevölkerung. Auf allen Ebenen versuchten sie ihren Einfluss auszubauen und sich in den Familien und den alltäglichen Prozessen einzunisten.

SA-Männer auf Wesslinger Flur
(undatiert; Sammlung Erich Rüba, Wessling)

Am 09. März 1933 zählte der SA-Sturm 23/II 140 Mann. Zusammen mit den Starnberger SS-Männern zogen sie bewaffnet zum Bezirksamt und forderten unter Führung Buchners die Übergabe. Ebenso wie bei den Parteigenossen stieg auch die Zahl der SA- und SS-Mitglieder nach der Machübernahme sprunghaft an. So konnte eine eigene Standarte in Gauting gebildet werden, die Wilhelm Sengen[982] führte. In Starnberg wurde die SA in die Standarte 11/I und 12/I aufgeteilt. 1938 trugen die SA-Männer die Sturmnummern 21/I und 25/I.[983]
In Jahr 1937 war Benedikt Hohenester Standartenführer.[984] Hohenester war in Percha als Hilfsarbeiter beschäftigt gewesen, bevor er der SA beitrat und hauptberuflich für sie arbeitete. Schon 1932 drohte ihm ein Hinauswurf aus der NSDAP, da er im Kasino des `Braunen Hauses´ SS-Leute beschimpft hatte. 1938 schloss ihn das Gaugericht München wegen Unterschlagung endgültig aus der Partei aus.[985] 1938 beerbte ihn Wilhelm Sengen.

981 Vgl. Herbst, Charisma S. 247-258.
982 StAM SpKA K 4644 Wilhelm Sengen.
983 L&S 17. Juni 1938.
984 L&S vom 29. Juni 1934
985 Reichsschatzmeister an Gauleitung München vom 19. September 1932; Beschluß Gau-Uschla vom 15. November 1932, BArch SA-48-A und: Pk E 329.

Viktor Zimmermann, geboren 1897, seit 1928 Parteimitglied, war eigentlich Bankbeamter und arbeitete seit 1934 in der Stadtkasse der Stadt Starnberg. 1932 wurde er Kassierer der Ortsgruppe Starnberg. Gleichzeitig trat er in die SA-Reserve ein und wurde nach Überführung in die aktive SA 1938 Sturmbannführer.[986]

Die SS beanspruchte für sich, eine der ältesten Gruppierungen der NSDAP im ganzen Reich zu sein. Manches spätere Mitglied war in der `Kampfzeit´ schon bei der Hitlerjugend gewesen.[987] Im Mai 1936 wurde der Sitz des II. Sturmbanns der 34. SS-Standarte nach Starnberg verlegt. Zu diesem Sturmbann gehörten die Bezirksämter Starnberg, Fürstenfeldbruck, Wolfratshausen, Bad Tölz und Miesbach. Seit Oktober desselben Jahres führte SS-Obersturmführer Georg Freiherr von Lochner diese Standarte.[988]

SA und SS traten im Bezirk Starnberg als uniformierte Formationen bei den vielfältigen Parteiaktivitäten, zu Umzügen und Aufmärschen an Feiertagen und zu Festlichkeiten auf.

Die Jugendorganisationen Hitler Jugend[989] und Bund Deutscher Mädel[990]

Alfred Driemel wurde 1929 HJ-Führer in Starnberg.[991] Von hier aus breiteten sich HJ-Gruppen über den Bezirk aus und versuchten mit ihren Abenteuer versprechenden Gruppenunternehmungen die Jugendlichen für die NS-Bewegung zu begeistern.[992]

In Starnberg sowie im ganzen Bezirk wehten an den meisten Schulen die HJ-Fahnen zum Zeichen der Zugehörigkeit der Schülerinnen und Schüler zu Jungvolk, HJ und BDM. Am 14. und 15. Juli 1934 fand in Starnberg ein Treffen des Unterbanns 3/B/25 der HJ und des Rings 1/B/25 des BDM auf dem Waldspielplatz statt, bei dem „Vaterlandsliebe, Treue, Kameradschaftsgeist, Opferbereitschaft und soziales Empfinden" der Jugendlichen gestärkt werden sollten. Obwohl die Beteiligung der Bevölkerung an den Veranstaltungen wie einem „Deutschen Abend" und einer

---

986 RA Heigl an Spruchkammer Starnberg vom 26. Oktober 1948, StAM SpKA K 4663 Viktor Zimmermann.

987 So beispielsweise die Inninger Hans Bader und Alois Becker, die dafür das Goldene Ehrenzeichen der HJ erhielten. AR 13. Juli 1935.

988 L&S 09./10. Juli 1938: „Obersturmführer von Lochner ist geboren am 25. 7. 1896 in Döbeln. Als Achtzehnjähriger unterbrach er seine Studien und meldete sich als Kriegsfreiwilliger. Nach Kriegsende schloß er sich dem Freikorps und später dem Bund Oberland an. Er ist Inhaber des EK I, des goldenen Verwundetenabzeichens und anderer Auszeichnungen. Zur SS und zur NSDAP stieß Lochner im Februar 1933."

989 Dazu Näheres: Sauerwein, Tessa: Hitlerjugend (HJ), 1926-1945, in: Historisches Lexikon Bayerns, URL: http://www.historisches-lexikon-bayerns.de/Lexikon/Hitlerjugend (HJ), 1926-1945 (02. Februar 2013).

990 Vgl.: Miller-Kipp, Gisela (Hrsg.): „Auch Du gehörst dem Führer." Die Geschichte des Bundes Deutscher Mädel (BDM) in Quellen und Dokumenten, Weinheim u.a. 2001; Reese, Dagmar (Hrsg.): Die BDM-Generation. Weibliche Jugendliche in Deutschland und Österreich im Nationalsozialismus, Berlin 2007.

991 Protokoll vom 22. August 1946, StAM SpKA K 4592 Hans Horner, hier fälschlich `Trümmler´ geschrieben.

992 Vgl. z. B: Kater, Michael H.: Hitler-Jugend, Darmstadt 2005.

Kundgebung mit Ansprachen des Gebietsführers Emil Klein[993] und des Kreisleiters Buchner sehr zu wünschen übrig ließ, wurde die Feierlichkeit als „Beweis für den ausgezeichneten Geist unserer nationalsozialistischen Jugend" gefeiert.[994]

Hitler-Jugend Herrsching 1935
(Archiv der Gemeinde Herrsching)

Das Bestreben der HJ, die Kinder und Jugendlichen als zukünftige Träger der nationalsozialistischen Weltanschauung ideologisch zu prägen und auf Partei und Volksgemeinschaft auszurichten, führte dazu, dass die unterschiedlichen Jugendgruppen Jungvolk, Hitlerjugend, Jungmädchen (JM) und Bund deutscher Mädchen über die regelmäßigen Verbandstreffen hinaus an Geländemärschen, geselligen Abenden, Spiele- und Sing-Nachmittagen, Sportveranstaltungen, WHW-Sammlungen u.ä. teilnahmen und verschiedenerlei Auszeichnungen erwerben konnten.[995] Von ihnen wurde außerdem ganz selbstverständlich vorausgesetzt, dass sie sich als eigene Formation an den diversen regionalen und überregionalen Aufzügen

993 Dazu Näheres: Lilla, Statisten S. 313 f; Struif, Irene: „Jugendführer" Emil Klein-vom Parteimitglied der NSDAP zum Stabsleiter im Kultusministerium, in: Krauss, Marita (Hrsg.): Rechte Karrieren in München. Von der Weimarer Zeit bis in die Nachkriegsjahre, München 2010, S. 133-151.

994 L&S 17. Juli 1934.

995 So beispielsweise das HJ-Leistungsabzeichen. Einen Gepäckmarsch in altersangepasster Länge und mit entsprechenden Gewichten unternahm der Unterbann III/B/25 im April 1935: AR 20. April 1935; oder das BDM-Leistungsabzeichen für einen 25 km-Marsch, L&S 01. August 1938.

der Partei beteiligten. Auch in den schulischen Bereich drängten sich die Aktivitäten der HJ unwidersprochen.[996]

Ein zentrales Anliegen der Partei war die Schaffung eigener HJ-Heime in jedem Ortsverband, um „die deutsche Jugend körperlich, geistig und sittlich im Geiste des Nationalsozialismus zum Dienste am Volk und zur Volksgemeinschaft zu erziehen".[997] Dazu stiftete der Starnberger Stadtrat schon im Oktober 1934 einen Platz aus städtischem Besitz zum Bau einer Blockhütte und gewährte ein Darlehn von 300.- RM.[998] In einem flammenden Appell an die Einwohnerschaft Starnbergs rief Buchner im September 1937 seine Mitbürger dazu auf, in Gemeinschaftsarbeit „unseren Jungen und Mädeln ein Hitler-Jugendheim" zu schaffen.[999]

Grundsteinlegung für das HJ-Heim in Gauting am 13. Februar 1938
(CI4; Gemeindearchiv Gauting)

In der Gemeinde Berg am Starnberger See konnte am neu geschaffenen Otto-Nippold-Platz das dortige HJ-Heim in Anwesenheit des stellvertretenden Gauleiters Nippold, des Kreisleiters Buchner, des Bürgermeisters Sudholt, des Bannführers Karbatsch und des Unterbannführers Wiedemann feierlich seiner Bestimmung übergeben werden. Auch hier stellte die Gemeinde den Grund zur Verfügung und trat sogar als Bauherrin auf.[1000]

996 Beispielsweise bei der Schulabschlussfeier der Volksschule Oberalting, zu der JV, HJ und BDM mit Marschlied und Wimpeln einmarschierten. AR 04. April 1936.
997 L&S 28. Juni 1937.
998 L&S 31. Oktober 1934.
999 L&S 02. September 1937.
1000 L&S 29. Juni 1936.

Feldafing zog im Februar 1937 nach und schuf Räume für ein HJ-Heim durch einen Anbau an das Schulhaus, der aus der Gemeindekasse finanziert wurde.[1001]
Auch in Gauting war die Gemeinde Trägerin des Heimbaus. Während Handwerker und Bürger Arbeitskraft und finanzielle Mittel zur Verfügung stellten, um an der Münchner-Straße im Anschluss an die Turnhalle ein großzügiges, zweigeschossiges Gebäude mit Appell- und Turnplatz zu bauen,[1002] dauerte es doch bis zum 13. Februar 1938, bis die Grundsteinlegung für das HJ-Heim stattfinden konnte.[1003]

Percha als eher kleine Gemeinde baute sich mit freiwilligen Spenden ein „Gemeinschaftshaus", in dem auch für HJ und BDM Räume vorgesehen waren.[1004]
Der Starnberger zweite Bürgermeister Vonwerden informierte in seinem „Bekenntnis durch geleistete Arbeit und Tat", dass außerdem Unterbrunn, Frieding, Perchting, Breitbrunn, Leutstetten, Hechendorf und Gilching bereits ein Heim für die Hitler-Jugend besaßen, in Erling, Herrsching, Oberpfaffenhofen, Machtlfing und Hochstadt wiederum solche Häuser in Planung seien.[1005]
Ein ungenannter Herrschinger hatte sich erbarmt und im Mai 1936 ein Konto „HJ-Heim Herrsching" eingerichtet, über dessen unspektakuläre Entwicklung in der Presse in unregelmäßigen Abständen berichtet wurde.[1006] Es bedurfte dann der Großzügigkeit Fritz Reinhardts, um die Idee eines eigenen HJ-Heimes verwirklichen zu können. Er überließ Grund in seinem Herrschinger Besitz, nachdem er als Staatssekretär nach Berlin übergesiedelt war, der Reichsjugendführung.[1007] Mit Spenden allein hätte die Gemeinde, die es bis dahin auf einen Kontostand von 2089.98 RM gebracht hatte,[1008] noch lange nicht geschafft. So aber konnte am 17. April auch in Herrsching ein eigenes HJ-Heim bezogen werden.[1009]

Zum Kreistag 1938 wurden im Kreisgebiet 549 Hitlerjungen gezählt. Sie waren im Stamm III/325 zusammengefasst und wurden von Ulrich Schneeberger[1010] geführt. Es gab die Sondereinheiten Marine-HJ, Flieger-HJ und Motor-HJ, die dazu dienen sollten, den Nachwuchs von Marine, Luftwaffe und Kraftfahrtruppe mit vorgeschulten Kräften sicherzustellen.[1011] Speziell die Flieger-HJ konnte größere

---

1001 L&S 23. Februar 1937.
1002 L&S 28. Juni 1937.
1003 L&S 11. Februar 1938.
1004 L&S 18./19. September 1937.
1005 L&S 15./16. Juni 1938.
1006 Zum ersten Mal AR 23. Mai 1936. Weiter beispielsweise 30. Mai, 20. Juni, 27. Juni, 04. Juli - zu diesem Zeitpunkt hatte man 256,05 RM eingenommen, erwartete aber Kosten von ca. 15.000.- RM.
1007 AR 06. Februar 1937.
1008 AR 13. Februar 1937.
1009 AR 24. April 1937.
1010 StAM SpKA K 4639 Ulrich Schneeberger. Schneeberger war Volksschullehrer und am 01. Mai 1933 Parteimitglied geworden. Der Bürgermeister von Percha und der Ortsvorsteher von Wangen attestierten ihm, er habe keinerlei Parteifunktion übernommen; Vorprüfungsausschuss vom 02. August 1946. Auch der Wangener Expositus Max Mangold bescheinigte Schneeberger, dass trotz wiederholter Bemühungen der Partei „hier kein HJ-Betrieb möglich" war dank seiner Tätigkeit; Max Mangold vom 01. Oktober 1945.
1011 L&S 24. Juni 1938.

Erfolge vorweisen, da ihr Mitglied Helmut Wenninger aus Starnberg wiederholt bei Wettbewerben im Bau von Flugzeugmodellen Preise nach Hause holte.[1012]

Bund deutscher Mädel, Umzug zum 01. Mai 1937 in Herrsching
(Archiv der Gemeinde Herrsching)

Erste Ringführerin des Bundes Deutscher Mädel wurde Dorle von Stryck aus Gauting, ihre Nachfolgerin im März 1934 Käthe Rheindorff aus Tutzing. In Tutzing fand auch das erste Ringtreffen der `Mädel´ aus dem Kreis Starnberg am 12. und 13. Mai 1934 statt, bei dem die Gauführerin die Wimpel des BdM und der JM weihte. Im Oktober 1934 übernahm Mariele Streitberger die Führung des Rings Starnberg III/325.[1013]

Käthe Buchner wurde 1932 Mädelschaftsführerin für den Kreis Starnberg. Noch vor der `Machtergreifung´ bewies sie ihre Einsatzbereitschaft beim Verteilen von Flugblättern und bei der tätigen Mithilfe in den Wahlkämpfen.[1014] Die 1904 geborene jüngere Schwester des Kreisleiters war 1930 der Partei beigetreten, verließ sie aber aus finanziellen Gründen 1934, um 1938 erneut Mitglied zu werden. In-

1012 L&S 25./26. Juni 1938.
1013 L&S 15./16. Juni 1938. Darin auch eine Kurzbiographie Mariele Streitbergers: „12. März 1914 in Starnberg geboren, Besuch der Volksschule, anschließend Lyzeum und zur Berufsausbildung Riemerschmidsche Handelsschule in München. 1932 absolviert; anschließend Ausbildung im Haushalt-1933 Anstellung bei der Kreisleitung der NSDAP, Starnberg; Juli 1933 Eintritt in BDM, 24. Februar 1934 als Mädelschaftsführerin vereidigt; Oktober 1934 zur Scharführerin ernannt; zur gleichen Zeit mit der Führung des Ringes III 7 325 beauftragt-im Januar 1935 die Führung der Gruppe 11/325 Starnberg übernommen."
1014 L&S 15./16. Juni 1938.

zwischen arbeitete sie seit 1935 als Kontoristin bei der NSV Kreisleitung in Starnberg, wo sie es bis zur Kreisstellenleiterin brachte. Als BDM-Führerin organisierte und veranstaltete sie nicht nur Ausflüge und Gruppenstunden, sondern wirkte „auch im nationalsozialistischen Sinne auf die Mädels ein“.[1015]

Der BDM bereitete seine Mitglieder nicht nur auf deren Rolle als zukünftige Frauen und Mütter vor, sondern mischte sich auch mit Stimmungsmache gegen Missliebige in die Parteiarbeit ein. Ein vom Perchtinger Bürgermeister Georg Schmid verteiltes Hetzgedicht gegen die katholische Kirche, das der BDM in den Straßen sang, forderte im Refrain „Deutsche Männer, deutsche Frau´n, haut das schwarze Lumpenpack zu Brei,“ drohte „die Faust in seine Fresse dem schwarzen Hetzkaplan“ und endete mit der Feststellung: „Erst wenn er baumelt in der Luft sind wir erlöst vom schwarzen Schuft.“[1016]

Die Frauenschaft (NSF)

„Mit Schrecken erinnert man sich an die Zeiten, in denen Frauen sich politisch betätigten [...] Dem Nationalsozialismus war es vorbehalten, die Frau wieder zu ihrer ureigensten Mission, zu ihrem hohen Beruf zurückzuführen und Klarheit zu schaffen über die verschiedenen, sich gegenseitig ergänzenden Aufgabengebiete von Mann und Frau.“ So schwärmte Kreispropagandaleiter Eberhard Kreysern von der Tätigkeit der NS-Frauenschaft allgemein und lobte dann die Arbeit der Starnberger Frauenschaftsleiterin Martha Lohn als „unermüdlich und unverdrossen“.[1017]

Lohn, 1888 in Köln geboren, war 1932 der NSDAP beigetreten und im gleichen Jahr von München nach Starnberg übersiedelt. Da sie dort niemanden kannte, besuchte sie mehrfach Versammlungen der NSDAP-Ortsgruppe und lernte dabei maßgebliche Parteimitglieder kennen, die sie 1933 überredeten, die Führung der Starnberger Frauenschafts-Ortsgruppe zu übernehmen. Zugleich wurde sie stellvertretende Kreisfrauenschaftsleiterin, in welcher Rolle sie aber nur „büromäßige Arbeiten“ erledigt haben will.[1018]

Auf Kreisebene drehte sich alles um die Kreisleiterin Sibylle von Druffel-Egloffstein, der noch zu ihrem 65. Geburtstag bescheinigt wurde, sie scheue nicht „Wind

---

1015 Anlage zum Spruch vom 04. Dezember 1847, StAM SpKA K 4557 Käthe Buchner. In dieser Verhandlung wurde Käthe Buchner noch wegen Denunziation eines Soldaten im Februar 1945 zu 1 ½ Jahren Arbeitslager verurteilt. In der Berufungsverhandlung am 18. Februar 1949 wurde der vorausgegangene Spruch aufgehoben und Käthe Buchner in die Gruppe der Mitläufer eingereiht.

1016 Vernehmung des Georg Schmid, Perchting, vom 27. September 1946, StAM SpKA K 4637 Georg Schmid.

1017 L&S 09. September 1935.

1018 RA König an Spruchkammer Starnberg vom 26. März 1948, StAM SpKA K 4610 Martha Lohn. In einem Geburtstagsgruß liest sich ihre Biographie zeitgenössisch folgendermaßen: „Kein Wunder also, daß Frau Lohn frühzeitig zur NSDAP stieß-nicht nur als Parteigenossin, sondern als einsatz- und opferbereite Nationalsozialistin, als eine Aktivistin, die unbeirrbar ihren Weg ging [...] Neben all den Fähigkeiten, die Frau Martha Lohn in den Jahren ihrer Mitarbeit an den Tag legte, hat sie sich als eine der besten und beliebtesten Rednerinnen entfaltet, die nicht nur innerhalb unseres Kreisgebietes Starnberg, sondern im gesamten gaugebiet mit Erfolg eingesetzt wurde.“ L&S 13. Oktober 1938.

und Wetter, um von Ortsgruppe zu Ortsgruppe zu wandern und uns weltanschauliches Gut zu veranschaulichen".[1019] Sie trat im gesamten Kreisgebiet regelmäßig als Rednerin auf und warb für die Sammlungen der NSV und des WHW, das Hilfswerk \`Mutter und Kind´ sowie die Kinderlandverschickung.
Die NS-Frauenschaft[1020] im Kreis Starnberg entwickelte sich aus dem Opferring und hatte 1932 ca. 80 Mitglieder. Schon 1933 war die Zahl „treuer Kämpferinnen für die nationalsozialistische Weltanschauung" auf ca. 400 Frauen in 14 Ortsgruppen angewachsen. Im Jahr 1935 listet die Parteistatistik reichsweit 136.197 Parteigenossinnen als Mitglieder auf und benennt auch gleich die Ursache für die relativ geringe Quote: „Diese niedrige Zahl der weiblichen Mitglieder erklärt sich ohne weiteres dadurch, daß die Partei kämpferischen und politischen Charakter trägt und damit naturnotwendigerweise im wesentlichen Männer zur tätigen Mitarbeit an sich zog."[1021] Bis 1936 zählte die NSF in 16 Ortsgruppen ungefähr 1.500 Anhängerinnen, die mit dem Ziel geschult wurden, „in unserem Volk ein frohes, mutiges, gesundes und pflichtbewußtes Frauentum heranzubilden, das bereit ist, für diese Nation zu opfern und befähigt ist, den Nationalsozialismus in seinen Familien zu verankern zum Wohle der kommenden Generationen".[1022]

1938 besaß der Kreis Starnberg 17 Frauenschaften mit annähernd 2.000 Mitgliedern. Auch diese erhielten eine nachhaltige nationalsozialistische Ausbildung und wurden in vielfältigen Kursen geschult: Die Reichs-Mütter-Dienst-Kurse vermittelten Kenntnisse in der Säuglings- und Krankenpflege, dem Kochen, Nähen und der Kindererziehung und dienten der \`Ertüchtigung´ der Mütter. Volks- und Hauswirtschaftskurse brachten den Hausfrauen für „Familie, Volkswohl und Volkswirtschaft zweckmäßiges haushalten" bei. Beauftragte des Hilfswerkes \`Mutter und Kind´ berieten und betreuten werdende Mütter und Mütter mit Kleinkindern. Im Rahmen der Arbeiten für das WHW führten die Frauen Sammlungen für Kleider, Wäsche und Lebensmittel durch, flickten Kleidungsstücke und strickten unzählige Strümpfe.[1023] Lichtbildervorträge warben für die Erfüllung des Vierjahresplanes.[1024]
Die einzelnen Sprechabende der NSF waren zur \`moralischen Aufrüstung´ und zur Stärkung des nationalsozialistischen Weltbildes gedacht. Meist kam eine Rednerin oder ein Redner von außerhalb und legte in einem „tiefgründigen Vortrag"[1025] den Zuhörerinnen auseinander, wie sie ihre Rolle als \`Deutsche Frau´ parteikonform am effektivsten ausfüllen konnten. Es sei ihre Pflicht, die Kinder „zur neuen Gesinnung" zu erziehen und im WHW mitzuarbeiten, da es die Aufgabe der Frauen sei,

1019 AR 02. Oktober 1937.
1020 Vgl.: Livi, Massimiliano: Gertrud Scholtz-Klink. Die Reichsfrauenführerin, Münster 2005.
1021 Reichsorganisationsleiter der NSDAP (Hrsg.): Parteistatistik. Stand 1. Januar 1935, S. 12. Männliche Parteimitglieder gab es zum gleichen Zeitpunkt 2.493.890.
1022 L&S 23./24. Mai 1936.
1023 L&S 21. Juni 1938.
1024 Vgl. Kershaw, Hitler, S. 558 f.
1025 AR 09. Mai 1936, Vortrag der Pgn. Endrucks, Kreisrednerin und Frauenschaftsleiterin von Gilching, die zum Thema „Nationalsozialistische Wirtschaftsgesinnung" sprach.

nicht nur materielle Not zu lindern, sondern besonders seelische Unterstützung zu bieten.

Parteigenossin Marie Janssen

Die Herrschinger Künstlerin Marie Janssen nahm ihre Parteiposten sehr ernst.[1026] Sie bemühte sich, ihre vielfältigen Aufgaben als Leiterin der Frauenschaft, der NSV, des WHW und der Kinderschar gerecht zu werden und arbeitete für andere Organisationen wie DAF und Kolonialamt.[1027] In enger Absprache mit der Kreisfrauenschaftsleiterin von Druffel veranstaltete sie regelmäßige Gruppenabende, bestellte die Frauen zu Näh- und Flickkursen ein, lud zu Referaten unterschiedlichster Themen und richtete jahreszeitlich oder parteipolitisch bedingte Festlichkeiten aus. Über diese Aktivitäten hielt sie die Presse auf dem Laufenden[1028] wie sie auch in deutlichem Ton auf diesem Wege die Parteigenossinnen auf ihre Pflichten aufmerksam machte.[1029] Zur Unterhaltung und geflissentlichen Bildung hielt sie eine Bücherei für die NS-Frauenschaft vor.[1030]

Von den mannigfachen Aufgaben, die für sie eher ungewohnt waren, überfordert, fiel der Revisionsbericht der Gaukassenverwaltung vernichtend aus. „Die eingehende Prüfung konnte als Schlussergebnis nur eine grenzenlose Schlamperei innerhalb der gesamten Kassengeschäfte festhalten." Der Revisor fügte jedoch an: „Zur Begründung der Entlastung der Pgn. Marie Janssen diene folgendes: Pgn. Janssen ist von Beruf Künstlerin und daher auf verwaltungstechnischem Gebiet Laie."[1031] Aber sie war nicht die einzige, deren Buchführung die Revisoren verzweifeln ließ. Auch in anderen Ortsgruppen gab es erhebliche Mängel.[1032]

1026 Marie Janssen kam 1876 in Paris auf die Welt und verbrachte als Tochter eines Hamburger Textilkaufmanns zusammen mit ihren drei Geschwistern eine wohlbehütete Jugend in Frankreich und Italien. Seit 1905 lebte die Familie in München-Solln. Marie gründete mit ihren Schwestern Magda und Sofia die zeitweise sehr bekannten Sollner Puppenspiele. Zu ihrem Bekanntenkreis gehörten Arthur Kutscher, Ricarda Huch und Otto Falckenberg. Alle drei Frauen hatten künstlerische Ambitionen, aber nie einen Brotberuf gelernt, weshalb sie von der Inflation schwer getroffen wurden. Nach Verlust der angelegten Vermögenswerte zogen die Schwestern nach Herrsching. Nachlass Janssen, Archiv der Gemeinde Herrsching.

1027 Chronik der Sollner Puppenspiele, der Herrschinger Handpuppenspiele und zum Lebensbild der drei Schwestern Janssen, Münchner Stadtmuseum Abtlg. Puppentheatermuseum.

1028 Z.B. AR 16. September 1933.

1029 Z.B. AR 09. Februar 1935: „Am Sonntag veranstaltet der Reichsnährstand eine Kundgebung zu Gunsten der Erzeugungsschlacht. Es ist besonders auch für die Frauen wichtig, über diese Maßnahme gründlich Bescheid zu wissen, und es sollten möglichst alle NS.Frauen die Veranstaltung besuchen. Ich erwarte daher ein zahlreiches Erscheinen der Mitglieder der NS-Frauenschaft."

1030 Bücherbestand der Bücherei der NS Frauenschaft Ortsgruppe Herrsching/Ammersee, StAM NSDAP 2773.

1031 Ergänzungsbericht zur Revision bei der Ortsgruppe der NS Frauenschaft vom 20. Mai 1936, StAM NSDAP 2773. - Als Konsequenz übernahm Carola Mark die Kassenführung, AR 30. Mai 1936.

1032 Z.B. Bericht über die Revision der Stützpunkt-Amtsleitung Erling der NS-Frauenschaft vom 01. November 1937: „In den Jahren 1934 und 1935 sind keine Einnahmebelege vorhanden, nicht einmal Unterlagen hiezu. Ausgabenbelege wurden nur selten angefertigt und nur unzulänglich. [...] Auch stimmen die Eintragungen ins Kassenbuch des öfteren nicht mit den vorhandenen Belegen überein." StAM NSDAP 2773.

Marie Janssen war nach einer wohlbehüteten Jugend auf gesellschaftlich hohem Niveau aus der noblen Münchner Künstlerkolonie herausgefallen und musste sich im „provinziellen" Herrsching einrichten. Die Schwierigkeiten, sich hier als Künstlerin, die von ihrer Hände Arbeit leben musste, durchzusetzen, waren erheblich. Als Zugeständnis an die Zeitumstände stellte sie „Hitler-Medaillen, ca 30 x 30 cm in rotem oder gelblich weißem gebrannten Ton" als Wandschmuck her. „Wenn wir es über unserem Schreib- oder Arbeitstisch hängen sehen, so schöpfen wir täglich aus seinem Anblick neuen Mut und frische Kraft zur Tat!"[1033] Durch ihre Arbeit für die Partei erreichte sie, wenn nicht gesellschaftliche Anerkennung, so doch eine gewisse Geltung, die ihr Bedürfnis nach Anerkennung befriedigte.

Die Herrschinger NS-Frauenschaft, erste Reihe 3. und 4. von links: Sophie und Marie Janssen, Frauenschaftsleiterin (undatiert; Archiv der Gemeinde Herrsching)

Obwohl sie als gebildete und anspruchsvolle Frau gelten kann, bleibt ihr Resümee über die Jahre der NS-Herrschaft erschreckend: „Und ich muß heute sagen, daß, wäre nicht diese furchtbare Entgleisung der Partei in den Juden- und Kirchenverfolgungen gewesen, von denen, das muß ich hier betonen, wir in unserem Starnberger Kreis nichts wußten, sonst wären von allen meinen Frauen und meinen Kolleginnen ebenso wie ich wohl kaum eine dabeigeblieben. Wäre, wie gesagt, das

1033 Nachlass Janssen, Handzettel; darin erwähnt sie ihre eigene prekäre wirtschaftliche Lage; außer dem Medaillon werden auch Plaketten „zum Anhängen an die Uhr oder am Hals zu tragen" angeboten. Archiv der Gemeinde Herrsching. Abbildung auch L&S 17. Juni 1938.

nicht gewesen, ich wüßte nicht, was der Zeit des Dritten Reiches vorzuwerfen gewesen wäre. Wie viele segensreiche Einrichtungen wurden da geschaffen, und daß die Kultur vernachlässigt oder gar vergewaltigt worden wäre, das habe ich nie gemerkt. Natürlich wurde Auswüchsen entgegengetreten, aber wer wirklich ernst im künstlerischen Sinn arbeitete, der wurde nicht gehemmt."[1034] Diese Unfähigkeit, das eigene Tun während der Zeit der NS-Herrschaft kritisch zu hinterfragen und die eigene - unterstützende und fördernde - Rolle zu reflektieren betrifft nicht nur Marie Janssen, die sonst zwölf intensive, ereignis- und arbeitsreiche Jahre aus ihrer Biographie hätte streichen müssen.

Die NS-Volkswohlfahrt (NSV)

Die NS-Volkswohlfahrt wurde 1932 als eingetragener Verein von der NSDAP gegründet und 1933 zur Parteiorganisation erhoben. Diese Wohlfahrtsorganisation übernahm nach dem Verbot der Arbeiterwohlfahrt deren soziale Aufgaben.[1035] Sie finanzierte sich aus Mitgliederbeiträgen und Spenden. Zu ihren bekanntesten und weitest verbreiteten Hilfswerken gehörten das Hilfswerk „Mutter und Kind" mit seinen Mütterberatungsstellen und die „Adolf-Hitler-Freiplatzspende".[1036] Die NSV organisierte die „Urlaubsverschickung erholungsbedürftiger Mütter [...], die erbbiologisch wertvoll" eingeschätzt wurden.[1037] Mit NSV-Kindergärten und von NSV-Schwestern geführten Gemeindepflegestationen war sie reichsweit lokal vertreten.

Das Winterhilfswerk (WHW)[1038]

Das Winterhilfswerk (WHW) als Unterorganisation der NSV war eine Stiftung öffentlichen Rechts, die Sammlungen von Sach- oder Geldspenden durchführte, um sie direkt bedürftigen `Volksgenossen´ zukommen zu lassen oder über die NSV zu verteilen. Erstmals im September 1933 rief Hitler zur Eröffnung des Deutschen Winterhilfswerkes auf. Mit unterschiedlichen Aktionen wurde die Stiftung unterstützt: Sammlung von Kleidern, die an Notleidende verteilt wurden; Verteilen von Tüten für `Pfundspenden´, die in den Haushalten mit haltbaren Lebensmitteln gefüllt und an Einkommensschwache weitergeben wurden; Losverkäufe; Veranstaltung von sportlichen Wettkämpfen - beispielsweise `Opferschießen´, bei dem ein

1034 Chronik der Sollner Puppenspiele, der Herrschinger Handpuppenspiele und zum Lebensbild der drei Schwestern Janssen, Münchner Stadtmuseum Abtlg. Puppentheatermuseum.

1035 Vgl.: Klaffl, Kathrin: Freie Wohlfahrtsverbände, in: Historisches Lexikon Bayerns, URL: http://www.historisches-lexikon-bayerns.de/Lexikon/Freie Wohlfahrtsverbände (09. April 2012); Hoser, NSDAP.

1036 Bei dieser Aktion handelte es sich um einen Urlaub, der von einer Stadt oder Gemeinde für einen „alten Kämpfer", für einen „hilfs- und erholungsbedürftigen Angehörigen der Bewegung" auf eigene Kosten zur Verfügung gestellt wurde. Vgl. beispielsweise AR 06. April 1935 und AR 21. Mai 1938.

1037 AR 12. Januar 1935.

1038 Vgl.: Hansen, Eckhard: Wohlfahrtspolitik im NS-Staat: Motivationen, Konflikte und Machtstrukturen im „Sozialismus der Tat" des Dritten Reiches, Augsburg 1991; Vorländer, Herwart: Die NSV. Darstellung und Dokumentation einer nationalsozialistischen Organisation; Boppard am Rhein 1988.

bestimmter Betrag des Schützeneinsatzes `freiwillig´ gespendet wurde - ; Ausrichten von Theater- und Konzertabenden und Ausstellungen[1039] zugunsten des WHW; Spenden von `Strickopfern´, bestehend aus Mützen, Handschuhen, Schals, Socken, Sturmhauben und Pullovern; Straßensammlungen mit immer wechselnden Abzeichen, so dass man erkennen konnte, wer bei der neuesten Kollekte schon beteiligt war;[1040] Aufstellen von Sammeldosen in Geschäften und Lokalen; und nicht zuletzt das Befolgen des `Eintopfsonntags´, an dem, wie der Name sagt, ein einfaches Gericht gegessen wurde und der Differenzbetrag zum sonst üblichen Sonntagsbraten dem WHW zur Verfügung gestellt werden sollte, eine Maßnahme, die von Parteifunktionären auch öffentlichkeitswirksam inszeniert werden konnte. Die Spende wurde noch am gleichen Tag von Freiwilligen, die von Tür zu Tür gingen, eingesammelt. Wurde man nicht zu Hause angetroffen, konnte es passieren, dass die Sammler auch mehrmals kamen.[1041]

Leise gingen diese Aktionen nicht von statten. Das Winterhilfswerk wurde von einer öffentlich ausgestrahlten Rundfunkrede Hitlers eingeläutet. Die Berichte über das WHW waren in einer martialischen Diktion abgefasst, um den Ernst der Situation und die Wichtigkeit des Unternehmens zu betonen. So war die Rede vom „letzten Kampfabschnitt" und dem „letzten Ansturm gegen den Feind", um die „Winterhilfsschlacht" zu gewinnen.[1042] Die „Meldung über eingegangene WHW-Spenden", die die „Andechser Rundschau" für den westlichen Bezirk Starnbergs mit Namen und Beträgen veröffentlichte, führte aber doch zu weit, denn hier wurden auch einmalige Zahlungen von 2,50 RM bzw. Raten von 0,50 RM vermerkt.[1043] Diese Praxis wurde „auf öffentlichen Wunsch der Spender" sofort wieder eingestellt und durch einen allgemeinen Dank an die Geber ersetzt.[1044]

Punkten konnte die NSV, wenn sie soziale Aufgaben, die die Gemeinden nicht stemmen konnten, übernahm. Im Falle Herrschings kam ihr die großzügige Überlassung eines Hauses durch Madeleine Ruoff[1045] zugute, die eines ihrer Anwesen in der damaligen Fritz-Reinhardt Straße als NSV-Kindergarten[1046] der Gemeinde übergab.[1047] Madeleine Ruoff betätigte sich auch in der Folgezeit als Gönnerin

1039 Als Beispiel für das breite Spektrum an Möglichkeiten: „Ausstellung des Kaninchenzuchtvereins Starnberg zugunsten des WHW" in: L&S 19./20. November 1938.
1040 Zu Beginn des Jahres 1935 wechselte beispielsweise das Abzeichen von einer „Spitzenrosette"-AR 05. Januar 1935-über eine „Chrisantheme" [sic]-02. März 1935-zu einem „Edelweiß"-16. März 1935-und einem „Märzveilchen"-30. März 1935.
1041 AR 23. Februar 1935.
1042 L&S 21. Februar 1934.
1043 AR 20. November 1937.
1044 AR 27. November 1937.
1045 Madeleine Ruoff, geb. am 16. Oktober 1887 in Christiana New Castle, Delaware USA, als Tochter des Multimillionärs und Großmagnaten Alfred Irénéé Dupont, lebte zeitweise in Herrsching und betätigte sich als Gönnerin der Gemeinde. Ihre Bewunderung für den Nationalsozialismus brachte ihr in der Nachkriegszeit Schwierigkeiten mit ihrem Heimatland USA ein. 1962 erhielt Madeleine Ruoff die „Goldene Bürgermedaille" der Gemeinde Herrsching.
1046 Das in der heutigen Seestraße gelegene Haus beherbergte auch nach dem Krieg lange Jahre den Gemeindekindergarten; inzwischen ist dort der gemeindliche Kinderhort untergebracht.
1047 AR 09. Oktober 1937.

Herrschings und stellte ihr Haus `Schönblick´, direkt an der Seepromenade gelegen, als NSV-Mütterheim zur Verfügung, in dem Mütter mit kinderreichen Familien für vier Wochen Erholung fanden.[1048]

Werbekarte für das WHW im Winter 1937/38, Oktober-Aktion
(Chronik A. Menzel 1937; Archiv der Gemeinde Herrsching)

1938 hatte der Kreis Starnberg außer dem Herrschinger Kindergarten noch ein NSV-Mütterheim mit 70 Betten in Söcking, ein Mütterheim in Herrsching mit 12 Betten, ein Kinderheim in Tutzing für 50 Kinder und in Herrsching-Wartaweil für 60 Kinder, außerdem eine NSV-Oberinnenschule in Tutzing und ein NSV-Schwesternheim in Herrsching.[1049] Hier schuf sich die Bevölkerung mit Spenden und Gemeinschaftsarbeit am Starnberger See auch noch ein NSV-Gemeinschaftsbad „zur körperlichen Erholung und Erfrischung".[1050]

1048 AR 02. Januar 1938.
1049 AR 21. Mai 1938.
1050 AR 18. Juni, 02. Juli, 09. Juli 1938.

Als reine Propagandaaktion, die die Mallersdorfer Schwestern[1051] diskreditieren sollte, ist die Übernahme des Gautinger Kinderheims durch die NSV zu werten. Sie wurde veranlasst, weil sich die Pfleglinge „in einem unbeschreiblichen Zustand der Verwahrlosung" befunden haben sollen.[1052]

Mütterheim der NSV bei Pöcking (heute Tabaluga-Heim)
(Postkarte, undatiert; Stadtarchiv Starnberg)

Die Deutsche Arbeitsfront (DAF)[1053]

Die Deutsche Arbeitsfront wurde den Starnbergern wie folgt vermittelt: Sie ist „im Gesetz zur Ordnung der nationalen Arbeit verankert und die Wahrerin des sozialen Friedens. Darüber muß sich auch jeder klar sein, daß die Deutsche Arbeitsfront die sozialistische Willensträgerin der Partei ist. Sie löst die sozialen Aufgaben des deutschen Volkes und erzieht die Volksgenossen zur deutschen Volksgemeinschaft." In der DAF waren durch das „Gesetz zur Ordnung der nationalen Arbeit" vom 20. Januar 1934 alle Angestellten- und Arbeiterverbände zwangsintegriert. Die Mitglieder wurden in einer Kartei geführt, die es der Organisation ermöglichte,

1051 Die „Armen Franziskanerinnen von der Heiligen Familie" sind ein 1855 gegründeter römisch-katholischer Frauenorden, der sich der Armen- und Krankenpflege und der Erziehung gewidmet hat. Das Mutterhaus ist das Kloster Mallersdorf im Markt Mallersdorf-Pfaffenberg zwischen Regensburg und Landshut.

1052 L&S 16./17. November 1937.

1053 Vgl.: Schumann, Hans-Gerd: Nationalsozialismus und Gewerkschaftsbewegung: die Vernichtung der deutschen Gewerkschaften und der Aufbau der „Deutschen Arbeitsfront", Hannover u.a. 1958; Smelser, Roland: Robert Ley. Hitlers Mann an der „Arbeitsfront"-eine Biographie, Paderborn 1989.

über deren Wohn- und Arbeitsplatz jederzeit und problemlos Auskunft zu erhalten. Alle Anträge auf Kranken-, Erwerbslosen-, Heirats-, Invaliden-, Notfall- und Sterbegeldunterstützung liefen in der Verwaltungsstelle der DAF zusammen.[1054]

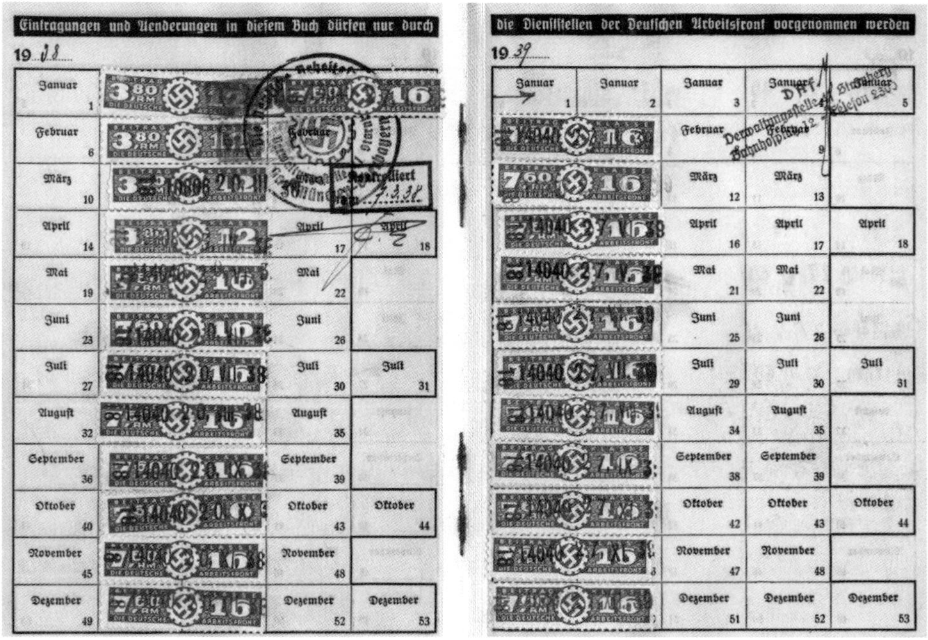

DAF-Mitgliedsheft mit geklebten Marken als Nachweis für die Bezahlung, 1938 (Privatbesitz)

Seit Januar 1931 gab es die nationalsozialistische Betriebszellenorganisation (NSBO), die gewerkschaftliche Organisation der NSDAP. Eine erste Ortsgruppe entstand in Starnberg unter der Leitung des Parteigenosse Johann Koller. Weitere Ortsgruppen entwickelten sich in Gauting, Tutzing und Herrsching, so dass die NSBO bis zur Machtübernahme 156 Mitglieder besaß. Bis zum August 1933 waren es 600 Mitglieder. Nach Auflösung der Gewerkschaften wurden deren ehemalige Mitglieder in der DAF zusammengefasst. Am 01. Juli 1934 eröffnete in Starnberg eine Geschäftsstelle der DAF. Sie betreute zu diesem Zeitpunkt 2600 Mitglieder und ihr waren verschiedene Ämter wie `Kraft durch Freude´ (KdF), Rechtsberatung, Kreisbetriebsgemeinschaften, Gesundheitsamt, Jugendamt, Frauenamt, Berufserziehung, `Arbeitsdank´, Schulungsamt und Abteilung `Arbeitsopfer´ angegliedert.[1055] Betriebsführer wurden aufgefordert, nur in der DAF organisierte Gefolgschaftsmitglieder zu beschäftigen, ebenso wie Bürgermeister und Behörden angehalten waren, nur mit Betrieben zusammenzuarbeiten, deren Belegschaft

1054 L&S 27. Mai 1936.
1055 L&S 23./24. Mai 1936.

vollständig der DAF angehörten.[1056]
Die DAF-Kreisstelle gab sich besonders rührig und ihre „annähernd 400 Mitarbeiter“ waren dafür zuständig, dass sich möglichst viele Unternehmen am „Leistungskampf der Deutschen Betriebe“ beteiligten und sogenannte Gaudiplome erzielten, d.h. nationalsozialistisch angepasste Musterbetriebe errangen eine Prämierung. Das gleiche galt für den `Reichsberufswettkampf', der seit 1934 ausgetragen wurde. Anfänglich wurden in Zusammenarbeit mit der HJ, dem Studentenbund und dem BDM nur Jugendliche ausgezeichnet, seit 1938 beteiligten sich auch Erwachsene.[1057] 1937 traten 45 Betriebe des Kreises Starnberg zum Leistungswettkampf an, um ihre „vorbildliche Berufserziehung, vorbildliche Sorge um die Volksgesundheit, vorbildliche Heimstätten und Wohnungen“ unter Beweis zu stellen.[1058] Zur der Kreistagung 1938 konnte man stolz von 567 Teilnehmern berichten, aus denen vier Kreissieger ermittelt wurden.
Der Kreisobmann Josef Brummer informierte über die zahlenmäßige Entwicklung im Kreisgebiet. Von 4.891 Mitgliedern im Jahr 1937 war die Anzahl 1938 auf 5.839 gestiegen, ebenso die Anzahl der Betriebe von 14 auf 27 im Jahr 1938. Als Hilfen, die die DAF ihren Mitgliedern gewährte, zählte er auf: „Unterstützungen wurden geleistet bei Krankheit in 248 Fällen, bei Erwerbslosigkeit in 116, dauernde Invalidenunterstützung wird gewährt in 135 Fällen, 15 Beihilfen wurden geleistet bei Vorliegen besonderer Notlage, 19 bei Eheschließungen und 26 bei Sterbefällen. Erledigt wurden 1831 Beschwerdefälle, die Rechtsberatung trat in 152 Fällen ein und das Frauenamt der Deutschen Arbeitsfront hat nahezu 300 Volksgenossinnen in besonderen Anliegen betreut.“[1059] Damit war die DAF im gesamten Spektrum arbeitstechnischer Fragen involviert.

1056 L&S 23./24. Mai 1936.
1057 Dazu: Frese, Matthias: Betriebspolitik im „Dritten Reich“. Deutsche Arbeitsfront, Unternehmer und Staatsbürokratie in der westdeutschen Großindustrie 1933-1939, Paderborn 1991; Hachtmann, Rüdiger: Das Wirtschaftsimperium der Deutschen Arbeitsfront 1933-1945, Göttingen 2012.
1058 L&S 04. November 1937: „Summer Josef, Gastwirt Starnberg - Bader August, Metzgermeister, Starnberg - Joos & Co, Tiefbauunternehmer, Starnberg - Fischhaber Andr., Baumeister, Starnberg - Bahnmeisterei Starnberg - Gruß Hans, Seerestaurant, Starnberg - Groll Fritz, Bauunternehmer, Starnberg - Elektrizitätswerk Starnberg - Fink Xaver, Metzgermeister, Starnberg - Photohaus Wörsching, Starnberg - Neumeister Wilh., Dachdeckermeister, Starnberg - März Josef, Schlossermeister, Starnberg - Pangerl Karl, Schreinermeister, Starnberg - Tresch Jakob, Kaufmann, Starnberg - Friedinger Alois, Eisenwarenhandlung, Starnberg - Ärztliche Verrechnungsstelle, Gauting - Härlin Otto, Papierfabrik, Gauting - Schießl Bernhard, Baugeschäft, Gauting - Maschinenfabrik Gauting, Reismühlenstraße - Baier Wilh., Metallwarenfabrik, Stockdorf - Jungmeier Hans, Malermeister, Gauting - Diepold Peter, Schlossermeister, Gauting - Sterr Korbinian, Gastwirt, Gauting - Knittl Xaver, Baugeschäft, Tutzing - Blümel Josef, Spenglermeister, Tutzing - Gutsverwaltung Deixlfurt bei Tutzing - Müller Martin, Schreinermeister, Tutzing - Bodemann Wolfgang, Schlosserm., Tutzing - Rumitz Peter, Baugeschäft, Tutzing - Heck Max, Malermeister, Tutzing - Eckerl Theodor, Schlossermeister, Tutzing - Herre Paul, Gartenbau, Tutzing - Gutsverwaltung Leutstetten - Hotel Kaiserin Elisabeth, Feldafing - Hans Jakob, Waschanstalt, Feldafing - Gutsverwaltung Tiefenbrunn bei Seefeld - Gutsverwaltung Hüll bei Gilching - Gutsverwaltung Rottenried bei Gilching - Adam Hans, Dampfziegelei, Argelsried - Berchtold Ludwig, Baumeister, Erling - Klosterbrauerei, Andechs - Fleischmanns Hotel und Strandbad, Steinebach - Schneider Hans, Baugeschäft, Weßling - Darchinger Otto, Schreinermstr., Herrsching - Gutsverwaltung Schmalzhof, Starnberg.“
1059 L&S 17. Juni 1938.

`Kraft durch Freude´ (KdF)[1060]

Aber ebenso griff die DAF in die Freizeitgestaltung der Arbeitnehmer ein. `Kraft durch Freude´ war eine Unterorganisation der DAF und sollte den Parteigenossen „herrliche Tage oder köstliche Unterhaltungsstunden“ bereiten. Omnibusfahrten,[1061] Schiffsreisen, Abendunterhaltungen wie Laienspieltheater, Trachten- und Volkstumspflege oder Maitänze, Sprachkurse, Dichterstunden und Sportveranstaltungen zählten zum Repertoire der KdF. Die `KdF-Warte´ zum Preise von 10 Pfennig war bei den Dienststellen zu beziehen und unterrichtete über das Urlaubsprogramm, mit dem die Volksgenossen „in echt nationalsozialistischem Gemeinschaftsgeiste“ verreisen konnten.[1062] 1938 schickte die KdF 10.748 `Volksgenossen´ mit Omnibussen auf Fahrt, und beim „kulturellen Leistungswettstreit“ der Volkstumsgruppen gab es aus dem Kreisgebiet Starnberg neun Sieger.[1063]

Die `alten Kämpfer´-Blutorden[1064] und Goldenes Parteiabzeichen

Als eine der ältesten Parteiformationen war der Kreis Starnberg der NSDAP auf seine zahlreichen Blutordensträger sehr stolz. Den sogenannten Blutorden erhielten diejenigen, die als Angehörige der SA, der Reichskriegsflagge oder des Bundes Oberland am 09. November 1923 am gescheiterten Putschversuch Hitlers teilnahmen oder als Parteimitglieder während der `Kampfzeit´ gerichtlich massiv verfolgt, d.h. zum Tode verurteilt und begnadigt wurden, oder in Auseinandersetzungen mit dem politischen Gegner schwer verwundet wurden.[1065] Auf diese Weise wurde eine Gruppe von Putschisten zu einer verschworenen Gemeinschaft treuer Patrioten umgedeutet und ihr staatsfeindliches Handeln romantisch-heroisch erklärt. Sie gehörten nunmehr den `alten Kämpfern´ an, die zu der Elite derer stilisiert wurden, die sich zum Sterben gerüstet bis zum Letzten für die Bewegung aufzuopfern bereit gewesen waren. Diese leidenschaftlichen Parteimitglieder gehörten meist der SA an und kannten - wie auch Buchner und seine Kameraden der

1060 Dazu: Buchholz, Wolfhard: Die nationalsozialistische Gemeinschaft „Kraft durch Freude”. Freizeitgestaltung und Arbeiterschaft im Dritten Reich, ohne Erscheinungsort 1976; Baranowski, Shelly: Strength through joy. Consumerism and mass tourism in the Third Reich, Cambridge 2004; Vgl. Aly, Hitlers Volksstaat; Schallenberg, Claudia: KdF: „Kraft durch Freude“. Innenansichten der Seereisen, Bremen 2005; Howind, Sacha: Kraft durch Freude und die Illusion eines besseren Lebens: Sozialpropaganda im Dritten Reich 1933-1945, Hannover 2011.

1061 Beispielsweise am 23. September 1934 nach Garmisch und zurück für 1.80 Mark für die Mitglieder nebst Angehörigen sämtlicher Parteigliederungen in: L&S 12. September 1934.

1062 AR 13. Februar 1937.

1063 L&S 17. Juni 1938: „Aus dem Kreis Starnberg wurden geehrt: 1. Trachtengemeinschaft „Würmseer Pöcking“ - 2. Trachtengemeinschaft „d´ Hirschbergler Perchting“ - 3. Trachtengemeinschaft „Almarausch Starnberg“ - 4. Orchesterverein Starnberg - 5. Liedertafel Starnberg - 6. Liedertafel Dornierwerke Oberpfaffenhofen - 7. Liedertafel Gauting - 8. Sängerbund Herrsching - 9. Liederkranz Tutzing.“

1064 Dazu: Patzwall, Blutorden; Petzlin, Die Deutschen; Moll, Martin: Der Sturz alter Kämpfer. Ein neuer Zugang zur Herrschaftsanalyse des NS-Regimes, in: Historische Mitteilungen der Ranke Gesellschaft 5. Jg. (1992). S. 1-51; Schmidt, Christoph: Zu den Motiven „alter Kämpfer“ in der NSDAP, in: Peukert, Detlev/Reulecke, Jürgen (Hrsg.): Die Reihen fast geschlossen. Beiträge zur Geschichte des Alltags unterm Nationalsozialismus, Wuppertal 1981, S. 21-43.

1065 L&S 01. September 1938: Die Verleihung des Blutordens. Durchführungsbestimmungen des Reichsschatzmeisters.

Frühzeit der NSDAP - wenig Skrupel im Umgang mit politischen Gegnern. Sie waren in den ersten Jahren wichtige Exponenten der Bewegung und ohne ihr Engagement und ihren Fanatismus hätte Hitler sich nicht durchsetzen können. Sie stammten häufig aus einfachen Verhältnissen und erwarteten nach der \`Machtübernahme´ den, in ihren Augen nur gerechten, Lohn für die vermeintlich erlittenen Benachteiligungen und Demütigungen.[1066] In Einsicht in diese Mechanismen hielt Hitler nicht nur jährlich am 24. Februar, dem Jahrestag der Verkündung des Parteiprogramms 1920, und am 09. November, dem Jahrestag des gescheiterten Putschversuchs von 1923, eine Rede vor den \`Alten Kämpfern´, sondern bestimmte auch, dass ihnen besondere Privilegien zuteilwerden sollten. Dazu gehörte eine bevorzugte Einstellung in den öffentlichen Dienst, aber auch die Versorgung mit \`Adolf Hitler Freiplatzspenden´, die die DAF organisierte.
Das Personal des Finanzamts Starnberg setzte sich aus überproportional vielen Blutordenträgern und Altparteigenossen zusammen.[1067] Die Ortsgruppenleiter waren nämlich aufgefordert worden, stellenlose alte Parteigenossen bevorzugt in Arbeit zu bringen.[1068] Und der Reichsbahnbeamte Peter Pfab bekam „auf Grund seiner besonderen Verdienste im Kampfe um die nationale Erhebung" eine Dienstzeitverbesserung von fünf Jahren zuerkannt.[1069]
Viele dieser bewährten Haudegen waren aber nach der Etablierung der \`Bewegung´ oftmals ein Hemmschuh, da sie meist aus einem sozial unteren Milieu stammten und keine vorzeigbare Bildung besaßen, weswegen sie schwierig in der kommunalen Verwaltung einzugliedern und unterzubringen waren. Buchner soll sie deshalb sogar als seine „größten Feinde" bezeichnet haben, da sie von ihm Vorteile und Vergünstigungen forderten und sich in Parteiangelegenheiten einmischen würden.[1070]

Der Hilfsarbeiter Josef Grübl beschwerte sich noch in seinem Spruchkammerverfahren darüber, dass er seiner Ansicht nach nicht die ihm gebührende Entschädigung für seinen Einsatz für die Partei erhalten hatte. „Übrigens habe ich nach 1933 als die kleinen \`alten Kämpfer´ ganz zurückgesetzt und übergangen wurden und ich bemerkte wie sich die Herren Starnberger \`Parteibonzen´ wie Buchner, Vonwerden, Marten und viele Andere, aufblasten und ganz unsozialistisch handelten, noch immer geglaubt, daß Hitler dies alles erfahren müßte und mit eisernen Besen dreinfahren müßte."[1071] Der Fischermeister Nikolaus Gröber glaubte als \`Alter

---

1066 Kershaw, Hitler S. 633 f.
1067 Huber an Finanzamt Starnberg vom 25. Juni 1946, StAM SpKA K 4593 Alfred Huber. In einem weiteren Schreiben nennt Regierungsrat Kurt Jentsch außer Huber auch den früheren Vorsteher des Starnberger Finanzamts Hans Grundl und den Steueramtmann Christian Gerstetter. Jentsch an Spruchkammer Starnberg vom 20. Januar 1947.
1068 Gaumitteilungsblatt vom 27. April 1935, StAM NSDAP 1149.
1069 Deutsche Reichsbahndirektion München vom 05. Februar 1935, StAM SpKA K 4624 Peter Pfab.
1070 Kreuzer an Spruchkammer Starnberg vom 11. Juni 1946, StAM SpKA K 4604 Otto Albert Kreuzer.
1071 Grübl an Spruchkammer Starnberg vom 25. August 1946, StAM SpKA K 4581 Josef Grübl. - Grübl regte sich mehrfach über die vermeintliche Zurücksetzung auf: „Grübl meinte, daß den alten Kämpfern gar nicht geholfen würde. Er habe dies dem Bürgermeister Buchner und auch dem Bürgermeister Vonwerden schon des öfteren gesagt, aber zu denen könne man sagen, was man wolle, die tun was sie

Kämpfer´ das Recht zu haben, die Regelung des Bootsverleihs am Starnberger See sogar mit einer Pistole in der Hand zu seinen Gunsten beeinflussen zu können.[1072]

Andreas Stoiber, Dentist, Inhaber des Goldenen Parteiabzeichens, des Blutordens, 1934-1937 geschäftsführender Ortsgruppenleiter in Herrsching
(SpKA K 4649 Andreas Stoiber StAM)

Am 09. November, dem Gedenktag, „da das Blut der ersten Kämpfer der Bewegung an den Stufen der Feldherrnhalle floß", wurden die Namen der Parteisoldaten immer wieder memoriert: Franz Buchner, sein Bruder Josef, Max Pöhlemann, Max

wollen und dabei wird man noch dumm angeredet. Die Saukerle hocken schon drinnen und die alten Kämpfer haben Hunger leiden müssen. Sie (alten Kämpfer) wären genau so fähig, das zu tun, was die Bürgermeister tun. Feige Hunde alle miteinander." Bericht über den Vorfall Grübl vom 08. März 1934, Stadtarchiv Starnberg Personalakte Grübl.
1072 Eidesstattliche Erklärung Ernst Hausrath vom 20. September 1949, StAM SpKA K 1114 Johann Mang.

Ederer, Hans Steingrübl, Nikolaus Gröber, Sepp Ernst, Hans Koller und sein Namensvetter Hans Koller, Dr. Julius Buchmiller, der aus Holzkirchen zugezogen war, Friedrich von Reitzenstein, Albert Windisch, Andreas Stoiber, Fritz Lauche und Georg Schmid.[1073] Herrsching beispielsweise war darauf besonders stolz, eine eindrucksvolle Anzahl Parteimitglieder mit einer Mitgliedsnummer unter 100.000 zu besitzen.[1074] Aber auch Starnberg hatte vierzehn Alt-Parteimitglieder, die das „Ehrenzeichen des Führers" erhalten hatten.[1075]

Die nationalsozialistische Kriegsopferversorgung (NSKOV)[1076]

Die nationalsozialistische Kriegsopferversorgung ging aus der nach dem Ersten Weltkrieg gegründeten Kriegsopferbetreuung hervor und kümmerte sich um kriegsversehrte Frontsoldaten, die Hinterbliebenen der Gefallenen sowie um die Belange der ehemaligen Wehrmachtsangehörigen im Allgemeinen. Sie wollte gewährleisten, dass ihnen der ihnen zustehende Platz in der Gesellschaft als `Ehrenbürger der Nation´ zukam. Dazu strebte sie eine Verbesserung der Renten an, setzte sich aber auch für eine Verwendung der ehemaligen Soldaten im gegenwärtigen Arbeitsprozess ein und bewarb Siedlungsvorhaben für Frontkämpfer[1077] und die `alten Kämpfer´ der Bewegung. Für den Kreis Starnberg entstanden in der Kreisstadt selbst an der Bozener- und an der Jahnstraße Siedlungshäuser, die hauptsächlich dieser Personengruppe vorbehalten sein sollten.[1078] Am 01. April 1935 konnte das Richtfest für die „NS-Frontkämpfer- und Parteigenossen-Siedlung" auf dem ehemaligen Bernstorffschen Gelände an der Bozenerstraße, die ihre Entstehung Kreisleiter und Bürgermeister Buchner als ihrem „Erwecker und Hüter" verdankte, gefeiert werden. Finanziert wurden die sieben- bzw. neunräumigen Häuser durch ein Darlehn der Bezirkssparkasse in Höhe von 3.500.- RM, sowie einem Darlehn je in Höhe von 1.500.- RM der Regierung von Oberbayern und der

---

1073 L&S 08. November 1938.

1074 AR 11. November 1933: Freifrau v. Reitzenstein 25.028, Martha Schmid 46.736, August Pittino 46.740, Hilar Hochgesang 46.746, Karl Moldenhauer 46.750, Ludwig Schertel 56.711, Radhart Vogl 69.433, Dr. Ernst Klebs 71.109, Georg Schönberger 71.564, Luis Scheicher 71.565, Wilhelm Haug 74.157, Hugo Brandenburg 74.158, Hans Föhle 74.160, Rosa Klebs 74.162, Erika Reinhardt 74.163, Andreas Stoiber 75.540, Roland Oehme 87.925, Franz Egle 87.930, Luise Mauthner 87.933, Lena Heid 97.950.

1075 L&S 09. November 1933: „Franz Buchner, M. d. R., Dietrich Karl, Schreiner, Ederer Max, SS-Sturmführer, Grübl Josef, städt. Arbeiter, Horner Hans sen., Metzger, Jördens Willy, Major a. D., Koller Johann, Messungsbeamter, Kurz Fritz, Reichsbahnangestellter, Pöhlemann Max, Zigarrenhändler, Scherer Karl, Obersteuersekretär, Schmid Georg, Landwirt, Perchting, Schweizer Peter, Rechtsanwalt, Steingrübl, Hilfsarbeiter, Zach Leonhard, Gastwirt". Aber auch andere Orte hatten Ehrenzeichenträger: „Aus Tutzing: Richard Bauschmid. Aus Feldafing: Dr. Brubacher sen. u.[nd] seine Frau Therese, Hans Hutter und Josef Lüttich. Aus Gauting: Karl Resch, Ortsgruppenführer X. Dorsch, Ing. Ludwig, Fritz Lauche u. Ludwig Weigl. Aus Pöcking: Geheimer Kriegsgerichtsrat Haus u.[nd] Frau."

1076 Dazu: Tümmler, Holger: Hitlers Deutschland 1: Alltag im Dritten Reich. Uniformen, Abzeichen und Orden, Wolfenbüttel 2010, S. 97-101; Löffelbein, Nils: Ehrenbürger der Nation: die Kriegsbeschädigten des Ersten Weltkriegs in Politik und Propaganda des Nationalsozialismus, Essen 2013.

1077 Mühldorfer, Friedbert: Roter Frontkämpferbund, 1924-1929, in: Historisches Lexikon Bayerns, URL: http://www.historisches-lexikon-bayerns.de/Lexikon/Roter Frontkämpferbund, 1924-1929 (16. Juni 2012).

1078 L&S 27. Mai 1936.

NSKOV. Die zukünftigen Hausbesitzer konnten schon ab einem Eigenkapital von 500.- RM einsteigen, mussten aber Mitglied der NSKOV sein. Dafür bekamen sie ein Gebäude mit drei Wohnräumen einschließlich Wohnküche, einem Geräteraum, einem Badezimmer - „allein schon eine Kostbarkeit gegenüber den alten Starnberger Häusern!" - und einem Kleintierstall.[1079]

Weitere Parteiorganisationen

Reichsbund der Kinderreichen
In Tutzing wurde am 08. September 1934 eine Ortsgruppe des Reichsbundes der Kinderreichen gegründet. Dazu wurden auch der örtliche Vertreter der Kirche, Kaplan Köhle, und die Vertreterin der NS-Frauenschaft, Frau Oberlehrer Landrichinger, als aufmerksame und interessierte Zuhörer begrüßt.[1080] Dieser Verband, 1922 entstanden als Selbsthilfeorganisation zur Beratung für Familien mit mindestens vier Kindern, hatte sich Themen wie Kinderzulage, Mutterschutz und Steuerermäßigung verschrieben. Seit die Nationalsozialisten an die Macht gekommen waren, wurde der Reichsbund der Kinderreichen dem Rassenpolitischen Hauptamt der NSDAP angegliedert und der Schwerpunkt der Aufgabenstellung auf die Förderung erbgesunder, kinderreicher, deutscher Familien gelegt.[1081]

NS-Kulturgemeinde (NSKG)
Die NS-Kulturgemeinde verdankte ihre Entstehung einer Anregung Adolf Hitlers auf dem Reichsparteitag von 1927, den Alfred Rosenberg, der Schriftleiter des Völkischen Beobachters, aufgriff und im Januar 1928 als nationalsozialistische Gesellschaft für deutsche Kultur umsetzte. Rosenberg übernahm auch die Führung dieser noch im gleichen Jahr in `Kampfbund für deutsche Kultur´ umbenannten Organisation, deren Ziel eine nach nationalsozialistischen Vorstellungen geprägte Einflussnahme und Ausrichtung des kulturellen Lebens war. Dr. Hans Buchner,[1082] nicht verwandt mit dem Starnberger Kreisleiter, übernahm die Leitung der unterschiedlichen Abteilungen wie Film, Musik, Theater und Rundfunk. Der Kampfbund wurde 1934 aufgelöst und zusammen mit der Deutschen Bühne e.V. in der NSKG zusammengefasst, die wiederum der KdF unterstellt wurde.[1083]

Deutsche Bühne
Im Sommer 1933 hatte sich auch in Starnberg eine Ortsgruppe der Deutschen

---

1079 L&S 30./31. März 1935.
1080 L&S 12. September 1934.
1081 Dazu: Stephenson, Jill: „Reichsbund der Kinderreichen". The League of Large Families in the Population Policy of Nazi Germany, in: European History Quarterly 9, 1979, S. 351-375.
1082 Hans Buchner, geboren am 17. März 1896, studierte Philosophie und Volkswirtschaft. Er trat 1922 der NSDAP, arbeitete aber schon seit 1919 für den Völkischen Beobachter. Buchner war Inhaber des Blutordens und des Goldenen Parteiabzeichens. Er betätigte sich auch während der Verbotszeit der NSDAP als Schriftsteller und Redner. Seit 1933 war er Gauamtsleiter und Hauptgeschäftsführer der Wirtschaftskammer Bayern und der Industrie- und Handelskammer in München. Er lebte in Wessling. Lebenslauf, 15. Juli 1938, BArch RK I 0059 Hans Buchner.
1083 Dazu: Piper, Ernst: Kampfbund für deutsche Kultur (KfdK), 1928-1934, in: Historisches Lexikon Bayerns, URL: http://www.historisches-lexikon-bayerns.de/Lexikon/Kampfbund für deutsche Kultur (KdfK), 1928-1934 (25. November 2013); Bollmus, Reinhard: Das Amt Rosenberg und seine Gegner.

Bühne zusammengetan, aus der dann der Ortsverband der NS-Kulturgemeinde hervorging. Sie brachte regelmäßig Gastspiele der Bayerischen Landesbühne zur Aufführung, deren Titel das konservative und national-lastige Verständnis von Kultur, das diesen Verband auszeichnete, charakterisieren.
Auch in Vorträgen pflegte man die Zementierung nationalsozialistischen Gedankenguts, wenn etwa die Herrschinger Kulturgemeinde dem Referenten General Sakharow[1084] lauschte, der „mit stark ausländischem Akzent" den „internationalen bolschewistischen Juden" die Schuld an den unheilvollen Verhältnissen in Russland gab.[1085]

Das NS-Kraftfahrkorps (NSKK)
Das NS-Kraftfahrkorps erfreute sich als die Organisation derer, die den Zwang einer Parteigruppierung angehören zu müssen mit möglichst viel Freizeitwert und sportlicher Betätigung verbinden wollten, besonderen Zulaufs.[1086] 1931 gegründet sammelte das NSKK Motorsportbegeisterte in seinen Reihen, kümmerte sich um motortechnische Ausbildung und Verkehrserziehung. In Starnberg bezog der Motorsturm 25 M/85 unter Obertruppführer Lorenz Kergl[1087] das Gebäude der ehemaligen Fischereischule als Sturmheim.[1088] Von dort aus sollte der „Motorisierungsgedanke(n) ins Volk" getragen werden.[1089]

Der Einfluss der Partei auf die Gemeinden und ihre Bürger

Die Deutsche Gemeindeordnung

Am 30. Januar 1935 wurde das Gemeinderecht durch die „Deutsche Gemeindeordnung" reichsweit vereinheitlicht. Dadurch wurde der Gauleiter u.a. beauftragt, den Kreisleiter oder den Gauinspektor einzusetzen.[1090] Neu war, dass der Bürgermeister durch das reichseinheitliche Deutsche Gemeinderecht nun auch in Bayern der alleinige Weisungsbefugte und Führer der Gemeinde wurde.[1091]

Studien zum Machtkampf im nationalsozialistischen Herrschaftssystem, Stuttgart 1970; Gimmel, Jürgen: Die politische Organisation kulturellen Ressentiments. Der „Kampfbund für deutsche Kultur" und das bildungsbürgerliche Unbehagen an der Moderne, Münster u.a. 1999; Lönnecker, Harald: „...Boden für die Idee Adolf Hitlers auf kulturellem Felde gewinnen". Der „Kampfbund für deutsche Kultur" und die deutsche Akademikergesellschaft, Frankfurt a.M. 2003; Piper, Ernst: Alfred Rosenberg. Hitlers Chefideologe, München 2005.
1084 Gemeint ist wahrscheinlich General Igor Konstantinowitsch Sacharow, der als russischer Emigrant in Berlin lebte, für die deutsche Abwehr arbeitete und am Spanischen Bürgerkrieg auf derSeite der Falangisten kämpfte.
1085 AR 13. Februar 1937.
1086 Beispielsweise StAM SpKA K 4621 Walter Niklas.
1087 Der Schmiedemeister und Kohlenhändler Kergl war auch Kreisfeuerwehrführer und Fahrbereitschaftsleiter und wurde 1944 1. Beigeordneter der Stadt Starnberg. Eidesstattliche Erklärung Max Irlinger vom 08. März 1947, StAM SpKA K 4598 Lorenz Kergl.
1088 Heute ist dort an der Weilheimerstraße das Institut für Fischerei der Landesanstalt für Landwirtschaft untergebracht.
1089 L&S 20./21. August 1938.
1090 Gaumitteilungsblatt: Der Stellvertreter des Führers, Anordnung 149/35 vom 12. August 1935, Anweisung Nr. 1 an die Beauftragten der NSDAP in der Gemeinde. StAM NSDAP 1149.
1091 RGBl. I. S. 470.

Die Gemeinderäte, nun Ratsherrn genannt, wiederum berief der Beauftragte der NSDAP möglichst im Einvernehmen mit dem Bürgermeister, dessen Berater sie sein sollten. Dabei war aber die Entscheidung des Beauftragten für die Auswahl der Gemeinderäte im Falle einer Meinungsverschiedenheit mit dem Bürgermeister ausschlaggebend. Gemeinderat konnte nach der Gemeindeordnung nur werden, wer „national zuverlässig" war. Selbstverständlich waren Frauen von dieser Wahl ausgeschlossen.[1092]

Gaugeschäftsführer und Gaukommunalamtsleiter Karl Sudholt präzisierte die Möglichkeiten des NSDAP-Beauftragten, einen missliebigen Bürgermeister abzusetzen: „Wenn der Beauftragte feststellt, daß ein Bürgermeister nicht tragbar ist, so muß er sich noch während des Probejahres des Bürgermeisters rechtzeitig mit der Aufsichtsbehörde in Verbindung setzen. Erklärt diese innerhalb einer angemessenen Frist den Wünschen nicht stattgeben zu können, so bitte ich, über die Gauleitung mir zu berichten. Dabei sind genaue Einzelheiten anzugeben, weswegen um die Abberufung gebeten wird. Ich werde sodann nach der Prüfung der Angelegenheit mich mit dem Herrn Reichsminister des Innern in Verbindung setzen."[1093] Damit war ein Bürgermeister in jedem Fall auf Gedeih und Verderb von der Beurteilung des Parteibeauftragten abhängig.

Für die `Bauern-Bürgermeister´ selbst stellte ihre ehrenamtliche Tätigkeit[1094] ein großes Problem innerhalb des Gemeindegefüges dar, da sie zwischen Amt, Beruf und Anforderungen von Partei und Staat aufgerieben wurden. Die Arbeit auf dem Hof mussten sie wegen der hohen Erwartungen, die die Politik an die Bürgermeister stellte, vernachlässigen.[1095] Gleichzeitig kam es zu Spannungen mit den bäuerlichen Kollegen, die ihrem politischen Engagement skeptisch gegenüberstanden, wobei andererseits die Partei immer mehr Einsatz einforderte.[1096]

Leiter, Walter und Warte

Weitere Gemeindemitglieder unterlagen ebenfalls der Kontrolle durch die Partei, auch wenn die Maßnahmen den Titel `Schulungskurs´ oder `Versammlung´ trugen. Sämtliche Politischen Leiter, Walter und Warte sowie Parteigenossen wurden durch die Kreisschule in Güntering[1097] geschleust, um „in unserer Weltanschauung

---

1092 Gaumitteilungsblatt-Der Stellvertreter des Führers, Anordnung 151/35, Anweisung Nr. 3 an die Beauftragten der NSDAP in der Gemeinde vom 12. August 1935, StAM NSDAP 1149.
1093 Gaumitteilungsblatt vom 15. August 1936: Sudholt über Abberufung von Bürgermeistern, StAM NSDAP 1149.
1094 Zu diesem Zeitpunkt gab es im Bezirk Starnberg nur ehrenamtliche Bürgermeister. Vgl. Borcherdt, Starnberg, S. 182.
1095 Beispielsweise Bichler an Spruchkammer Starnberg vom 08. April 1947, StAM SpKA K Jakob Bichler.
1096 Regierungspräsident von Oberbayern, Lagebericht vom 12. Juni 1935, BayHStA Reichsstatthalter Epp 280/3.
1097 Im November 1938 zog die Kreisschule nach Gilching um. L&S 01. November 1938.

gründlich durchgebildet zu werden". Diese Schulungsarbeit vollzog sich nach denselben Richtlinien wie an der Kreisschule[1098] monatlich auch in den Ortsgruppen und Stützpunkten.[1099] Die Ortsbauernführer wurden regelmäßig zu Lehrgängen versammelt und erhielten eine Weiterbildung in Sachen Erbhofgesetz, Siedlungsfragen und Erzeugungsschlacht.[1100]

Gauschulungsburg Niedernfels
(Postkarte undatiert, Chronik Eintrachtshausen 1936; Archiv der Gemeinde Seefeld)

An den „Amtswalterappell der Gaubetriebsgemeinschaften `Handel´ und `Das Deutsche Handwerk´" schloss sich ein „Kreis-Appell an", zu dem „die Betriebsführer, Betriebswalter und alle Schaffenden aus Handwerk und Handel" mit den Aufgaben des Vierjahresplanes vertraut gemacht wurden.[1101] Die Propaganda- und

1098 Alle Bürgermeister, Beigeordnete und Gemeinderäte absolvierten in der Gauschulungsburg in Grassau-Niedernfels einen Lehrgang zur fachlichen und weltanschaulichen Weiterbildung. Vgl. Der Reichsorganisationsleiter der NSDAP (Hrsg.): Organisationsbuch der NSDAP, München 1937, S. 176 f.
1099 L&S 25. Juni 1937.
1100 Beispielsweise L&S 22. März 1935. Schon 1934 war ein Heft erschienen, das den Bauern ihre Bedeutung im „Dritten Reich" verdeutlichen sollte. Die darin verwendeten schlichten Zeichnungen waren mit Sinnsprüchen versehen wie „Das Geld allein macht nicht glücklich, sagt der Jude, man muß 12 Prozent Zinsen dafür verlangen [...]." Auch das Erbhofgesetz und das Gesetz über die Bildung des Reichsnährstandes wurde erläutert. Reichenberger, A.: Die Bedeutung des Bauernstandes. Der Bauer im Dritten Reich, Obermenzing 1934.
1101 L&S 11. März 1937.

Presseamtsleiter sowie die Film- und Funkhauptstellenleiter kamen zu einer Arbeitstagung zusammen, um darüber zu debattieren, wie „die nationalsozialistische Weltanschauung im ganzen Volke fest zu verwurzeln" sei.[1102] Von der Gründung des „Kreisrings für Volksaufklärung und Propaganda", in dem die Partei Verbände, Vereine und die Ausrichter von Veranstaltungen zusammenschloss, versprach man sich eine bessere Abstimmung, um Terminüberschneidungen bei Vorstellungen und Kundgebungen zu vermeiden. „Die Menschen müssen geführt werden" war das Motto nicht nur dieses Termins.[1103]

Zusammenlegung der Gemeinden

Eine besondere Herausforderung für die Kreisleitung und die Gemeindevorstände bedeutete die seit Herbst 1938 angedachte, dann aber wegen Kriegsbeginn nicht vollzogene neue Einteilung der Gemeinden. Unter dem Titel „Zusammenlegung der Gemeinden" verbarg sich eine geplante Gebietsreform, die die „Hebung der Verwaltungskraft kreisangehöriger Gemeinden" erreichen sollte und bei allen Beteiligten Begehrlichkeiten weckte.[1104] Dabei sollte von Anfang an kein Informationsaustausch untereinander stattfinden, sondern nur mit Buchner als Kreisleiter Fühlung aufgenommen werden.[1105]
Buchner wollte der Stadt Starnberg Percha einverleiben,[1106] Oberalting-Seefeld sah sich zusammen mit Unering, Drößling, Meiling und Delling in einem „zusammengehörige[n] Interessensverband".[1107] Der Bucher Bürgermeister setzte auf Buchners persönlichen Beistand und schlug eine Zusammenlegung mit Breitbrunn, Bachern, Schlagenhofen und der Insel Wörth im Wörthsee vor. Als Trumpf gegen die bevölkerungsmäßig gleichgroße Konkurrenz Breitbrunn führte er ins Feld, dass das dortige Kloster „cirka 50 halbblöde Kinder" beherberge, die zwar bei der Volkszählung berücksichtigt werden müssten, „jedoch für unser Reich unbrauchbar sind".[1108]

Das letztlich nicht umgesetzte Konzept sah die Zusammenführung von Berg mit Aufhausen und Oberassenbuch, von Buch mit Breitbrunn, von Frieding mit Drössling und Widdersberg, von Gauting mit Buchendorf, von Gilching mit Argelsried und Gut Hüll, von Hochstadt mit Unering, von Oberalting mit Meiling, von Perchting mit Hadorf und Landstetten, von Starnberg mit Hanfeld, Percha, Söcking, Maising und Niederpöcking, von Traubing mit Aschering und Machtlfing, von Un-

---

1102 L&S 01. November 1937.
1103 L&S 15. Februar 1938.
1104 Kreisleitung-Umgemeindungen: Merkblatt für das Verfahren bei Änderung des Gemeindegebiets vom 03. November 1938, Stadtarchiv Starnberg.
1105 Kreisleitung-Umgemeindungen: Informations-Dienst des Gauamts für Kommunalpolitik vom 03. März 1939, Stadtarchiv Starnberg.
1106 Kreisleitung-Umgemeindungen: Kreisamtsleiter an Reichsstatthalter in Bayern vom 25. Mai 1939, Stadtarchiv Starnberg.
1107 Kreisleitung-Umgemeindungen: Bürgermeister von Oberalting an NSDAP Kreisleitung vom 17. Februar 1939, Stadtarchiv Starnberg.
1108 Kreisleitung-Umgemeindungen: Bürgermeister der Gemeinde Buch an NSDAP Kreisleitung vom 05. April 1939, Stadtarchiv Starnberg.

terbrunn mit Oberbrunn, Pentenried und Frohnloh und von Weßling mit Oberpfaffenhofen, Ettenhofen und Delling vor. Die übrigen Gemeinden sollten unberührt bleiben.[1109]

Personen, die durch die Partei Einfluss gewannen - Beispiele

Karl Laux
„Als Hitler Reichskanzler wurde, habe ich mich entschlossen der Partei beizutreten [...]. Vorher habe ich nie eine Versammlung der Nazis besucht und habe mich politisch nie betätigt", beginnt Karl Laux seine Anhörung vor der Spruchkammer Starnberg 1947, um einen Satz später fortzufahren: „1933 kam dann die Frage, wer Bürgermeister in Kempfenhausen werden sollte [...]. Ich habe mich entschlossen den Bürgermeisterposten anzunehmen, nachdem ich schon große Erfahrungen hatte und früher politisch tätig war."[1110] Der Widerspruch in seiner Aussage führte zu keiner Nachfrage der Spruchkammer und so blieb ungeklärt, welcher politischen Betätigung Laux vor 1933 nachging. In seinen Meldebogen-Angaben beharrt er darauf, bis zu seiner Einsetzung als Bürgermeister von Kempfenhausen ein politisch unbeschriebenes Blatt gewesen zu sein. Gleichzeitig mit der Übernahme dieses Amtes trat Laux mit der Mitgliedsnummer 3.205.934 in die NSDAP ein.

Als Kempfenhausen 1938 in die Gemeinde Berg eingemeindet wurde, wurde Laux Bürgermeister von Berg und zugleich dortiger Ortsgruppenleiter.[1111] Laux selbst wollte die Zusammenlegung von Kempfenhausen und Berg nur deswegen betrieben haben, damit das an Wassermangel leidende Kempfenhausen von Berg Wasser geliefert bekam.[1112]
1934 bis 1938 war Laux Ortsbauerführer und Erbhofrichter. Laux trat als Propagandaredner für die Landwirtschaft auf und fungierte als Kreisausbilder, wobei er den politischen Leitern das Pistolenschießen beibrachte. Er gehörte der NSV und dem Reichskolonialbund an und führte seit November 1944 den Volkssturm.[1113] In dieser Funktion ließ er kurz vor dem Ende des Krieges noch Fliegerlaufgräben aufwerfen, die er nach dem Einmarsch der Amerikaner „größtenteils eigenhändig" wieder einfüllte.[1114] Noch 1947 erfüllte es Laux mit einer gewissen Genugtuung, Ortsgruppenleiter und Führer des Volkssturms gewesen zu sein, denn er wollte in seinem „Reich Herr sein".[1115]

1109 Kreisleitung-Umgemeindungen: Maßnahmen zur Hebung der Verwaltungskraft kreisangehöriger Gemeinden im Landkreis Starnberg, Stadtarchiv Starnberg.
1110 Protokoll der öffentlichen Sitzung der Spruchkammer Starnberg vom 24. April 1947, StAM SpKA K 4607 Karl Laux.
1111 Anlage zum Spruch vom 24. April 1947, StAM SpKA K 4607 Karl Laux.
1112 Protokoll der öffentlichen Sitzung der Spruchkammer Starnberg vom 24. April 1947, StAM SpKA K 4607 Karl Laux.
1113 Anlage zum Spruch vom 24. April 1947, StAM SpKA K 4607 Karl Laux.
1114 Gemeinde Berg vom 18. Dezember 1946, StAM SpKA K 4607 Karl Laux.
1115 Protokoll der öffentlichen Sitzung der Spruchkammer Starnberg vom 24. April 1947, StAM SpKA K 4607 Karl Laux.

Karl Laux, Landesökonomierat, seit 1937 Ortsgruppenleiter von Berg
(SpKA K 4607 Karl Laux StAM)

Diese Einstellung und sein ausgeprägtes Geltungsbedürfnis bestätigte ihm auch die Gemeinde Berg in einer Stellungnahme für die Spruchkammer und urteilte, er sei gegenüber den Einwohnern ein „Lärmer, aber harmlos“ gewesen. Vom Vorwurf, den mehrfach vorbestraften Hans Mend, Autor des Buches „Adolf Hitler im Felde, 1914-1918“[1116], denunziert zu haben, wurde Laux freigesprochen.[1117] 1947 reihte die Spruchkammer Starnberg ihn als `Belasteten´ ein,[1118] da die 1948 über ihn eingeholten Auskünfte aber „durchaus günstig“ lauteten, wurde die ihm noch

1116 Mend, Hans: Mit Adolf Hitler im Felde, Diessen 1931.

1117 Hans Mend, am 16. März 1888 geboren, war im Ersten Weltkrieg Meldereiter im Regiment List, in dem auch Hitler diente. Seit 1930 war er Gutsverwalter auf Schloss Elsholz bei Berg. Mend schrieb 1931 das Buch „Adolf Hitler im Felde“, in dem er die Leistungen Hitlers als Meldegänger im Krieg in Frage stellte. Mend legte sich in verschiedenen Zeitungsartikeln mit der Partei an („Der gerade Weg“ vom 09. Oktober 1932 und vom 01. Dezember 1932). Sein Buch wurde 1938 eingezogen und vernichtet. 1940 wurde Mend vom Münchner Sondergericht zu zwei Jahren Haft verurteilt und starb 1942 im Zuchthaus Osterstein in Zwickau. Vgl.: Joachimsthaler, Hitlers Weg; Mommsen, Hans: Viel Lärm um nichts, in: Die Zeit, 11. Oktober 2001; Kershaw, Ian: Der ungerade Weg, in: Die Welt, 13. Oktober 2001. Laux hatte zwar die Erhebungen gegen Mend in Gang gesetzt, aber aufgrund einer Anzeige wegen sittenwidrigen Benehmens, bei der er sich nicht hätte anders verhalten können. Anlage zum Spruch vom 24. April 1947, StAM SpKA K 4607 Karl Laux.

1118 Spruchkammer Starnberg vom 24. April 1947, StAM SpKA K 4607 Karl Laux.

auferlegte Bewährungsfrist, die fünf Jahre betragen hatte, für beendet erklärt und Laux endgültig in die Gruppe IV der Mitläufer eingereiht.[1119]

Ludwig Woerl
„Ich sah bald, daß ich in Woerl einen jener Menschen vor mir hatte, die aus der Enge ihres Gesichtsfeldes, aus einer sehr unkomplizierten, rauhen, oft fast groben Innerlichkeit, dem Nationalsozialismus zu besonders gern genützten Werkzeugen wurden, weil ihre primitive Natur ihnen das Glauben leicht macht."[1120] Mit dieser eidesstattlichen Erklärung versuchte ein Mithäftling aus gemeinsamer Zeit in einem italienischen Kriegsgefangenenlager Ludwig Woerls Charakter zu erklären. Gegen Woerl waren anonyme Vorwürfe bei der Lagerspruchkammer Moosburg eingegangen, er habe sich an der Erschießung russischer Zwangsarbeiter beteiligt und bei der Erschießung von Juden zugesehen. Und nun habe er die Unverschämtheit, bei verschiedenen Leuten um eidesstattliche Erklärungen nachzufragen. Die Anonymität des Schreibens wurde mit der Nachsicht begründet, mit der das Gericht die bisherigen Urteile ausgesprochen hat, denn sie „sind so mild, dass wir das Schlimmste befürchten".[1121] Eine ähnliche Erfahrung machte der amtliche Ermittler bei seinen Recherchen, denn jeder habe vor Männern wie ehemaligen Kreisbauernführern und Kreisleitern Angst, da ihnen ja nichts passiere.[1122]
Der Nachkriegsbürgermeister von Hechendorf hatte über Woerl mitgeteilt, man müsste ihm misstrauen, da er denunzierte.[1123]

Der auch nach Kriegsende noch so viel Respekt einflößende Ludwig Woerl wurde am 05. Dezember 1905 in Güntering, Gemeinde Hechendorf, geboren, gehörte von 1923 bis 1930 dem „Bund Oberland" an, wurde 1930 Parteimitglied, 1933 Ortsgruppenführer und war von 1931 bis 1932 SA-Sturmführer, von 1936 an SS-Untersturmführer und trug im Dienst Uniform. Woerl bekleidete von 1933 bis 1941 das Amt des Bürgermeisters von Hechendorf und war in der gleichen Zeit Kreisbauernführer. Er zahlte Mitgliedsbeiträge für das NSKK, die NSV und den Reichskolonialbund und wurde 1941 Kriegsverwaltungsrat.[1124] Woerl gab zu, an mehreren Reichsparteitagen teilgenommen und Reden gehalten zu haben, wollte aber alle Ämter nur „im Interesse meiner Heimat" übernommen haben. Er habe als Bürgermeister nicht alle uk (unabkömmlich) stellen können, das sei aber keine böse Absicht gewesen. Unterstellungen, er habe mit der Formulierung „als wir mit den Juden ganz schön aufräumten" auf die Vernichtung der Juden im Osten angespielt, wies er entschieden zurück, denn „als ich nach Rußland kam, hatte man tatsächlich mit den Juden aufgeräumt. Sie waren alle in Ghettos untergebracht [...] Insofern habe ich gesagt, daß mit den Juden aufgeräumt worden war, aus Sicherheitsgründen!" In den Besitz von Bildern Gehenkter, was ihm zum Vorwurf gemacht wurde,

1119 Der öffentliche Kläger bei der Spruchkammer Starnberg vom 04. November 1948, StAM SpKA K 4607 Karl Laux.
1120 Eidesstattliche Erklärung Wolfgang Schier vom 14. November 1946, StAM SpKA K 4661 Ludwig Woerl.
1121 Die Brucker Bauern vom 15. März 1947, StAM SpKA K 4661 Ludwig Woerl.
1122 Ermittlungsbericht vom 09. April 1948, StAM SpKA K 4661 Ludwig Woerl.
1123 Protokoll der öffentlichen Sitzung vom 17. August 1948, StAM SpKA K 4661 Ludwig Woerl.
1124 Spruch vom 17. August 1948, StAM SpKA K 4661 Ludwig Woerl.

kam er schlicht deswegen, weil er sie fotografiert hatte.[1125]
Dabei hatte er über seinen eigenen Werdegang geschrieben, er sei schon als 17jähriger zum Wehrverband Bund Oberland in die Kompanie Seefeld unter Rittmeister Rickmers gekommen, dem er als aktives Mitglied und „Kämpfer für das dritte Reich“ bis 1930 angehörte. 1928 sei er zu drei Monaten Gefängnis verurteilt worden, da er „Hauptbeteiligter in einer Schlägerei mit der Kommune“ gewesen sei.[1126] Noch 1938 war er stolz, dem Gegner „mehrmals die Schädeldecke“ eingeschlagen zu haben.[1127]
Woerl sorgte dafür, dass der Hilfsarbeiter und Kommunist Ludwig Westermayer am 11. März 1933 wegen unangebrachter Bemerkungen über Hitler verhaftet und für 6 Monate ins KZ Dachau gesteckt wurde. Als er glaubte, der KZ-Insasse müsse nun eine andere Gesinnung erreicht haben,[1128] setzte er sich für Westermeyers Freilassung ein, die nach dessen Erklärung, zukünftig staatsfeindliche Tätigkeiten zu unterlassen, im September 1933 auch erfolgte.[1129]
1930 hatte Woerl an einer Besprechung in Innsbruck teilgenommen, die eine `Wiedervereinigung´ Österreichs mit Deutschland vorantreiben sollte. 1932 war er als SA-Truppführer bei einem verbotenen Aufmarsch in Innsbruck beteiligt, und auch bei der Besetzung von Österreich im März 1938 marschierte Woerl „von München über Braunau, Linz nach Wien und zurück“.[1130]
1943 erhielt Woerl den SS-Totenkopfring.[1131]

Hermann Nafziger
„Der Kaufmann Hermann Nafziger, eine trotzige, rücksichtslose Führernatur, ein prächtiger Soldat der alten Garde!“ beschrieb Buchner den späteren Bürgermeister von Gauting in seiner manierierten Ausdrucksweise.[1132] Ihm sei es zu verdanken gewesen, dass Gauting „ein Bollwerk der Bewegung“ geworden war.[1133] Zu einer ähnlichen Beurteilung kamen nach dem Krieg der damalige Bürgermeister von Gauting und der örtliche Ermittlungsausschuss und bestätigen Nafziger, er habe sich „besonders leidenschaftlich für die Ausbreitung des Nationalsozialismus eingesetzt“. In seiner Gegenwart seien Gespräche politischer Natur nur mit Vorsicht

---

1125 Protokoll der öffentlichen Sitzung vom 17. August 1948, StAM SpKA K 4661 Ludwig Woerl.
1126 Woerl vom 31. Mai 1937, BArch RS G 5344 Woerl.
1127 Woerl an Rasse- und Siedlungshauptamt vom 27. März 1938, BArch RS G 5344 Woerl.
1128 Protokoll der öffentlichen Sitzung vom 17. August 1948, StAM SpKA K 4661 Ludwig Woerl.
1129 Abschrift, o.D.: „All seine mitverführten Kameraden seiner engeren Heimat Güntering sind inzwischen innerhalb der Ortsgruppe Hechendorf-Güntering zu guten Nationalsozialisten erzogen worden. Das gleiche trifft bei seinen Eltern und Brüdern zu. Dies alles dürfte auf Westermeyer nicht ohne Reue eingewirkt haben, wie auch aus seinen Briefen zu ersehen ist. Es dürfte nunmehr auch sein Wunsch sein, seinen Eltern, Brüdern und Kameraden nachzufolgen. Vom Standpunkt der Ortsgruppe aus und Gemeindebehörde dürfte seinem Wunsch zur Probe mit Bewährungsfrist stattgegeben werden; es sei denn, dass hier nichts bekanntes gegen ihn vorliegt. Heil Hitler.“ StAM SpKA K 4560 Otto de Crignis.
1130 Woerl an Landesbauernschaft Bayern vom 09. Juli 1938 wegen der Beantragung der Österreich-Erinnerungsmedaille, BArch RS G 5344 Ludwig Woerl.
1131 Rasse- und Siedlungshauptamt an Sophie Woerl vom 25. Mai 1943, BArch RS G 5344 Ludwig Woerl.
1132 Buchner, Kamerad! S. 377.
1133 Buchner, Kamerad! S. 350.

zu führen gewesen und er habe „Judenschikaniererereien, Verfolgungen und Unterdrückungen" begrüßt.[1134]

Hermann Nafziger, seit 1935 Bürgermeister von Gauting, Ortsgruppenleiter (undatiert, CI4; Gemeindearchiv Gauting)

Nafziger wurde am 24. November 1906 in Markt Schwaben geboren, absolvierte in München eine private Handelsschule und arbeitete bis 1932 als kaufmännischer Angestellter. Seit 1929 besuchte er NSDAP-Versammlungen und trat im folgenden Jahr unter der Mitgliedsnummer 200.951 der Partei bei. Als er 1932 arbeitslos wurde, half er verstärkt in der Ortsgruppe Gauting aus und übernahm zur gleichen Zeit das Amt des zweiten Bürgermeisters. 1934 wurde Nafziger Ortsgruppenleiter und nach dem Tod des Vorgängers 1935 Erster Bürgermeister von Gauting, wodurch er automatisch auch die standesamtliche Vollmacht für Eheschließungen übernahm. 1937 wollte der Reichsbahnbedienstete A. S. heiraten und beantragte eine Eheunbedenklichkeitserklärung, die das Gesundheitsamt verweigerte. Daraufhin stellte der Amtsarzt „angeborenen Schwachsinn" fest und der Bräutigam wurde gegen seinen Willen sterilisiert, wofür S.s Bruder Nafziger nach dem Krieg verantwortlich machte. Nafziger selbst wollte mit der Angelegenheit nur durch

1134 Klageschrift vom 22. November 1948, StAM SpKA K 4619 Hermann Nafziger. Dazu auch: Hoser, Paul: Entnazifizierung in der Stadt Dachau, in: Göttler, Norbert (Hrsg.): Nach der Stunde „Null". Stadt und Landkreis Dachau 1945 bis 1949, München 2008, S. 194-242, hier S. 212 f.

den Aushang des Aufgebots in Berührung gekommen sein. Seine Arbeit als Angestellter der ärztlichen Verrechnungsstelle gab Nafziger 1938 zugunsten der Position eines hauptamtlichen Gauhauptstellenleiters am Gaukommunalamt auf. Im April 1940 meldete er sich freiwillig zur Wehrmacht, kam aber nie an die Front und wurde 1941 zuerst von der Gemeinde, bei seiner wiederholten Einberufung ein Jahr später von der Gauleitung, u.k. gestellt. Am 01. April 1943 ernannte ihn die Gauleitung von München-Oberbayern zum Kreisleiter von Dachau.
„Aus Sorge für seine Familie", für die er Nachteile befürchtete, ließ Nafziger 1939 die Figur des Heiligen Nepomuk von der Gautinger Würmbrücke entfernen, um einem ausdrücklichen Wunsch des stellvertretenden Gauleiters Nippold zu entsprechen. Zur Demonstration seiner „gottgläubigen" Geisteshaltung trat er zugleich auch aus der Kirche aus. 1946 erklärte er seinen Wiedereintritt in die katholische Kirche.[1135]

Irmgard Luise Gertraud Marten
Gertraud Marten gab als ihren Beruf `Hausfrau´ an und erhielt als Mutter von sechs Kindern von den Nationalsozialisten das Mutterkreuz. Sie war verheiratet mit dem Kreisgeschäftsführer Adolf Friedrich Marten. Am 24. November 1893 geboren, trat sie 1937 der NSDAP bei. In der Urteilsbegründung zu ihrem Spruchkammerverfahren wurde sie als „überzeugte und fanatische Anhängerin des Nazi-Regimes" charakterisiert, die als Mitglied der NS-Frauenschaft und als Kreis-Rednerin im Sinne des Befreiungsgesetzes als belastet angesehen werden müsse.[1136] Ihrer eigenen Erinnerung nach hatte sie nur einige Vorträge gehalten, die sich „mit pädagogischen und kulturellen Themen" befasst hatten.

Auch ihr Brief an die Kreisleitung Starnberg, den die Ankläger als Denunziation werteten, wollte sie nur als rein schulische Angelegenheit betrachtet wissen.[1137] Dabei hatte sie den Geschichtslehrer Weinberger von der Städtischen Oberschule Starnberg beschuldigt, konfessionell gebunden zu sein und dem bayerischen Partikularismus anzuhängen. In seinem Unterricht hätte er den Kindern „alte Stammesverschiedenheiten" verdeutlicht und sich bei einem Kirchenbesuch bekreuzigt. Gertraud Marten fürchtete nun um die Urteilsfähigkeit der Schüler, da es nicht in allen Familien ein Gegengewicht gäbe und HJ und BDM keinen Geschichtsunterricht erteilen könnten. Ihre Aufforderung an die Kreisleitung Starnberg, Konsequenzen aus dieser Beschreibung zu ziehen, gipfelte in dem Ausruf: „Der Religionsunterricht katholischer und protestantischer Geistlicher vermag nicht soviel Unheil anzurichten, als ein undeutscher Geschichtsunterricht!"[1138]
Oskar Baur
Oskar Baur kam 1931 als Lehrer an die Volksschule Herrsching. Am 02. Juli 1888

1135 Angaben aus: Spruch der Hauptkammer München Land vom 13. April 1949; Vorläufiger Ermittlungsbericht vom 18. Juni 1948; Klageschrift vom 22. November 1948, StAM SpKA K 4619 Hermann Nafziger.
1136 Spruch der Spruchkammer Starnberg vom 01. Oktober 1948, StAM SpKA K 4612 Gertrut Marten.
1137 Protokoll der öffentlichen Sitzung vom 01. Oktober 1948, StAM SpKA K 4612 Gertrut Marten.
1138 Abschrift-An die Kreisleitung Starnberg vom 22. November 1940, StAM SpKA K 4612 Gertrut Marten.

in Paunzhausen geboren hatte er zuvor in Apfeldorf unterrichtet und stand der BVP nahe.[1139] Dennoch trat er schon am 01. Mai 1933 der NSDAP bei, da es dem „Einpeitscher Reinhardt", der auch Schulreferent der Gemeinde Herrsching war, schon vor der Machtübernahme gelungen sei, die Gemeinde „in ein nationalsozialistisches Fahrwasser zu steuern". Die Jahre zuvor habe er nur mit Mühe widerstehen können, aber nun sollte er seinen Posten aufgeben, der ihm lieb geworden sei?[1140]

Schon am 30. Januar 1933 hatte Baur seine Schule zur großen Kundgebung antreten lassen, die zur Feier der Kanzlerschaft Adolf Hitlers in Herrsching gefeiert wurde. Am 15. Februar erhielt die Schule drei Hitler-Portraits, die in den Klassenräumen aufgehängt wurden. Am 01. Mai zog Hauptlehrer Baur anlässlich des nationalen Feiertags mit seiner Klasse, Maienlieder singend, durch Herrsching und machte an den prominenten Stellen des Ortes Halt: beim Posthalter Bader, dem Kriegerdenkmal, dem Seehof, dem Haus des Staatssekretärs Reinhardt, des Pfarrers, des Ortsgruppenleiters und Bürgermeisters, und ließ die Kinder jeweils „vaterländische Reigen" aufführen. Für den 26. Juni lud Baur alle Elternvertreter, Bürger, Gemeinderäte, Bürgermeister und Interessierte in die Schule ein, damit sie bei der „Prüfung im nationalen Stoff" zugegen sein konnten. Die Regierung hatte verlangt, dass die ersten drei Monate im Unterricht die Geschichte des `Dritten Reiches´ gelehrt werde. Bis zum Januar 1936 waren 94% der Schüler in der HJ oder dem Jungvolk, wozu Obergebietsführer Emil Klein herzlich gratulierte.[1141]

Im Dezember 1934 wurde Baur zum Bezirksschulrat von Erding ernannt, auf Drängen der Starnberger Lehrerschaft, wie er sagte, um einen dafür vorgesehenen Altparteigenossen und SA-Führer zu verhindern – nur was hatte die Starnberger Lehrerschaft von einem Erdinger Schulrat? Im Juni 1936 versetzte das Kultusministerium Baur in den Schulbezirk Starnberg-Fürstenfeldbruck.

Baur lebte weiterhin in Herrsching, schräg gegenüber des Schulhauses, und wurde 1938 Blockleiter im Bewusstsein, diesen „kleinen Machtposten zum Segen der Bevölkerung auswirken zu lassen".[1142] Auch die Übernahme der Funktion als stellvertretender Ortsgruppenleiter wollte er so verstanden wissen, denn auch damit habe er die Besetzung des Postens durch den „fanatisch eingestellten Kreispropagandaleiter und örtlichen SA-Führer Felix Fuchs von Nordhoff" verhindert.[1143] In offiziellen Verlautbarungen zeichnete Baur als Ortsgruppenleiter.[1144]

Als Kreisredner erinnerte er an die Zeit, in der „Judentum und Plutokratentum schon immer einem Deutschland den Kampf ansagten" und mahnte persönliche Opfer des deutschen Volkes an.[1145] Die neu in die HJ aufgenommenen Pimpfe und Mädel sollten dem Führer „Gehorsam, Disziplin und unbedingte Treue" zum Geburtstag schenken, „in der gläubigen Gewißheit, daß der Führer die Geschicke des

1139 RA Hanauer an Spruchkammer Starnberg vom 20. April 1948, StAM SpKA K 4549 Oskar Baur.
1140 Verteidigungsschrift Baur vom 07. Juli 1946, StAM SpKA K 4549 Oskar Baur.
1141 Schulgeschichtliche Aufzeichnungen Band I, Archiv der Gemeinde Herrsching.
1142 Verteidigungsschrift Baur vom 07. Juli 1946, StAM SpKA K 4549 Oskar Baur.
1143 RA Hanauer an Spruchkammer Starnberg vom 20. April 1948, StAM SpKA K 4549 Oskar Baur.
1144 Beispielsweise AR 09. November 1940.
1145 AR 12. Oktober 1940.

Volkes durch den endlichen Sieg [...] neu gestalten [...] werde".[1146]
Baur wurde seine `tolerante´ Haltung gegenüber Geistlichen, klösterlichen Lehrerinnen und Mitbürgern, die eine abweichende politische Meinung hatten oder unter die Nürnberger Gesetze fielen, sowohl vom „Vorprüfungsausschuss im Bereich des Staatsministeriums für Unterricht und Kultus" als auch von vielen Herrschinger Mitbürgern in der Nachkriegszeit bestätigt.[1147]

Denunziationen

Denunziationen fanden hauptsächlich wegen Biertisch-Streitereien, wegen Unverträglichkeiten unter Hausbewohnern oder wegen ehelicher Auseinandersetzungen statt, hatten aber immer eine politische Dimension. Der Hebel dafür war die „Verordnung zur Abwehr heimtückischer Angriffe" vom 21. März 1933. Jede abträgliche Äußerung über die politische Führung, jede Kritik oder jeder Zweifel an angeordneten Maßnahmen konnte zumindest zu einem Verhör durch den zuständigen Gendarmerieposten führen.

In der Gastwirtschaft Schorner in Walchstadt gerieten sich der Zimmermann und Landwirt Anselm Bernhard, der Bauer Joseph Luitpold und der Schuhmacher und Landwirt Michael Hierholzer in angetrunkenem Zustand über die Antwort auf die Frage „Was ist denn der Mussolini?" „Ein Schlawak ist er" so in die Haare, dass es zu einer Anzeige auf der Gendarmerie-Station Inning kam.[1148]

Der Erbhofbauer Georg Frimmer von Traubing war auf der Rückfahrt von Herrsching nach Traubing schon in Andechs und Machtlfing eingekehrt und hatte reichlich Bier konsumiert. In der Guggemos´schen Wirtschaft hatte er noch „5 oder 6 Glas Bier" getrunken, weshalb er sich an die ihm zur Last gelegte Bemerkung, „Der Adolf soll verrecken", nicht mehr erinnern konnte. So oder so bedauerte er sie aber „unendlich" und wäre, wenn kein Strafverfahren gegen ihn eingeleitet würde, gerne bereit, „200% für das WHW" zu bezahlen.[1149]

Der Mietautobesitzer Theodor Huber hatte wohl einen besonders schlechten Tag, als er auf der Fahrt von Söcking nach Starnberg „den Führer und Reichskanzler wiederholt als Lügner und Betrüger bezichtigt" hatte. Da diese Schmähungen dem Ortsgruppenleiter von Starnberg, Josef Huber, zu Ohren gekommen waren, nahm er sich den Parteigenossen vor und ließ ihn versprechen, derartige Äußerungen in Zukunft zu unterlassen.
SA-Sturmbannführer Gustav Stöhr von der Reichsschule Feldafing sah die Ehre des nationalsozialistischen Staates dadurch befleckt, dass ein angeblicher Schwiegervater des Dr. Goebbels sich über seinen Schwiegersohn, dessen Affären mit Schau-

1146 AR 26. April 1941.
1147 Vorprüfungsausschuss für Unterricht und Kultus vom 04. November 1946, StAM SpKA K 4549 Oskar Baur. Entlastungszeugnisse von beispielsweise Pfarrer Karl Bader vom Mai 1945, Ludwig Freiherr von Pastor, päpstlicher Geheimkämmerer, vom 02. September 1945, Immanuel Hirsch vom 20. Juni 1945, Paul Hacker, Lehrer, vom 18. Januar 1947.
1148 StAM Staatsanwaltschaften 3274.
1149 StAM Staatsanwaltschaften 3717.

spielerinnen und die daraus resultierende Vernachlässigung seiner Tochter in einem Feldafinger Café beklagt habe. Solche Gerüchte würde die „schwarze Bevölkerung" eifrig verbreiten und dadurch dem Ansehen des Reiches schaden.[1150] Aufhänger war die öffentlich diskutierte Affäre des Reichspropagandaministers Joseph Goebbels mit der Schauspielerin Lida Baarova, die fast zur Scheidung von seiner Frau Magda geführt hatte. Das Verhalten der Parteifunktionäre war im Kleinen wie im Großen ein Gesprächsthema in der Bevölkerung und wurde genau beobachtet und kommentiert.

„Bayerische Landespolizei"
(Entwurf Oberleutnant der LP Albert Hohenester, Postkarte, gelaufen 01. Dezember 1934; Privatbesitz)

Nicht einer gewissen Komik entbehrt die Anzeige gegen den Schreinergehilfen Joseph Kiesenhofer, der im „Tutzinger Hof" in Berg „`einen´ fahren liess", sich leicht vom Sitz erhob und das Ganze mit „Heil Hitler" kommentierte. Die „Amtswalter" Trägler und Gabler reagierten darauf mit wenig Humor und machten Meldung. Nur weil der Aufkirchener Gendarmerieposten Kiesenhofer als „vorlauten Burschen" einstufte, der „mit Vorliebe die Leute verspottet bezw. derblekt mit dem Volks-

1150 StAM Staatsanwaltschaften 5108.

mund gesprochen", kam er mit einer eindringlichen Verwarnung und dem Hinweis, er habe im Wiederholungsfall mit staatspolizeilichen Maßnahmen und „Inschutzhaftnahme" zu rechnen, davon.[1151]

Dem Metzger Heinrich Hartmann brachte seine Vorliebe für „Sprüchemacherei" einen Haftbefehl des Oberstaatsanwalts München ein. Er hatte im Lager Dachau bei der SS-Wache als Ordonanz im Führerkasino gearbeitet, war dann aber wegen Unterschlagungen selbst im Lager eingesperrt worden. Nach seiner Freilassung ließ er in Inning mehrmals Bemerkungen über Misshandlungen von Sträflingen im Lager fallen. „O mei kaut wern die ja richtig wenn sie es brauchen" und „Sei nur froh, dass Du nimmer drunten bist im Lager, da schebbert es oft greusslich" waren die von der Geheimen Staatspolizei beanstandeten Einlassungen. Der als Zeuge vernommene Inninger Bäckermeister Johann Mauser äußerte sich vorsichtiger: „Ich habe nicht weiter in den Hartmann gedrungen mir näheres zu erzählen, weil mir bekannt ist, dass frühere Dachauer-Sträflinge zum strengsten Stillschweigen über ihren Aufenthalt verpflichtet sind. Hartmann hat mir auch nichts weiter erzählt; er hat nur die einzige Bemerkung gemacht, dass die Häftlinge sobald sie sich nicht anständig aufführen, auch entsprechend gezüchtigt werden." Der ebenfalls als Zeuge benannte Brauereiarbeiter und SPD-Anhänger Josef Kern aus Seefeld war schon 1934 für zwei Monate und von Mai 1935 bis Oktober 1936 in Schutzhaft genommen worden. Seit seiner Rückkehr aus dem Konzentrationslager Dachau war Kern „nicht mehr zu erkennen. Heute hört man von Kern kein abträgliches Wort mehr gegen die NSDAP". Bei ihm hatte der Aufenthalt in Dachau die gewünschte Wirkung gezeigt.[1152]

Das Verhalten der NSDAP im Bezirk Starnberg gegenüber Juden

„Es widerstrebt mir im allgemeinen, Parteigenossen gegenüber mich über Selbstverständlichkeiten auszulassen. Trotzdem sehe ich mich veranlaßt, allen Parteigenossen nochmals den persönlichen Verkehr mit Juden zu verbieten", ermahnte Rudolf Hess 1935 im Gaumitteilungsblatt seine Parteigenossen. „Ich bitte alle Parteigenossen und Angehörigen der Gliederungen der Partei über diese Zusammenhänge, darüber hinaus aber auch über den Krebsschaden der Juden im Deutschen Staat immer wieder aufzuklären und ersuche im übrigen gegen würdelose Parteigenossen und Parteigenossinnen, die trotzdem bewußt beim Juden einkaufen, mit ihnen persönlichen Kontakt pflegen oder gar als Angestellte durch Tragen von Parteiabzeichen Reklame für jüdische Geschäfte machen, Parteigerichtsverfahren mit dem Ziel des Ausschlusses aus der Partei, deren Mitgliedschaft sie bei böswilligem Verstoß gegen diese Anordnung durch ihr würdeloses Verhalten verwirkt haben,

1151 Gendarmerie-Station Aufkirchen an Bezirksamt Starnberg vom 08. Oktober 1937, Gendarmerie-Station Aufkirchen an Bezirksamt Starnberg vom 10. Oktober 1937, Geheime Staatspolizei an Bezirksamt Starnberg vom 29. Oktober 1937, StAM LRA 28293.

1152 StAM Staatsanwaltschaften 3672.

einzuleiten."[1153] So kontrolliert wie Hess sich den Umgang mit jüdischen Mitbürgern in seiner Anweisung wünschte, lief das Zusammenleben in der Realität nicht ab.

Jüdische Mitbürger und Gäste

Auskünfte über die Personenstärke jüdischer Mitbürger im Bezirk Starnberg fehlen. Einzig die schon zuvor erwähnte Statistik aus dem Jahr 1928 nennt die Anzahl von 51 „Israelischen".[1154] Als weitere Anhaltspunkte können nur die Zahlen für den Regierungsbezirk Oberbayern herangezogen werden, die in pauschalen Angaben im Unterpunkt „Juden und Freimaurer" in den Regierungsberichten protokolliert sind.[1155] Erkennbar wird eine stetige Abnahme der jüdischen Bevölkerung, ohne dass die dahinterliegenden Schicksale sichtbar werden. 1936 zählte man noch 602 Juden,[1156] am 01. Januar 1937 542, ein Jahr später nur noch 513 Juden.[1157] Zum 01. Mai 1938 waren es noch 443 jüdische Mitbürger,[1158] kurz vor der `Reichskristallnacht´ 433,[1159] und am 09. Mai 1939 nur noch 225 Juden.[1160]

Im September 1933 begann die offizielle Ausgrenzung der Juden durch Beschlüsse der Kommunalverwaltungen. Unter dem Titel „Zutritt von Juden zum Viehhandel" oder „Ausschluß handelnder Juden" wurde jüdischen Geschäftsleuten der Zutritt in die Landkreisgemeinden verwehrt.[1161] Starnberg wies seine Polizeiorgane an, „das Verbot strenge durchzuführen".[1162]

In der Haltung gegenüber der jüdischen Bevölkerung erkennt man im Laufe der Jahre eine zunehmende Wirkung der massiven antisemitischen Propaganda, der sich die Allgemeinheit nicht völlig entziehen konnte. Die Fremdenverkehrsorte, die bisher die jüdischen Gäste gerne gesehen hatten, waren weitgehend „judenfrei".[1163] Noch im Sommer 1938 herrschte bei den Hotel- und Badbesitzern Unsi-

---

1153 Gaumitteilungsblatt vom 29. August 1935: Der Stellvertreter des Führers, mit dem Zusatz „Nur mündlich weitergeben!" versehen, StAM NSDAP 1149.

1154 Ortschaften-Verzeichnis für den Freistaat Bayern nach der Volkszählung vom 16. Juni 1925 und dem Gebietsstand vom 1. Januar 1928 (Beiträge zur Statistik Bayerns 109), 1928, Sp. 288-290.

1155 Dazu allgemein: Ophir, Baruch Z. (Hrsg.): Die jüdischen Gemeinden in Bayern 1918-1945, München 1979.

1156 Halbmonatsbericht 11. November 1935, BayHStA MA 106 670.

1157 Monatsbericht des Regierungs-Präsidenten von Oberbayern 10. März 1938 (im Folgenden: Monatsbericht), BayHStA MA 106 671.

1158 Monatsbericht 09. Mai 1938, BayHStA MA 106 671.

1159 Monatsbericht 09. November 1938, BayHStA MA 106 671.

1160 Monatsbericht 09. Mai 1939, BayHStA MA 106 671.

1161 Z.B.: Protokollbuch der Gemeinde Breitbrunn vom 02. September 1933; Protokollbuch der Gemeinde Widdersberg vom 01. September 1933; Protokollbuch der Gemeinde Herrsching vom 06. September 1933, Archiv der Gemeinde Herrsching. Protokollbuch vom 12. September 1933, Archiv der Gemeinde Gauting. Protokollbuch vom 02. September 1933, Archiv der Gemeinde Pöcking.

1162 Protokollbuch des Stadtrats Starnberg vom 08. September 1933, Stadtarchiv Starnberg.

1163 Halbmonatsbericht 09. Oktober 1935: „Vor dem Erlaß des neuen Gesetzes betreffend die Regelung der Judenfrage konnte in mehreren Bezirken eine bedeutsame Steigerung der antijüdischen Propaganda, insbesondere durch Werbeplakate und Sondernummern des Stürmer festgestellt werden. Im allgemeinen kann die Säuberung der Fremdenverkehrsorte von den jüdischen Sommergästen als cherheit, wie sie mit ihren nur noch vereinzelt anreisenden jüdischen Gästen umgehen sollten. Der Badbesitzer Xaver März aus Berg fragte deshalb beim Bezirksamt Starnberg nach, ob er eine Tafel anbringen müsse, wonach Juden unerwünscht seien. Er war dazu durchaus bereit, aber nur unter der Bedingung, dass auch die anderen Hotel- und Badebetriebe eine solche Maßnahme vornehmen müssten. Insgesamt sahen es demnach die Hoteliers von Berg, Leoni und Kempfenhausen vom wirtschaftlichen Standpunkt aus nicht ungern, wenn sich jüdische Gäste bei ihnen einquartierten.[1164]

Die Juden selbst versuchten sich einer „Zurückhaltung zu befleissigen", um nicht behelligt zu werden. Sie sollten sich nur noch als „Gäste im Gastland" fühlen.[1165] Dennoch wurde ihnen unterstellt, gegen alles, was deutsch und nationalsozialistisch ist, im In- und Ausland hemmungslose Hetze zu betreiben.[1166]

„Feierliche Übertragung der Hitlerrede im Andechser Hof in Herrsching" am 09. November 1936
Zeichnung von Anita Menzel (Chronik A. Menzel 1936; Archiv der Gemeinde Herrsching)

Die Reichspogromnacht

Der Monatsbericht des Regierungs-Präsidenten von Oberbayern vermerkte zur Reichspogromnacht am 09. November 1938 lapidar: „Die Empörung über dieses Verbrechen [gemeint ist die Ermordung des Legationssekretärs Ernst Eduard vom

beendet erachtet werden. Ein besonderes Hervortreten von Juden in provozierender Weise wurde nicht beobachtet." BayHStA MA 106 670.

1164 Gendarmerie-Station Aufkirchen an Bezirksamt Starnberg vom 14. August 1938, StAM LRA 28293.

1165 Monatsbericht der Bayerischen Politischen Polizei vom 01. Mai 1936, BayHStA MA 106 687.

1166 Monatsbericht der bayerischen Politischen Polizei vom 01. Juni 1936, BayHStA MA 106 687.

Rath durch Herschel Grynszpan in Paris am 07. November 1938; F.H.] war allgemein. Die im Anschluß daran getroffenen politischen Maßnahmen waren in den einzelnen Orten mit jüdischen Einwohnern verschieden."[1167] Schlüsse für den Bezirk Starnberg kann man daraus nicht ziehen.

Fritz Bensinger aus Pöcking, „Volljude", wurde am 09. November 1938 von Buchner zusammen mit 12 weiteren Juden in das Starnberger Gefängnis gesteckt. Bensinger kam aus unbekannten Gründen schon am folgenden Tag frei, Namen und Schicksal der übrigen Inhaftierten bleiben unklar.[1168]

Der Arzt Dr. Adolf Franck beschuldigte den Starnberger Bürgermeister und Kreisleiter Buchner schwer. In einem Schreiben an die Hauptkammer München teilte er 1949 mit, er sei Inhaber des Eisernen Kreuzes 2. Klasse und des Ehrenkreuzes für Frontkämpfer, sei 1935 durch die Nürnberger Gesetze zum Volljuden erklärt worden und durch polizeiliche Verordnung über die Kennzeichnung von Juden vom 01. September 1941 wegen seiner privilegierten Mischehe mit einer Arierin vom Tragen des Judensterns befreit gewesen. Über die sogenannte „Reichskristallnacht"[1169] berichtete Franck: „In der Juden-Pogrom-Nacht des 9. November 1938 hat der Kreisleiter Buchner mich mit den sonstigen aus dem Landkreis Starnberg zusammengeholten männlichen Juden unter Beschimpfungen in das Starnberger Gefängnis gesteckt und jedem einzelnen Orts- und Landesverweis (betr. Gau Oberbayern) erteilt." Später sei ihm sein Aufenthalt in Starnberg unter der Bedingung gestattet worden, seine Auswanderung zu betreiben, die der Kriegsbeginn dann verhinderte.[1170] Im Urteil der Berufungskammer vom 18. November 1949, das später kassiert wurde, sprachen die Richter infolgedessen von Buchner als „Radau-Antisemit" und nannten sein Buch „Kamerad! Halt aus!" einen „Katechismus des Antisemitismus und der Intoleranz".[1171] Franck wurde seinen Angaben nach 1939 ein weiteres Mal verhaftet und mehrere Tage zusammen mit dem Juden Louis Heymann im Gefängnis festgehalten, „damit die Juden sich vertragen lernen". Vorausgegangen war die Weigerung von Francks Frau, das zwangseingewiesene Ehepaar Heymann in ihrem Haus in der Fritz-Reinhardt-Promenade in Starnberg aufzunehmen, um daraus ein \`Judenhaus´ zu machen. Am 26. Februar 1942 habe Buchner ihn und seine Frau von der Polizei vorführen lassen und vor bestellten Zuhörern unerhört beleidigt und mit „Saujud", „Schwein" und „Stück Scheißdreck" beschimpft. Daraufhin habe Buchner ihn zum Schneeräumen befohlen, bis er krankheitsbedingt ausfiel. Nicht genug forderte Buchner nun von Franck das Tragen des Judensterns. Auf seinen Hinweis, er sei dazu nicht verpflichtet, habe Buchner ihn angeschrien: „Du Saujud, du scheinst nicht zu wissen, mit wem du es zu tun hast! Wir sind revolutionäre Nationalsozialisten, und wenn uns ein Gesetz nicht

---

1167 Monatsbericht 10. Dezember 1938, BayHStA MA 106 671.

1168 Spruch der Hauptkammer München vom 24. Mai 1949, StAM SpKA K 219 Franz Buchner.

1169 Obst, Dieter: „Reichskristallnacht". Ursachen und Verlauf des antisemitischen Pogroms vom November 1938, Frankfurt a.M. 1991.

1170 Adolf Franck an Hauptkammer München vom 20. Mai 1949, StAM SpKA K 219 Franz Buchner.

1171 Spruch der Berufungskammer München vom 18. November 1949, StAM SpKA K 219 Franz Buchner.

paßt, dann ändern wirs, und wenn du nicht parierst, dann wirst du eben bei Nacht abgeholt und nach dem Osten gebracht, na, und da weißt du ja wohl, was dir blüht!" Franck kam in das Judenlager Milbertshofen, dem Münchner Ausgangspunkt für Transporte in den Osten, zur Zwangsarbeit.[1172]

Buchners Erinnerung an diese Geschehnisse lasen sich nach dem Krieg etwas anders. Er behauptete, im Kreis- und Stadtgebiet Starnberg habe kein Pogrom stattgefunden und er habe „weder in dieser, noch in einer anderen Nacht jemand verhaften und in das Gefängnis Starnberg verbringen lassen". Franck habe er zwar beleidigt, aber nicht 1939, sondern 1943, und auch das nur, weil er unter erheblichem persönlichen Druck gestanden habe. Zuerst sei Franck von ihm „in sachlicher und ruhiger Weise" darauf aufmerksam gemacht worden, er müsse zum Arbeitsdienst im Rahmen des totalen Kriegseinsatzes antreten. Auf dessen Vorlage eines ärztlichen Attestes hin habe er, beunruhigt von der Nachricht, sein Sohn sei an der Ostfront schwer verwundet worden, „mit überreizten Ausfälle[n] (zu denen die Ausdrücke Saujuden und Scheißdreck bestimmt nicht gehörten)" reagiert, was er im Übrigen bedauere.[1173] Seine Anwältin fasste es in die Worte: „Er [Buchner; F.H.] war Idealist und verurteilte deshalb selbst streng jegliches Unrecht, das im Namen der Partei oder des Staates verübt wurde."[1174]

Siegmund Weyermann
Sigmund Weyermann machte selbst Erfahrungen mit Buchner. Der Pöckinger Landgerichtsdirektor a. D. war „Volljude", „Glaubensjude" und „Sternträger" und wurde 1942 bis 1943 wie Dr. Franck im sogenannten Judenlager in Milbertshofen interniert. Weyermann erhielt 1942 eine Vorladung ins Starnberger Rathaus, wo er von einem erregten Buchner mit den Worten „Da ist der Jud!" begrüßt wurde. Buchner habe ihn angeschrien und mit Worten wie „Judenschwein" und „Parasit" bedacht, erinnerte sich Weyermann sieben Jahre später. Die Sätze „Unsere tapferen Soldaten müssen dich Judenschwein auch noch im Kriege beschützen", „Man sollte dich nach Polen schicken, damit du dort verreckst" und „Geh nach Hause und häng dich selbst auf, damit wir von dir Parasiten befreit sind" blieben Weyermann als „kleine Auswahl" im Gedächtnis. In der Folge musste auch er Schneeschaufeln.[1175]

Die Ausgrenzung jüdischer Bürger

Landesweit veranlasste man die jüdischen Einwohner zur sofortigen Ausreise aus Deutschland, da ihre Sicherheit nicht gewährleistet werden könnte, und ließ sie bisweilen eine Erklärung zu unterzeichnen, „nie mehr zurückzukehren und ihren Grund- und Hausbesitz durch Verkauf aufzugeben". Die ländliche Bevölkerung übte an den gewalttätigen Maßnahmen Kritik und bemerkte sehr wohl, dass sie nicht spontan ausgebrochen, sondern von der Partei organisiert waren. Aber die

1172 Adolf Franck an Hauptkammer München vom 20. Mai 1949, StAM SpKA K 219 Franz Buchner.
1173 Antrag auf Wiederaufnahmeverfahren, StAM SpKA K 219 Franz Buchner.
1174 RA Honold vom 30. April 1949, StAM SpKA K 219 Franz Buchner.
1175 Eidesstattliche Versicherung Siegmund Weyermann vom 19. Mai 1949, StAM SpKA K 219 Franz Buchner.

gezielt lancierten Presseberichte über den großen Anteil am Volksvermögen, der angeblich in jüdischer Hand sei, tat sein Übriges und führte dazu, dass die zuvor kritisch eingestellten Mitbürger „mit der Judenaktion nunmehr einverstanden" waren.[1176]

Kirchplatz in Starnberg
(undatiert, unbekannter Anlass; Stadtarchiv Starnberg, Sammlung Wörsching)

Weitere Ausgrenzungen jüdischer Mitbürger erfolgten in allen Lebensbereichen. Die staatliche Seenverwaltung Starnberg machte beispielsweise unmissverständlich klar, dass „die Überlassung staatlichen Grundbesitzes zur Errichtung von Seeeinbauten aller Art, wie Schiff- und Badehütten, Stege, Dämme usf., die Verankerung von Bojen, ferner die Herstellung von Fahrrinnen und Seewassereinleitungen in Hütten auf Privatgrund, die Einführung von Abwasserrohren in den See sowie die Zulassung von Motor-, Ruder- und Segelbooten auf staatlichen Gewässern" für Juden grundsätzlich nicht mehr erlaubt war und mahnte entsprechende Vergehen ab.[1177]

Ende April, Anfang Mai 1939 machte eine Verordnung des Landratsamtes die Runde, die den grundsätzlichen „Ausschluß von Juden von den Nutzungen am Gemeindegliedervermögen und Gemeindegliederklassenvermögen" festsetzte. Nicht nur der Gleichlaut der Beschlüsse, sondern auch die in einigen Fällen fehlerhafte Wiedergabe der Formulierung (Kassenvermögen statt Klassenvermögen) legt nahe, dass weder verstanden wurde, worum es sich handelte noch man es der

1176 Monatsbericht 10. Dezember 1938, BayHStA MA 106 671.
1177 Staatliche Seenverwaltung Starnberg an Dr. A. Haas vom 28. Dezember 1938, StAM LRA 28293.

Mühe wert fand, sich näher zu erkundigen. Die Anweisung von höherer Stelle wurde beschlossen und damit ließ man die Angelegenheit auf sich beruhen.[1178]

Rechtsanwalt Dr. Robert Held

Der jüdische Rechtsanwalt Robert Held wurde von den Nationalsozialisten aus Starnberg vertrieben. Helds Vater, der Geheime Justizrat Dr. Sigmund Held, war schon Vorsitzender der Anwaltskammer und der Jüdischen Kultusgemeinde in Nürnberg gewesen. Der am 05. November 1889 geborene Sohn eröffnete 1919 seine Rechtsanwaltskanzlei in Starnberg und galt als herausragender Advokat. Während der gerichtlichen Aufarbeitung der Revolutionsereignisse vertrat er den Niederpöckinger Gutsbesitzer Paul Metz, in dessen Anwesen sich der Rote Armee-Führer Josef Winkler einquartiert und die Liegenschaften geplündert hatte.[1179]

Für Buchner war er ein Objekt billigen Spottes[1180] und persönlicher Beleidigungen,[1181] da Held sich als einziger Starnberger Jude, der im öffentlichen Leben stand, den antisemitischen Diffamierungen der Nationalsozialisten entgegenstellte.[1182] Knab berichtete über die Schikanen, die Held sich im Vorfeld seiner Praxisaufgabe gefallen lassen musste. Demnach wurde ihm nicht nur wiederholt sein Namensschild an Wohnung und Büro zerkratzt, abgeschraubt und zertrümmert, sondern die Parteigenossen und –genossinnen machten auf der Straße einen Bogen um ihn und spuckten verächtlich aus. Daraufhin wurde Held „tatsächlich zu seiner eigenen Sicherheit“ mehrmals in Schutzhaft genommen.[1183] Im Mai 1933 wurden die Drohungen gegenüber Held so gewalttätig und massiv, dass er sich entschloss Starnberg zu verlassen. Sein Haus und seine Kanzlei waren beschädigt und seine Hunde vergiftet worden. Held zog nach München und erhielt dank eines Empfehlungsschreibens des Reichsjustizminsters Franz Gürtner[1184] den „Frontkämpferstatus“ zuerkannt, was ihm seine sonderrechtliche Zulassung für das Amtsgericht München II einbrachte.[1185]

Rechtsanwalt Held bot seine Starnberger Kanzlei einem jungen Münchner Kollegen, dem am 16. Mai 1905 in Füssen geborenen Rechtsanwalt Hermann Alletag, an

1178 Protokollbuch der Gemeinde Gauting vom 16. Mai 1939, Archiv der Gemeinde Gauting. Protokollbuch der Gemeinde Herrsching vom 24. August 1939; Protokollbuch der Gemeinde Breitbrunn vom 05. Mai 1939, Archiv der Gemeinde Herrsching. Protokollbuch der Gemeinde Oberpfaffenhofen vom 23. Mai 1939, Archiv der Gemeinde Wessling. Protokollbuch des Stadtrats Starnberg vom 26. Mai 1939, Stadtarchiv Starnberg. - Protokollbuch der Gemeinde Seefeld vom 30 Mai 1939, Archiv der Gemeinde Seefeld und Protokollbuch der Gemeinde Hochstadt vom 17. Mai 1939, Archiv Wessling, die jeweils ein „Gemeindegliederkassenvermögen“ benennen.

1179 RA Held an Polizeidirektion München vom 14. Juni 1919, StAM Staatsanwaltschaft München 3064.

1180 Buchner, Kamerad, S. 87 ff.

1181 Buchner, Kamerad, S. 135.

1182 Stellungnahme Maria Bader vom 05. Dezember 1945, StAM SpKA K 4545 Hermann Alletag.

1183 Knab, Kleinstadt S. 88 f.

1184 Reitter, Ekkehard: Franz Gürtner. Politische Biographie eines deutschen Juristen 1881-1941, Berlin 1976; Gruchmann, Lothar: Justiz im Dritten Reich 1933-1940: Anpassung und Unterwerfung in der Ära Gürtner, München 1988.

1185 Bundesrechtsanwaltskammer (Hrsg.): Anwalt ohne Recht. Schicksale jüdischer Anwälte in Deutschland nach 1933, Berlin 2007, S. 116 f.

in der Meinung, ihm damit beste Voraussetzungen für eine zukunftsträchtige Karriere zu verschaffen.[1186] Aber von nun an übertrugen die Starnberger Nationalsozialisten ihre Hetze auf den Nachfolger. Sie unterstellten ihm, ebenfalls ein „Judenabkömmling" zu sein und nur als von Held vorgeschobener Handlanger zu agieren.[1187] Seine Mandanten wurden bedroht, durch Hinweise auf den jüdischen Ursprung der Kanzlei verunsichert und verließen das Büro, da sie sich für ihre Fälle Nachteile ausrechneten, wenn sie nicht von einem von der Partei anerkannten Anwalt vertreten wurden. Gleichzeitig gab es aber auch Klienten, die nun die Gelegenheit nutzten, sich ihrer finanziellen Verpflichtungen gegenüber einem „Judennachfolger" ledig sahen und die Zahlung ihrer Rechnungen verweigerten. Die Vertretung vor Gericht wurde zum Spießrutenlaufen, da auch die Angestellten des Starnberger Amtsgerichts ihre Herablassung und Verachtung gegenüber Rechtsanwalt Alletag und seinen Mitarbeitern deutlich zur Schau trugen.[1188]

Held hatte sich schon seit einem Jahr nach München zurückgezogen, als er am 08. Juni 1934 wegen einer Gläubigerversammlung vor dem Konkursgericht in Starnberg erschien. Er hatte sich ein halbes Jahr lang geweigert, nach Starnberg zu kommen, da er die immer noch feindliche Stimmung in der Stadt, die gegen ihn geschürt wurde, richtig einschätzte. Auf Ansuchen des Oberamtsrichters August Kiendl und des schon erwähnten Amtsgerichtsrats Karl Seubelt hatte er sich zum Kommen entschieden, um die schwebende Angelegenheit erledigen zu können.[1189] Noch während der Gläubigerversammlung erhielt Amtsgerichtsrat Seubelt vom Protokollführer einen Zettel zugesteckt mit der Aufforderung: „Vielleicht können Sie die Sitzung etwas in die Länge ziehen. Wir haben die Ortsgruppe verständigt." Er wollte in diesem Augenblick nicht verstanden haben, was die Angaben bedeuteten, aber der Amtsangestellte Miehle hatte die NSDAP-Ortsgruppe von Helds Anwesenheit in Starnberg verständigt.[1190] Jedenfalls konnte man nach Ende der Sitzung vor dem Amtsgebäude Rufe wie „Juden raus" und ähnliches Geschrei hören. SS-Sturmführer Metzgermeister Xaver Fink, der Held mit besonderem Furor verfolgte, war mit mehreren SS-Männern in das Amtsgericht eingedrungen und bedrohte Held unversöhnlich mit einem Gerüsthaken. Sein Auftritt war derartig vehement, dass Kiendl um das Leben des Angegriffenen fürchtete. Zusammen mit Seubelt und Alletag stellte er sich den Randalierern entgegen, während Held unter dem Schutz der Gendarmerie aus Starnberg herausgebracht wurde. Für die Angreifer hatte diese öffentliche Attacke auf einen unbescholtenen Bürger keinerlei Folgen. Seubelt nahm in seinem Spruchkammerverfahren für sich Anspruch, er

1186 Hermann Alletag warb in der Andechser Rundschau vom 29. April 1933 für seine neu übernommene Anwaltskanzlei in Starnberg.
1187 Antrag Alletag auf Einleitung des Verfahrens gegen ihn vom 02. Juli 1946, StAM SpKA K 4545 Hermann Alletag.
1188 Stellungnahme Maria Bader vom 05. Dezember 1945, StAM SpKA K 4545 Hermann Alletag.
1189 Eidesstattliche Erklärung August Kiendl vom 03. Juli 1947, Anlage zum Fragebogen Karl Seubelt vom 03. April 1946, StAM SpKA K 4644 Karl Seubelt.
1190 Alletag an Amtsgericht Starnberg vom 23. Juli 1946, StAM SpKA K 4644 Karl Seubelt.

habe durch sein Verhalten Nachteile innerhalb der Partei erfahren, was aber angesichts einer Beurteilung des Gaugerichts aus dem Jahre 1940, in der er als „unermüdlicher Förderer und Werber" beschrieben wird, fragwürdig erscheint.[1191]

Rechtsanwalt Held konnte noch vor den Novemberpogromen 1938 in die USA emigrieren. In New York studierte er amerikanisches Recht und erhielt die dortige Rechtsanwaltszulassung. Er engagierte sich in besonderem Maße für Flüchtlinge und Verfolgte unter dem Motto: „Wo das Gesetz eine mehrfache Deutung zuläßt, muß die Auslegung zu Gunsten der Verfolgten geschehen." 1971 heiratete er die Witwe seines ehemaligen Nachfolgers, Elisabeth Alletag, kehrte nach Starnberg zurück und erhielt ein weiteres Mal die Zulassung als Rechtsanwalt in München. Er starb am 19. August 1977 in Starnberg.[1192]

Viele derer, die unter Buchner und den Nationalsozialisten gelitten hatten, zeigten sich nach dem Krieg milde und stellten ihm sogar ein Entlastungszeugnis aus.[1193] Nicht so Dr. Harry Philippi, der sich selbst folgendermaßen skizziert: „Ich war nach den Gesetzen des Dritten Reiches Halbarier, von 1933 bis 1945 ohne Stellung, Einkommen und Arbeitsmöglichkeit, bin anerkannter politisch Verfolgter, wurde 6x verhaftet, 3x verurteilt, darunter einmal vom Sondergericht München III wegen Staatsfeindschaft, und wurde am 11.4.49 [verschrieben, es muss 45 heißen; F.H.] von der US-Armee im KZ Buchenwald als politischer Häftling befreit." Unter anderem warf Philippi Buchner vor, er habe den schon im Zusammenhang mit der NS-Kulturgemeinde erwähnten Syndikus der Industrie- und Handelskammer Dr. Hans Buchner, der auch Gauamtsleiter war, durch Drohungen dazu gebracht, dass er seine Förderung Philippis einstellte. Eine bescheidene Existenzmöglichkeit war ihm damit entzogen.[1194]

Beziehung zu den Kirchen

1939 gehörten 28.237 Bezirksangehörige, damit ca. 81%, der katholischen Kirche an. 5.267, also ca. 15%, bekannten sich zur Evangelischen Kirche, 1.287 fielen unter die Bezeichnung „Sonstige",[1195] womit die Mitglieder anderer Glaubensgemeinschaften oder Personen ohne Kirchenzugehörigkeit bezeichnet wurden.

1191 Urteilsbegründung vom 04. April 1940. Aufschlussreich ist die Bemerkung des Gaugerichts zum Thema `Urteil gegen Parteigenossen´: „Es ist erklärlich, dass Dr. Seubelt in seiner Tätigkeit als Richter entsprechend den nationalsozialistischen Gesetzen und den gegebenen Tatumständen, manchmal auch P[artei]g[e]n.[ossen] entgegentreten muss. Die Meinungen, die sich daraus bilden, müssen aber hier ausser Betracht bleiben. Denn es ist bekannt, dass manche der bewährten alten Kämpfer den Weg von der Opposition zur Evolution nicht mehr mitgegangen sind. In unserem Reich ist Gewähr dafür gegeben, dass Urteile nur im nationalsozialistischen Sinne gefällt werden können, auch wenn sie von den Beteiligten oft missverstanden werden." BArch PG I 0111 Karl Seubelt.

1192 Bundesrechtsanwaltskammer, Anwalt S. 116 f.

1193 Beispielsweise der ehemalige SPD-Stadtrat Alois Höbel (Bestätigung Höbel vom 25. Januar 1950, StAM SpKA K 219 Franz Buchner) oder der nachmalige Bürgermeister Karl Goldaté (Eidesstattliche Versicherung vom 18. Februar 1951, StAM SpKA K 219 Franz Buchner).

1194 Philippi an Hauptkammer München-Land vom 17. April 1949, StAM SpKA K 219 Franz Buchner.

1195 Vgl. Borcherdt, Starnberg, S. 70.

Die katholische Kirche

„Zur Beruhigung der katholischen Bevölkerung hat auch der erfolgreiche Abschluß des Konkordats beigetragen",[1196] stellte das Regierungspräsidium von Oberbayern nach der Unterzeichnung des Reichskonkordats zwischen dem Heiligen Stuhl und der Reichsregierung am 20. Juli 1933 fest.[1197]
Auch Buchner bemühte sich, das Verhältnis zur katholischen Kirche reibungslos zu gestalten. Er behauptete in seinem Spruchkammerverfahren, er sei nur aus „Zwang und wirtschaftlichem Druck" aus der Kirche ausgetreten und habe trotz seines Austritts bei jeder sich bietenden Gelegenheit „aus religiöser Überzeugung Andachten in den beiden christlichen Kirchen Starnbergs" besucht.[1198] Am 18. September 1933 unterzeichnete Buchner einen Beschluss des Starnberger Stadtrats, mit dem für die neue Stadtkirche „Santa Maria" ein Monumentalbild des in Starnberg lebenden Malers Theodor Geyr gestiftet wurde. Damit sollte „dem kulturschöpferischen Willen des Kanzlers des neuen Deutschlands, Adolf Hitler, und der starken, aufbauenden Kraft des nationalsozialistischen Staates auch in Starnberg" tatkräftig Ausdruck verliehen werden.[1199]

Pfarrer Michael Ostheimer
Gegen den Starnberger Stadtpfarrer Michael Ostheimer ermittelte die Gestapo schon seit 1933. Sein Telefon und seine Post wurden überwacht. Bei Hausdurchsuchungen beschlagnahmte man Material der Marianischen Jungfrauenkongregation. Da er Schulkindern gegenüber den „Deutschen Gruß" nicht erwiderte, kam es zu einer „ernstlichen Verwarnung" mit der Drohung, im Wiederholungsfalle „schärfere Maßnahmen" anzuwenden. Seine weitere Beobachtung wurde angeordnet.[1200] Wegen einer Messfeier an Christi Himmelfahrt wurde Ostheimer 1940 verwarnt. Die Partei ließ ihn verhören, weil er aus der Kirche Ausgetretene „vermahnt" hatte. Eine Ermittlung des Amtsgerichts Starnberg, bei der Ostheimer Vermischung des Deutschen Grußes mit dem christlichen Gruß vorgeworfen wurde - er habe mit erhobener Hand „Gelobt sei Jesus Christus" gesagt - brachte kein Ergebnis.[1201]

In einer konzertierten Aktion der Bayerischen Politischen Polizei, der Bezirksämter und der Stadtkommissäre des Regierungsbezirks wurde am 20. Juni 1936 ein Hirtenbrief der bayerischen Bischöfe beschlagnahmt, der die Aufhebung der Klosterschulen zum Inhalt hatte. Den Geistlichen wurde im Falle der Zuwiderhandlung gegen die Sicherstellung des Briefes Schutzhaft angedroht. Durch die sofortige Aufhebung dieser Bestimmung durch den Staatsminister des Innern, die noch am selben Tag erfolgte, konnten zwar Verhaftungen von Geistlichen vermieden werden,

1196 BayHStA MA 106670 Halbmonatsbericht 05. August 1933.
1197 Zum Konkordat: Brechenmacher, Thomas: Das Reichskonkordat 1933. Forschungsstand, Kontroversen, Dokumente, Paderborn u.a. 2007.
1198 RA Honold an Spruchkammer München Land vom 30. April 1949, StAM SpKA K 219 Franz Buchner.
1199 Beschluss des Stadtrats Starnberg vom 18. September 1933, Stadtarchiv Starnberg SR NS 48.
1200 Bayerische Politische Polizei an Bezirksamt Starnberg vom 20. Februar 1934, StAM LRA 28350.
1201 Hehl, Priester, Sp. 152/153.

die Androhung wurde aber in der Bevölkerung bekannt. Der Hirtenbrief wurde an den nachfolgenden Sonntagen fast ausnahmslos verlesen und führte zu einer Ansehenseinbuße des Staates. „Der Pfarrer stellt nun einmal, besonders auf dem Lande, immer noch eine Person dar, welche sich der größten Achtung erfreut. Daran haben auch die Devisen- und Sittlichkeitsprozesse bis jetzt noch nicht viel zu ändern vermocht. Wenn der Pfarrer gar noch als Märtyrer seiner Überzeugung erscheint, treten auch solche Personen für ihn ein, die an sich weniger Fühlung mit der Kirche zu halten pflegen […] Viele Bauern geben der Überzeugung Ausdruck, daß der Kampf nicht mehr dem politischen Katholizismus, sondern der Religion selbst gelte und ihnen der Glaube genommen werden solle," war der Kommentar in den Regierungspräsidentenberichten.[1202] Seit 1935 wurden gegen katholische Priester, Ordens- und Laienbrüder Vorwürfe wegen angeblicher Unzucht sowohl unter Männern als auch gegenüber Zöglingen erhoben und strafrechtlich verfolgt. Gleichzeitig gab es im Rahmen sogenannter Devisenprozesse Anschuldigungen gegen Ordensgemeinschaften, sie hätten rechtswidrige Geldtransaktionen ins Ausland vorgenommen. Ziel der durch die nationalsozialistische Propaganda begleiteten und ausgeschlachteten Prozesse war die Diskreditierung der katholischen Kirche und ihrer Vertreter. Langfristig zielten diese Angriffe auf die Abschaffung der im Reichskonkordat von 1933 noch garantierten Konfessionsschulen.[1203]

So sah das wohl auch der Erlinger Pfarrer Heinrich Martini, gegen den der dortige Propagandaleiter Ernst Berchtold eine Strafanzeige wegen Sachbeschädigung erstattete. Martini hatte sich mehrfach über gotteslästerliche Aushänge im `Stürmer-Kasten´ geärgert. Eine Abbildung, die den alttestamentarischen Gott und Christus am Kreuz verhöhnte und ausgerechnet während der Karwoche zu sehen war, erregte seinen Zorn so sehr, dass er das Bild zuerst überklebte, und als diese Maßnahme rückgängig gemacht wurde, herausriss. Martini beschwerte sich zudem beim Stützpunktleiter August Probst. Der Vorwurf, Martini hätte schon zuvor mehrfach Inhalte des Stürmer-Kastens beschädigt, konnte nicht erhärtet werden.

Die ländliche Bevölkerung, die traditionell eng mit dem katholischen Glauben und dessen dörflichen Vertretern verbunden war, stürzte in schwere Gewissenskonflikte, wenn sie vor die Entscheidung zwischen Kirche oder Partei gestellt wurde. Hirtenbriefe, die einen Zusammenhang zwischen staatlichen Maßnahmen und der Bedrohung der Religion an sich herstellten, verunsicherten die Landbevölkerung und gaben der Geistlichkeit Anlass, „bei jeder Gelegenheit in versteckter aber nicht mißzuverstehender Weise auf die heutigen angeblichen unchristlichen Verhältnisse und die angebliche Glaubensverfolgung in Deutschland hinzuweisen und zum Gebet für deren Beendigung aufzurufen".[1204]

1202 Monatsbericht 10. Juli 1936, BayHStA MA 106 670.

1203 Vgl.: Hockerts, Hans-Günter: Die Sittlichkeitsprozesse gegen katholische Ordensangehörige und Priester 1936/1937. Eine Studie zur nationalsozialistischen Herrschaftstechnik und zum Kirchenkampf, Mainz 1971; Grau, Günter (Hrsg.): Homosexualität in der NS-Zeit. Dokumente der Diskriminierung und Verfolgung, Frankfurt a.M. 1993; Mommsen, Hans: Der Nationalsozialismus als säkulare Religion, in: Besier, Gerhard (Hrsg.): Zwischen „nationaler Revolution" und militärischer Aggression. Transformationen in Kirche und Gesellschaft 1934-1939, München 2001.

1204 Monatsbericht 09. Oktober 1935, BayHStA MA 106 670.

Pfarrer Ziesel aus Frieding ermahnte seine Gemeinde von der Kanzel, auf die Bischöfe und Priester zu hören und nicht auf solche, „von denen heute einer gesprochen habe, der´s Maul gleich so weit aufreisse". Da diese Bemerkung kurz nach einer im Rundfunk übertragenen Rede eines Staatsministers erfolgte, sei die Auslassung geeignet gewesen, „in der Bevölkerung erregend zu wirken". Pfarrer Ziesel wurde verwarnt und auf schärfere staatspolizeiliche Maßnahmen im Wiederholungsfalle hingewiesen.[1205]

Der Landwirt und SA-Unterführer Johann Sontheim aus Machtlfing musste sich auf seine Zweifel hin die Belehrung seines SA-Gruppenführers gefallen lassen: „Es verbietet Ihnen niemand katholisch zu sein, aber wenn Sie deshalb meinen, daß Sie ein guter Deutscher sind, wenn Sie noch extra betonen, daß Sie römisch-katholisch sind, dann tut es mir sehr leid, wenn Sie als SA-Unterführer so wenig über Germanentum und Katholizismus wissen, daß Sie deswegen fahnenflüchtig aus der SA werden müssen. Wenn Ihnen die Pfaffen jemals mehr geben können als unser Führer Adolf Hitler Euch Bauern gegeben hat, so kehren Sie ruhig und reumütig in den Schoß Ihrer Kirche zurück, [...] aber liefern Sie vorher Braunhemd mit Dolch und allen Abzeichen ab [...]."[1206]

Pfarrer Josef Schmuttermaier von Tutzing wurde wegen Predigttexten durch die Gestapo verhört und verwarnt. Der dortige Bürgermeister meldete ihn wegen „Störung des öffentlichen Friedens" ebenfalls der Gestapo. Der Ortsgruppenleiter wiederum verwarnte Schmuttermaier wegen der „Handhabung der Disziplin in der Schule". Der Kreisleiter selbst ließ ihn 1943 vorsprechen und verhörte ihn wegen der Verbreitung des „Möldersbriefes".[1207]

Ähnlich erging es Pfarrer Otto Flemisch aus Traubing, den die Polizei wegen einer Leichenrede verhörte. Seine Predigten wurden beanstandet und der Ortsgruppenleiter verwarnte ihn. Der Kreisleiter drohte mit Zwangsversetzung.[1208]

Und auch der Wesslinger Pfarrer Lorenz Broell hatte sich bei den Machthabern missliebig gemacht. Man verhörte ihn, weil er eine Bittprozession veranstaltet hatte, aber auch, weil er eine Kartei aufstellte, die „Beunruhigung der Bevölkerung" hervorgerufen habe. Der Ortsgruppenleiter verwarnte ihn wegen Verstoßes gegen das Sammlungsgesetz, wegen Sabotage des Vierjahresplanes durch Mahnung zur Sonntagsheiligung, wegen pädagogischer Maßnahmen gegenüber Schulkindern und wegen der Verweigerung des Hitlergrußes. Außerdem zeigte er ihn wegen angeblicher Sabotage der Kriegswirtschaft an. Sein Telefon und seine Post wurden überwacht.[1209]

1205 Geheime Staatspolizei an Bezirksamt Starnberg vom 02. Juni 1937, StAM LRA 28350.

1206 Unterreiner an Sontheim vom 11. Oktober 1937, StAM SpKA K 4646 Johann Sontheim.

1207 Hehl, Priester, Sp. 178. Dazu Witetschek, Helmut: Der gefälschte und der echte Mölders-Brief, in: VfZ 16 (1968), S. 60-65.

1208 Hehl, Priester, Sp. 71.

1209 Hehl, Priester, Sp. 50.

Der Bucher Ortsgruppenleiter beanstandete, dass Pfarrer Johann Nepomuk Glogger die Christenlehre in der Kirche abhielt, zu der er alle Teilnahmepflichtigen aufgerufen hatte. Ein ungenannter SS-Sturmführer bedrohte Glogger, da er negative Bemerkungen über die Partei, die Wehrmacht und gefallene Soldaten gemacht habe. Der Landrat warnte ihn vor scharfen polizeilichen Maßnahmen. Die Gestapo durchsuchte sein Haus und beschlagnahmte privates Material.[1210]

„Weihnachtsfeier" der BDM-Unterabteilung Glaube und Schönheit, Herrsching 1936
(Archiv der Gemeinde Herrsching)

Die Aktivitäten der Pfarrer wurden von Gendarmeriebeamten eifrig beobachtet und genau notiert, und sowohl Hirtenbriefe als auch traditionelle kirchliche Feiern weckten immer wieder das Misstrauen der Behörden und Parteifunktionäre.[1211] Außer diesen Einzelbeispielen, die von persönlicher Zivilcourage zeugen, konnte die katholische Kirche sich aber zu keinen landesweiten Maßnahmen des zivilen Ungehorsams oder gar des Widerstandes entschließen.

1210 Hehl, Priester, Sp. 79.

1211 Halbmonatsbericht 09. Juni 1937: „Die größte Beunruhigung verursachten stets die Hirtenbriefe, die nach Form und Inhalt dazu angetan sind, immer neue Zweifel und Mißtrauen in die Bevölkerung zu tragen und sie nicht zur Ruhe kommen zu lassen. Bemerkenswert ist, mit welcher Zähigkeit die kath.[olische] Geistlichkeit ununterbrochen daran arbeitet, die Bevölkerung immer wieder auf ihre Seite zu bringen. Fronleichnamsprozessionen und Primizfeiern waren zweifellos eine willkommene Machtkundgebung der Kirche. Sicherlich hat auch ein großer Teil der Beteiligten aus religiösen Gründen, öfters aber auch aus Neugierde und weil es ein alter Brauch ist, an den genannten Feiern teilgenommen." BayHStA MA 106 670.

Die Evangelische Kirche

Während der Regierungszeit König Maximilians II. waren in Bayern die seit der Gegenreformation aufrechterhaltenen Restriktionen gegenüber protestantischen Untertanen erleichtert worden.[1212] Seit 1848 wurden die in Oberbayern lebenden Protestanten durch einen Vikar aus München betreut, der auf seinen Reisen durch das Oberland Gottesdienste mit der Feier des heiligen Abendmahls abhielt. Im Starnberger Raum wurde am 18. März 1850 der erste evangelische Gottesdienst in Berg abgehalten. 1911 bekam Starnberg seine erste reguläre evangelische Pfarrstelle.[1213] Auch in Herrsching wurde die kleine evangelische Gemeinde zunächst durch einen Reiseprediger, anfangs von Weilheim aus, später, nach dem Bau der Eisenbahnlinie 1903, von Pasing aus seelsorglich betreut. 1905 lebten 24 Evangelische in Herrsching. Die wenigen Evangelischen, die in den benachbarten Gemeinden Breitbrunn, Buch, Hechendorf, Seefeld-Oberalting, Frieding, Widdersberg, Drößling und Erling-Andechs lebten, wurden in der 1926 zur Tochterkirchengemeinde der Pfarrei Pasing erhobenen Gemeinde Herrsching mitversorgt und zählten zu diesem Zeitpunkt insgesamt 363 Personen. Im Jahr 1931 hatte die Herrschinger Kirchengemeinde 236 Mitglieder.[1214]

Die Vertreter der evangelischen Kirche wurden mit demselben Misstrauen bespitzelt und belauert wie ihre katholischen Kollegen.[1215] Die \`Deutschen Christen´,[1216] eine völkische, nationale und rassistische Gruppe innerhalb der protestantischen Kirche, trat in Starnberg dadurch in Erscheinung, dass Pfarrer Dr. Langenfaß dem reformierten Pfarrer Hans Wegener die Kirche überlassen hatte und dafür von der Landeskirchenverwaltung gerügt wurde.[1217] Aktivitäten der Bekennenden Kirche,[1218] einer Bewegung evangelischer Christen, die sich seit ihrer Gründung 1934 gegen die Vereinnahmung der Kirche durch die Deutschen Christen und die Nationalsozialisten zur Wehr setzte, können im Bezirk Starnberg nachgewiesen werden.

1212 Volkert, Wilhelm: Sozial- und Kommunalpolitik, Wirtschafts- und Verkehrspolitik, Kultur- und Kirchenpolitik zwischen 1848 und 1869, in Spindler, Max: HdBG Bd. 4, Das neue Bayern. Von 1800 bis zur Gegenwart, neu herausgegeben von Alois Schmid, München 2003, S. 258-272, hier S. 271.

1213 Pfister, Gerhard: Die evangelische Gemeinde Starnberg, in: Rank, Gertrud/Schmid, Michael: Ein Stück vom Himmel. Kunsthistorische Einblicke in die Starnberger Kirchenlandschaft, Starnberg 2008, S. 202-203.

1214 Evangelische Kirchengemeinde Herrsching (Hrsg.): Festschrift zum 50-jährigen Jubiläum der Erlöserkirche Herrsching, München 2006, S. 16-23.

1215 Meier, Kurt: Kreuz und Hakenkreuz. Die evangelische Kirche im Dritten Reich, München 1992.

1216 Baier, Helmut: Die Deutschen Christen Bayerns im Rahmen des bayerischen Kirchenkampfes, Nürnberg 1968; Diehn, Otto: Der Kirchenkampf. Evangelische Kirche und Nationalsozialismus, Hamburg 1970; Nicolaisen, Carsten: Nationalsozialistische Herrschaft, in: Müller, Gerhard/Weigelt, Horst/Zorn, Wolfgang (Hrsg.): Handbuch der Geschichte der evangelischen Kirche in Bayern, Bd. 2 (1800-2000), St. Ottilien 2000, S. 297-330, hier S. 304-306.

1217 Daumiller an Langenfaß vom 16. Januar 1936, Schreiben der Landeskirchenverwaltung München, Archiv der Evangelisch-Lutherischen Kirche in Bayern, Nürnberg PA 4709.

1218 Norden, Günther van: Der deutsche Protestantismus im Jahr der nationalsozialistischen Machtergreifung, Gütersloh 1979; Gerlach, Wolfgang: Als die Zeugen schwiegen: Bekennende Kirche und die Juden, Berlin 1987; Brakelmann, Günter: Evangelische Kirche im Entscheidungsjahr 1933/1934: Der Weg nach Barmen. Ein Arbeitsbuch, Münster 2010.

Der evangelische Vikar Walter Hildmann von Gauting wurde beschuldigt, bei seiner Predigt anlässlich des Heldengedenktages vor dem Wahnsinn des Krieges gewarnt zu haben. Da bei der Geheimen Staatspolizei schon mehrere Verfahren wegen Vergehen gegen das Heimtückegesetz,[1219] die aber „mangels Nachweises eines subjektiven Tatbestandes eingestellt" werden mussten, bekannt waren, hatte Hildmann Unterrichtsverbot an einer Münchner Schule erhalten. Hildmann habe mit seinen Äußerungen „das nationale Denken und Fühlen der Kirchenbesucher verletzt", ein strafbarer Tatbestand konnte ihm dennoch nicht nachgewiesen werden.[1220] Hildmann verdankte diese staatsanwaltliche Untersuchung einer Anzeige der Gautinger Frauenschaftsleiterin Nora Knoll, die ihn wegen „staatsabträglicher Äußerungen" zur Anzeige gebracht hatte.[1221] Im Januar 1939 entkam Hildmann dank des beherzten Eingreifens Erich von Gilsas einer Verhaftung durch die Gestapo. Der ehemalige Offizier von Gilsa hatte das drohende erneute Verfahren wegen Verbrechens gegen das Heimtückegesetz dem evangelisch-lutherischen Landeskirchenrat in München gemeldet, der daraufhin Hildmann bis auf weiteres in Sicherheit brachte.[1222]

Rassenhygiene

Theoretische Vordenker der Rassenhygiene,[1223] deren Gedanken in ihrer praktischen Umsetzung zu den „Nürnberger Gesetzen", Zwangssterilisationen bis hin zur Vernichtung „lebensunwerten" Lebens führten, waren im Bezirk Starnberg mit Professor Alfred Ploetz[1224] und Professor Fritz Lenz,[1225] die beide in Herrsching wohnten, vertreten. In seinem 1895 veröffentlichten „Versuch über Rassenhygiene und ihr Verhältniss zu den humanen Idealen, besonders zum Socialismus", so der Untertitel, schrieb Ploetz: „Stellt es sich (...) heraus, dass das Neugeborene ein schwächliches oder missgestaltetes Kind ist, so wird ihm von dem Ärzte-Collegium

---

1219 Dörner, Bernward: „Heimtücke". Das Gesetz als Waffe, Paderborn 1998.

1220 StAM Staatsanwaltschaften 3672.

1221 Spruchkammerurteil vom 03. Mai 1950, StAM SpKA K 4600 Nora Knoll.

1222 RA Ritter vom 08. Januar 1948, StAM SpKA K 4577 Erich von Gilsa.

1223 Vgl.: Heidler, Mario: J.F. Lehmanns Verlag, in: Historisches Lexikon Bayerns, URL: http://www.historisches-lexikon-bayerns.de/Lexikon/J.F. Lehmanns Verlag (14. Juni 2012); Weingart, Peter/Kroll, Jürgen/Bayertz, Kurt: Rasse, Blut und Gene. Geschichte der Eugenik und Rassenhygiene in Deutschland, Frankfurt a.M. 2001.

1224 Zu Ploetz: Weindling, Paul: Health, race and German politics between national unification and Nazism 1870-1945, Cambridge 1989; Kröner, Hans-Peter: Ploetz, Alfred Julius, in: NDB Bd. 20, Berlin 2001, S. 549; Klee, Das Personenlexikon S. 466. Die 1975 in Frankfurt a.M. zu Ploetz erschienene Biographie `Alfed Ploetz (1860-1940). Sozialdarwinist und Gesellschaftsbiologe´ von Werner Doeleke ist unkritisch und unvollständig recherchiert.

1225 Zu Lenz: Lilienthal, Georg: Lenz, Fritz, in: NDB Bd. 14, Berlin 1985, S. 223-225; Peter, Jürgen: Der Einbruch der Rassenhygiene in die Medizin. Auswirkungen rassenhygienischen Denkens auf Denkkollektive und medizinische Fachgebiete von 1918-1934, Frankfurt a.M. 2004; Klee, Personenlexikon S. 366; Böhm, Helmut: Von der Selbstverwaltung zum Führerprinzip. Die Universität München in den ersten Jahren des Dritten Reiches (1933-1936), Berlin 1995; Heiber, Helmut: Universität unterm Hakenkreuz, Teil 1, München u.a. 1991. In seinem Hauptwerk `Menschliche Auslese und Rassenhygiene (Eugenik)´, München 1931, äußert er sich bezüglich der Dringlichkeit von Zwangssterilisationen: „Die Beschränkung der Sterilisierung auf Geisteskranke ist meines Erachtens viel zu eng. Vielmehr liegt es im Interesse der Gesamtheit, daß alle Personen, die dem untüchtigsten Drittel der Bevölkerung angehören, sich nicht fortpflanzen." S. 277.

(...) ein sanfter Tod bereitet, sagen wir durch eine kleine Dose Morphium."[1226] Ploetz hatte 1905 die „Deutsche Gesellschaft für Rassenhygiene" gegründet. Seit 1904 gab er das „Archiv für Rassen- und Gesellschaftsbiologie" heraus, bei dem Lenz als Schriftleiter arbeitete. 1914 kaufte Ploetz das zwischen Herrsching und Breitbrunn gelegene Gut Rezensried und erbaute Laborschuppen, in denen er an Kaninchen Untersuchungen zur Auswirkung von Alkohol auf den Organismus vornahm. 1938 wurde Ploetz zum Ehrenmitglied der Nordischen Gesellschaft[1227] ernannt mit der Begründung, dieser „aufrechte deutsche Mann und Forscher" habe durch seine verdienstvollen Leistungen zum Aufbau der nationalsozialistischen Weltanschauung beigetragen.[1228] Ploetz starb am 20. März 1940 in Herrsching und ist dort begraben.

Lenz, der die erste Hochschulprofessur für Rassenhygiene in München erhielt, hatte schon 1922 die Einführung eines Pflicht- und Prüfungsfaches „Rassenhygiene" im medizinischen Unterricht gefordert und erhoffte sich vom „weltanschauliche[n] Schwung der nationalsozialistischen Bewegung" die Erfüllung dieser Erwartung.[1229] 1933 berief man ihn nach Berlin als Direktor der Abteilung Eugenik am Kaiser-Wilhelm-Institut für Anthropologie. Lenz wurde Mitglied des „Sachverständigenbeirats für Bevölkerungs- und Rassenpolitik"[1230] beim Rassenpolitischen Amt der NSDAP.[1231] Nach dem Krieg wurde er Professor für „Menschliche Erblehre" in Göttingen. Lenz starb 1976.

Ebenfalls im Zuge der Anwendung des „Gesetzes zur Verhütung erbkranken Nachwuchses" vom 14. Juli 1933[1232] steckte man A. W. aus Wessling wegen angeblicher Schizophrenie zuerst in die Psychiatrische Klinik München, dann in die Heil- und Pflegeanstalt nach Haar zur Zwangssterilisation. W. hatte gesundheitliche Probleme, hatte sich aber im Vorfeld auch wiederholt mit dem Ortsgruppenleiter Hess

---

1226 Ploetz, Alfred: Die Tüchtigkeit unsrer Rasse und der Schutz der Schwachen. Ein Versuch über Rassenhygiene und ihr Verhältniss zu den humanen Idealen, besonders zum Socialismus, Berlin 1895, S. 144

1227 Dazu: Lutzhöft, Hans-Jürgen: Der nordische Gedanke in Deutschland. 1920-1940, Stuttgart 1971; Breuer, Stefan: Die Völkischen in Deutschland. Kaiserreich und Weimarer Republik, Darmstadt 2008; Breuer, Stefan: Die „nordische Bewegung" in der Weimarer Republik, in: Zeitschrift für Geschichtswissenschaft 2009, S. 485-509.

1228 AR 26. Oktober 1938.

1229 Deutscher Börsen Curier 11. Juni 1933.

1230 Vgl.: Roth, Karl-Heinz/Aly, Götz: Das „Gesetz über die Sterbehilfe bei unheilbar Kranken". Protokolle der Diskussion über die Legalisierung der nationalsozialistischen Anstaltsmorde in den Jahren 1938-1941, in: Roth, Karl-Heinz (Hrsg.): Erfassung zur Vernichtung. Von der Sozialhygiene zum „Gesetz über Sterbehilfe", Berlin 1984, S. 101-179.

1231 Uhle, Roger: Neues Volk und reine Rasse: Walter Gross und das „Rassenpolitische Amt der NSDAP" (RPA); 1934-1945, Diss. 1999.

1232 Vgl. Gütt, Arthur/Rüdin, Ernst/Ruttke, Falk: Gesetz zur Verhütung erbkranken Nachwuchses vom 14. Juli 1933. Mit Auszug aus dem Gesetz gegen gefährliche Gewohnheitsverbrecher und über Maßregeln der Sicherung und Besserung vom 24. November 1933, München 1934; Benzenhöfer, Udo: Zur Genese des Gesetzes zur Verhütung erbkranken Nachwuchses, Münster 2006.

angelegt. Außerdem verließ seine Schwester Deutschland, da sie nicht aus dem Orden der „Armen Schulschwestern" austreten wollte. W. beschrieb sein Martyrium in Haar als „dort war die Behandlung nicht immer human".[1233]

Erziehungsmodelle der NSDAP im Bezirk Starnberg

„Die innige Vermählung von Nationalismus und sozialem Gerechtigkeitssinn ist schon in das junge Herz hineinzupflanzen [...] Der völkische Staat wird dafür sorgen müssen, durch eine passende Erziehung der Jugend dereinst das für die letzten und größten Entscheidungen auf diesem Erdball reife Geschlecht zu erhalten [...]."[1234] Diese von Hitler formulierten Erziehungsziele der nationalsozialistischen Jugend sollten auf allen Schulebenen verwirklicht werden. Im Mittelpunkt stand die „völkische Gemeinschaft", auf deren Förderung und Verteidigung die Jugend eingeschworen wurde. Rassische und ideologische Gesichtspunkte bildeten den Rahmen. „Gerade unser deutsches Volk, das heute zusammengebrochen, den Fußtritten der anderen Welt preisgegeben daliegt, braucht jene suggestive Kraft, die im Selbstvertrauen liegt. Dieses Selbstvertrauen aber muß schon von Kindheit auf dem jungen Volksgenossen anerzogen werden. Seine gesamte Erziehung und Ausbildung muß darauf angelegt werden, ihm die Überzeugung zu geben, anderen unbedingt überlegen zu sein."[1235] Solche Vorstellungen wurden umgesetzt durch eine auf nationalsozialistischen Idealen aufbauende Erziehung und Schulung, aber auch durch die Erhöhung der Sportunterrichtsstunden, wobei besonders wehrsportliche Disziplinen wie Box- und Schießunterricht Sonderförderung erfuhren, galten sie doch als Vorübung für den Wehrdienst.[1236]
Arbeitsgemeinschaften verschiedenster Art sorgten für zweckentsprechende Freizeitgestaltung und gaben Gelegenheit zur Entwicklung der „schöpferischen Kräfte". Damit standen Schulalltag und Privatleben unter Aufsicht, denn „das gewährleistete neben einer Klarstellung im Grundsätzlichen eine weitestmögliche Ausschaltung aller denkbaren Reibungsflächen auch im laufenden Betrieb"[1237] und war Voraussetzung für den angestrebten gleichgeschalteten Nachwuchs. Die Reglementierung des Tagesablaufes war somit programmatisch bis in die Freizeit vorgegeben und bot jede Angriffsfläche für eine ideologische Beeinflussung.

Die Reichsschule Feldafing und die Reichsfinanzschule Herrsching, beide wie ihr Name schon sagt reichsweit wirksam, beschafften dem Bezirk Starnberg Schüler aus allen deutschen Regionen. Nach strengen Ausleseprinzipien ausgewählt verbrachten sie hier einige Jahre im Internatsunterricht und machten durch Berichte

1233 W. an Spruchkammer Starnberg vom 29. April 1947, StAM SpKA K 4660 A. W. – Die Autorin betreibt derzeit weitere Forschung zum Thema Opfer des NS im Landkreis Starnberg.
1234 Hitler, Mein Kampf S. 474 f.
1235 Hitler, Mein Kampf S. 456.
1236 Gries, Christian: Erziehung und Ausbildung, in: Nerdinger, Winfried: Bauen im Nationalsozialismus. Bayern 1933-1945, München 1993, S. 99-113, hier S. 99 f: „Die Erziehung des jungen Menschen im Nationalsozialismus vernachlässigte grundsätzlich die Heranbildung der kritischen Einzelpersönlichkeit zugunsten einer Einschwörung der Jugend auf die festgelegten, vornehmlich rassischen und wehrsportlichen Ziele der völkischen Gemeinschaft."
1237 Heintz: Die erzieherische Aufgabe, in: Bayerland 53. Monatsschrift für Bayerns Land und Volk 1943, S. 62-64, hier S. 64.

in verschiedenen Zeitungen, Briefe und Verwandtenbesuche die Region über die lokalen Grenzen hinaus bekannt.

Die Reichsschule Feldafing[1238] (RSF)

NS-Deutsche Oberschule Starnbergersee

Innerhalb der nationalsozialistischen Eliteschulen nahm die 9-klassige „NS-Deutsche Oberschule Starnbergersee“ als Gründung Ernst Röhms[1239] von Anfang an eine Sonderstellung ein. „Hakenkreuzflaggen heraus am Samstag, 21. April!“ forderte Kreisleiter Buchner im „Land- und Seeboten“ 1934 von den Bewohnern von Starnberg, Pöcking und Feldafing. Stabschef Röhm hatte sich zur Einweihung „seiner“ Schule angesagt.[1240] Der Schulbetrieb für 193 Schüler, die aus einer Bewerbergruppe von über 6.000 ausgewählt worden waren, hatte zu diesem Zeitpunkt bereits begonnen.[1241]

Aufgaben und Organisation

Der neue Schulleiter, Standartenführer Julius Goerlitz formulierte es noch eindeutiger: „Die Hauptaufgabe der Schule ist die Heranbildung eines nationalsozialistischen Führernachwuchses, dem eine dem Wesen des neuen Staates entsprechende charakterliche, körperliche und geistige Ausbildung vermittelt werden wird.“ Dazu notwendig sei „eine sehr scharfe Auslese der Schüler“, die „1. Söhne

---

1238 Eine grundlegende Aufarbeitung der Geschichte der Reichsschule Feldafing ist bis heute ein Desiderat. In wissenschaftlichen Veröffentlichungen kam die RSF bisher nur als unzureichend untersuchtes Randthema vor, so z.B.: Scholz, Harald: NS-Ausleseschulen. Internatsschulen als Herrschaftsmittel des Führerstaates, Göttingen 1973; Gelhaus, Dirk/Hülter, Jörn-Peter: Die Ausleseschulen als Grundpfeiler des NS-Regimes, Würzburg 2003. Versuche, den Musik- oder Sportunterricht an der RSF als Beweis für die unideologische Erziehung heranzuziehen wie: Wolbert, Oswald: Musik an der „Reichsschule Feldafing“ in der Zeit von 1934 bis 1945. Eine Dokumentensammlung, o.D.; und :Beulecke, Greti: Die Rolle des Sports an der „Reichsschule Feldafing“ in der Zeit von 1934 bis 1945. Wissenschaftliche Prüfung für das Lehramt an Gymnasien im Herbst 1985 in München, lassen sich bei näherer Betrachtung schnell als Rechtfertigungs- und Rehabilitationsversuch eines Ehemaligen entlarven und können nicht als wissenschaftliche Grundlagenarbeit gelten. Ähnliches gilt für die Sammlung von Lebensberichten ehemaliger Ausleseschüler: Leeb, Johannes (Hrsg.): „Wir waren Hitlers Eliteschüler.“ Ehemalige Zöglinge der NS-Ausleseschulen brechen ihr Schweigen, Hamburg 1998. Über die RSF berichten Hans Fischach, Graphiker und Schriftsteller, Ernst Esser, Sohn des „Alten Kämpfers“ Hermann Esser, Otto Schuster, Journalist, und Martin Bormann, Sohn des Reichsleiters Martin Bormann.

1239 Vgl. Fest, Joachim: Ernst Röhm und die verlorene Generation, in: Fest, Joachim: Das Gesicht des Dritten Reiches. Profile einer totalitären Herrschaft, München 1963, S. 190–206; Menges, Franz: Röhm, Ernst, in: Neue Deutsche Biographie Bd. 21, Berlin 2003, S. 713–715; Marohn, Norbert: Röhm. Ein deutsches Leben, Leipzig 2011; Becker, Nikola: Autobiographien (Weimarer Republik), in: Historisches Lexikon Bayerns, URL: http://www.historisches-lexikon-bayerns.de/Lexikon/Autobiographien (Weimarer Republik) (01. Dezember 2012); Fuchs, Achim: Geheime Feldzeugmeisterei, in: Historisches Lexikon Bayerns, URL: http://www.historisches-lexikon-bayerns.de/Lexikon/Geheime Feldzeugmeisterei (01. Dezember 2012); Stäbler, Wolfgang: Bayerischer Heimatschutz, 1928-1933, in: Historisches Lexikon Bayerns, URL: http://www.historisches-lexikon-bayerns.de/Lexikon/Bayerischer Heimatschutz, 1928-1933 (01. Dezember 2012).

1240 L&S 19. April 1934.

1241 Vorläufige Aufnahmebedingungen für die „Nationalsozialistische Deutsche Oberschule Starnbergersee“ vom Januar 1934, BArch NS 20/137.

von überzeugten Nationalsozialisten; in erster Linie Söhne von alten und verdienten Kämpfern für die nationalsozialistische Volksbewegung; 2. Söhne von Frontkämpfern, besonders von Gefallenen im Weltkriege oder schwerbeschädigten Kriegsteilnehmern; 3. Söhne von Auslandsdeutschen und Bewohnern der entrissenen Gebiete; 4. Sonstige Schüler, soweit Platz vorhanden" sein mussten. Weitere Kriterien zur Zulassung waren der Nachweis der arischen Abstammung bis ins dritte Glied und eine „körperliche(n) Beschaffenheit und Veranlagung über dem Durchschnitt seiner Altersgenossen".[1242]

Julius Goerlitz, erster Leiter der Reichsschule Feldafing
(undatiert; Gemeindearchiv Feldafing, CDF-82 Oswald Wolbert)

1242 Vorläufige Aufnahmebedingungen für die „Nationalsozialistische Deutsche Oberschule Starnbergersee" vom Januar 1934, BArch NS 20/137.

Der sogenannte „innere Dienst" wurde militärisch aufgebaut. Durch die Klassen- und Sturmgemeinschaften, nämlich drei in einem Sturm zusammengefasste Klassen, sollten die Jungen sich gegenseitig erziehen. Die Erziehungsgedanken aus Hitlers „Mein Kampf" nannte Goerlitz ausdrücklich „grundlegend für die Aufgaben und Ziele der NSD-Oberschule".[1243] Ansonsten bot die Ausbildung in einem Internatsbetrieb aus sich heraus die Möglichkeit zur weitreichenden Kontrolle der Entwicklungsprozesse der Jugendlichen und das in einer Lebensphase, in der sie besonders beeindruckbar waren und eine Einflussnahme durch die vermittelten Wertvorstellungen wahrscheinlich war.

Julius Goerlitz

Julius Goerlitz, 1889 in Birkenfeld, Rheinland, geboren, war in Oldenburg als Major und Bataillons-Kommandeur tätig, als er im Herbst 1933 von Röhm gefragt wurde, ob er in Bayern eine höhere Schule nach dem Vorbild der Napola[1244] Plön, die den Ehrentitel „Röhm-Schule" trug, leiten wolle.[1245] Zum 01. Januar 1934 nahm Goerlitz sein Amt als Schulleiter auf und wurde gleichzeitig zum Standartenführer ernannt. Am 01. Oktober desselben Jahres trat er in die NSDAP ein.[1246] Die Schule unterstand verwaltungsmäßig dem Zentralamt der Obersten SA-Führung (OSAF), das auch die Geldmittel für den Aufbau und den Unterhalt zur Verfügung stellte.[1247] Durch die Ermordung Röhms am 01. Juli 1934 geriet die Schule kurzzeitig in die Gefahr, durch den Reichsjugendführer Baldur von Schirach[1248] aufgelöst oder in eine Napola umfunktioniert zu werden.[1249] Auf Intervention der Schülereltern

---

1243 Entsprechende Passagen lassen sich vielfältig finden, z.B.: „Die gesamte Bildungs- und Erziehungsarbeit des völkischen Staates muß ihre Krönung darin finden, daß sie den Rassesinn und das Rassegefühl instinkt- und verstandesmäßig in Herz und Gehirn der ihr anvertrauten Jugend hineinbrennt. Es soll kein Knabe und kein Mädchen die Schule verlassen, ohne zur letzten Erkenntnis über die Notwendigkeit und das Wesen der Blutreinheit geführt worden zu sein. [...] Übrigens hat auch diese Erziehung unter dem Gesichtspunkte der Rasse ihre letzte Vollendung im Heeresdienste zu erhalten. [...] So groß die Bedeutung im völkischen Staat die Art der körperlichen und geistigen Erziehung haben wird, ebenso wichtig wird auch die Menschenauslese an sich für ihn sein." Hitler, Mein Kampf S. 475 ff.

1244 Nationalpolitische Lehranstalt; siehe dazu: Moritz, Albert (Hrsg.): „Fackelträger der Nation". Elitebildung in den NS-Ordensburgen, Köln u.a. 2010.

1245 Hamburger Nachrichten 29. Oktober 1933: „Die `Röhm-Schule´ in Plön [...] Die Nationalpolitische Erziehungsanstalt, die `Röhm-Schule´, wie auch ihre beiden Schwesternanstalten in Potsdam und Köslin, sollen Musteranstalten sein, in denen die nationalsozialistischen Erziehungsgrundsätze, wie sie als erster der Führer Adolf Hitler in seinem Buche `Mein Kampf´ ausgesprochen hat, beispielgebend für das Schulwesen des gesamten Reiches durchgesetzt werden."

1246 Schreiben Goerlitz vom 31. Januar 1947, StAM SpKA K 4582 Julius Goerlitz.

1247 Eidesstattliche Erklärung Dr. Ketterer vom 25. Juni 1947, StAM SpKA K 4600 Fritz Kniese.

1248 Vgl. Lang, Jochen von: Der Hitlerjunge. Baldur von Schirach, der Mann, der Deutschlands Jugend erzog, München 1991; Buddrus, Michael: Schirach, Baldur Benedikt von, in: NDB Bd. 23, Berlin 2007, S. 4 f.

1249 Schreiben Goerlitz vom 31. Januar 1947: „Der Reichsjugendführer von Schirach [...] gab in einem gegen mich, meine Erzieher und Schüler sehr gehässigen Brief an den neuen Stabschef der SA, der in meine Hände geleitet wurde, dahin Ausdruck, dass diese reaktionäre Schule sofort aufzulösen sei, [...] oder aber dass ihm, dem Reichsjugendführer, diese Schule zu unterstellen sei." StAM SpKA K 4582 Julius Goerlitz.

setzte sich daraufhin der „Stellvertreter des Führers", Rudolf Heß persönlich[1250] dafür ein, dass die Anstalt wirtschaftlich dem Reichsschatzmeister Franz Xaver Schwarz und dienstlich ihm selbst unterstellt wurde.[1251] Die Oberaufsicht über die Schule übernahm der „Hauptamtsleiter Erzieher" und Reichswalter des NS-Lehrerbundes Fritz Waechtler.[1252] Goerlitz musste die Schule und die dortigen Erziehungsmethoden trotz dieser hoch gestellten Protektion immer wieder gegen negative Stimmen aus der Partei verteidigen.[1253]

Reichsschule der NSDAP Feldafing

Am 08. August 1939 verfügte Heß „in Anerkennung der geleisteten Arbeit und im Hinblick auf die wachsende Bedeutung" die Umbenennung der Erziehungsanstalt in „Reichsschule der NSDAP Feldafing" (RSF).[1254] Damit sollte die Schule endgültig von ihrer letzten Erinnerung an ihren Gründer Röhm befreit werden.[1255] Ab Ostern 1937 wurde dem Haus eine Aufbauschule eingereiht, deren Zöglinge von den Gliederungen der Partei ausgewählt wurden. Für das erste Jahr hatte jeder Gau des NS-Lehrerbundes Freiplätze an der Reichsschule gestiftet, die mit Jungen besetzt wurden, deren Eltern sich trotz der Begabung ihrer Söhne ein privates Internat nicht leisten konnten.[1256] Seit 1941 galt jedoch auch an der RSF das Ausleseverfahren der Adolf-Hitler-Schulen.[1257] Sehr zum Ärger der Münchner Gauleitung schaffte es 1942 kein einziger Anwärter aus dem Gau München-Oberbayern, in die prestigeträchtige Reichsschule aufgenommen zu werden.[1258]

1250 Vgl. Longerich, Peter: Hitlers Stellvertreter. Führung der Partei und Kontrolle des Staatsapparates durch den Stab Heß und die Partei-Kanzlei Bormann, München 1992; Orlow, Dietrich: Rudolf Heß. „Stellvertreter des Führers", in: Smelser, Roland/Zitelmann, Rainer (Hrsg.): Die braune Elite I. 22 biographische Skizzen, Darmstadt 1993, S. 84-97; Pätzold, Kurt/Weißbecker, Manfred: Rudolf Heß-Der Mann an Hitlers Seite, Leipzig 1999.

1251 Gaumitteilungsblatt vom 04. April 1936: Der Stellvertreter des Führers, Anordnung 35/36: „Die bisher von der Obersten SA-Führung betreute NS Deutsche Oberschule Starnbergersee in Feldafing unterstelle ich mit Wirkung vom 1. Februar 1936 mir unmittelbar." StAM NSDAP 1149. Und Protokoll der öffentlichen Sitzung vom 24. September 1948, StAM SpKA K 4582 Julius Goerlitz.

1252 Vgl. Finger, Jürgen: Konkurrenzkampf und Richtungsstreit im Prozess der „Gleichschaltung". Der Nationalsozialistische Lehrerbund (NSLB) in Bayern 1933/34, in: Wirsching, Andreas (Hrsg.): Das Jahr 1933. Die nationalsozialistische Machteroberung und die deutsche Gesellschaft, Göttingen 2009, 250-277; Schäffer, Fritz: Ein Volk, ein Reich, eine Schule. Die Gleichschaltung der Volksschule in Bayern 1933-1945, München 2001; Schäffer, Fritz: Nationalsozialistischer Lehrerbund (NSLB), 1929-1943, in: Historisches Lexikon Bayerns, URL: http://www.historisches-lexikon-bayerns.de/Lexikon/Nationalsozialistischer Lehrerbund (NSLB), 1929-1943 (25. November 2013).

1253 Jahresbericht 1938/39, S. 3: „Wir Feldafinger haben uns der nationalsozialistischen Erziehungsidee verschworen und uns große Aufgaben gestellt. Wir werden diese Aufgaben lösen trotz aller Gegnerschaft, die sich uns offen oder verdeckt entgegenstellt. Wir kennen diese Gegner genau und sind gewappnet, uns dieser Widersacher zu erwehren." BArch NS 20/137.

1254 Anordnung 156/39 des Stellvertreters des Führers, BArch NS 6/329.

1255 Fischach, Hans: Feldafing war das Glück meiner Jugend, in: Leeb, Eliteschüler, S. 39-53.

1256 Jahresbericht 1937/38, S. 5 f, BArch NS 20/137.

1257 Fröhlich, Elke: Die drei Typen der nationalsozialistischen Ausleseschulen, in: Leeb, Eliteschüler, S. 241-263, hier S. 261.

1258 Schreiben des Personalamts der Gauleitung München-Oberbayern vom 04. Mai 1942. Darin werden die Kreisleiter ausdrücklich gerügt: „Es ist ein Beweis, daß die Auslese in den Kreisen

Die zum Betreiben der Schule notwendigen Wohn- und Unterrichtsgebäude wurden den Verantwortlichen zum Teil freiwillig angeboten, zum Teil beschlagnahmt.[1259] Ab 1937 begann der Neubau der Schule auf einem zu diesem Zweck angekauften Grundstück, „wie es schöner und für die Erziehung unserer Jugend wertvoller nicht gefunden werden kann“.[1260]
Je nach Einkommen gestaffelt mussten die Eltern, im Unterschied zu den kostenfreien Adolf-Hitler-Schulen, einen monatlichen Beitrag zwischen 30 und 250 RM bezahlen. Dennoch überwies das Reichsfinanzministerium der RSF mehr als dreimal so viel an Aufwandsentschädigung wie einer durchschnittlichen Adolf-Hitler-Schule.[1261]

Reichsschüler am Starnbergersee
(undatiert; Gemeindearchiv Feldafing, CDF-82 Oswald Wolbert)

Eine der Besonderheiten der Schule, die ihre Ausnahmestellung und elitäre Sonderkategorie betonte, war die Schuluniform. Erzieher und Schüler trugen Lederhosen zum Braunhemd.[1262] Auch der Lehrplan hatte Elemente auszuweisen, die

schlecht war. Die Parteigenossen Kreisleiter haben sich zu wenig mit dieser so wichtigen Aufgabe befaßt. Vor allem haben sie nicht mit der entsprechenden Sorgfalt und Gründlichkeit die Ortsgruppenleiter auf die Notwendigkeit dieser Arbeit hingewiesen.“ BArch NS 20/137.
1259 Aufzeichnungen über Feldafing von Luise Wilisch, 1998, S.12, Archiv der Gemeinde Feldafing.
1260 Jahresbericht 1937/38, S. 3, BArch NS 20/137.
1261 Scholz, NS-Ausleseschulen S. 318.
1262 Dokumentiert in Aufnahmen in den Jahresberichten, z.B. „Feldafing 1942/43“, S. 12, und Fischach, Feldafing S. 47 ff: „Besonders stolz waren wir auf unsere Uniform, die von Lodenfrey entworfen

für höhere Schulen ungewöhnlich waren. „Wissenschaftliche Stunden“ wurden bewusst zu Gunsten von „sportlichen Übungen“ und „praktischen Unterrichtstagen“ gekürzt.[1263] Dafür konnten an der RSF so exklusive Sportarten wie Golf, Segeln, Tennis oder Hockey erlernt und betrieben werden. Noten wurden nicht vergeben, stattdessen stellten die Lehrer ausführliche „Beurteilungen“ aus.[1264] Antijüdische Ressentiments wurden ebenso gepflegt wie propagandistische Hetzreden weitergeben.[1265] Gleichzeitig wurden die Schüler auf ihre zukünftige Rolle als Soldaten für Adolf Hitler vorbereitet, indem der Schwerpunkt der sportlichen Betätigung auf „wehrsportlicher Ertüchtigung“ verbunden mit Drill „wie auf dem Kasernenhof“ gelegt wurde.[1266]
Die Lehrer selbst, die ihre Schule in der Nachfolge der bayerischen Kadettenanstalten sahen, rekrutierten sich aus den Heeresfachschulen.[1267]

1949 führte die Einstufung des ehemaligen Schulleiters Goerlitz in die Gruppe IV der Mitläufer, zu der die Berufungskammer München VII kam, zu einem Protest des Feldafinger Gemeinderates. Entschieden und ohne Kompromisse traten die Ratsmitglieder einem Artikel der „Süddeutschen Zeitung“ entgegen, in dem „Schule und Erzieher [für] rehabilitiert“ erklärt wurden.[1268] In aller Deutlichkeit sprachen sie von einem „gefährlichen Anfang“, da der Artikel „auf Behauptungen, die in keiner Weise der Wirklichkeit entsprechen und daher durch ortsbekannte und jederzeit beweisbare Tatsachen widerlegt werden müßen“, beruhe. In der Bevölkerung Feldafings herrschte daraufhin „Widerspruch, Erregung und Empörung“ und den im Artikel erwähnten Topoi „Erziehung im christlichen Sinn“, „Antisemitismus wurde nicht gepredigt“ und „Schüler Antinazis“ wurde unmissverständlich widersprochen, denn „absolut gesehen war die Reichsschule ein wesentlicher und immer wieder betonter Exponent Hitlerischen Geistes, das ganze Verhalten von Erziehern und Schülern bewies das immer wieder“.[1269]

---

worden war. [...] Das markanteste Kleidungsstück unserer Ausrüstung jedoch war die Lederhose. Sie war das Markenzeichen unserer Schule [...].“

1263 Ein Jahr NSD Oberschule Starnbergersee 1934/35, S. 16, BArch NS 20/137.

1264 Wagner, Günter: Die Fahne ist mehr als der Tod. Roman einer Generation, Hamburg 1958, S. 53f.

1265 Feldafinger Beobachter Dezember 1939: „Gedicht des Jungmanns Dittler, 3. Klasse: Wieder haben die Juden es fertig gebracht/Und den Krieg gegen Deutschland von neuem entfacht./Angreifen woll´n wir dem Gegner nicht raten,/Denn im Westen, auf dem Meere wachen deutsche Soldaten [...].“- Feldafinger Beobachter Juli-September 1941, S. 8: „Ein Erzieher und 12 Jungmannen mußten im Kampf gegen die jüdisch-plutokratische Kapitalistenclique und gegen die jüdisch-bolschewistische Verbrecherbande bisher ihr Leben lassen.“ Archiv der Gemeinde Feldafing.

1266 Jahresbericht 1936/37, S. 2, BArch NS 20/137. In der gleichen Logik führen die Aussagen während des Krieges zu einer Heroisierung des Heldentodes, z. B. „So hat er sein Leben für die Sache gelassen, die ihm das Schönste in der Welt dünkte und, daß es ihm vergönnt war im Kampfe für ein großes Ziel, für den Führer und sein deutsches Vaterland zu fallen, verklärt uns, seinen Kameraden, seinen frühen Tod.“ Feldafinger Beobachter März-April 1941, S. 3, Archiv der Gemeinde Feldafing.

1267 Ein Jahr NSD Oberschule Starnbergersee 1934/35, S. 19, BArch NS 20/137.

1268 SZ 02. April 1949.

1269 Gemeinderat Feldafing an R.L., o. D. Dennoch wurde Goerlitz in einem weiteren Verfahren 1950 von der Berufungskammer zugestanden: „Diese Schule stellte sich wohl nach aussen hin um, innerlich war sie aber immer noch die alte; es wurde nach nat.[ional]soz.[ialistischer] Schablone gearbeitet, der wirkliche Geist des Nationalsozialismus blieb ihr aber fremd.“ Urteil Berufungskammer vom 07. Dezember 1950, StAM SpKA K 4582 Julius Goerlitz.

Die Reichsfinanzschule Herrsching[1270] (RFS)

„Die Reichssteuerschule muß in Herrsching errichtet werden, weil ich hier meinen Wohnsitz habe, und weil ich mich hier besser als anderswo der Gestaltung der Schule so widmen kann, wie ich das möchte. Die Schule wird sich ständig in meiner Obhut befinden".[1271] Fritz Reinhardt, inzwischen Staatssekretär im Reichsfinanzministerium, sah immer größere Aufgaben auf die ihm unterstellten Finanzbeamten zukommen, so dass die vorhandenen Mitarbeiter das Pensum nicht mehr erledigen konnten.[1272] Deshalb entschloss er sich zur Einführung einer reichseinheitlichen Ausbildung für die Finanzverwaltung und gab für den Unterricht vor: „Die Reichssteuerschule muß eine Musterschule zur Ausbildung nationalsozialistischer Beamter werden, und das Beamtenkorps der Reichsfinanzverwaltung - Steuer sowohl als auch Zoll - muß das bestgeschulte des nationalsozialistischen Deutschland werden."[1273]

Eröffnung der Reichsfinanzschule am 01. August 1935 im Festsaal des „Andechser Hofs" in Herrsching, Rede des Staatssekretärs Fritz Reinhardt
(Archiv der Gemeinde Herrsching)

1270 Ausführlicher zur Reichsfinanzschule in Herrsching: Hellerer, Friedrike: Die Reichsfinanzschule in Herrsching, ihre Nachnutzung und die Erneuerung als Beamtenfachhochschule, MA-Arbeit 2006. - Zeitgenössisch wurden beide Begriffe Finanzschule und Steuerschule verwendet.

1271 Deutsche Steuer-Zeitung und Wirtschaftlicher Beobachter 11. August 1935, Fritz Reinhardt zur Eröffnung der Reichssteuerschule.

1272 Im oben erwähnten Artikel zählt Reinhardt an neuen Aufgaben auf: „1. Die Ausgabe, die Anrechnung und die Verbuchung der Steuergutscheine, 2. Die Ausgabe der Zinsvergütungsscheine und die Auszahlung der Zuschüsse auf Grund des Gebäudeinstantsetzungsgesetzes, 3. Die Verwaltung der Fettverbilligungsscheine, 4. Die Bearbeitung der Anträge auf Gewährung von Ehestandsdarlehen [...], 5. Die Ausfertigung von Guthabenbescheinigungen und die Ausgabe von Anleihestücken [...], 6. Die Bearbeitung der vielen steuerlichen Vergünstigungen, die durch die Maßnahmen im Kampf um die Verminderung der Arbeitslosigkeit gewährt worden sind." Dazu kam der Personalbedarf, den die anlaufende steuerliche Diskriminierung der Juden hervorrief.

1273 Deutsche Steuer-Zeitung und Wirtschaftlicher Beobachter 11. August 1935, Fritz Reinhardt zur Eröffnung der Reichssteuerschule.

Reinhardt konnte am 01. August 1935 seinen Plan verwirklichen und - noch vor Beginn des Schulhausbaus - die erste Steuerschule des Reiches in Herrsching feierlich eröffnen. Im Festsaal des Gasthauses „Andechser Hof", der zu diesem Ereignis angemessen prunkvoll mit Hakenkreuzfahnen und Fichtenzweigen geschmückt war, wurden Vertreter des Reichsfinanzministeriums und der Reichsfachschaften „Steuer" und „Zoll" begrüßt, ebenso wie die Präsidenten des Reichsfinanzhofes und des Bayerischen Landesfinanzamtes, sowie der NSDAP Kreisleiter Buchner.
Unter Beteiligung der führenden Köpfe der Finanzverwaltung des Reiches erfolgte am 21. September 1935 der erste Spatenstich zur Erbauung der Reichssteuerschule. Reichsfinanzminister Lutz Schwerin Graf von Krosigk fasste in seiner Ansprache den Anspruch an die Schule und ihre Ausbildung zusammen: „Das Beamtenleben ist nuneinmal erfüllt von dem Gebot der äußersten Pflichterfüllung, und das Beamtenleben steht unter der einen Forderung der unbedingten und keine Grenzen kennenden Treue zu Volk und Führer. Hierzu den Beamtennachwuchs der Finanzverwaltung zu erziehen, ist der letzte Sinn der Gründung der Reichssteuerschule." Danach würdigte Krosigk Herrsching als „Vorburg des Nationalsozialismus", wo die Schüler „in ihren Erholungsstunden das Rauschen des Waldes hören", denn sie „sollen auf Berg und Seen in freier Luft frische Kraft für ihre Arbeit sammeln, sie sollen hier in Fühlung bleiben mit deutscher Heimaterde und mit der heimischen Bevölkerung".[1274]

Nach Verzögerungen durch rechtliche Einsprüche des Gauleiters Wagner und einem von Adolf Hitler persönlich bewirkten Baustopp,[1275] der die Überarbeitung der Pläne notwendig machte, - Hitler waren die Entwürfe von Regierungsbaurat Fleinert zu verspielt[1276] - wurde am 17. Oktober 1936 das Richtfest gefeiert. Der mehrstöckige Bau mit seiner imposanten Größe war und ist, wie beabsichtigt, von weitem zu sehen. Am 15. September 1937 konnten die Finanzschüler ihr neues Domizil beziehen. Feierlich, aber ohne Prunk, wurde durch das Aufziehen der Reichsdienstflagge der Kursbeginn im Schulgebäude angezeigt.[1277]

Noch bevor die Schule ihrer Bestimmung übergeben wurde, begann die Planung für weitere Anbauten. Statt der zuvor vorgesehenen 350 bis 500 Mann sollten ständig 1.000 Schüler unterrichtet werden, von denen 730 in der Schule selbst un-

1274 Steuer-Warte 1935 S. 511 f.
1275 Reinhardt an den Präsidenten des Landesfinanzamts München vom 19. Juni 1936, BArch R 2 27319.
1276 Oberregierungsbaurat Fleinert wird als Planbevollmächtigter der Reichsfinanzschule genannt: „Mit der Aufstellung des Entwurfs wurde Oberregierungsrat Fleinert, Leiter der Baugruppe beim Landesfinanzamt München, beauftragt." Steuerwarte 1935, S. 469; und: Schlüter an Reinhardt, 18. Juni 1935, BArch R 2 6046. Die erneut vorgelegten Pläne tragen die Unterschrift des Regierungsbaurats Reuter aus dem Oberfinanzpräsidium München, der auch in einigen Fällen als Referent bzw. als Mittler zwischen München, Berlin und Herrsching auftrat und der auch die Erweiterungspläne ab 1937 verantwortete. BFHS Bestands- und Projektpläne, Staatliches Hochbauamt Landsberg; und: Baupläne R 2 9300 BArch Koblenz, Bildarchiv.
1277 AR 18. September 1937.

tergebracht werden mussten. Die Übrigen wurden in Herrschinger Privatunterkünften einquartiert. Die Lösung des Problems lief auf ein Zusammenrücken und Ausnutzen auch des kleinsten Raumes hinaus. Reinhardts Ansatz dazu war eine streng militärisch gestaltete Form des Betriebs. Er war sich sicher, „daß es auch bei doppelter Belegungsziffer, die zu einer Halbierung des dem Einzelnen zur Verfügung stehenden Wohnraums führt, keinen Mann geben wird, der diese ideale Schulungsstätte ohne Wehmut verlassen wird".[1278]

Reichsfinanzminister Lutz Schwerin von Krosigk und Schulleiter Phillip Bussigl am 22. Oktober 1937 vor der Reichsfinanzschule Herrsching (Archiv der Gemeinde Herrsching)

Albert Speer,[1279] der „Architekt des Führers", seit dem 30. Januar 1937 zum Generalbauinspektor für die Reichshauptstadt ernannt und dem inneren Kreis um Hitler zugehörig, besichtigte im August 1937 den Fortschritt des Baus. Seine Anmerkungen zum schon in Aussicht genommenen Erweiterungsbau fielen knapp und eindeutig aus. Offenbar geplante Aufstockungen des Mittelteils wurden als „nicht zu empfehlen" verworfen, der Saalbau im Osten ausdrücklich wegen der turmarti-

1278 Reinhardt an Schlüter und Fiedler vom 26. Juli 1937, BArch R 2 6046.
1279 Zu Speer: Sereny, Gitta: Das Ringen um die Wahrheit. Albert Speer und das deutsche Trauma, München 1995; Vat, Dan van der: Albert Speers Leben und Lügen, Berlin 1997; Fest, Joachim: Speer. Eine Biographie, Frankfurt a.M. 2001; Herbst, Ludolf: Speer, Berthold Konrad Hermann Albert, in: NDB Bd. 24, Berlin 2010, S. 644-646.

gen Wirkung vorgeschlagen. Das in der Mitte der Hauptfront angebrachte Zwiebeltürmchen,[1280] das Reinhardt von Anfang an missfallen hatte—„das Zwiebeltürmchen wirkt nicht genügend deutsch, um nicht zu sagen undeutsch"[1281]—sollte entfernt werden. Der im Osten prominent und weithin sichtbare Turm des zweiten Bauabschnitts fand wiederum Gnade vor Speers Augen und sollte ohne Veränderungen zur Ausführung kommen.[1282] Der in Herrsching ansässige Architekt Roderich Fick,[1283] der immerhin die Rudolf-Heß-Siedlung in Pullach und ca. zweidrittel der Gebäude auf dem Obersalzberg, beispielsweise das Kehlsteinhaus, errichtete und 1939 zum Reichsbaurat für die Stadt Linz ernannt wurde, kam bei der Bauplanung nicht zum Zuge.

Staatssekretär Fritz Reinhardt beim Besuch der Reichsfinanzschule Herrsching 1939
(Archiv der Gemeinde Herrsching)

1280 Baupläne R 2 9300, Bundesarchiv Koblenz Bildarchiv.
1281 Reinhardt an Schlüter und Fiedler vom 26. Juli 1937, BArch R 2 6046.
1282 Ergebnis der Besichtigung des Neubaus durch Herrn Prof. Speer vom 21. August 1937, BArch R 2 31764.
1283 Zu Fick: Hellerer, Friedrike (Hrsg.): Roderich Fick. Baumeister in Herrsching, Herrsching 2007; Hellerer, Friedrike: Roderich Fick. Der Baumeister am Obersalzberg, in: Krauss, Marita (Hrsg.): Rechte Karrieren in München. Von der Weimarer Zeit bis in die Nachkriegsjahre, München 2010, S. 325-338; Schmitt-Imkamp, Lioba: Hitlers Architekten: Roderich Fick (1886-1955), Wien u.a. 2014.

Die Architektur eines Schulgebäudes sollte darauf hinweisen, dass eine Zeit neuer Werte und Ideale angebrochen war. „Der ganze Bau, schon der Eingang muß erkennen lassen, daß die Weltanschauung, welche dieses Haus beherrscht, gradlinig ist, sauber und anständig, großzügig und sonst von hohem Werte."[1284] Internatsschulen und im Besonderen Ordensburgen orientierten sich an mittelalterlichen Trutzburgen, manchmal erinnerten sie auch an frühmittelalterliche geschlossene Klosteranlagen und nahmen bewusst die dazugehörigen Stilelemente auf, sei es ein Wehrturm, ein imposanter Treppenaufgang oder ein an einen Kreuzgang gemahnender Innenhof.[1285]

Die Reichsfinanzverwaltung

Die immensen Reparationszahlungen, die nach der Niederlage im Ersten Weltkrieg zu entrichten waren und vielfach über die Infrastruktur der Finanzverwaltung abgewickelt wurden, offenbarten Defizite im Finanzsystem, die durch eine Vereinheitlichung des Steuerrechts und des Verwaltungsapparats beseitigt werden sollten. Ein Nebeneffekt der Umstrukturierung seit der Weimarer Republik war der gesteigerte Personalbedarf. Zudem stellte Reinhardt an seinen Beamtenapparat Forderungen, die einen erhöhten Mitarbeitereinsatz bedingten.[1286] Es darf nicht vergessen werden, dass gerade die Finanzverwaltung bei der Überwachung und Entziehung von Emigrantenvermögen eine entscheidende, sehr unrühmliche Rolle spielte.[1287] Gesetze der Weimarer Zeit über Devisentransfers wurden mit antisemitischer Motivation verschärft, die steuerliche Diskriminierung von Juden und die Zahlung von Sonderabgaben vorangetrieben und ein feinmaschiges Netz der Überwachung in Zusammenarbeit mit der Polizei gesponnen.

Die Lehrgänge

Die Ausbildung des Finanznachwuchses war nicht einheitlich geregelt. Genau hier sah Reinhardt seine Hauptaufgabe: eine reichsweit flächendeckend organisierte, identische Schulung angereichert durch die Komponente der ideologischen Ausrichtung. Alle Lehrveranstaltungen wurden von Reinhardt akribisch betreut und verfolgt. In Rundschreiben an die Landesfinanzämter gab er genaue Anweisungen bezüglich Unterbringung, An- und Abreise, Lehrmittel, Abrechnung und Personalakten.[1288]

Der erste Lehrgang der Reichsfinanzschule Herrsching begann am 15. Juli 1935 und diente der Umschulung von Zoll- zu Steuerbeamten.[1289] An der Schule gab es

---

1284 Klein, Emil: Neue Schulen-Neues Leben, in: Bayerland 53. Monatsschrift für Bayerns Land und Volk, 1943, S. 35.

1285 Vgl. Gries, Erziehung, hier S. 99 f.

1286 Vgl. Deutsche Steuer-Zeitung und Wirtschaftlicher Beobachter 1936, S. 900: „[...] stellen die Reichsfinanzschulen wichtige Einrichtungen zur Sicherung der Finanzierung großer öffentlicher Aufgaben, gegenwärtig insbesondere zur Sicherung der materiellen Voraussetzungen zum Aufbau der Deutschen Wehrmacht dar."

1287 Vgl. beispielsweise: Aly, Volksstaat; Drecoll, Fiskus; Kuller, Finanzverwaltung.

1288 Z.B. Reinhardt an die Präsidenten der Landesfinanzämter vom 06. Mai 1936, BArch OFD Berlin P 1350.

1289 AR 02. November 1935.

Ausbildungsgänge für den einfachen mittleren, den gehobenen mittleren und den höheren Dienst. Eine Besonderheit im Reinhardtschen Ausbildungsprogramm bildeten die „Jungmänner", die von herabgesetzten Einstiegskriterien profitierten.[1290] Die Tatsache der geringeren schulischen Vorbildung hoffte Reinhardt dadurch wett zu machen, dass durch die frühzeitige Möglichkeit der Einflussnahme sich ein nationalsozialistischer Korpsgeist entwickeln würde, der die ideologische Geschlossenheit der Finanzverwaltung erhöhen sollte.[1291]

Ausgebildet wurde an sechs Tagen in der Woche in einzelnen Abschnitten, an deren Ende jeweils eine Prüfung stand, gefolgt von einer Zeit praktischer Anwendung des Gelernten im heimischen Finanzamt. Auch die Abschlussprüfungen am Ende eines Lehrgangs wurden von Reinhardt persönlich ausgewählt und in einigen Fällen sogar selbst gestellt.[1292] Geprüft wurde in den Fächern Nationalsozialismus, Buchführung, Bilanz- und Vollstreckungswesen.

Lehrerkollegium der Reichsfinanzschule, in der Mitte Schulleiter Phillip Bissigl, März 1938 (Archiv der Gemeinde Herrsching)

1290 Demnach wurden sie aufgenommen, wenn sie die 6. Klasse einer höheren Schule erfolgreich absolviert hatten oder 2 Jahre an einer staatlichen Handelsschule gewesen waren. Reinhardt an den Oberfinanzpräsidenten Berlin vom 22. Dezember 1937, BArch ODF Berlin P 1322.

1291 Deutsche Steuer-Zeitung 1938, S. 264.

1292 Reinhardt an die Präsidenten der Landesfinanzämter und die Leiter der Reichsfinanzschulen Herrsching und Illmenau vom 07. Oktober 1936, BArch OFD Berlin P 1350.

Mit derselben Detailfreude, mit der er die Lehrpläne überwachte, kümmerte Reinhardt sich auch um den Lehrkörper. Nach strengen Maßstäben wurden die Kandidaten ausgewählt, die nicht nur die üblichen Angaben einzureichen hatten, sondern eine Beurteilung über gesundheitliche, charakterliche und schöpferische Eigenheiten vorlegen mussten. Außerdem wurde ein politisches Gutachten der zuständigen Gauleitung der NSDAP eingefordert. Dabei waren Ablehnungsgründe eine fehlende Mitgliedschaft in der Partei, die Zugehörigkeit zu einer Loge oder eine nichtarische Abstammung.[1293] Die Lehrkräfte waren durchweg anerkannte Kapazitäten auf ihrem Gebiet, so Dr. Kurt Barske für Reichsabgabenordnung, der nach seiner Entnazifizierung Bundesfinanzrichter wurde.[1294] „Deutschlands stärkster Mann", der Olympiasieger von 1936 im Ringen Josef Manger, unterrichtete SA-Sport und war in der Verwaltung tätig.[1295] Im November 1937 bestand der Lehrkörper aus 23 Personen, die als ständiges Personal an der Schule arbeiteten.[1296]

Der am 12. März 1893 in Schweinfurt geborene Dr. Karl Philipp Bussigl wurde am 29. Juli 1935 zum ersten Schulleiter ernannt. Als Rektor oblagen ihm hauptsächlich verwaltungstechnische Aufgaben, aber er wurde auch als Lehrer im Fach „Nationalsozialismus" erwähnt.[1297]

Die in der Verwaltung und im Betrieb der Schule anfallenden Tätigkeiten erledigten zum überwiegenden Teil Herrschinger. Auch wenn exakte Zahlen fehlen, war das Personal reichlich bemessen, zur Bewirtschaftung der schuleigenen Kantine, des Schlachthauses, der Bäckerei und Wäscherei, der Gebäudereinigung und der Pflege der umliegenden Sport- und Grünflächen.

Ende und Neubeginn

Ab dem Kriegsbeginn wurden die Lehrgänge kontinuierlich gekürzt, verursacht durch mehrere Faktoren: Ein Teil der Lehrerschaft und des Personals wurde eingezogen, aber auch der Finanznachwuchs und die Fortbildungskandidaten wurden vermehrt zum Kriegsdienst berufen. Außerdem mussten Dienstneulinge ohne ausreichende Grundlagen zum Wehrdienst eingezogene Kollegen ersetzen.[1298] Schon in der 2. Hälfte des Jahres 1941 sanken die Zahlen der Lehrgangsteilnehmer drastisch, 1942 endete nur ein im Vorjahr begonnener Kurs und fand ein neuer

1293 Reinhardt an die Präsidenten der Landesfinanzämter vom 26. Oktober 1936, BArch R 2 20741.
1294 Schönknecht, Eberhard: Die Ausbildung in der Reichsfinanzverwaltung von 1933 bis 1945, in: Friedenberger, Reichsfinanzverwaltung S. 186-243, hier S. 192; Deutscher Richterbund (Hrsg.): Handbuch der Justiz 2012/2013. Die Träger und Organe der rechtsprechenden Gewalt in der Bundesrepublik Deutschland, 31. Jahrgang, Heidelberg u.a. 2012.
1295 AR 25. September 1937.
1296 AR 09. November 1937.
1297 Bericht des Finanzschülers Georg Freywald vom 05. Juni 1936, BArch OFD Berlin P 1350.
1298 Schönknecht, Reichsfinanzverwaltung, hier S. 190.

Einführungslehrgang für Jungmänner statt. Die 53. und letzte Schulung, ein Lehrgang für kriegsversehrte Angestellte mit 100 Mann, dauerte nur 6 Wochen, vom Mai bis zum Juli 1943.[1299]

Im dritten Kriegswinter wurden die Fassade der Schule und der massige Turm zum Schutz vor Fliegerangriffen mit einem Balkengerüst versehen, an dem grün gestrichene Schilfmatten befestigt wurden.[1300] Die an der Hechendorferstraße errichteten Lehrerhäuser erhielten einen graublauen Anstrich, um für Flieger schwerer erkennbar zu sein. Diese Bemühungen waren notwendig geworden wegen der nächtlichen Bombenangriffe der Alliierten auf München und auf nahegelegene militärische Ziele wie das Dornierwerk Oberpfaffenhofen. Eine der Einflugschneisen der Einsätze führte über den Ammersee und Herrsching.

Am 16. März 1943 stellte Reinhardt das Gebäude der Wehrmacht als Lazarett zur Verfügung. Lehrer und Verwaltungsbeamte wurden zum Dienst beim Militär freigegeben.[1301] Das Lazarett arbeitete als Rehabilitationskrankenhaus, spezialisiert auf Arm- und Beinamputierte, die sich während ihres Aufenthalts auch für den Verwaltungsdienst umschulen lassen konnten. Die Kleiderkammer wurde aufgelöst und ihr Inhalt dem Volkssturm übereignet. Beim Zusammenbruch 1945 übernahmen die Amerikaner das Gebäude.

Von Sommer 1945 bis Jahresbeginn 1947 diente die ehemalige Schule als Internierungslager der amerikanischen Besatzungstruppen. Bisher ist nur bekannt, dass es sich bei den Insassen um verwundete ehemalige Angehörige der SS handelte. 1947 übergaben die Amerikaner das Gebäude in die Verantwortung des Bayerischen Landesamts für Vermögensverwaltung und Wiedergutmachung unter der Bedingung, dass es als Tuberkulose-Krankenhaus weitergeführt wird.[1302] Am 03. Februar 1955 verließen die letzten Lungenkranken das Herrschinger Lazarett.[1303] Als staatliche Zoll- und bayerische Steuerschule wurde das Haus am 10. September 1955 unter geteilter Hoheit des Bundesministeriums der Finanzen und des Bayerischen Staatsministeriums der Finanzen „in friedlicher Gemeinschaft“ neu eröffnet.[1304]

„Versammlungsstürme“ und Wahlen

Die Volksabstimmung vom 12. November 1933

Hitler landete im Herbst 1933 mit dem Rückzug von den Genfer Abrüstungsgesprächen und dem Austritt aus dem Völkerbund einen außenpolitischen Coup, mit

1299 Übersicht über die in den Jahren 1936 bis 1943 an der Finanzschule Herrsching durchgeführten Lehrgänge, Bayerisches Staatsministerium der Finanzen G-H-60.

1300 Chronik von Herrsching 1942, zusammengestellt von Anita Menzel, Archiv der Gemeinde Herrsching.

1301 Leiter der Reichsfinanzschule Herrsching an den Reichsminister der Finanzen vom 27. März 1943, BArch R 2 27319.

1302 Anhang an Bericht Dr. Kröninger, Arbeitsgemeinschaft der Landesversicherungsanstalten vom 04. September 1953 Bayerisches Staatsministerium der Finanzen G-H-60.

1303 Münchner Merkur 04. Februar 1955.

1304 Bayerische Staatszeitung 10. September 1955.

dem er nicht nur die Aufmerksamkeit der Verhandlungspartner auf sich zog. Das mit dieser Aktion gezeigte neue, selbstbewusste Auftreten Deutschlands in der Welt rief zuhause bei der Bevölkerung Begeisterung hervor. Deshalb erhoffte sich Hitler von einer Volksabstimmung über seine Politik eine ungeheure Werbewirkung sowohl im In- wie auch im Ausland. Gleichzeitig konnte er durch die neuerliche Wahl einen nationalsozialistisch dominierten Reichstag bekommen.[1305]

Im großen Stil wurde für diese Volksabstimmung, die auf den 12. November 1933 festgelegt wurde, auch in den kleinsten Gemeinden Wahlkampf betrieben. „Jeder Erlinger Wähler und jede Wählerin hole sich in dieser Versammlung Aufklärung über die letzten Regierungsmaßnahmen und warum jeder Volksgenosse am 12. November hinter unserem Führer stehen muß", forderte eine Einladung auf.[1306] Der neugewählte Erste Bürgermeister und Ortsgruppenleiter von Seefeld-Oberalting, von Lattorff, eröffnete eine Wahlkundgebung, zu der über „Ehre, Friede, Gleichberechtigung, Arbeit und Brot" referiert wurde.[1307]
In weiteren Kundgebungen, die mit demonstrativ eindrucksvollem Aufwand betrieben wurden, verdeutlichten Staatssekretär Fritz Reinhardt und der stellvertretende Gauleiter Parteigenosse Nippold die Verpflichtung Hitler zu unterstützen, die jeder Deutsche am Tag der Wahl habe.[1308] Der Wahlschein bot die Möglichkeit, auf die Frage „Billigst Du, deutscher Mann, und Du, deutsche Frau, diese Politik Deiner Reichsregierung, und bist Du bereit, sie als den Ausdruck Deiner eigenen Auffassung und Deines eigenen Willens zu erklären und Dich feierlich zu ihr zu bekennen?" mit „Ja" oder mit „Nein" zu antworten. Die einzige Partei, die zusätzlich auf dem Stimmzettel angekreuzt werden konnte, war die NSDAP.[1309]
Diesem Aufwand und den vorausgegangenen versteckten Drohungen[1310] entsprechend fiel das Wahlergebnis aus. „Der Bezirk Starnberg vollzählig an der Wahlurne und fast zu 100% für Adolf Hitlers Politik", jubelte der „Land- und Seebote" und sprach vom „Wunder der deutschen Volkwerdung".[1311] Buchner rechnete es sich als Verdienst an, dass Gemeinden wie Argelsried, Aschering, Breitbrunn, Hadorf, Hochstadt, Meiling, Starnberg IV, Unterbrunn und Weßling zu 100% mit „Ja" gestimmt hatten und sein Stimmbezirk „in der Spitze aller deutschen Wahlkreise zu finden war.[1312]

1305 Kershaw, Hitler, S. 620-626.
1306 AR 04. November 1933.
1307 AR 11. November 1933.
1308 AR 04. November 1933. Demnach wurde Reinhardt mit SS, SA, SA-Reserve, Stahlhelm, HJ, JV, BDM und dem großen Chor des Sängerbundes am Bahnhofsplatz empfangen.
1309 L&S 09. November 1933.
1310 Der L&S weist beispielsweise in seiner Ausgabe vom 11./12. November auf befürchtete Wahlsabotage und „üble Wahlmache" hin, deren Verursacher von der „ehrliebenden Bevölkerung" der Polizei gemeldet werden sollten, damit „ihnen ihr schmutziges Handwerk ein für allemal gelegt werden kann."
1311 L&S 13. November 1933.
1312 AR 18. November 1933.

Die Volksabstimmung vom 19. August 1934

Am 02. August 1934 starb Reichspräsident Generalfeldmarschall Paul von Hindenburg, der Garant konservativ-feudaler Rechte und der letzte Politiker, der Hitlers Weg zu einer nationalsozialistischen Diktatur behinderte. Die Stimmung in der Bevölkerung hatte sich nach dem „Röhm-Putsch“ einen Monat zuvor noch nicht wieder völlig beruhigt. Daher griff Hitler ein weiteres Mal zum Mittel der Volksabstimmung, um von Zweifeln und Vorbehalten abzulenken, und ließ am 19. August darüber votieren, ob das Amt des Reichspräsidenten mit dem des Reichskanzlers vereinigt und damit die Befugnisse des Reichspräsidenten an den Reichskanzler übergehen sollten. „Das deutsche Volk bekennt sich zu seinem Führer“ resümierte der „Land- und Seebote“ nach der Wahl,[1313] auch wenn das Abstimmungsergebnis die NSDAP-Führung eigentlich enttäuschte.[1314]
Dabei waren im Vorfeld an alle Ortsgruppen- und Stützpunktleiter sowie die Ersten Bürgermeister Weisungen ergangen, wie dieser Wahltag von der Partei und ihren Untergliederungen gestaltet werden sollte: SA, SS und NSKK sollten bis 11 Uhr gewählt haben, um anschließend vom Wahllokal aus einen Propagandamarsch mit Musik durch den ganzen Ort durchzuführen. Für eine halbe Stunde sollte dazu alle 6 Minuten ein Böllerschuss abgegeben werden, um auch den letzten Säumigen an seine „Wahlpflicht“ zu erinnern. Karl Sudholt, der als stellvertretender Kreisleiter für diese Anordnungen verantwortlich war, forderte zudem, dass das Wahlergebnis spätestens eine halbe Stunde nach Wahlschluss in der Kreisleitung rückgemeldet sein musste.[1315] Die 100% Zustimmung der Breitbrunner stellte sich später als Wahlschwindel heraus.[1316] Weitere Manipulationen lassen sich nicht mehr nachweisen. Das Wahlergebnis war erwartungsgemäß „ein Treuebekenntnis des deutschen Volkes“.[1317] Die Stimmung in der Bevölkerung gab keinerlei Anlass zu nennenswerten Sorgen.[1318]

Die Reichstagswahl vom 29. März 1936

Für den 29. März 1936 war die Neuwahl des Reichstags angesetzt, wobei die Wahlmöglichkeit sich auf ein Kreuz für Hitler ohne weiteres Votum für einen anderen Kandidaten beschränkte.[1319] Vorausgegangen war Hitlers großartiger Triumph

---

1313 L&S 20. August 1934.
1314 Kershaw, Hitler, S. 661.
1315 Kreisleitung der NSDAP Starnberg an Ortsgruppen-, Stützpunktleiter und 1. Bürgermeister vom 15. August 1934, BArch NS 26/183.
1316 Urteilsbegründung vom 30. März 1948, StAM SpKA K 4655 Wilhelm Weber.
1317 AR 25. August 1934.
1318 Präsidium der Regierung von Oberbayern, Lagebericht vom 08. Oktober 1934, BayHStA Reichsstatthalter Epp 280/1.
1319 Im Archiv der Gemeinde Herrsching befindet sich ein als Schmierzettel der Verwaltung verwendeter Stimmzettel der Reichstagswahl mit einem einzigen Kästchen und dem Untertitel „Hitler“.

der Rheinlandbesetzung, der der Völkerbund nur mit einer wirkungslosen Verurteilung begegnet war.[1320] Deutschland war von diesem Erfolg der Hitlerschen Politik begeistert und jubelte seinem „Führer" bedingungslos zu.[1321] Sogar die Opposition musste widerwillig das positive Resultat dieses Vabanquespiels anerkennen.[1322]

Reichstag für Freiheit und Frieden
Wahlkreis Oberbayern-Schwaben

Nationalsozialistische Deutsche Arbeiterpartei
Adolf Hitler
Heß Frick Göring Goebbels Wagner Wahl

Als Schmierzettel verwendeter Stimmschein der Reichstagswahl „für Freiheit und Frieden" am 29. März 1936 (Archiv der Gemeinde Herrsching)

Kreisleiter Buchner beschrieb wortreich mit den zeittypischen Topoi, „wie aus Deutschlands tiefster Erniedrigung und Schmach heraus der Führer entstand, den das Schicksal zur Rettung unseres Volkes erwählt hatte".[1323] Trotz dieses Aufwands sah sich das Staatsministerium des Innern immer noch dazu verpflichtet in einem Erlass mit dem Betreff „Verbundenheit von Partei und Staat", der an die Regierungspräsidenten, Bezirksamtsvorstände, Oberbürgermeister und Bürgermeister erging, eine unterschwellige Drohung auszusprechen, sollte das Abstimmungsergebnis nicht die vorangegangenen Resultate überbieten. Die Beamten

1320 Kershaw, Hitler, S. 731-741.
1321 Bericht der Bayerischen Politischen Polizei vom 01. April 1936: „Mit Spannung wurde die Reichstagssitzung vom 7. März erwartet. […] Die Begeisterung für die befreiende Tat des Führers trat überall offensichtlich in Erscheinung. Die vor den Lautsprechern versammelten Volksgenossen gaben ihrer Freude durch begeistertes Händeklatschen und Absingen der Nationalhymnen Ausdruck." BayHStA MA 106 687.
1322 Kershaw, Hitler, S. 741.
1323 AR 21. März 1936.

wurden unmissverständlich dazu aufgerufen, sich den von der Gauleitung erteilten Anweisungen für Feierlichkeiten vor und während der Wahl zu unterwerfen und „restlos" an den verordneten Veranstaltungen teilzunehmen.[1324]

„Der Festtag eines freien starken Volkes" brachte das sensationelle Ergebnis von 22.165 abgegebenen Stimmen, von denen nur 105 ungültig waren, und damit 22.060 „für die Liste", die als einzige „Wahlmöglichkeit" zur Verfügung stand.[1325] Nur die Aussage in einem Bericht der Bayerischen Politischen Polizei, in der eine „schlechte Stimmung der Bevölkerung" in der Zeit vor der Wahl erwähnt wurde, lies ahnen, wie wichtig es für die weiteren politischen Entscheidungen war, dass nunmehr „Freude und Zuversicht" herrschten.[1326]

Fritz Reinhardt und Franz Buchner wurden wieder in den Reichstag „gewählt" oder „erhielten" ihr Reichstagsmandat, wie es die „Andechser Rundschau" ausdrückte.[1327]

Die Reichstagswahl vom 10. April 1938

„Es beginnen Wochen voll von politischen Spannungen und Entscheidungen" orakelte der Kommentator der „Andechser Rundschau" am 05. März 1938. Eine Woche später marschierte die deutsche Wehrmacht in Österreich ein und der sogenannte „Anschluss" der eigentlichen Heimat des „Führers" wurde vollzogen.[1328] Für die „Andechser Rundschau" war dieses Ereignis Grund genug, ein eher schlichtes, aber umso emphatischeres Gedicht abzudrucken, in dem es u.a. hieß:

„Gewinnen müßt mit Herz und Hand
Ihr wieder Österreich,
Es ist kein and´res deutsches Land
An Schönheit ja ihm gleich.

Wo schlägt das Herz so leicht beschwingt
Wie in der Ostmark Gau?

1324 Erlass des Staatsministers des Innern vom 24. März 1936: „Alle Amtsvorstände und Bürgermeister haben ihre eigene ganze Kraft und die aller ihrer Mitarbeiter so einzusetzen, daß das Bekenntnis zu Adolf Hitler, dem Erstreiter der Deutschen Gleichberechtigung und des Deutschen Friedens alle bisher erreichten Ergebnisse (November 1933, August 1934) noch wesentlich übertrifft. Wer sich nicht mit aller Kraft und seiner ganzen Persönlichkeit in diesem Sinne einsetzt, ist unwert fernerhin im Staat oder in der Gemeinde zu wirken. Das Abstimmungsergebnis des 29. März wird mir ein Gradmesser für die Zuverlässigkeit und den Fleiß meiner Beamten sein." Archiv der Gemeinde Herrsching LH-1936. Zur Position der Bürgermeister vgl.: Immler, Gerhard: Volksabstimmung Entschädigungslose Fürstenenteignung", 1926, in: Historisches Lexikon Bayerns, URL: http://www.historisches-lexikon-bayerns.de/Lexikon/Volksabstimmung_"Entschädigungslose_Fürstenenteignung",_1926 (19. Januar 2013).
1325 L&S 30. März 1936.
1326 Bericht der Bayerischen Politischen Polizei vom 01. April 1936, BayHStA MA 106 687.
1327 AR 11. April 1936.
1328 Vgl. Kershaw, Hitler, S 109-136; Näheres außerdem: Arnberger, Heinz (Hrsg.): „Anschluss" 1938. Eine Dokumentation, Wien 1988; Bolz, Gerhard: Wien vom Anschluss zum Krieg. Nationalsozialistische Machtübernahme und politisch-soziale Umgestaltung am Beispiel der Stadt Wien 1938/39, München/Wien 1978.

Frisch auf! Um seine Seele ringt
Für uns´res Reiches Bau.“[1329]

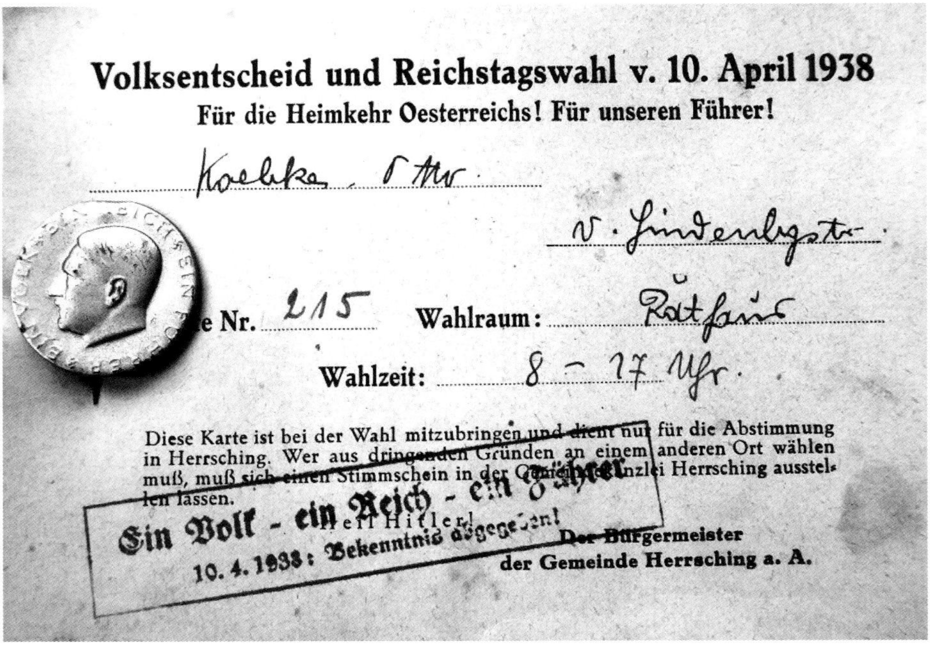

Wahlschein und Anstecker für die Reichstagswahl am 10. April 1938
(Privatbesitz)

Um sich diese Intervention in die Geschicke eines unabhängigen Staates nachträglich sanktionieren zu lassen, löste Hitler am 18. März den Reichstag auf und setzte für den 10. April die Neuwahl an. Wieder einmal lief die Propagandamaschine an und überzog den Kreis Starnberg mit Versammlungen und Kundgebungen. In 51 Stimmbezirken der 39 Wahlorte im Kreisgebiet konnten auch die über 350 ansässigen Österreicher zur Urne gehen.[1330] Unter ihnen fand sich die einzige „Nein“-Stimme, die laut offiziellen Angaben abgegeben wurde und so konnte „Starnberg den 10. April mit ehernen Lettern in seine Geschichte eingraben“.[1331] Die „Wahl“ fiel zu 100% für Hitler aus. Bedenkt man die häufig praktizierte Methode, den Wahlvorgang ohne Wahlkabine offen auszuführen, wodurch jeder „Nein-Sager“ allgemein bekannt war, kann dieses Ergebnis nicht verwundern.[1332]

1329 AR 19. März 1938; der Autor verbirgt sich hinter dem Kürzel „Gr“.
1330 L&S 09./10. April 1938.
1331 L&S 11. April 1938.
1332 Monatsbericht 09. Mai 1938: „Da der größte Teil der Wahlberechtigten unter Ablehnung der Wahlzelle seine Stimme offen abgab, sind die Nein-Sager ziemlich genau bekannt.“ Der Berichterstatter fährt beruhigend fort: „Man kann im allgemeinen sagen, daß diese durch ihre Nein-Stimme meist

Werber für die Reichstagswahl 1938 in Seefeld
(Chronik Eintrachtshausen 1938; Archiv der Gemeinde Seefeld)

Der Kreistag[1333] von 1938 in Starnberg

„Das Jahr 1938 hat für Starnberg seinen Höhepunkt mit dem Kreistag vom 15. bis 19. Juni. Was das Jahr über an Siegen und Erfolgen, an Mühen und Kämpfen das nationalsozialistische Leben den drei verbündeten Kreisen gebracht hat, wird in diesen Stunden wieder aufgerollt. Da wollen wir hintreten an die heilige Quelle völkischer Kraft und von neuem schöpfen den Brunnquell völkischen Ideals. Da wollen wir hintreten vor das Volkstum, vor das Heiligste, was wir besitzen, und wollen Kräfte sammeln zu neuem Kampf und neuem Leben."[1334] Mit dieser schwülstigen, pseudoreligiösen Einleitung wurde der erste Kreistag der Kreise Starnberg, Fürstenfeldbruck und Landsberg in Starnberg vom 15. bis zum 19. Juni 1938 angekündigt. In den Jahren zuvor hatten die Kreistage in Landsberg, 1936,

---

nur einer persönlichen Verärgerung, nicht aber einer grundsätzlichen Ablehnung des heutigen Staates Ausdruck verleihen wollten." Offensichtlich war eine „grundsätzliche Ablehnung" einfach nicht denkbar. BayHStA Reichsstatthalter Epp 278/2.

1333 Schäfer, Bernhard: Die NSDAP im Gau München-Oberbayern und ihre Kreistage. Parteiarbeit in der Region zwischen Anspruch und Verwirklichung, in: Rumschöttel, Hermann/Ziegler, Walter (Hrsg.): Staat und Gaue in der NS-Zeit. Bayern 1933-1945, München 2004, S. 507-555.

1334 L&S 09. Juni 1938. Der Autor dieses Artikels erging sich so pathetisch in seinen „völkischen" Bildern, dass ihm unterwegs die Grammatik verloren ging; z.B.: „Der Kreistag ist das Ziel unserer gesamten Volksgenossen im Kreisgebiet die Stadt Starnberg."

und in Fürstenfeldbruck, 1937, stattgefunden.[1335]
Entstanden waren diese festmäßigen Versammlungen aller Amtsleiter und -walter 1936 als „Heerschau der Bewegung",[1336] um die „stärkste Konzentration des politischen Willens zu erzielen".[1337]

Die veranstaltenden Kreise gaben sich alle Mühe, dass bei ihnen der prunkvollste und aufwendigste Kreistag gefeiert wurde und Buchner forderte dementsprechend: „Starnbergs Kreistag muß der schönste werden". Dafür wurde für die Stadt ein eigener Dekorationsplan entworfen, der u.a. sieben Meter hohe Fahnenmasten, die Umspannung ganzer Plätze mit rotem Tuch, das Anbringen von Scheinwerfern, Triumphpforten und Spruchbänder vorsah.[1338] Zuvor schon waren die Starnberger aufgefordert worden, ihre Straßen und Häuser im Hinblick auf den bevorstehenden Kreistag zu putzen und aufzuräumen. Man rechnete mit 7.700 Marschierern.[1339] Tatsächlich sollen es 12.000 Volksgenossen gewesen sein: SA 2.400 Mann, NSKK 420 Mann, Politische Leiter 400, HJ und Jungvolk 1.900, BDM 800, NSFK 150 Mann, Reichsarbeitsdienst 70 Mann, Deutsches Rotes Kreuz 400, Feuerwehr 750, NSKOV 160, Kyffhäuserbund 160, Reichsbund für Leibesübungen 100, Verbände und Vereine 400, NS-Schwestern 200, Jungmädel 1.500, SS 280 Mann, sowie Ehrengäste und Zuschauer.[1340]
Für Buchner brachte die Tagung eine hervorragende Möglichkeit, sich und seine Kreisführung ins rechte Licht zu rücken, zumal zwei Ereignisse auf diesen Termin fielen, die seine Person besonders herausstellten: Buchners Buch „Kamerad! Halt aus!" erschien im Verlag Franz Eher Nachfolger und wurde dem Publikum vorgestellt; zudem feierte er während des Kreistages seinen 40. Geburtstag und ließ sich von den anwesenden Parteihonoratioren entsprechend bejubeln. Außerdem konnte Buchner sich in der Aufmerksamkeit sonnen, die ihm der Gauleiter des \`Traditionsgaus´ Adolf Wagner und der stellvertretende Gauleiter Otto Nippold mit ihrer Anwesenheit zollten. Nippold, der inzwischen seinen Zweitwohnsitz in Starnberg genommen hatte, ehrte Buchner zusätzlich mit dem Eingeständnis, er habe von ihm „Selbstvertrauen und Glauben an die Arbeit" gelernt.[1341]
Insgesamt fanden im Kreisgebiet 16 Kundgebungen statt, in denen „die Mission der nationalsozialistischen Weltanschauung" verkündet wurde. Den Zuhörern wurde ein gewaltiges Bild vom Kampf der Ideologien, vom Ringen um das Lebensrecht der Völker, von den Mächten der Zerstörung und vom marxistischen Glau-

---

1335 Zu den Kreistagen in Oberbayern: Schäfer, Bernhard: Die NSDAP im Gau München-Oberbayern und ihre Kreistage. Parteiarbeit in der Region zwischen Anspruch und Verwirklichung, in: Rumschöttel, Staat, S. 507-555.
1336 L&S 19. Mai 1936.
1337 L&S 10. Juni 1938.
1338 L&S 11./12. Juni 1938.
1339 L&S 11./12. Juni 1938.
1340 L&S 20. Juni 1938.
1341 L&S 17. Juni 1938.

bensbekenntnis des Judentums gemalt, das in der religiös anmutenden Beschwörung gipfelte: „So glaube ich heute im Sinne des allmächtigen Schöpfers zu handeln: Indem ich mich des Juden erwehre, kämpfe ich für das Werk des Herrn."[1342]

Buchner zwischen Kreisleitung und Bürgermeisteramt

Als Kreisleiter der NSDAP und Bürgermeister der Stadt Starnberg kümmerte Buchner sich seit der „Machtübernahme" sowohl um die Belange des Kreises als auch um die städtischen Angelegenheiten. Für Buchners Selbstverständnis und seine Amtsführung gab es dabei keine Unterscheidung der Funktionen für den Kreis oder die Stadt. Aufrufe „An die Einwohnerschaft des Kreises Starnberg!" unterzeichnete er beispielsweise mit „1. Bürgermeister, M.d.R."[1343] Bei aller Prahlerei und den ständigen Verweisen auf die angebliche Unfähigkeit der Amtsvorgänger muss man Buchner zugutehalten, dass er sich um die Kreis- und Gemeindepolitik, wenn auch mit wechselndem Erfolg, so doch immerhin persönlich kümmerte.

Schon ein Jahr nach seiner Ernennung zum Ersten Bürgermeister präsentierte er eine lange Liste an Gegenständen, die er in seiner eigenen Beurteilung erledigt und besser geregelt hatte, als die Amtsträger aus demokratischen Zeiten. Die zentralen und immer wiederkehrenden Themen waren Arbeitsbeschaffung, Arbeitsdienst, die städtische Kanalisation, Straßenbau und Bau von Siedlungshäusern, die Verschönerung des Stadtbildes und die Förderung des Fremdenverkehrs.[1344]

Arbeitstagungen

1934 führte Buchner das System der „Arbeitstagungen der NSDAP-Ortsgruppen" ein, das nichts anderes besagte, als dass er mit einem Tross aus politischen Leitern und Amtswaltern der Parteigliederungen sowie Vertretern der SA, SS, HJ und des BDM von Gemeinde zu Gemeinde reiste und mit den jeweiligen Verantwortlichen auf Gemeinde- und Parteiebene zusammenkam. Dabei sollte die Kooperation zwischen Kreisleitung und Ortsgruppe vertieft werden.
Die Ortsgruppentagungen des Jahres 1938 glichen einer theatralischen Präsentation Buchners: Die Gemeinden schmückten die Straßen und Häuser, Buchner besichtigte Schulen und Gewerbeunternehmen, saß besonders würdevoll gestalteten Gemeinderatssitzungen vor, empfing die Amtsleiter und -walter der örtlichen Gliederungen der Partei und fand für die versammelten Volksgenossen „herzhaft und frei von der Seele" gesprochene Worte der Ermahnung und Ermunterung.[1345]

1342 L&S 20. Juni 1938.
1343 Beispielsweise: L&S 23. März 1934.
1344 L&S 05./06. Mai 1934.
1345 Beispielsweise AR 19., 26. November, 03., 10., 24. Dezember 1938. Die Herrschinger ABC-Schützen begrüßten den Kreisleiter mit einem eigens getexteten Gedicht, das als Beispiel einer phantasie- und stillosen Unterwerfungsgeste verstanden werden kann. AR 03. Dezember 1938:
„Wie sieht denn uns're Schul heut aus?
Da sind ja Fahnen und Tannen heraus!
Und Kinder in Uniform gehen aus und ein,
Da muß was Besonderes sein.
Ja, du, soviel ich hab gehört,
Uns heut ein hoher Herr beehrt,

Die Ortsgruppentagung vom 30. November 1938 in Herrsching ist für die stattfindende Inszenierung beispielhaft: Um 9.30 Uhr wurde der Kreisleiter vor dem Rathaus begrüßt. Von 10 bis 11 Uhr besuchte er die Volksschule, anschließend den Kindergarten. Von 12.30 bis 14 Uhr gab es ein gemeinsames Mittagessen im Gasthof zur Post. Von 14 bis 17 Uhr waren Besichtigungen angesetzt: der Friedhof, die örtliche Baufirma Salcher- und Höllriegl und die Reichsfinanzschule. Währenddessen konnten die Herrschinger sich im Rathaus bei Parteivertretern informieren: 14 bis 15 Uhr Sprechstunde des Kreisbauernführers, 15 bis 16 Uhr Sprechstunde der Kreisfrauenschaftsleiterin, 16 bis 17 Uhr Sprechstunde des DAF-Kreisobmannes, 17 bis 18 Uhr Sprechstunde des HJ-Bannführers und der BDM-Untergauführerin. 18 bis 19.30 Uhr wurde im Seehof zu Abend gegessen. Im Anschluss fand im Andechser Hof eine Gemeindeversammlung statt, auf der der Bürgermeister einen Rechenschaftsbericht ablegte und als krönendem Abschluss der Kreisleiter eine Rede hielt.[1346]

Parallel zu den Arbeitstagungen in den Gemeinden fanden jährlich die sogenannten „Kreisappelle der politischen Leiter“ statt, zu denen, wie der Name besagt, die politischen Leiter und Amtswalter in der Kreisstadt empfangen wurden und zusammen mit Ehrengästen aus den Reihen der Inhaber des „Goldenen Ehrenzeichens“ und des „Ehrenzeichens des 09. November 1923“ einem zweistündigen Referat des Kreisleiters über Themen wie „Weg und Aufstieg unseres Führers“[1347] lauschen durften. Bis 1938 war das System so ausgefeilt, dass eine gesonderte „Amtswalterbesprechung“ der Hoheitsträger der NSDAP und der NS-Frauenschaft stattfand,[1348] während sich gleichzeitig der „Kreisappell“ zu einer „Führertagung“

Doch wer es ist, kann ich nicht sagen,
Da muß ich schon den Karl fragen.
Herr Schulrat wird es wohl nicht sein,
Denn der kommt öfter zu uns herein.
Aber ich, ich hab den Bürgermeister geseh´n
Und viele Herren mit ihm geh´n.
Halt du, da fällt mir etwas ein,
Das kann vielleicht der Kreisleiter sein.
Gehört haben wir schon viel von diesem Mann,
Der Schaffen, Kämpfen und auch große Bücher schreiben kann.
Das Fräulein hat uns neulich erst gesagt,
Daß einen Preis er schon dafür bekommen hat,
Für „Kamerad, halt aus!“
Und dieser Mann, der kommt in unser Haus.
Da können wir wohl stolz drauf sein,
Kommt Mädchen, übt ein Liedchen ein!
Kreisleiter, willkommen, hier in unserm neuen Saal,
Laß dich herzlich grüßen von den Kleinen all!
Als wir von dir hörten, freuten wir uns alle sehr,
Vom Führer sollst du uns erzählen, den lieben wir sehr.
Leider ist´s nicht möglich, denn Du mußt schon wieder fort,
Willst ja noch besuchen auch die andern dort.“

1346 Archiv der Gemeinde Herrsching LH-1938.
1347 L&S 11. März 1935.
1348 L&S 07. November 1938.

ausgewachsen hatte, die mit ganztägigem Programm der „fachlichen Ausrichtung der Politischen Leiter und Frauenschaftsleiterinnen, sowie einem Exerzierappell der Politischen Leiter vorbehalten" war.

Gemeindevisitaion in Herrsching am 30. November 1938: Besuch in der Volksschule
v.l.: Franz Bucher, Kreisleiter, Oskar Baur, Schulrat, Josef Vonwerden, zweiter Bürgermeister von Starnberg, Ludwig Schertel, Erster Bürgermeister und Ortsgruppenleiter von Herrsching
(Archiv der Gemeinde Herrsching)

Privilegien und Zurücksetzungen

Buchner konnte auf Kreisebene mit der Rückendeckung des Münchner Gauleiters Adolf Wagner ganz nach seinem Gutdünken und ohne Widerspruch zu provozieren schalten und walten. Er nutzte diese Position weidlich aus, sowohl um die Stellung der Partei zu verbessern und zu festigen, als auch um seinem persönlichen Ego zu schmeicheln und seine individuellen Vorlieben und Abneigungen auszuleben. Die wiederholten willkürlichen Schikanen und Drohungen weisen ihn als nachtragenden Kleingeist und ehrgeizigen Emporkömmling aus. Im Kleinen angewendet ist Peter Longerichs Aussage, im Nationalsozialismus sei die Ausgestaltung politischer Macht unauflösbar mit der Biographie führender NS-Funktionäre verbunden, gerade auf Buchner übertragbar.[1349] Im Folgenden sollen einige der gravierenderen Beispiele erwähnt werden.

1349 Longerich, Peter: Heinrich Himmler, Biographie, München 2008, S. 13.

Ein Exempel der besonderen Art, das den emigrierten Redakteur des „Land- und Seeboten" Knab auch ein Jahr später noch mit Abscheu und Trauer erfüllte, inszenierte Buchner gleich zu Beginn seiner Karriere als Bürgermeister um den „freiwilligen" Rücktritt seines langjährigen Vorgängers Josef Jägerhuber senior herum.[1350] Jägerhuber wurde zum „Ehrenbürgermeister" der Stadt ernannt, um den abrupten Abgang des verdienten Politikers zu kaschieren, eine Praxis, derer sich 1937 auch die Herrschinger Gemeinderäte bedienten.[1351]
Als Farce beschrieb Knab die Stadtratssitzung, in der Jägerhuber seine Urkunde als Ehrenbürgermeister überreicht bekam. In einer kleinen Zeitungsnotiz wurde auf die Feier hingewiesen, die dennoch vor fast leerem Saal stattfand. Jägerhuber führte den Vorsitz in einer außerordentlichen Ratssitzung, in der über die Finanzen des Stadtrats seit Machtübernahme der Nationalsozialisten und die Arbeit des WHW Bericht erstattet wurde. Nach langwieriger und die eigenen Leistungen entsprechend hervorhebenden Kommentaren ergriff Buchner das Wort, um seinen ehemaligen Gegner und Vorgänger mit Ausführungen zu ehren, die mehr einer Diffamierung glichen als einer Ovation.[1352] Resigniert, aber altersweise habe Jägerhuber diese unwürdige Show über sich ergehen lassen und sei für die alteingesessenen Starnberger weiterhin der „Herr Bürgermeister" geblieben.[1353]

Bereits bevor er als lokaler Parteipotentat eine sichere Machtstellung innehatte, zeigte sich Buchner gegenüber Parteigenossen, die sich seiner Meinung nach etwas zu Schulden kommen ließen, unnachgiebig. In seiner damals schon ausgeprägten, von nationalsozialistischen Plattitüden durchsetzten Diktion begründete er den fristlosen Hinauswurf des langjährigen Kampfgenossen Rudolf Lohrentz aus der SS. Der Vorwurf zielte hauptsächlich auf seine positive Haltung gegenüber der „Stinnes-Richtung", die er wegen seiner Vergangenheit als Kommunist einnehme.[1354] Hintergrund scheinen aber Gerüchte gewesen zu sein, die Lohrentz

---

1350 L&S 27. April 1933: „Der jetzt aus dem Amt scheidende Bürgermeister Jägerhuber war vom 1.1.1906 bis 31.12.1911 Mitglied des Gemeindeausschusses und dann nach Erhebung Starnbergs zur Stadt Mitglied des Gemeindekollegiums bis zum Umsturz 1919. 1919 bis 1924 war er Stadtrat und seit 1924 bis gestern ununterbrochen 1. Bürgermeister der Stadt Starnberg."
1351 AR 10. April 1937. Bürgermeister Josef Summer wurde nach Zustimmung durch Kreisleiter Buchner zum Ehrenbürgermeister, nachdem er sich „mit Rücksicht auf seine in den letzten Jahren sehr angegriffene Gesundheit" von der Führung der Gemeindeverwaltung zurückgezogen hatte.
1352 L&S 30. Januar 1934: „[...] nahm 1. Bürgermeister Buchner das Wort zu etwa folgenden Ausführungen: Es ist fast wie ein Traum, daß noch vor einem Jahr hier Männer saßen, die redeten und schwätzten und nichts schaffen konnten, weil sie sich nicht einig waren, weil sie sich gegenseitig persönlich bekämpften nur deswegen, weil sie verschiedene Weltanschauungen in sich trugen. Daß diese Feier heute möglich ist, das beweist, daß wir einen Strich ziehen wollen unter die Vergangenheit, daß wir auch Männer, die einer anderen Weltanschauung in ehrlichem Bemühen angehört haben, uns anschließen wollen und sie aufnehmen in die Volksgemeinschaft."
1353 Knab, Kleinstadt S. 73 ff. „[Buchner; F.H..] erhob sich und stand nun im Glanze seiner wieder einmal neuen, hellen Uniform neben dem sitzenden Altbürgermeister, der in seiner altmodischen Jacke mit dem ländlichen Liegekragen um den Hals erschienen war [...] und begann zu reden, knapp, mit napoleonischer Miene und sekundenlangen Wirkungspausen zwischen den Worten: `Vor einem Jahr-saßen an dieser Stelle-noch Männer-die redeten-und redeten-und schwätzten-und konnten nichts arbeiten-nichts leisten-weil sie-uneins waren-in ihrem politischen Wollen ... Und heute...´."
1354 Scherer an Gauleitung München-Oberbayern vom 13. August 1931, BArch OPG G 0016 Lohrentz.

über Buchner verbreitete und die diesen in ein schlechtes Licht rückten.[1355] Letztlich kam Lohrentz mit einer Verwarnung und einer „Aberkennung der Fähigkeit zur Bekleidung eines Parteiamtes auf die Dauer von 2 Jahren“ davon.[1356]

Wie erwähnt nutzte Buchner seine Stellung als Kreisleiter, die ihn befugte bei der Ernennung von Kommunalvertretern Einspruch zu erheben, weidlich aus und ließ sich die Ernennungsvorschläge in jedem Fall vorlegen. In seiner eigenen Behörde bestand er darauf, dass die Angestellten und Beamten der Stadtverwaltung der Partei angehörten.[1357] Andernfalls setzte er sie mit der Warnung, entlassen zu werden, nach ihren späteren Erinnerungen so unter Druck, dass sie sich zumindest bei einer Formation der Partei anmeldeten.[1358] Buchners alter Gefährte aus der Frühzeit, SS-Sturmführer und Blutordensträger Max Ederer, der es inzwischen zum Stadtrat gebracht hatte und nach der „Machtergreifung“ eine Anstellung als Hilfspolizist erhielt, erwies sich als Erfüllungsgehilfe seines Vorgesetzten und nötigte einen Kollegen wenigstens förderndes Mitglied der SS zu werden.[1359] In Buchners Befugnis lag die politische Beurteilung der Parteiangehörigen und Kommunalbediensteten, und damit entschied er durch seine Feststellung über Versetzung, Beförderung oder Abmahnung.[1360]

Nicht jeder Versuch, missliebige Personen aus ihrem Amt zu entfernen gelang. Der Rektor der Volksschule Starnberg, Karl Decker, konnte sich Buchners Bestrebungen, ihn abzusetzen, erwehren,[1361] nicht jedoch Bezirksschulrat Aubinger, den Buchner in den Ruhestand versetzen ließ.[1362]

Seine alte Arbeitsstätte Messungsamt war schon vor der „Machtergreifung“ als Zentrum für nationalsozialistische Unterstützer bekannt. Dennoch übte Buchner weiterhin besonders auf die unteren und mittleren Beamten der Behörde Druck aus und machte Beförderungen von eifriger Parteimitarbeit abhängig, obwohl die dortige Tätigkeit seinem Amt überhaupt nicht unterstand.

1355 Gaugeschäftsführung an SS-Oberführung Süd vom 17. August 1931, BArch OPG G 0016 Lohrentz.

1356 Urteilsbegründung des Gaugerichts München-Oberbayern vom 06. April 1934, BArch OPG G 0016 Lohrentz.

1357 Benker an Bürgermeister von Starnberg vom 04. September 1945, StAM SpKA K 4550 Hans Benker.

1358 Benker an Bürgermeister Starnberg vom 04. September 1945, StAM SpKA K 4550 Hans Benker.

1359 Hofmann an Bürgermeister der Stadt Starnberg vom 05. April 1946. Dabei wird Hofmanns Aussage durch sein weiteres Verhalten konterkariert, da er sich als Handlanger Buchners bei dessen Vorgehen gegen Rami erwies. StAM SpKA K 4591 Sebastian Hofmann.

1360 Beispielsweise Aussage Sophie Karner, StAM SpKA K 4555 Maria Brandstetter: Öffentliche Sitzung vom 16. Dezember 1947; Aussage Georg Loesti, StAM SpKA K 4610 Georg Loesti: Loesti an Spruchkammer Starnberg vom 05. Juli 1946.

1361 Protokoll der öffentlichen Sitzung vom 12. November 1946: „Buchner war sehr zu fürchten. Er war gefährlich. Er hatte einen Antrag mich zu entlassen an die Regierung gemacht.“ Decker war Leiter der Volksschule in Starnberg, den Buchner 1933 absetzen lassen wollte. Decker wurde im selben Jahr Parteimitglied und betätigte sich als Block- und stellvertretender Zellenleiter. Außerdem war er Mitglied in der NSV, dem NSLB, dem NSKOV, der KdF und der NS-Kulturgemeinde. StAM SpKA K 4561 Karl Decker.

1362 Protokoll der öffentlichen Sitzung der Spruchkammer Starnberg vom 16. Dezember 1947, StAM SpKA K 4555 Maria Brandstetter.

Das Finanzamt Starnberg war inzwischen mit engagierten Parteigenossen durchsetzt, die ihre Dienstzeit für „ehrenamtliche politische Tätigkeit" nutzten. Als der Leiter des Finanzamtes Kurt Jentsch diese Dienstauffassung kritisierte, wandte Buchner sich persönlich an den Oberfinanzpräsidenten Weisensee und beschwerte sich über die „unerträglichen Schwierigkeiten", die Jentsch den Gefolgschaftsmitgliedern bei ihrer parteiamtlichen Arbeit bereitete. Jentsch wurde daraufhin einberufen und als einfacher Soldat an die russische Front geschickt. Er kam schwer verwundet zurück, wurde als Finanzamtsleiter „wegen politischer Untragbarkeit" abgesetzt und erhielt eine untergeordnete Position am Finanzamt Traunstein.[1363]
Das Finanzamt Starnberg galt dank der Einwirkung des Kreisleiters als „Hochburg des National-Sozialismus",[1364] was aber auch und nicht zuletzt dem direkten Einfluss des Staatssekretärs Reinhardt geschuldet war, der dort sogar seine persönliche Steuererklärung bearbeiten ließ.[1365]

Buchner war noch kein Jahr im Amt als Kreisleiter, als er in einer deutlichen, aber allgemein gehaltenen Warnung an die „jüdisch-marxistischen Hoch- und Landesverräter" und die „gedankenlose[r]n Spießer" in einem Zeitungsartikel die „Männer des neuen Deutschlands" vor Witzen in Schutz nahm, die angeblich nur der „Verleumdung, Verächtlich- und Lächerlichmachung" dienten.[1366] Aus der Heftigkeit der Reaktion Buchners, der immerhin ohne irgendwelche Scheu mit „Dachau" drohte, lässt sich vermuten, dass er selbst auch Opfer des Spottes der Straße geworden war und sich eine derartige Behandlung nicht gefallen lassen wollte.

Buchners Stellung ermöglichte ihm in einigen Fällen, Personen, mit denen er bekannt war, die seine Sympathie genossen oder die ihm nützlich erschienen, zu protegieren. So soll er beispielsweise dem als „fanatischer Nationalsozialist" bezeichneten Gilchinger Volksschullehrer Josef Drollmann zur Rektorenstellung an der Gautinger Schule verholfen haben. Drollmann hatte in Gilching auch Adolf Wagner kennengelernt, dessen Protegé wiederum Buchner war.[1367]

Der schon vielfach genannte Max Ederer wehrte sich gegen einen Beschluss Buchners, in dem ihm die Beurlaubung von seinem Posten als Hilfspolizisten ausgesprochen wurde. Ederer hatte als „verdienter Kämpfer für die Nationale Erhebung" vom Stadtrat Starnberg das Versprechen erhalten, dass die neu geschaffene Stelle eines Polizei-Oberwachtmeisters für ihn freigehalten werde, bis er eine entsprechende Ausbildung im Polizeidienst absolviert habe. Bis dahin wurde er als Hilfspolizist in den Dienst der Stadt Starnberg aufgenommen.[1368] Knab hatte Ede-

1363 Jentsch an Spruchkammer Starnberg vom 20. Januar 1947; und: Buchner an Oberfinanzpräsident Weisensee vom 09. Januar 1942, StAM SpKA K 4576 Christian Gerstetter.
1364 Verteidigungsschrift, StAM SpKA K 4576 Christian Gerstetter.
1365 Eidesstattliche Erklärung Kurt Jentsch vom 20. Januar 1947, StAM SpKA K 4593 Josef Huber.
1366 L&S 23. Januar 1934. Der vollständige Text des Artikels findet sich im Anhang.
1367 Ermittlungsausschuss der Gemeinden Gilching und Argelsried vom 01. Dezember 1947, und Eidesstattliche Erklärung Joseph Lex vom 02. April 1948, StAM SpKA K 4564 Joseph Drollmann.
1368 Stadtrat Starnberg an Ederer vom 26. September 1933, StAM SpKA K 335 Max Ederer.

rer unter dem Namen Etterer folgendermaßen charakterisiert: „Da ist der vom Tapeziermeister zum Gemeindepolizisten aufgestiegene SS-Sturmführer Max Etterer, klein wie Goebbels, aber weniger redegewandt, dagegen Held im Krügewerfen und Niederknüppeln, soferne viele hinter ihm stehen. Allein ist er ungefährlich, Berserker als Führer-ein schon äußerlich krankhafter Typ."[1369] Als frischgebackener Hilfspolizist nahm Ederer an einer Weihnachtsfeier teil, bei der Messungsamtsinspekteur und Stadtrat Franz Lersch Ederers Frau „auf das schwerste beleidigt[e]".[1370] Es kam öffentlich zu einem handgreiflichen Streit zwischen Lersch und Ederer.[1371] Ederer beantragte beim zweiten Bürgermeister Vonwerden einen Sühnetermin und verlangte, ein Parteiausschlussverfahren gegen Lersch einzuleiten. Bei einer Begegnung mit Buchner fuhr dieser ihn an: „Ich bin 1. Bürgermeister und Kreisleiter und ich verbitte mir ganz energisch, dass Du gegen Lersch was unternimmst; es ist eine Lappalie wegen eines Weibes so viel Geschichten zu machen." Ederer wollte Buchner widersprechen, dieser herrschte ihn jedoch an: „Das Recht bestimme ich". Ederer, der dieses Verhalten Buchners nicht auf sich sitzen lassen wollte, beschwerte sich bei Bezirksoberamtmann Dr. Mang. Dessen Aufforderung an Buchner, einen Sühnetermin anzuberaumen, erwiderte Buchner mit der Beurlaubung Ederers.[1372] In einer Beurteilung Buchners kam Ederer entsprechend versöhnlich weg: „Er ist bemüht den Anforderungen des Polizeidienstes vollauf gerecht zu werden, nachdem er sich diesen Beruf zur Lebensaufgabe gemacht hat. Er ist ruhig, nüchtern, anständig und sparsam und geniesst das Vertrauen seiner vorgesetzten Behörde."[1373]

Dem Metzgermeister August Bader wurden durch Buchner die Aufträge zur Lieferung von Waren an das Krankenhaus und die Lazarette entzogen[1374] und dem DAF-Vorsitzenden und Innungsmeister der Metzgerinnung Xaver Fink zugeschanzt, der im Weiteren dafür sorgte, dass der Erlinger Metzger Eugen Hemberger das Hotel „Undosabad" in Starnberg und das Hotel „Kaiserin Elisabeth" in Feldafing nicht länger beliefern durfte.[1375] Auf Buchners Anregung hin wurde dem zuvor schon erwähnten Ladeschaffner Johann Koller „auf Grund seiner besonderen Verdienste im Kampfe um die nationale Erhebung" als „bewährte[m] Kämpfer" seine Dienstzeit um „weitere 5 Jahre" verbessert.[1376]

1369 Knab, Kleinstadt S. 29.

1370 Ederer an Innenministerium vom 07. April 1934, StAM SpKA K 335 Max Ederer.

1371 Auch Knab beschreibt die Auseinandersetzung zwischen „Lörsch" und „Etterer". Es seien „schon etliche Liter des braunen Bieres hinter der Binde" verschwunden gewesen, als Lersch sich zum Dirigenten der Veranstaltung aufgeschwungen habe. Als Ederer dies unterbinden wollte, habe es erst einen verbalen Streit gegeben, dann habe Ederer Lersch geohrfeigt. Knab, Kleinstadt S. 55.

1372 Ederer an Jördens vom 25. Januar 1934, BArch OPG C 0081 Max Ederer.

1373 Beurteilung vom 29. April 1937, Personalakt Max Ederer, Stadtarchiv Starnberg.

1374 Anlage zum Protokoll vom 12. September 1946, StAM SpKA K 4612 Georg Marx.

1375 Erklärung Eugen Hemberger vom 13. September 1947, StAM SpKA K 4588 Eugen Hemberger.

1376 Deutsche Reichsbahngesellschaft vom 16. August 1934. Darin heißt es weiter: „Koller kann sich ferner [...] für die von ihm angestrebte Beamtenlaufbahn bewerben, auch wenn er einem älteren Jahrgange angehört." 1937 wurde Koller Beamter. StAM SpKA K 4602 Johann Koller.

Eine „Vergünstigung" der besonderen Art erhielt der Landwirt Jakob Bichler, der schon 1924 zum Bürgermeister von Geisenbrunn gewählt worden war, als Buchner ihn 1938 anlässlich einer Gemeindevisitation dazu bestimmte, auch weiterhin als Bürgermeister zur Verfügung zu stehen, obwohl Bichler zuvor gegenüber dem Ortsgruppenleiter signalisiert hatte, dass er sein Amt abgeben wolle.[1377]

Der Schreiner Karl Dietrich, Parteigenosse seit 1926 und Träger des „Goldenen Parteiabzeichens", erhielt zwischen 1939 und 1942 weihnachtliche Geldspenden von Buchner „mit Rücksicht auf seine ärmlichen wirtschaftlichen Verhältnisse".[1378]

Schon bei der März-Wahl 1933 soll Buchner laut einer Aussage seines alten Kampfgefährten Grübl im Wahllokal „Zur Eisenbahn" „Nein" Stimmen ausradiert und „Ja" Stimmen angekreuzt haben.[1379] Auf Fronturlaub in Starnberg stellte Grübl Buchner zur Rede, da er von seinem alten Bekannten junior von Unterschlagungen gehört hatte, derer Buchner sich schuldig gemacht haben sollte.[1380]

Studiendirektor Walter Niklas versuchte in einem vertraulichen Schreiben an den Bürgermeister der Stadt Starnberg gegen einen Kollegen ein Komplott zu konstruieren, um dessen Entlassung aus dem Schuldienst zu provozieren. Die Vertraulichkeit und Geheimnistuerei lassen vermuten, dass derartige konspirative Absprachen nicht unüblich waren.[1381]

Buchner ließ Peter Pfab auf die Anzeige seiner Frau hin wegen angeblicher Wilddieberei verhaften. Centa Satzger, geschiedene Pfab, arbeitete im Haushalt der Familie Buchner und nutzte diese Stellung für den Rachefeldzug gegen ihren ehemaligen Ehemann aus, in dem Wissen, dass Buchner für solche Machenschaften zu haben war. Das hinderte sie später nicht, im Spruchkammerverfahren ihres geschiedenen Gatten auszusagen, Buchner habe „gesoffen".[1382] Sie sprach auch von den „fragwürdigen Lebensgewohnheiten" des Kreisleiters.[1383]

1377 Bichler an Spruchkammer Starnberg vom 08. April 1947, StAM SpKA K 4552 Jakob Bichler.

1378 RA Alletag an die Spruchkammer Starnberg vom 29. August 1946, StAM SpKA K 4563 Karl Dietrich.

1379 Grübl an Spruchkammer Starnberg vom 25. August 1946; darin berichtet er, dass er wegen der Wahlfälschung an Hitler einen Brief geschrieben habe; und Protokoll der öffentlichen Sitzung vom 04. März 1947, Aussage Rudolf Hofmann und Rudolfine Wilfinger. Allerdings scheint das Datum nicht einwandfrei klar zu sein - einmal nennt Grübl 1934 als Datum der Wahlfälschung. StAM SpKA K 4581 Josef Grübl.

1380 Protokoll der öffentlichen Sitzung vom 04. März 1947, StAM SpKA K 4581 Josef Grübl.

1381 Aus dem Personalakt des Studienrats Franz Weinberger bei der Stadt Starnberg-Abschrift eines Briefes des Studiendirektors Niklas an den Bürgermeister der Stadt Starnberg Kreisleiter Buchner vom 01. Juni 1942: „Es wundert mich, daß Weinberger nicht auf dem Anstellungsvertrag pocht, wonach ihm bei Verheiratung die Beamtenurkunde auf Lebenszeit zustünde. Ich bitte Sie, sich auch gleich zu überlegen, was Sie dann zu tun gedenken unter Berücksichtigung der obigen Umstände. Wenn er diese Urkunde hat, bringen wir ihn kaum mehr los. Wenn der Krieg und sein bevorstehender Einsatz nicht wäre, würde ich empfehlen, amtlich die Unterstützungswürdigkeit seiner Mutter in geldlicher Hinsicht zu erkunden und ihn dann wegen der Erschleichung von geldlichen Vorteilen zu entlassen." StAM SpKA K 4656 Franz Weinberger.

1382 Protokoll der öffentlichen Sitzung vom 28. Oktober 1947, StAM SpKA K 4624 Peter Pfab.

1383 Satzger an Spruchkammer Starnberg vom 26. Oktober 1946, StAM SpKA K 4699.

„Ich hatte immer das Gefühl, als ob der Kreisl[ei]t[e]r. mir gegenüber wegen seines eigenen ausschweifenden Lebenswandels Hemmungen empfinde", bekannte der als enger Vertrauter Buchners bezeichnete Steueramtmann Christian Gerstetter.[1384] Robert Schnetzler hatte ebenfalls an der „zu einem schweren Ärgernis gewordenen Lebensführung Buchners" Anstand genommen und war daraufhin von Buchner vor das Gaugericht gezerrt worden.[1385]

Buchner gab sich große Mühe, die Kassen der Stadt Starnberg und der Partei zu füllen, brauchte er doch sowohl als Bürgermeister als auch als Kreisleiter größere Summen, um alle repräsentativen Anlässe, die er anordnete und besuchte, zu finanzieren. Das Geld des Museumsvereins Starnberg, den er auflösen ließ und dessen Geld er für die Stadt Starnberg einzog, kam da gerade recht.[1386] Der Parteihilfsfonds, über den Buchner verfügte, konnte so Altparteigenossen wie Nikolaus Gröber problemlos Zuwendungen zukommen lassen.[1387] Schon im Sommer 1933 ordnete die Gemeinde Herrsching an, dass monatlich pro Kopf der Einwohner ein Betrag von 0,01 RM an die Kreisleitung Starnberg abgeführt werden sollte.[1388] Breitbrunn zahlte sogar 0,02 RM für jeden seiner Bürger.[1389] Auch die Gemeinde Gauting beschloss einen monatlichen Betrag von 72.- RM an die Kreisleitung abzuführen, „in der Annahme, dass sich bald eine allgemeine Ermäßigung der gemeindlichen Beihilfen seitens der Kreisleitung ermöglichen läßt".[1390]

Eine weitere Möglichkeit, Geld für die Partei zu akquirieren, bot sich während Buchners Auftritten in den Gemeinden des Bezirks. Anlässlich der Ortsgruppentagung in Herrsching am 30. November 1938 verfügte der Gemeinderat auf Grund von Buchners Anwesenheit eine „außerordentliche Spende von RM 360.-" bereitzustellen.[1391] Die Gemeinde Breitbrunn gewährte als „Sonderleistung" 300.- RM für HJ, BDM, SA und sonstige Gliederungen, wobei ausdrücklich ein Drittel davon der Kreisleitung zur Verfügung gestellt wurde.[1392] Auch Gauting zeigte sich großzügig. Aus Mitteln des neuen Rechnungsjahres erhielt der „Dispositionsfonds des Kreisleiters" 300.- RM, aufgebessert durch weitere 100.- RM aus Mitteln des laufenden Rechnungsjahres.[1393] Wie die Kreisleitung respektive Buchner über das Geld verfügte ist nicht überliefert.

1384 Verteidigungsschrift, StAM SpKA K 4576 Christian Gerstetter.
1385 Verteidigung Schnetzler vom 17. Februar 1948, StAM SpKA K 4640 Robert Schnetzler.
1386 Anlage zum Protokoll vom 12. September 1946, Aussage Schaeffer, StAM SpKA K 4612 Georg Marx.
1387 Protokoll der öffentlichen Sitzung der Spruchklammer Starnberg vom 26. November 1946, StAM SpKA K 4581 Nikolaus Gröber.
1388 Protokollbuch der Gemeinde Herrsching vom 26. Juli 1933, Archiv der Gemeinde Herrsching.
1389 Protokollbuch der Gemeinde Breitbrunn vom 16. Juli 1933, Archiv der Gemeinde Herrsching.
1390 Protokollbuch der Gemeinde Gauting vom 11. Juli 1933, Archiv der Gemeinde Gauting.
1391 Protokollbuch des Gemeinderats Herrsching vom 30. November 1938, Archiv der Gemeinde Herrsching.
1392 Protokollbuch des Gemeinderats Breitbrunn vom 19. November 1938, Archiv der Gemeinde Herrsching.
1393 Protokollbuch der Gemeinde Gauting vom 07. Januar 1939, Archiv der Gemeinde Gauting.

Vereidigung des Herrschinger Gemeinderats in Anwesenheit des Kreisleiters im Oktober 1935
v.l.: Georg Schönberger, Fritz Herkströter, Nikolaus Pittrich, Ludwig Schertel, Andreas Stoiber, Josef Summer, Franz Buchner, Gottfried Osterritter, Carl Grube, Edgar Bichler, Georg Pfeufer, Martin Rupp, Ulrich Sepperl; sitzend: Lorenz Schmaderer, Josef Koch, Ludwig Darchinger
(Archiv der Gemeinde Herrsching)

Der schon erwähnte Schreiner Karl Dietrich wagte es, sich bei Buchner über größere Festlichkeiten zu beschweren, die Parteifunktionäre während des Krieges in Starnberg abhielten. Buchners Reaktion war nicht nur ein Hinauswurf Dietrichs aus seinem Büro, sondern auch die Drohung, ihn ins KZ zu stecken, sollte er aus Ärger über das Verhalten der Parteigenossen aus der Partei austreten wollen.[1394] Ähnlich reagierte Buchner auf die Ankündigung des Arztes Dr. Erwin Müller, die Partei verlassen zu wollen, und stritt mit ihm heftig.[1395]

Buchner hatte sich in Begleitung des Sportlehrers Andreas Lintl und des Arbeiters Martin Sterr in die Vordermühle begeben, um dort „als rein verwaltungsmäßigen Fall" den Arbeiter Joseph Rami zu verprügeln.[1396] Rami hatte mit einer Soldatenfrau aus dem gleichen Haus eine Auseinandersetzung gehabt. Da es aber keine polizeiliche Handhabe gegen Rami gab, beschloss Buchner einen privaten Rachefeldzug, zu dem er sich als weitere Unterstützung auch den Polizeiwachtmeister Sebastian Hofmann mitnahm. Buchner behauptete, durch den Schlag seiner „kleinen

1394 RA Alletag an die Spruchkammer Starnberg vom 29. August 1946, StAM SpKA K 4563 Karl Dietrich.
1395 Müller an Spruchkammer Starnberg vom 03. September 1946, StAM SpKA K 4618 Erwin Müller.
1396 Antrag auf Einleitung eines Wiederaufnahmeverfahrens, StAM SpKA K 219 Franz Buchner.

Schreiberhand" keine körperliche Misshandlung an Rami begangen zu haben. Ramis Frau Betty sah das etwas anders. Sie berichtete, Buchner, Sterr und Lintl hätten ihren Mann gemeinsam verprügelt, und „das Blut spritzte in der Küche umher". Polizeiwachtmeister Hofmann habe Schmiere gestanden. Dann habe Buchner Hofmann hereingerufen, um Rami „die Schellen" anzulegen. Gemeinsam hätten die vier ihren blutüberströmten Mann mitgenommen und noch mehrere Stunden im Rathaus eingesperrt.[1397]

Buchners finanzielle Situation

Buchners Gehalt als Bürgermeister der Stadt Starnberg betrug bis zum 30. September 1934 monatlich 100.- RM. Ab dem 01. Oktober 1934 bezog er 170.- RM. Im Jahr 1935 erhielt er 3.390.- RM Aufwandsentschädigung, in den Jahren 1936 bis 1938 waren es 3.840.- RM. Der Betrag stieg in den Jahren 1939 und 1940 auf 5.000.- RM. 1941 bekam er 6.250.- RM, 1942 6.249,96 RM und 1943 5.208,09 RM. Seit dem 03. Juni 1937 zahlte die Stadt Starnberg ihm zusätzlich 2.000.- RM jährlich für seine Arbeit als Leiter des Fremdenverkehrswesens und der Wirtschaftsbetriebe der Stadt. Wieviel er von der Gauleitung München-Oberbayern als Kreisleiter und als Gauamtsleiter bezahlt bekam, ist nicht bekannt. Aus der Kasse der Kreisleitung Starnberg bezog er monatlich 100.- RM.[1398]

Buchners Diäten als Reichstagsabgeordneter betrugen 600.- RM monatlich. Aus dem Buchverkauf von „Kamerad! Halt aus!" erhielt Buchner nach eigener Aussage Tantiemen in Höhe von 12.000.- RM in den Jahren 1938 bis 1942.[1399]

Buchners Ende als Kreisleiter und Bürgermeister

Am Ende stolperte Buchner über die Fehleinschätzung seiner eigenen Machtvollkommenheit. Durch seine langjährige und profunde Freundschaft zu Gauleiter Wagner, der ihn bedingungslos in Schutz nahm, glaubte er sich in Sicherheit vor der Kritik derer, die seinen Lebenswandel und seine Amtsführung beanstandeten.[1400]

Buchners Anwältin behauptete in einer Verteidigungsschrift gegenüber der Spruchkammer noch, er habe seinen politischen Abstieg allein der Feindschaft Himmlers zu verdanken.[1401] Der Ausgangspunkt ist komplexer und vielschichtiger.

1397 Betty Rami an Spruchkammer Starnberg vom 22. Oktober 1946, StAM SpKA K 4591 Sebastian Hofmann.

1398 Aufzeichnungen über die festgestellten Einkommensbeträge des ehemaligen Bürgermeister Buchner vom 19. Juni 1945, Personalakt Buchner, Stadtarchiv Starnberg.

1399 RA Honold an Hauptkammer München Land vom 30. April 1949, StAM SpKA K 219 Franz Buchner.

1400 Philippi an Hauptspruchkammer München-Land vom 17. April 1949, StAM SpKA K 219 Franz Buchner.

1401 RA Honold an Spruchkammer München Land vom 30. April 1949: „Bereits im Jahre 1930 bekam der Betroffene Schwierigkeiten mit dem damaligen obersten Führer der SS und späteren Reichsführer Himmler, weil er sich nicht für die SS entscheiden konnte. Seit dieser Zeit hatte er unter der Animosität Himmlers zu leiden, die sich ab 1939 zur offenen Feindschaft entwickelte [...]." StAM SpKA K 219 Franz Buchner.

In Andeutungen, die in der Zeit der Entstehung des Schreibens wohl noch verständlich waren, berichtete Josef Grübl 1944 von Geldern, die Buchner von einem „Konsul Pflüger“ erhalten und veruntreut habe. Heute ebenso wenig nachvollziehbar ist seine Aussage, dass „Buchner wegen Erna und dem General weggekommen ist“.[1402] Umso deutlicher wurde der Verlagsbesitzer Franz Wiechmann, der nach der Entlassung Buchners auf einer Parteiversammlung erklärte: „Ich weigere mich, weiterhin noch irgendwelche Versammlungen zu besuchen nachdem nun auch hier in unserer nächsten Nähe anscheinend Schweinereien sich nicht länger verbergen lassen. Ich meine den Fall Buchner. Die Versammlungsredner sind mir regelmäßig unbekannt. Ich halte sie bis zum Beweis des Gegenteils ebenfalls für Lumpen. Mir von solchen Leuten Moral predigen lassen zu sollen, werde ich mir für alle Zukunft nicht mehr gefallen lassen.“[1403] Die unsauberen Machenschaften Buchners hatten ein Ausmaß angenommen, das sich nicht länger verheimlichen ließ.

Der Polizei-Oberkommissär Heinrich Schaller monierte im Sommer 1941 die „in Uniform strotzenden, gut genährten Parteibonzen“, allen voran Buchner, denen gegenüber er sich als „alter, abgemagerter Mann in schlichter Zivilkleidung“ minderwertig vorkam. Durch seine Kritik an Unordnung und Schlamperei in der gemeindlichen Geschäftsführung hatte Schaller sich mit Buchner einen „gehässigen und gefährlichen Feind“ zugezogen, was dieser ihn mit patzigen Ausfällen spüren ließ.[1404]
Der Landwirt und Geflügelzüchter Martin Gastl aus Hochstadt, Ortsgruppenleiter seit 1938 und Versammlungsredner, behauptete in seinem Spruchkammerverfahren, er habe 1943 das Parteiamt niedergelegt, „da ihm die Machenschaften des Kreisleiters Buchner von Starnberg, insbesondere dessen Hamsterei in Hochstadt und Umgebung zuwider waren“. Das Gericht glaubte ihm in erster Instanz nicht und unterstellte ihm, von Buchner zum Rückzug gezwungen worden zu sein, weil „selbst dem radikalen Kreisleiter Buchner das radikale Verhalten des Betroffenen in Ausübung des Amtes als Ortsgruppenleiter zu radikal war“. Aber Buchner habe auf weitergehende Maßnahmen verzichtet, um Gastl, der zuviel über ihn wusste, nicht vor den Kopf zu stoßen.[1405]

Da nun Buchners Beschützer ausfielen - Nippold war 1940 gefallen und Wagner erlitt 1942 einen Schlaganfall, von dem er sich nicht wieder erholte und an dem er 1944 starb - zeigte sich schnell, dass er sich in den eigenen Reihen Feinde gemacht hatte, die sich nun regten. Gleichzeitig war Buchners Verhalten nicht dazu angetan, seinen Mitmenschen Mitleid einzuflößen.

1402 Grübl an Horner vom 02. Mai 1944, StAM SpKA K 4592 Hans Horner.
1403 Eidesstattliche Erklärung Fritz Limann vom 18. September 1946, StAM SpKA K 4658 Franz Wiechmann.
1404 Schaller an Spruchkammer Starnberg vom 25. April 1946, StAM SpKA K 4635 Heinrich Schaller.
1405 Spruchkammer Starnberg vom 23. April 1948, StAM SpKA K 4575 Martin Gastl.

Adolf Wagner, Gauleiter des Gaues München-Obb. der NSDAP.

hat als bayerischer Staatsminister des Innern die bayerische Kriegsopferstiftung errichtet.

Adolf Wagner, Gauleiter von München-Oberbayern
(Postkarte, nicht gelaufen; Gemeindearchiv Gauting)

Als Buchner im folgenden Jahr versuchte, den Starnberger Landrat Graf Theobald Khuen, mit dem er nicht mehr „erspriesslich zusammenarbeiten“ konnte, abzusetzen, machte sich bemerkbar, dass auch Adolf Wagner ihm nicht länger als Gönner zur Verfügung stand. Auf Buchners Ansinnen kam die knappe Antwort des neuen Gauleiters Paul Giesler, er wünsche, dass „in dieser Angelegenheit zunächst nichts unternommen wird und dass die Bestrebungen des Kreisleiters Buchner, Starnberg, betreffs Versetzung des Oberregierungsrates Dr. Khuen von Starnberg keinesfalls zu unterstützen sind“.[1406]

Dr. Julius Buchmiller, Parteimitglied seit 1926 und im September 1933 zum Bezirkstierarzt ernannt, was „sicher keine Bevorzugung wegen Parteizugehörigkeit“ gewesen sei, lernte Buchner von seiner cholerischen Seite kennen. Buchmiller mel-

1406 Gauleitung Oberbayern vom 14. April 1943, BayHStA MInn 84054 Dr. Theobald Graf Khuen.

dete die Gastwirtin Mutz aus Bachern wegen Schwarzschlachtens, obwohl sie Parteigenossin und Bekannte Buchners war. Ein „Entrüstungsausbruch" und eine Standpauke in einer öffentlichen Versammlung waren die Folge. Buchmiller habe sich daraufhin „gegen die Lebenshaltung dieses Kreisleiters, gegen seine persönliche Bereicherung und gegen die Gewaltmethoden", die er gegenüber politischen Gegnern anwandte, gewehrt und dazu beigetragen, dass Buchner schließlich abgesetzt wurde. Leider äußerte Buchmiller sich nicht näher zu den genauen Umständen dieser Absetzung.[1407]

Der damalige Landrat Max Irlinger[1408] nahm Buchners Absetzung ebenfalls als sein Verdienst in Anspruch. Er habe sich schon länger darüber empört, dass „ein Hoheitsträger und Kreisleiter einen solchen Lebenswandel führt [...] Als wir z. Bsp. kein Benzin mehr für unsere Ärzte hatten, fuhr er mit seinem Auto in der Gegend herum." Auch die oben erwähnte Geschichte über die Schwarzschlachtung und Buchners Reaktion, er wünsche in Zukunft über jede Anzeige gegen einen Parteigenossen zuvor informiert zu werden, war ihm zu Ohren gekommen. Es sei in der Praxis so gewesen, dass ein Kreisleiter einem höheren Beamten gegenüber einen Wunsch aussprach und wenn dieser diesem Verlangen nicht nachkam, strafversetzt wurde. Er, Irlinger, sei aber „zu einem anderen Pg." in die Parteikanzlei gegangen und habe sich mit diesem ungenannten Parteigenossen beraten. Dieser habe „die ganze Geschichte" mit zwei eidesstattlichen Erklärungen der Polizei an Reichsjustizminister Otto Georg Thierack[1409] weitergegeben, der sich wiederum an Paul Giesler,[1410] seit 1942 Gauleiter von München-Oberbayern und Bayerischer Ministerpräsident, wandte. „So kam es endlich zur Ablösung des Kreisleiters Buchner."[1411] Ausdrücklich sprach Irlinger in diesem Zusammenhang von Buchners „ständige[n] Eingriffe[n] in die Verwaltung und seinen[n] Versuchen[n], den Behörden illegale Befehle zu erteilen".[1412]

Ein weiteres Schreiben, das von Buchners desolatem psychischem Zustand berichtet, erreichte Giesler am 01. Dezember 1943. Der Autor ist nicht zu entziffern; seine Meinung über Buchner ist umso eindeutiger. „Wie ich höre, soll der Kreisleiter und Bürgermeister von Starnberg Buchner sich offenkundig in einem geistigen Zustand befinden, der nicht mehr als normal bezeichnet werden kann. Es wurde mir mitgeteilt, Buchner käme bei Luftalarm in den Luftschutzraum, sitze dort zunächst eine Zeitlang da und starre in eine Ecke, um dann plötzlich sich mit dem Rücken auf einen Tisch zu legen und mehrere Minuten mit dem Rücken auf dem Tisch liegend mit den Beinen zu strampeln und dann aufzustehen und nach hause zu gehen.

1407 Buchmiller an Lagerspruchkammer Dachau vom 10. Juni 1948, StAM SpK A 4557 Julius Buchmiller.

1408 Zu Irlinger: Nachruf im Münchner Merkur vom 08. April 1969.

1409 Zu Thierack vgl.: Braun, Konstanze: Dr. Otto Georg Thierack (1889-1946), Frankfurt a.M. u.a. 2005; Schädler, Sarah: „Justizkrise" und „Justizreform" im Nationalsozialismus. Das Reichsjustizministerium unter Reichsjustizminister Thierack (1942-1945), Tübingen 2009.

1410 Zu Gielser vgl.: Hüttenberger, Gauleiter; Lilla, Gauleiter S. 35-37; Lilla, Statisten S. 175 f.

1411 Protokoll der öffentlichen Sitzung der Hauptkammer München vom 24. Mai 1949, Aussage Max Irlinger, StAM SpKA K 219 Franz Buchner.

1412 Neuer Seebote 26. Mai 1949.

Ich ersuche Sie, die sofortige amtsärztliche Untersuchung zu veranlassen und mir den Bericht zu übersenden. Auch sonst habe ich von Buchner gerade in den letzten Jahren nur unangenehme Dinge gehört."[1413]

Adolf Hitler, aus der Serie „Männer der Zeit"
(Postkarte Verlag Jos. Huber, Diessen, nicht gelaufen; Privatbesitz)

Buchner behauptete im Nachhinein, er habe seit Kriegsausbruch „passiven und später immer offener gewagten aktiven Widerstand[es]" geleistet und sei deswegen schon seit Anfang 1940 nicht mehr als Versammlungsredner eingesetzt worden. Zudem habe man ihn von Seiten der Gauleitung bei offiziellen Anlässen überhört und ignoriert. Seit Ende des Jahres 1941 seien erste Andeutungen über seine bevorstehende Absetzung an sein Ohr gelangt, und seit 1942 habe der SD ihn überwacht und seine Privatkorrespondenz kopiert. Im November 1943 habe Gauleiter Giesler ihn rufen lassen und ihm eröffnet: „Lieber Parteigenosse Buchner, ich habe Ihnen leider eine bedauerliche Mitteilung zu machen. Himmler und Bormann[1414] mögen Sie nicht mehr und verlangen Ihren Rücktritt als Kreisleiter." Sachliche

1413 Schreiben an Giesler vom 20. April 1943, BArch Pk B 0123 Buchner.
1414 Zu Bormann: Lang, Jochen von: Martin Bormann-Hitlers Sekretär, in: Smelser, Ronald/Zitelmann, Rainer (Hrsg.): Die braune Elite I. 22 biographische Skizzen, Darmstadt 1993, S. 1-14; Köpp, Wolfgang: Martin Bormann. Hitlers brauner Schatten oder die Landschaft der Begierde, Neubrandenburg 2010.

Gründe für diesen Rücktritt seien ihm nicht angeboten worden, aber er habe gewusst, „grundsätzliche Ablehnung der Gewaltmethoden Himmlers und Widerstand gegen die politische Parteiführung Bormanns" waren der eigentliche Anlass. Am 01. Dezember 1943 habe er dann das Amt als Kreisleiter niedergelegt und freiwillig auf den Posten als Erster Bürgermeister der Stadt Starnberg verzichtet.

Damit nicht genug sei er im Juni 1944 von Reichsinnenminister Frick in dessen Funktion als Führer der Reichstagsfraktion der NSDAP zu sich zitiert und mit der Aufforderung konfrontiert worden, er solle sein Mandat als Reichstagsabgeordneter zurückgeben. Um dieser öffentlichen Diffamierung zu entgehen, habe er sich zuerst geweigert zurückzutreten, habe dann aber aus der Bemerkung Fricks, er wisse hoffentlich, was diese Weigerung für ihn und seine Familie bedeute, geschlossen, dass er kurz vor der Einweisung in ein KZ stehe. Daraufhin habe er die vorbereitete Verzichtsurkunde unterschrieben. Im Oktober 1944 habe man schließlich ein Parteigerichtsverfahren gegen ihn angestrengt. Unterlagen, die über den Inhalt der Anschuldigungen Auskunft geben könnten, sind nicht mehr vorhanden, weswegen Buchner in seinem Spruchkammerverfahren sich ohne Widerspruch zu ernten zugute halten konnte, er habe sich diese Maßnahme durch „schwere Verstöße gegen die Parteidisziplin" eingehandelt.[1415]

Viel wahrscheinlicher ist die Annahme, Buchner habe einfach den Bogen überspannt und sei, nachdem auch seine bisherigen Beschützer ausgefallen waren, an höchster Stelle in Ungnade gefallen. Sicher trug das Gutachten des Bayerischen Prüfungsverbands der öffentlichen Kassen vom 07. August 1944 seinen Teil dazu bei, in dem festgestellt wurde, Buchner habe dem Stadtsäckel 16.200.- RM für seine Tätigkeit als Leiter des Fremdenverkehrswesens und der Wirtschaftsbetriebe in unrechtmäßiger Weise entnommen. Das Spruchkammerurteil vom 18. November 1949 sprach von einer „Misswirtschaft", die Buchner als Bürgermeister betrieben habe.[1416] Die Stadt Starnberg hatte im Rechnungsjahr 1943 einen „Fehlbetrag" von mehr als 122.000.- RM auszuweisen.[1417] Buchner hatte nach seiner Amtsenthebung sogar noch versucht, eine nachträgliche Genehmigung für die beanstandeten Gelder zu bekommen.[1418]
Buchner wurde nach seiner Absetzung als Oberstfrontführer bei der Organisation Todt eingesetzt. Er versorgte „die OT-Arbeiter mit Freizeitgestaltungsmaterial, wie Zithern, Mandolinen, `Mensch-ärgere-dich nicht´ und anderen Brettspielen, Zeitungen und Büchern".[1419]

Buchner nach dem Krieg

Kurz bevor die Alliierten einmarschierten, setzte Buchner sich in der Nacht vom 28. auf den 29. April 1945 mit einem Wagen aus Starnberg ab.[1420] Sein Besitz

1415 Antrag auf Einleitung eines Wiederaufnahmeverfahrens, StAM SpKA K 219 Franz Buchner.
1416 Spruch der Berufungskammer vom 18. November 1949, StAM SpKA K 219 Franz Buchner.
1417 Der Regierungspräsident an Vonwerden vom 05. Januar 1945, Personalakte Buchner, Stadtarchiv Starnberg.
1418 Neuer Seebote 02. Juni 1949.
1419 Antrag auf Einleitung eines Wiederaufnahmeverfahrens, StAM SpKA K 219 Franz Buchner.
1420 Fait, Kreisleiter, hier S. 265.

wurde am 01. Januar 1946 unter Vermögenskontrolle gestellt und die Durchführung des Spruchkammerverfahrens gegen ihn am 27. August 1948 beantragt.[1421] Als am 15. März 1949 die Klage gegen Buchner erhoben wurde, war die Spruchkammer Starnberg schon wieder aufgelöst und die Hauptkammer München-Land für den Fall verantwortlich. Gegen Buchner wurde „in Abwesenheit" verhandelt. Seine Verteidigerin nannte seine Flucht „Emigration", da Buchner „unter dem Eindruck der anfänglichen Kollektivmassnahmen gegen die Nationalsozialisten" befürchten müsste, „dass man ihn für die Summe der Verbrechen gewisser Männer mitverantwortlich machen würde, obgleich er mit diesen Vorgängen in keiner Verbindung stand".[1422] Der Öffentliche Kläger beantragte, Buchner in die Gruppe I der Hauptschuldigen einzureihen.[1423]
In diesem ersten Verfahren wurde Buchner am 24. Mai 1949 in die Gruppe II der Aktivisten und Nutznießer eingereiht und zu drei Jahren Arbeitslager sowie einem 50%igen Vermögenseinzug verurteilt.[1424] Das von Buchners Pflichtverteidigerin Hilde Honold angestrengte Berufungsverfahren wurde im November 1949 abgelehnt, seine Einweisung in ein Arbeitslager von drei Jahren auf ein Jahr verkürzt.[1425]

Harry Philippi, der zuvor schon als Nebenkläger aufgetreten war, informierte im Januar 1950 den Staatsanwalt, Buchner lebe in Höchstadt bei Nürnberg als Kunstmaler unter falschem Namen mit einer Geliebten, hielte sich aber häufig bei seiner Familie in Starnberg auf, von der er auch mit Lebensmittelpaketen versorgt werde. Über dieses Manöver wüssten viele Starnberger Bescheid und „machen sich lustig über unseren neuen Staat".[1426] Am 22. Februar wurde Buchner unter dem Namen Hans Karl Burger verhaftet und ins Arbeitslager Eichstätt überstellt,[1427] in dem er bis zum November blieb.[1428]
Ein Jahr später stellte Buchner einen Antrag auf Wiederaufnahme seines Verfahrens mit der Begründung, da „eine Reihe von Amtsträgern gleichen Ranges in wesentlich niedrigeren Gruppen eingestuft wurden", hoffe er ebenfalls auf ein milderes Urteil.[1429] Seine Eingabe wurde durch ein dickes Bündel „Persilscheine" unterstrichen.

Inzwischen wohnte Buchner wieder in Starnberg. In seinem ehemaligen eigenen Haus am Vogelanger 6 hatte er als Untermieter ein Zimmer und lebte von der Fürsorge. Buchners wirtschaftliche Verhältnisse waren „ungünstig". Von seiner Frau

---

1421 Bayerisches Landesamt für Vermögensverwaltung und Wiedergutmachung an Bayerisches Staatsministerium für Sonderaufgaben vom 29. April 1949, BayHStA MSo 1207.
1422 RA Honold an Spruchkammer München-Land vom 30. April 1949, StAM SpKA K 219 Franz Buchner.
1423 Klageschrift vom 15. März 1949, StAM SpKA K 219 Franz Buchner.
1424 Urteil der Hauptkammer München-Land vom 24. Mai 1949, StAM SpKA K 219 Franz Buchner.
1425 Berufungskammer München vom 18. November 1949, StAM SpKA K 219 Franz Buchner.
1426 Philippi an Staatsanwalt Herf vom 05. Januar 1950, StAM SpKA K 219 Franz Buchner.
1427 Bayerisches Staatsministerium für Sonderaufgaben an Öffentlichen Kläger vom 02. März 1950, StAM SpKA K 219 Franz Buchner.
1428 Buchner an Kassationshof vom 30. Mai 1951, StAM SpKA K 219 Franz Buchner.
1429 Buchner an Hauptkammer München vom 26. Februar 1951, StAM SpKA K 219 Franz Buchner.

getrennt, erhielt er eine Unterstützung von 60.- DM.[1430] Gegenüber den Mitbewohnern trat er „arrogant und rücksichtlos" auf, machte dem als Treuhänder über sein Eigentum eingesetzten Landesamt für Vermögensverwaltung Schwierigkeiten, weil er sich nicht an die Hausordnung hielt, sich als unbeschränkter Eigentümer aufspielte und „sogar widerrechtlich einer anderen Mietpartei zu kündigen versucht[e]". Außerdem verkehrte er mit seinem früheren Freundeskreis, was zu Lärmbelästigungen im Haus führen würde.[1431] Sogar Tätlichkeiten von Seiten Buchners konnten nicht mehr ausgeschlossen werden. Seine nächtlichen Damenbesuche wurden als sittliche Gefährdung der minderjährigen Kinder im Hause beanstandet.[1432]

Was dazu führte, dass der Stadtrat Starnberg im Januar 1952 sein Urteil über Buchner revidierte und ihm ein Leben in Zurückgezogenheit frei von Provokationen attestierte, kann nur vermutet werden.[1433] Sicher hatte Buchner sich aber im Zuge der Einleitung seines Wiederaufnahmeverfahrens um Zurückhaltung in der öffentlichen Aufmerksamkeit bemüht. Die Hauptkammer München lehnte das Ansuchen am 20. April 1951 zwar ab, machte ihn aber auf die Möglichkeit eines Gnadenantrags aufmerksam.[1434]

Buchner gab dennoch nicht auf. In weiteren Gesuchen und Anträgen verfolgte er die Wiederaufnahme seines Verfahrens und beantragte sogar die Wiedereinsetzung in seine Beamtenrechte als Vermessungsoberinspektor,[1435] bis er am 23. November 1955 endgültig die Aufhebung des Urteils von 1949 erreichte. Die Hauptkammer billigte ihm nun zu, er habe „nicht die Befugnis zu leitenden Anordnungen gehabt". Die „Vielzahl von neuen Erklärungen zu Gunsten des Betroffenen" hätten den Ausschlag gegeben, dass er vor Erlass des Abschlussgesetzes in die Gruppe der Minderbelasteten eingestuft hätte werden müssen. Damit wurde das Verfahren auf Kosten der Staatskasse eingestellt und Buchner war de jure nahezu rehabilitiert.[1436]

Noch einmal machte Buchner auf sich aufmerksam, als das Gerücht aufkam, er wolle zur Bürgermeisterwahl 1960 antreten. Die Liste „Heimatblock" der parteifreien Wählergemeinschaft hatte den 62jährigen als Kandidaten aufgestellt, was zu heftigen Protesten und einem schnellen Rückzug Buchners von der angestrebten neuen politischen Karriere führte.[1437]

1430 Gnadenverfahren vom 19. Oktober 1951, StAM SpKA K 219 Franz Buchner.
1431 Stadtrat Starnberg an Bayerisches Staatsministerium für Politische Befreiung vom 22. November 1951, StAM SpKA K 219 Franz Buchner.
1432 Schönfeld an Stadtrat Starnberg vom 20. März 1951, Personalakte Buchner, Stadtarchiv Starnberg.
1433 Stadtrat Starnberg an Ministerium für Politische Befreiung vom 21. Januar 1952, StAM SpKA K 219 Franz Buchner.
1434 Hauptkammer München vom 20. April 1951, StAM SpKA K 219 Franz Buchner.
1435 Entwurf an den Oberbürgermeister von Starnberg vom 09. November 1951, BayHStA MSo 1772.
1436 Spruch der Hauptkammer München vom 23. November 1955, StAM SpKA K 219 Franz Buchner.
1437 Abendzeitung 24. Februar 1960.

Buchner starb am 26. Juni 1967. Der kurze Nachruf im „Neuen Seeboten" befremdet. Mit keiner Silbe wurde seiner Rolle während der NS-Zeit gedacht.[1438] An seinem Grab defilierten die Politgrößen der Stadt und des Kreises vorbei und der damalige Starnberger Erste Bürgermeister Rudolf Widmann sprach der Familie sein „tiefempfundenes Beileid" aus. Er schrieb: „Die Stadt erinnert sich hierbei dankbar auch der Verdienste, die sich der Verstorbene während seiner Tätigkeit als Bürgermeister um die Stadt Starnberg erworben hat."[1439] Kein Wunder, dass seine Witwe sich nicht nur für die Begleitung auf Buchners letztem Gang bedankte. Sie hatte Widmanns Ansprache als „wohltuend" empfunden und meinte, ihr „guter Mann" habe sie auch verdient.[1440]

Barbara Faits Einschätzung, man habe sich in Starnberg mit Buchners Präsenz abgefunden, ein Zugang in die kleinstädtische Gesellschaft sei ihm aber verwehrt geblieben, klingt zwar versöhnlich für alle, die unter Buchner gelitten hatten, ist aber unter diesen Umständen nicht haltbar.[1441] Am Ende seines Daseins war Buchner wieder ein anerkanntes Mitglied im gesellschaftlichen Leben Starnbergs geworden.

Das Berger HJ-Heim, im Hintergrund vier erste Kleinsiedlerhäuschen an der Straße nach Aufkirchen, von 1945 bis 1960 Rathaus, 2003 abgerissen, etwas oberhalb des heutigen Rathauses (undatiert, wahrscheinlich 1936 oder 1937, Archiv der Gemeinde Berg)

1438 Neuer Seebote 27. Juni 1969: „Im Alter von 69 Jahren erlag gestern früh unerwartet und plötzlich der Starnberger Vermessungsbeamte Franz Buchner. Der gebürtige Starnberger baute sich 1936 am Vogelanger ein Haus, in dem er bis zu seinem Lebensende mit seiner Familie lebte. Nach den Kriegsjahren nahm Franz Buchner nach zwölfjähriger Tätigkeit als Bürgermeister eine Stelle als Vermessungsbeamter beim Starnberger Vermessungsamt an. Der Verstorbene hinterläßt seine Frau sowie vier Kinder."

1439 Personalakte Buchner: Widmann an Inge Buchner vom 27. Juni 1969, Stadtarchiv Starnberg.

1440 Personalakte Buchner: Inge Buchner an Widmann vom 02. Juli 1969, Stadtarchiv Starnberg.

1441 Vgl. Fait, Kreisleiter, hier S. 271.

Resümee

Im Bezirk Starnberg vollzog sich weniger blutig als in Städten, aber nicht weniger konsequent der Umbruch von der Weimarer Republik zur NS-Diktatur. Mit Härte und Rücksichtslosigkeit gegenüber dem politischen Gegner und gegenüber Juden setzten sich die Nationalsozialisten in den Gemeinden durch und verdrängten bis zum Sommer 1933 die übrigen gewählten Volksvertreter. Nach einer ersten Welle der Gewalt und nachdem sie auch die Presse gleichgeschaltet hatte, ging die NSDAP dazu über, zielbewusst und systematisch das Alltagsleben der Bevölkerung zu vereinnahmen. Das Jahr wurde durch einen nationalsozialistischen Feierkalender strukturiert, und auf allen Ebenen des Zusammenlebens entstanden Instanzen und Pöstchen, die in Beziehung zur Partei gesetzt waren. Man konnte sich trotz andersartiger eigener Anschauung oft nicht den Berichten entziehen, die medial Erfolg auf Erfolg der Parteipolitik vermeldeten, sei es auf dem Gebiet der außenpolitischen Anerkennung, der wirtschaftlichen Entwicklung, des Abbaus der Arbeitslosigkeit oder allgemein der wachsenden Stärke der arischen Volksgemeinschaft. Besonders die Jugendlichen wurden durch das breite Angebot spielerischer, manchmal abenteuerlicher Parteiarbeit, die im Gegensatz zum normierten, autoritätsgläubigen ländlichen Leben stand, angezogen. Trotzdem machte sich nach der ersten Begeisterung Ernüchterung breit und die Bevölkerung musste manches Mal zu mehr Einsatzfreude und Engagement aufgerufen werden. Die abgehaltenen Luftschutzübungen schürten Ängste vor einem drohenden Krieg. Dennoch befand sich der Bezirk Starnberg in der glücklichen Situation, von den gravierendsten Maßnahmen nationalsozialistischer Machtdemonstration verschont zu werden, was nicht sein Verdienst war, sondern der Tatsache geschuldet war, dass innerhalb seiner Grenzen nur eine geringe Anzahl von Juden oder anderen missliebigen Volksgenossen wie Kommunisten oder „Zigeuner“ lebte, die hätten verfolgt werden können.

Fritz Reinhardt wurde als Staatssekretär und Vertrauter Schwerin von Krosigks, der auch nach 1933 sein Amt als Reichsfinanzminister behielt, der maßgebliche Entscheidungsträger im Finanzministerium, der in seiner gerade gewonnenen Machtfülle beispielsweise darüber entscheiden konnte, welche Gemeinde durch den Bau einer neu zu errichtenden Ausbildungsstätte für Finanzbeamte erhebliche wirtschaftliche und prestigemäßige Aufwertung erhielt. Herrsching, als erster Standort für eine derartige Einrichtung auserwählt, dankte ihm diese Bevorzugung mit gemeindlichen Ehrungen und einer stabilen Loyalität gegenüber den Ideen des Nationalsozialismus. Durch die Schwerpunktverlagerung seiner Arbeit von Herrsching nach Berlin trat Reinhardt im Alltag der Herrschinger in den Hintergrund, blieb aber als prominenter „Sohn des Ortes“ präsent. In Herrsching selbst betätigte er sich außerdem als Gönner, der beispielsweise das HJ-Heim ermöglichte. Damit war er nach außen hin ein Repräsentant der Partei, der, wenn man nicht kritisch nach seiner Verstrickung in Juden diskriminierende Gesetze nachfragte, die für einen Großteil der Bevölkerung positiven Seiten des Nationalsozialismus vertrat: Kampf gegen die Arbeitslosigkeit, Förderung von Familien und Kinderreichen, Steuergerechtigkeit - mit Ausnahme der jüdischen Mitbürger - und wirtschaftlicher Aufschwung. Der Gemeinde brachte er durch den Bau der Finanzschule eine bescheidene, aber kontinuierliche Prosperität. Im Gedächtnis der Gemeinde ist daher auch nicht die Person Reinhardts und seine politische Funktion verankert, sondern die positiven wirtschaftlichen Aspekte der Schulgründung. Beurteilungen, Reinhardt sei „der böse Geist von Herrsching" gewesen, blieben eine Einzelmeinung.[1442]

Franz Buchner steht als Prototyp für den „Alten Kämpfer", für den „Mann der ersten Stunde", der trotz mannigfacher Widerstände nie an den Ideen Adolf Hitlers zweifelte und gegen alle Vernunft, dafür aber mit Herz und Leidenschaft für die Bewegung kämpfte - zumindest stellte er sich selbst so dar. Sein Wandel vollzog sich vom lautsprecherischen Nazionalsozialisten, der versuchte Angst und Schrecken zu verbreiten und der vor keiner Pöbelei oder Handgreiflichkeit zurückwich, zum `Staatsmann´ und `Literaten´. Er wird beschrieben als einer der „Partei Männer, deren Machtstreben und Anmassung besonders groß war".[1443]
Buchners Selbsteinschätzung scheint positiver ausgefallen zu sein als die vieler Zeitgenossen und vor allem die seiner Vorgesetzten, die längst durch seine Absetzung als Gauamtsleiter für Kommunalpolitik Zweifel an seiner Kompetenz anmeldeten.[1444] Dennoch befand Buchner sich 1938 auf dem Höhepunkt seiner Macht. Seine Stellung als Kreisleiter und Bürgermeister Starnbergs war, obwohl derartige Doppelfunktionen in der Partei untersagt waren, unangefochten. Sein „weltmännisches" Gebaren konnte er während des Kreistages 1938 in Starnberg auch vor seinen Kreisleiterkollegen aus Landsberg und Fürstenfeldbruck eindrücklich vorführen. Sein literarischer Erguss „Kamerad! Halt aus!" wiederum fand landesweit so große Anerkennung, dass ihm der Literaturpreis der Stadt München zuerkannt wurde, wodurch er sich mit zur Schau gestellter Bescheidenheit als Schriftsteller gerieren konnte.

Reinhardt und Buchner repräsentieren zwei unterschiedliche Varianten der Machtausübung.
Buchner stützte sich bei seinem Herrschaftsanspruch auf eine Gruppe gleichgesinnter, skrupelloser Außenseiter aus seinem Bekanntenkreis, die mit Mitteln wie Einschüchterung, Drohung, Verunglimpfung bis hin zu Gewaltmaßnahmen wie

---

1442 Fehlner an Buchner vom 23. April 1933, StAM SpKA K 4570 Josef Fehlner.
1443 Eidesstattliche Erklärung Bernhard Dresse vom 12. Januar 1947, StAM SpKA K 1114 Johann Mang.
1444 Aus dem Hauptamt für Kommunalpolitik erreichte den stellvertretenden Gauleiter Nippold ein mit „streng vertraulich" gekennzeichnetes Schreiben, in dem Buchner als Leiter des Gauamts für Kommunalpolitik in Hinsicht auf seine Persönlichkeit rundweg abgelehnt wurde: „Nach meinen bisherigen Erfahrungen, die ich mit Pg. Buchner in der Führung des Gauamtes für Kommunalpolitik München-Oberbayern gemacht habe, halte ich ihn für die Leitung nicht befähigt. Ich habe in der Zeit, als Pg. Buchner Gauamtsleiter war, die bedauerliche Feststellung machen müssen, dass seine Tätigkeit praktisch gleich null war. [...] Es sind aber auch Gründe vorhanden, die in seiner Person liegen, und die ihn den Anforderungen nicht gewachsen erscheinen lassen, die heute insbesondere im Zuge der Deutschen Gemeindeordnung an einen Gauamtsleiter für Kommunalpolitik gestellt werden müssen." Hauptamt für Kommunalpolitik an Nippold, o.D. (Antwort auf Schreiben vom 30. April 1935), BArch Pk B 0123 Buchner.

Prügel und Verhaftungen arbeiteten. Fanatisch in der Gesinnung und nicht eben wählerisch bei den Methoden der `Überredung´ waren diese Zeitgenossen von der eigenen Sendung überzeugt und daher immer bereit, sich mit Andersdenkenden anzulegen, wobei sie sich nicht scheuten, am Rande der Legalität zu agieren. Buchner selbst fühlte sich in seiner Position als lokaler Potentat merklich wohl und genehmigte sich immer größere Freiheiten. Laut Aussage seiner Frau Ida stand Buchner regelmäßig erst um 11 Uhr auf, auch ein Zeichen seiner Selbststilisierung, jemand „besseres“ zu sein.[1445]

Nachtrag

Am 10. Mai 1946 erschien im „Neuen Seeboten“ folgender Leserbrief:

„Ortsgruppe Herrsching

Soeben erwachte ich aus einem fürchterlichen Traum. Noch steht mir der Schweiß auf der Stirn. Es war mir, als sei der Krieg verloren, unser Nationalsozialistisches Großdeutsches Reich zusammengebrochen, unser geliebter Führer tot. Schrecklich, aber es war nur ein Traum. Alles ist noch beim alten. Ein Blick in die Verhältnisse von Herrsching beruhigt mich völlig. All die treuen Gefolgsmänner des Führers sind dort noch vereint und in Amt und Würden.

Der ehemalige Ortsgruppenleiter B. bewohnt als Anerkennung für seine Verdienste mit seiner Familie nebst Dienstmädchen noch seine 6 Zimmer. Friedlich wirtschaften auch alle anderen Mitkämpfer des Nationalsozialismus, der Bäcker G., der Textilhändler K., der Schuhmachermeister D., Herr H., Lieferant für den Obersalzberg, Herr B., Kantinenwirt der Reichsfinanzschule, der Molkereibesitzer S., der Kolonialwarenhändler K. und der Kohlenhändler W., der praktische Arzt B., die Hotelbesitzer R. und B. usw., alles bewährte Alt-Pg.s nicht über 1933. Sie alle haben noch nichts von „Treuhändern“ gehört. Die Frauenschaftsleiterin Frau J. hat sogar kürzlich Beschwerde wegen zu hoher Grundsteuer ihres niedlichen Anwesens am Ammersee bei der Gemeinde eingereicht. Wirklich, der Führer kann stolz sein auf seine `Ortsgruppe Herrsching´.“

1445 Öffentliche Sitzung vom 16. Dezember 1947, StAM SpKA K 4555 Maria Brandstetter.

Abkürzungsverzeichnis

ABR	Arbeiter- und Bauernrat
AR	Andechser Rundschau
BArch	Bundesarchiv
BB(B)	Bayerischer Bauernbund
BBMB	Bayerischer Bauern- und Mittelstandsbund
BDA	Bundesvereinigung der Deutschen Arbeitgeberverbände
BDC	Berlin Document Center
BDM	Bund Deutscher Mädel
BR	Bauernrat
BSB	Bayerische Staatsbibliothek
BV(P)	Bayerische Volkspartei
DAF	Deutsche Arbeitsfront
DAP	Deutsche Arbeiterpartei
DDP	Deutsche Demokratische Partei
DGB	Deutscher Gewerkschaftsbund
DNV(P)	Deutschnational Volkspartei
DP	Displaced Person
DSP	Deutschsoziale Partei
DVFP	Deutschvölkische Freiheitspartei
DVP	Deutsche Volkspartei
GVG	Großdeutsche Volksgemeinschaft
HJ	Hitler Jugend
IfZ	Institut für Zeitgeschichte
JM	Jungmädel
JV	Jungvolk
KdF	Kraft durch Freude
KPD	Kommunistische Partei Deutschlands
KZ	Konzentrationslager
M.d.R.	Mitglied des Reichstags
MSP	Mehrheitssozialdemokratische Partei
NBD	Neue Deutsche Biographie
NSBO	Nationalsozialistische Betriebszellenorganisation
NSF	Nationalsozialistische Frauenschaft
NS Hago	Nationalsozialistische Handels-, Handwerks- und Gewerbe-Organisation
NSKG	Nationalsozialistische Kulturgemeinde
NSKK	Nationalsozialistischer Kraftfahrkorps
NSKOV	Nationalsozialistische Kriegsopferversorgung
NSRLB	Nationalsozialistischer Reichslehrerbund
NSV	Nationalsozialistische Volkswohlfahrt
OG	Ortsgruppe
OPAC	Online Public Access Catalogue (online Bibliothekskatalog)
Pg(g).	Parteigenosse(n)
Pgn.	Parteigenossin
RA	Rechtsanwalt
RDB	Reichsbund der Deutschen Beamten
RM	Reichsmark
RPL	Reichspropagandaleitung
RWSt	Rundschau für Wirtschaft und Steuern
SD	Sicherheitsdienst
SPD	Sozialdemokratische Partei Deutschlands
SpKA	Spruchkammerakte
SA	Sturmabteilung
SS	Schutzstaffel
StAM	Staatsarchiv München

Stp.	Stützpunkt
SZ	Süddeutsche Zeitung
Uschla	Unterschuchungs- und Schlichtungsausschuss der NSDAP
USPD	Unabhängige Sozialdemokratische Partei Deutschlands
VB	Völkischer Beobachter
VfZ	Vierteljahrshefte für Zeitgeschichte
VVVD	Vereinigung vaterländischer Verbände Deutschlands
WHW	Winterhilfswerk
ZBLG	Zeitschrift für Bayerische Landesgeschichte
ZVAB	Zentrales Verzeichnis Antiquarischer Bücher

Quellen- und Literaturverzeichnis

Gedruckte Quellen:

Akten der Reichskanzlei/Regierung Hitler: 1933-1945; Teil I, Bd. 1, 30. Januar bis 31. August 1933: Dokumente Nr. 1 bis 206, Boppard a. Rhein 1983

Anderlahn, Hanns: Gegner erkannt! Ein Tatsachenbericht vom Leben und Kampf der SA 1937, München 1937

Bayerisches Statistisches Landesamt (Hrsg.): Bayerns Volk und Wirtschaft nach dem Stand der Jahre 1933 und 1934, München 1935

Bayerisches Statistisches Landesamt (Hrsg.): Amtliches Gemeindeverzeichnis für Bayern nach der Volkszählung vom 17. Mai 1939 und dem Gebietsstand vom 1. Oktober 1940, Bd. 127 Beiträge zur Statistik Bayerns, München 1940

Bloch, Ernst: Erbschaft dieser Zeit, Zürich 1935

Buchner, Franz: Kamerad! Halt aus!, Aus der Geschichte des Kreises Starnberg der NSDAP, München 1938

Das Deutsche Führerlexikon 1934/1935, Berlin 1934

Der Reichsorganisationsleiter der NSDAP (Hrsg.): Organisationsbuch der NSDAP, München 1937

Drexler, Anton: Mein politisches Erwachen: aus dem Tagebuch eines sozialistischen Arbeiters, München 1919

Eberle, Henrik (Hrsg.): Briefe an Hitler. Ein Volk schreibt seinem Führer, Bergisch Gladbach 2007

Fritsch, Theodor: Handbuch der Judenfrage, erste Auflage 1887, 40. Auflage 1936

Goebbels, Joseph: Tagebücher 1924-1945, Bd. 2 1930-1934, herausgegeben von Reuth, Ralf Georg, München 2008[4]

Goebbels, Joseph: Der Nazi-Sozi. Fragen und Antworten für den Nationalsozialisten, München 1931

Gütt, Arthur/Rüdin, Ernst/Ruttke, Falk: Gesetz zur Verhütung erbkranken Nachwuchses vom 14. Juli 1933. Mit Auszug aus dem Gesetz gegen gefährliche Gewohnheitsverbrecher und über Maßregeln der Sicherung und Besserung vom 24. November 1933, München 1934

Heintz: Die erzieherische Aufgabe, in: Bayerland 53. Monatsschrift für Bayerns Land und Volk 1943, S. 62-64

Historisches Gemeindeverzeichnis: Die Einwohnerzahlen der Gemeinden Bayerns in der Zeit von 1840 bis 1952, München 1953

Hitler, Adolf: Mein Kampf, Zwei Bände in einem Band, München 1934

IfZ (Hrsg.): Bibliographie der Gauleiter der NSDAP, zusammengestellt von Günter Plum, 1970

Jäckel, Eberhard/Kuhn, Axel (Hrsg.): Hitler. Sämtliche Aufzeichnungen 1905-1924, Stuttgart 1980

Kadatz, Erhard: Block und Zelle in der NSDAP. Nach den Richtlinien des Reichsorganisationsleiters Dr. Ley, Dresden 1937

Klasen, Sepp (Hrsg.): „Zu Störungen irgendwelcher Art ist es nirgends gekommen." Texte und Dokumente zur Machtübernahme der Nationalsozialisten in den Gemeinden des heutigen Landkreises Weilheim-Schongau März bis Juni 1933, Schongau 1983

Klein, Emil: Neue Schulen-Neues Leben, in: Bayerland 53. Monatsschrift für Bayerns Land und Volk, 1943

Knab, Otto Michael: Kleinstadt unterm Hakenkreuz. Groteske Erinnerungen aus Bayern, Luzern 1934

Knab, Bernard M.: Otto Michael Knab´s Fox-Fables, Washington 1966
Kommission für bayerische Landesgeschichte (Hrsg.): Die Protokolle des Bayerischen Ministerrats 1919-1945: Das Kabinett Held IV. Mai 1932-März 1933, bearbeitet von Walter Ziegler, München 2010
Kreisleitung Lübeck der NSDAP: Der NSDAP Kreis Lübeck. Werden und Wachsen (Die Kampfjahre), 1935
Lenz, Fritz: Menschliche Auslese und Rassenhygiene (Eugenik), München 1931
Ludendorff, Erich: Auf dem Weg zur Feldherrnhalle, München 1937
Ludendorff, Erich: Vom Feldherrn zum Weltrevolutionär und Wegbereiter Deutscher Volksschöpfung. Meine Lebenserinnerungen von 1919 bis 1925, München 1940
Mend, Hans: Mit Adolf Hitler im Felde, Diessen 1931
Meyers Großes Konversationslexikon Bd. 20, Leipzig 1909
Mühsam, Erich: Wir geben nicht auf! Texte und Gedichte, herausgegeben von Günther Gerstenberg, München 2003
Ortschaften-Verzeichnis für den Freistaat Bayern nach der Volkszählung vom 16. Juni 1925 und dem Gebietsstand vom 1. Januar 1928 (Beiträge zur Statistik Bayerns 109), 1928
Ploetz, Alfred: Die Tüchtigkeit unsrer Rasse und der Schutz der Schwachen. Ein Versuch über Rassenhygiene und ihr Verhältniss zu den humanen Idealen, besonders zum Socialismus, Berlin 1895
Reichenberger, A.: Die Bedeutung des Bauernstandes. Der Bauer im Dritten Reich, Obermenzing 1934
Reichsorganisationsleiter der NSDAP (Hrsg.): Parteistatistik. Stand 1. Januar 1935
Reinhardt, Fritz: Hände weg vom Youngplan! Warum?, Herrsching 1929
Röhm, Ernst: Die Geschichte eines Hochverräters, München 1934
Rosenberg, Alfred: Die Protokolle der Weisen von Zion und die jüdische Weltpolitik, München 1923
Roßmeier, Alois: Die deutschen Gaue seit der Machtergreifung München-Oberbayern, Berlin 1941
Runge-Hecht, Frieda: Die Törin und ihr Rebell, Herrsching 1931
Ruppel, Irmgard: Erinnerungen, München 2009
Schmidt, Hugo W. (Hrsg.): Uns geht die Sonne nicht unter. Lieder der Hitler-Jugend, Köln 1934
Schwerin von Krosigk, Lutz Graf: Memoiren, Stuttgart 1977
Sebottendorf, Rudolf von: Bevor Hitler kam. Urkundliches aus der Frühzeit der nationalsozialistischen Bewegung, München 1933
Springer, C./Roßmaier, Alois: Der Traditionsgau München-Oberbayern in Kampf und Sieg, in: Roßmaier, Alois: Die Deutschen Gaue München-Oberbayern, Berlin 1941, S. 20-32
Sündermann, Helmut: Hier stehe ich ... Deutsche Erinnerungen 1914/45. Aus dem Nachlass herausgegeben von Dr. phil. Gert Sudholt, Leoni 1975
Turner, Henry A. (Hrsg.): Otto Wagener-Hitler aus nächster Nähe. Aufzeichnungen eines Vertrauten 1929-1932, Kiel 1987
Tyrell, Albrecht: Führer befiehl... Selbstzeugnisse aus der `Kampfzeit´ der NSDAP, Bindlach 1969
uollnhals, Clemens (Hrsg.): Hitler. Reden, Schriften, Anordnungen. Februar 1925 bis Januar 1933, Bd. I: Die Wiedergründung der NSDAP Februar 1925—Juni 1926, München u.a. 1992
Volz, Hans: Daten der Geschichte der NSDAP, Berlin/Leipzig 1943
Wagner, Günter: Die Fahne ist mehr als der Tod. Roman einer Generation, Hamburg 1958
Zentralverband Deutscher Kriegsbeschädigter und Kriegshinterbliebener (Hrsg.): Vom Wollen und Wirken des Zentralverbands Deutscher Kriegsbeschädigter und Kriegshinterbliebener, Berlin 1920

Literatur

Albrecht, Dieter: Die Prinzregentenzeit, in: Schmid, Alois (Hrsg.): HDBG, gegr. von Max Spindler, Bd. 4: Das neue Bayern Teil 1, S. 394-413
Allen, William S.: Das haben wir nicht gewollt. Die nationalsozialistische Machtergreifung in einer Kleinstadt 1930-1935, Stuttgart 1965
Aly, Götz: Hitlers Volksstaat. Raub, Rassenkrieg und nationaler Sozialismus, Frankfurt a. M. 2005
Amelungse-Kurth, Astrid: In Starnberg daheim, in der Welt erfolgreich. Starnberger Firmenportraits. Starnberger Stadtgeschichte Bd. 7/2, Starnberg 2011, S. 106-121: Druckerei Josef Jägerhuber
Arafe jr., Thomas Wiles: The Development und Character of the Nazi Political Machine, 1928-1930, and the NSDAP Electoral Breakthrough, Los Angeles 1967
Arbeitskreis Feldafinger Chronik (Hrsg.): Ferdinand Kistler-Heimatbuch für Feldafing, Feldafing 2010
Arnberger, Heinz (Hrsg.): „Anschluss" 1938. Eine Dokumentation, Wien 1988

Baier, Helmut: Die Deutschen Christen Bayerns im Rahmen des bayerischen Kirchenkampfes, Nürnberg 1968
Bajohr, Frank: Parvenüs und Profiteure. Korruption in der NS-Zeit, Frankfurt a.M. 2004
Balistier, Thomas: Die Tatpropaganda der SA. Erfolg und Mythos, in: Diesener Gerald/Gries, Rainer (Hrsg.): Propaganda in Deutschland. Zur Geschichte der politischen Massenbeeinflussung im 20. Jahrhundert, Darmstadt 1996, S. 23-34
Balke, Hilde: Die Präsidenten des Bayerischen Landtags. Von 1946 bis 1994, Gersthofen 2001Baranowski, Shelly: Strength through joy. Consumerism and mass tourism in the Third Reich, Cambridge 2004
Bauer, Richard/Hockerts, Hans-Günter (Hrsg.): München, Hauptstadt der Bewegung. Bayerns Metropole und der Nationalsozialismus, München 1993
Bauer, Theresia/Kraus, Elisabeth/Kuller, Christiane/Süß, Winfried (Hrsg.): Gesichter der Zeitgeschichte. Deutsche Lebensläufe im 20. Jahrhundert, München 2009
Becker, Nikola: Bürgerliche Lebenswelt und Politik in München. Autobiographien über das Fin de Siècle, den Ersten Weltkrieg und die Weimarer Republik, Kallmünz 2014
Behrenbeck, Sabine: Der Kult um die toten Helden. Nationalsozialistische Mythen, Riten und Symbole 1923 bis 1945, Vierow bei Greifswald 1996
Benzenhöfer, Udo: Zur Genese des Gesetzes zur Verhütung erbkranken Nachwuchses, Münster 2006
Bernheimer, Konrad O.: Narwalzahn und Alte Meister. Aus dem Leben einer Kunsthändler-Dynastie, Hamburg 2013
Bernheimer, Otto: Erinnerungen eines alten Münchners, München 1957
Bessel, Richard: Violence as Propaganda: The Role of the Storm Troopers in the Rise of National Socialism, in: Childers, Thomas (Hrsg.): The Formation of the Nazi Constituency 1919-1933, Totowa 1986, S. 131-146
Beulecke, Greti: Die Rolle des Sports an der „Reichsschule Feldafing" in der Zeit von 1934 bis 1945. Wissenschaftliche Prüfung für das Lehramt an Gymnasien im Herbst 1985 in München
Birner, Anja Marie Sophie: Die touristische Entwicklung der Gemeinde Herrsching am Ammersee (1900—1959), Zulassungsarbeit 2012
Blaich, Fritz: Der schwarze Freitag. Inflation und Weltwirtschaftskrise, München 1990
Block, Nils: Die Parteigerichtsbarkeit der NSDAP, Frankfurt a.M. 2002
Böhm, Helmut: Von der Selbstverwaltung zum Führerprinzip. Die Universität München in den ersten Jahren des Dritten Reiches (1933-1936), Berlin 1995
Bollmus, Reinhard: Das Amt Rosenberg und seine Gegner. Studien zum Machtkampf im nationalsozialistischen Herrschaftssystem, Stuttgart 1970
Bolz, Gerhard: Wien vom Anschluss zum Krieg. Nationalsozialistische Machtübernahme und politisch-soziale Umgestaltung am Beispiel der Stadt Wien 1938/39, München/Wien 1978
Borcherdt, Christoph (Hrsg.): Der Landkreis Starnberg, Regierungsbezirk Oberbayern; Die Landkreise Bayerns Bd. 2, aus der Schriftenreihe: Die Deutschen Landkreise. Handbuch für Verwaltung, Wirtschaft und Kultur, in Gemeinschaft mit dem Deutschen Landkreistag; Kallmünz 1955
Borowsky, Peter: Wer wählte Hitler und warum? Ein Bericht über neuere Analysen der Wahlergebnisse 1928 bis 1933, in: Borowsky, Peter: Schlaglichter historischer Forschung. Studien zur deutschen Geschichte im 19. und 20. Jahrhundert, aus dem Nachlass herausgegeben von Rainer Hering und Rainer Nicolaysen, Hamburg 2005, S. 235-253
Bracher, Karl Dieter/Sauer, Wolfgang/Schulz, Gerhard (Hrsg.): Die nationalsozialistische Machtergreifung. Studien zur Errichtung des totalitären Herrschaftssystems in Deutschland 1933/34, Köln/Opladen 1960
Brakelmann, Günter: Evangelische Kirche im Entscheidungsjahr 1933/1934: Der Weg nach Barmen. Ein Arbeitsbuch, Münster 2010
Braun, Konstanze: Dr. Otto Georg Thierack (1889-1946), Frankfurt a.M. u.a. 2005
Braun, Matthias Klaus: Hitlers liebster Bürgermeister-Willy Liebel (1897-1945), Nürnberg 2012
Brechenmacher, Thomas: Das Reichskonkordat 1933. Forschungsstand, Kontroversen, Dokumente, Paderborn u.a. 2007
Breuer, Stefan: Die Völkischen in Deutschland. Kaiserreich und Weimarer Republik, Darmstadt 2008
Breuer, Stefan: Die „nordische Bewegung" in der Weimarer Republik, in: Zeitschrift für Geschichtswissenschaft 2009, S. 485-509

Broszat, Martin u.a. (Hrsg.): Bayern in der NS-Zeit, 6 Bde, 1977-1983
Broszat, Martin: Die Machtergreifung. Der Aufstieg der NSDAP und die Zerstörung der Weimarer Republik, München 1994
Bruendel, Steffen: Volksgemeinschaft oder Volksstaat. Die „Ideen von 1914" und die Neuordnung Deutschlands im Ersten Weltkrieg, München 2003
Buchholz, Wolfhard: Die nationalsozialistische Gemeinschaft „Kraft durch Freude". Freizeitgestaltung und Arbeiterschaft im Dritten Reich, 1976
Buddrus, Michael: Schirach, Baldur Benedikt von, in: NDB Bd. 23, Berlin 2007, S. 4f
Bülow, Werner: Der Wörthsee und seine Umgebung im Wandel der Zeiten. Heimatgeschehen im landesgeschichtlichen Zusammenhang, Schaftlach 1988
Bundesrechtsanwaltskammer (Hrsg.): Anwalt ohne Recht. Schicksale jüdischer Anwälte in Deutschland nach 1933, Berlin 2007
Bytwerk, Randall L.: Rhetorical Aspects of the Nazi Meeting: 1926-1933, in: The Quarterly Journal of Speech Volume 61 October 1975, S. 307-318
Bytwerk, Randall L.: Fritz Reinhardt and the Rednerschule der NSDAP, in: Rhetorik. Ein Internationales Jahrbuch Bd. 2, 1981, S. 7-18
Bytwerk, Randall L.: Julius Streicher, New York 1983
Bytwerk, Randall L.: Die nationalsozialistische Versammlungspraxis. Die Anfänge vor 1933, in: Diesener, Gerald/Gries, Rainer (Hrsg.): Propaganda in Deutschland. Zur Geschichte der Massenbeeinflussung, Darmstadt 1996, S 35-50
Chronik der Gemeinde Hechendorf am Pilsensee von Otto Mayrhofer, handschriftliches Manuskript
Depkat, Volker: Nicht die Materialien sind das Problem, sondern die Fragen, die man stellt. Zum Quellenwert von Autobiographien für die historische Forschung, in: Rathmann, Thomas/Wegmann, Nikolaus (Hgrs.): „Quelle". Zwischen Ursprung und Konstrukt. Ein Leitbegriff in der Diskussion (Beihefte zur Zeitschrift für Deutsche Philologie 12, 2004), S. 102-117
Depkat, Volker: Autobiographie und Generation, in: Dröge, Martin (Hrsg.): Die biographische Methode in der Regionalgeschichte, Münster 2011, S. 43-57
Deutinger, Stefan: Die bayerischen Regierungspräsidenten, in: Rumschöttel, Hermann/Ziegler, Walter (Hrsg.): Staat und Gaue in der NS-Zeit. Bayern 1933-1945, München 2004, S. 379-417
Deutinger, Stephan: Gustav von Kahr (1862-1934); in: Böhm, Werner-Hans/Deutinger, Stephan/Gelberg, Karl-Ulrich/Stephan, Michael (Hrsg.): Die Regierungspräsidenten von Oberbayern im 19. und 20. Jahrhundert, München 2005, S. 218-231
Deutinger, Stephan: Ludwig Knözinger, in: Deutinger, Stephan/Gelberg, Karl-Ulrich/Stephan, Michael (Hrsg.): Die Regierungspräsidenten von Oberbayern im 19. und 20. Jahrhundert, München 2005, S. 232-237
Deutscher Richterbund (Hrsg.): Handbuch der Justiz 2012/2013. Die Träger und Organe der rechtsprechenden Gewalt in der Bundesrepublik Deutschland, 31. Jahrgang, Heidelberg u.a. 2012
Diehn, Otto: Der Kirchenkampf. Evangelische Kirche und Nationalsozialismus, Hamburg 1970
Dittmann, Ulrich: Wie die Nazis aufs Dorf kamen, in: Gemeinde Seefeld (Hrsg.): Oberalting-Beiträge zur Ortsgeschichte. Festschrift zum Jubiläum 1200 Jahre Oberalting, Obertshausen 2004
Doeleke, Werner: Alfred Ploetz (1860-1940). Sozialdarwinist und Gesellschaftsbiologe, Frankfurt a.M. 1975
Dörner, Bernward: „Heimtücke". Das Gesetz als Waffe, Paderborn 1998
Douglas, Donald Morse: The Early Ortsgruppen. The Development of National Socialist Local Groups 1919-1923, Diss. Kansas State University 1963
Drecoll, Axel: Der Fiskus als Verfolger. Die steuerliche Diskriminierung der Juden in Bayern 1933-1941/42, München 2009
Düsterberg, Rolf: Hanns Johst. Der Barde der SS. Karrieren eines deutschen Dichters, Paderborn 2004
Düwell, Kurt: Die regionale Geschichte des NS-Staates zwischen Mikro- und Makroanalyse. Forschungsaufgaben zur Praxis im „kleinen Bereich," in: Jahrbuch für westdeutsche Landesgeschichte 9 (1983), S. 287-344
Empfenzeder, Gustl: Herrschinger Hefte o.D.
Epkenhans, Michael: Tirpitz. Architect of the German sea fleet, Washington DC 2008
Evangelische Kirchengemeinde Herrsching (Hrsg.): Festschrift zum 50-jährigen Jubiläum der Erlöserkirche Herrsching, München 2006

Fait, Barbara: Die Kreisleiter der NSDAP-nach 1945, in: Broszat, Martin/Henke, Klaus-Dieter/Woller, Hans (Hrsg.): Von Stalingrad zur Währungsreform. Zur Sozialgeschichte des Umbruchs in Deutschland, München 1990, S. 215-299
Falter, Jürgen/Lindenberger, Thomas/Schumann, Siegfried: Wahlen und Abstimmungen in der Weimarer Republik. Materialien zum Wahlverhalten 1919-1933, München 1986
Falter, Jürgen W.: Hitlers Wähler, München 1991Falter, Jürgen W.: Zur Soziografie des Nationalsozialismus: Studien zu den Wählern und Mitgliedern der NSDAP, Köln 2013
Fest, Joachim: Ernst Röhm und die verlorene Generation, in: Fest, Joachim: Das Gesicht des Dritten Reiches. Profile einer totalitären Herrschaft, München 1963, S. 190-206
Fest, Joachim: Speer. Eine Biographie, Frankfurt a.M. 2001
Finger, Jürgen: Konkurrenzkampf und Richtungsstreit im Prozess der "Gleichschaltung". Der Nationalsozialistische Lehrerbund (NSLB) in Bayern 1933/34, in: Wirsching, Andreas (Hrsg.): Das Jahr 1933. Die nationalsozialistische Machteroberung und die deutsche Gesellschaft, Göttingen 2009, 250-277
Finker, Kurt: Tannenberg-Bund. Arbeitsgemeinschaft völkischer Frontkrieger und Jugendverbände 1925-1933, in: Fricke, Dieter (Hrsg.): Die bürgerlichen Parteien in Deutschland, Handbuch der Geschichte der bürgerlichen Parteien und anderer bürgerlicher Interessenorganisationen vom Vormärz bis zum Jahre 1945. Bd. 2, Leipzig 1968, S. 668-671
Fischach, Hans: Feldafing war das Glück meiner Jugend, in: Leeb, Johannes: „Wir waren Hitlers Eliteschüler." Ehemalige Zöglinge der NS-Ausleseschulen brechen ihr Schweigen, Hamburg 1998, S. 39-53
Fischer, Conan: Ernst Julius Röhm - Stabschef der SA und unentbehrlicher Außenseiter, in: Smelser, Ronald/Zitelmann, Rainer (Hrsg.): Die braune Elite I. 22 biographische Skizzen, Darmstadt 1993, S. 212–222
Fleischmann, Peter: Geheime Aktenvernichtungen vor dem „Einmarsch der Besetzungsmacht" 1945 im bayerischen Regierungsbezirk Schwaben, in: Archivalische Zeitschrift 88, 1. Teilbd. (2006), S. 143-163
Franz-Willing, Georg: Ursprung der Hitler-Bewegung 1919-1922, Preußisch Oldenburg 1974
Frauen und Nationalsozialismus: historische und kulturgeschichtliche Positionen, Osnabrück 1996
Frei, Norbert: Nationalsozialistische Eroberung der Provinzpresse. Gleichschaltung, Selbstanpassung und Resistenz in Bayern, Stuttgart 1980
Frei, Norbert/Schmitz, Johannes: Journalismus im Dritten Reich, München 2011[4]
Frese, Matthias: Betriebspolitik im „Dritten Reich". Deutsche Arbeitsfront, Unternehmer und Staatsbürokratie in der westdeutschen Großindustrie 1933-1939, Paderborn 1991
Friedenberger, Martin/Gössel Klaus-Eberhard/Schönknecht, Eberhard (Hrsg.): Die Reichsfinanzverwaltung im Nationalsozialismus, Bremen 2002
Friedenberger, Martin: Fiskalische Ausplünderung: die Berliner Steuer- und Finanzverwaltung und die jüdische Bevölkerung 1933-1945, Berlin 2008
Friedländer, Saul: Das Dritte Reich und die Juden. Die Jahre der Verfolgung 1933-1939, München 2007
Fröhlich, Elke: Die Partei auf lokaler Ebene. Zwischen gesellschaftlicher Assimilation und Veränderungsdynamik, in: Hirschfeld, Gerhard/Kettenacker, Lothar (Hrsg.): Der „Führerstaat": Mythos und Realität. Studien zur Struktur und Politik des Dritten Reiches, Stuttgart 1981, S. 255-269
Fröhlich, Elke: Redakteur am Starnberger „Seeboten", in: Broszat, Martin/Fröhlich, Elke (Hrsg.): Bayern in der NS-Zeit VI-Die Herausforderung des Einzelnen. Geschichten über Widerstand und Verfolgung, München/Wien 1983
Fröhlich, Elke: Die drei Typen der nationalsozialistischen Ausleseschulen, in: Leeb, Johannes (Hrsg.): „Wir waren Hitlers Eliteschüler." Ehemalige Zöglinge der NS-Ausleseschulen brechen ihr Schweigen, Hamburg 1998, S. 241-263
Für das stolze Edelweiß: Bild- und Textband zur Geschichte von Freikorps Oberland und Bund Oberland; stark erweiterte, überarbeitete Neuauflage, Neckarwestheim 2012
Gantner, Benno Constantin: 1200 Jahre Percha 785-1985, Starnberg 1985
Gelberg, Karl-Ulrich: Johann Mang, Regierungspräsident von Oberbayern 1852-1962, in: Deutinger, Stephan/Gelberg, Karl-Ulrich/Stephan, Michael (Hrsg.): Die Regierungspräsidenten von Oberbayern im 19. und 20. Jahrhundert, München 2010, S. 288-299
Gelhaus, Dirk/Hülter, Jörn-Peter: Die Ausleseschulen als Grundpfeiler des NS-Regimes, Würzburg

2003
Gemeinde Berg (Hrsg.): Berg am Starnberger See mit seinen historischen Ortschaften, 4 Bde., von Hans Rudolf Klein, Kempten 1999
Gemeinde Erling-Andechs (Hrsg.): 1200 Jahre Erling-Andechs 776-1976. Festschrift, St. Ottilien 1976
Gemeinde Gilching (Hrsg.): Heimat Gilching. Das Wichtigste aus der Ortsgeschichte-Von Kiltrahinga bis Gilching, von Rudolf Schicht, o.D.
Gemeinde Gilching (Hrsg.): Wie es in Gilching war 1. Bd.-Die Geschichte der Gemeinde Gilching mit den Ortsteilen Gilching, St. Gilgen, Steinlach, Rottenried, Argelsried und Geisenbrunn bis zum Bau der Localbahn München-Herrsching im Jahre 1903 und die Geschichte der Gilchinger Schulen, von Rudolf Schicht, Seefeld 1995
Gemeinde Gilching (Hrsg.): Wie es in Gilching war 2. Bd.-Vom Bauerndorf zur Wohnsiedlungsgemeinde und die Geschichte der Gilchinger Kirchen, von Rudolf Schicht, Seefeld 1996
Gemeinde Pöcking (Hrsg.): Von Peccingen und Pozzenhoven. Eine Chronik der Altgemeinde Pöcking, von Leonhard Pölt, Pöcking 1994
Gemeinde Pöcking (Hrsg.): Von Ascern und Musingin. Eine Chronik der ehemals selbständigen Gemeinden Aschering und Münsing, von Leonhard Pölt, Pöcking 1996
Gemeinde Seefeld (Hrsg.): Seefeld-Leben zwischen Hügeln und Seen. Erinnerungen aus den Ortsteilen Oberalting, Seefeld, Hechendorf, Güntering, Unering mit Tiefenbrunn, Drößling, Meiling mit Delling und Ettenhofen, St. Ottilien 1990
Gerlach, Wolfgang: Als die Zeugen schwiegen: Bekennende Kirche und die Juden, Berlin 1987
Gilbhard, Hermann: Die Thule-Gesellschaft. Vom okkulten Mummenschanz zum Hakenkreuz, München 1994
Gimmel, Jürgen: Die politische Organisation kulturellen Ressentiments. Der „Kampfbund für deutsche Kultur" und das bildungsbürgerliche Unbehagen an der Moderne, Münster u.a. 1999
Goltz, Anna von der: Hindenburg, Power, Myth, and the Rise of the Nazis, Oxford 2009
Goodrick-Clarke, Nicholas: Die okkulten Wurzeln des Nationalsozialismus, Graz/Stuttgart 1997
Gotto, Bernhard: Die NSDAP in Fürstenfeldbruck, in: Kramer, Ferdinand/Latzin, Ellen (Hrsg.): Fürstenfeldbruck in der NS-Zeit. Eine Kleinstadt bei München in den Jahren 1933 bis 1945
Gotto, Bernhard: Nationalsozialistische Kommunalpolitik. Administrative Normalität und Systemstabilisierung durch die Augsburger Stadtverwaltung 1933-1945, München 2006
Gotto, Bernhard: Polykratische Selbststabilisierung. Mittel- und Unterinstanzen in der NS-Diktatur, in: Hachtmann, Rüdiger/Süß, Winfried (Hrsg.): Hitlers Kommissare. Sondergewalten in der nationalsozialistischen Diktatur, Göttingen 206, S. 28-50
Grau, Bernhard: Kurt Eisner 1867-1919. Eine Biographie, München 2001
Grau, Bernhard: Steigbügelhalter des NS-Staates - Franz Xaver Ritter von Epp und die Zeit des Dritten Reiches, in Kraus, Marita: Rechte Karrieren in München. Von der Weimarer Zeit bis in die Nachkriegszeit, München 2010, S. 29-51
Grau, Günter (Hrsg.): Homosexualität in der NS-Zeit. Dokumente der Diskriminierung und Verfolgung, Frankfurt a.M. 1993
Gries, Christian: Erziehung und Ausbildung, in: Nerdinger, Winfried: Bauen im Nationalsozialismus. Bayern 1933-1945, München 1993, S. 99-113
Gritschneder, Otto: „Der Führer hat Sie zum Tode verurteilt..." Hitlers „Röhm-Putsch"-Morde vor Gericht, München 1993
Gritschneder, Otto: Bewährungsfrist für den Terroristen Adolf Hitler. Der Hitler-Putsch und die bayerische Justiz, München 1990
Gruchmann, Lothar: Justiz im Dritten Reich 1933-1940: Anpassung und Unterwerfung in der Ära Gürtner, München 1988
Grypa, Dietmar: Kampfzeit und Machtergreifung der NSPAD in Burghausen, Burghausen 2000
Haar, Ingo: Zur Sozialstruktur und Mitgliederentwicklung der NSDAP, in: Benz, Wolfgang (Hrsg.): Wie wurde man Parteigenosse? Die NSDAP und ihre Mitglieder, Frankfurt a.M. 2009, S. 60-73
Hachtmann, Rüdiger: Das Wirtschaftsimperium der Deutschen Arbeitsfront 1933-1945, Göttingen 2012
Hachtmann, Rüdiger/Süß, Winfried: Editorial: Kommissare im NS-Herrschaftssystem. Probleme und Perspektiven der Forschung, in: Hachtmann, Rüdiger/Süß, Winfried (Hrsg.): Hitlers Kommissare. Sondergewalten in der nationalsozialistischen Diktatur, Göttingen 206, S. 9-27

Hamel, Iris: Völkischer Verband und nationale Gewerkschaft. Der Deutschnationale Handlungsgehilfen-Verband 1893-1933, Frankfurt a.M. 1967
Hansen, Eckhard: Wohlfahrtspolitik im NS-Staat: Motivationen, Konflikte und Machtstrukturen im „Sozialismus der Tat" des Dritten Reiches, Augsburg 1991
Haushofer, Heinz: Der Bayerische Bauernbund 1893-1933, in Gollwitzer, Heinz (Hrsg.): Europäische Bauernparteien im 20. Jahrhundert, Stuttgart 1977
Heberle, Rudolf: Landbevölkerung und Nationalsozialismus: eine soziologische Untersuchung der politischen Willensbildung in Schleswig-Holstein 1918 bis 1932, Stuttgart 1963
Hehl, Ulrich von: Priester unter Hitlers Terror. Eine biographische und statistische Erhebung, Mainz 1984
Hehl, Ulrich von: Nationalsozialismus und Region. Bedeutung und Probleme einer regionalen und lokalen Erforschung des Dritten Reiches, in: ZBLG 56 (1993), S. 111-129
Heiber, Helmut: Universität unterm Hakenkreuz, Teil 1, München u.a. 1991
Heinsohn, Kirsten: Kampf um die Wählerinnen. Die Idee von der „Volksgemeinschaft" am Ende der Weimarer Republik, in: Steinbacher, Sybille (Hrsg.): Volksgenossinnen. Frauen in der NS-Volksgemeinschaft, Göttingen 2007, S. 29-47
Hellerer, Friedrike: Die Reichsfinanzschule in Herrsching, ihre Nachnutzung und die Erneuerung als Beamtenfachhochschule, MA-Arbeit 2006
Hellerer, Friedrike (Hrsg.): Roderich Fick. Baumeister in Herrsching, Herrsching 2007
Hellerer, Friedrike: Roderich Fick. Der Baumeister am Obersalzberg, in: Krauss, Marita (Hrsg.): Rechte Karrieren in München. Von der Weimarer Zeit bis in die Nachkriegsjahre, München 2010, S. 325-338
Herbst, Ludolf: Hitlers Charisma. Die Erfindung eines deutschen Messias, Frankfurt a.M. 2010
Herbst, Ludolf: Speer, Berthold Konrad Hermann Albert, in: NDB Bd. 24, Berlin 2010, S. 644–646
Hochstetter, Dorothee: Motorisierung und „Volksgemeinschaft". Das Nationalsozialistische Kraftfahrkorps (NSKK) 1931-1945, München 2004
Hockerts, Hans-Günter: Die Sittlichkeitsprozesse gegen katholische Ordensangehörige und Priester 1936/1937. Eine Studie zur nationalsozialistischen Herrschaftstechnik und zum Kirchenkampf, Mainz 1971
Hockerts, Hans-Günter: Ernst Pöhner, in: NDB Bd. 20, Berlin 2001, S. 560 f.
Höffkes, Karl: Hitlers politische Generale. Die Gauleiter des Dritten Reiches-Ein biographisches Nachschlagewerk, Tübingen 1986
Höhne, Heinz: Mordsache Röhm. Hitlers Durchbruch zur Alleinherrschaft 1933-1934, Reinbek bei Hamburg 1984
Hoser, Paul: Die politischen, wirtschaftlichen und sozialen Hintergründe der Münchner Tagespresse zwischen 1914 und 1934, Teil 1 Methoden der Pressebeieinflussung, Frankfurt a.M. u.a. 1990
Hoser, Paul: Südbayerns Städte im Nationalsozialismus-Forschungslage, Kommunalverwaltungen und Siedlungsbau, in: Mayrhofer, Fritz/Opll, Ferdinand (Hrsg.): Stadt und Nationalsozialismus. Beiträge zur Geschichte der Städte Mitteleuropas Band XXI, Linz 2008, S. 83-126
Hoser, Paul: Entnazifizierung in der Stadt Dachau, in: Göttler, Norbert (Hrsg.): Nach der Stunde „Null". Stadt und Landkreis Dachau 1945 bis 1949, München 2008, S. 194-242
Howind, Sacha: Kraft durch Freude und die Illusion eines besseren Lebens: Sozialpropaganda im Dritten Reich 1933-1945, Hannover 2011
Hürten, Heinz: Revolution und Zeit der Weimarer Republik; in: Schmid, Alois (Hrsg.): HdBG, begründet von Max Spindler, Bd. 4: Das neue Bayern. Von 1800 bis zur Gegenwart, München 2003; S. 440-498
Hürten, Heinz: Konflikte mit dem Reich, in: Schmid, Alois (Hrsg.): HdBG, begründet von Max Spindler, Bd. 4: Das neue Bayern. Von 1800 bis zur Gegenwart, München 2003; S. 475-479
Hüttenberger, Peter: Die Gauleiter. Studie zum Wandel des Machtgefüges in der NSDAP, Stuttgart 1969
Jablonsky, David: The Nazi Party in Dissolution. Hitler and the Verbotzeit 1923-1925, Totowa 1989
Jacob, Frank: Die Thule-Gesellschaft, Berlin 2010
Jakob, Reinhard (Hrsg.): „...was Menschen fähig sind." Nationalsozialismus im Brucker Land, Fürstenfeldbruck 2010
Jakob, Reinhard: Überlegungen zu den Reichstagswahlen im Bezirksamt Fürstenfeldbruck 1928 bis

1933, in: Jakob, Reinhard (Hrsg.): „... was Menschen fähig sind." Nationalsozialismus im Brucker Land, Fürstenfeldbruck 2010, S. 14-33
Joachimsthaler, Anton: Hitlers Weg begann in München 1913-1923, München 2000
Joachimsthaler, Anton: Korrektur einer Biographie: Adolf Hitler 1908-1920, München 1989
Käfer, Miriam: Hitlers frühe Förderer aus dem Großbürgertum - das Verlegerehepaar Elsa und Hugo Bruckmann, in: Krauss, Marita (Hrsg.): Rechte Karrieren in München. Von der Weimarer Zeit bis in die Nachkriegsjahre, München 2010, S. 52-79
Kater, Michael H.: Generationenkonflikt als Entwicklungsfaktor in der NS-Bewegung vor 1933, in: Geschichte und Gesellschaft. Zeitschrift für Historische Sozialwissenschaft 1985, S. 217-243
Kater, Michael H.: Zur Soziographie der frühen NSDAP, in: VfZ 19 (1971), S. 124-159
Kater, Michael H.: Hitler-Jugend, Darmstadt 2005
Kellerhoff, Sven Felix: Die Erfindung des Karteimitglieds. Rhetorik des Herauswindens: Wie heute die NSDAP-Mitgliedschaft kleingeredet wird, in: Benz, Wolfgang (Hrsg.): Wie wurde man Parteigenosse? Die NSDAP und ihre Mitglieder, Frankfurt a.M. 2009, S. 167-180
Kershaw, Ian: Der Hitler Mythos. Führerkult und Volksmeinung, Stuttgart 1999
Kershaw, Ian: Der ungerade Weg, in Die Welt vom 13. Oktober 2001
Kershaw, Ian: Hitler. 1889-1936, München 2002
Kissenkoetter, Udo: Gregor Strasser und die NSDAP, Stuttgart 1978
Klee, Ernst: Das Personenlexikon zum Dritten Reich. Wer war was vor und nach 1945, Frankfurt a.M. 2005
Kleinhans, Bernd: Ein Volk, ein Reich, ein Kino: Lichtspiel in der braunen Provinz, Köln 2003
Köpf, Peter: Der Königsplatz in München: ein deutscher Ort, Berlin 2005, S. 60 f.
Köpp, Wolfgang: Martin Bormann. Hitlers brauner Schatten oder die Landschaft der Begierde, Neubrandenburg 2010
Kröner, Hans-Peter: Ploetz, Alfred Julius, in: NDB Bd. 20, Berlin 2001, S. 549
Kuller, Christiane: Finanzverwaltung und Judenverfolgung. Die Entziehung jüdischen Vermögens in Bayern während der NS-Zeit, München 2008
Lang, Jochen von: Der Hitlerjunge. Baldur von Schirach, der Mann, der Deutschlands Jugend erzog, München 1991
Lang, Jochen von: Martin Bormann-Hitlers Sekretär, in: Smelser, Ronald/Zitelmann, Rainer (Hrsg.): Die braune Elite I. 22 biographische Skizzen, Darmstadt 1993, S. 1-14
Large, David Clay: Hitlers München. Aufstieg und Fall der Hauptstadt der Bewegung, München 1998
Leeb, Johannes (Hrsg.): „Wir waren Hitlers Eliteschüler." Ehemalige Zöglinge der NS-Ausleseschulen brechen ihr Schweigen, Hamburg 1998
Lilienthal, Georg: Lenz, Fritz, in: NDB Bd. 14, Berlin 1985, S. 223-225
Lilla, Joachim: Die stellvertretenden Gauleiter und die Vertretung der Gauleiter der NSDAP im „Dritten Reich", Bremerhaven 2003
Lilla, Joachim: Statisten in Uniform. Die Mitglieder des Reichstags 1933-1945. Ein biographisches Handbuch, Düsseldorf 2004
Lilla, Joachim: Der Bayerische Landtag 1918/19 bis 1933: Wahlvorschläge-Zusammensetzung-Biographien, München 2008
Livi, Massimiliano: Gertrud Scholtz-Klink. Die Reichsfrauenführerin, Münster 2005
Löffelbein, Nils: Ehrenbürger der Nation: die Kriegsbeschädigten des Ersten Weltkriegs in Politik und Propaganda des Nationalsozialismus, Essen 2013
Longerich, Peter: Hitlers Stellvertreter. Führung der Partei und Kontrolle des Staatsapparates durch den Stab Heß und die Partei-Kanzlei Bormann, München 1992
Longerich, Peter: Die braunen Bataillone. Geschichte der SA, München 2003
Longerich, Peter: Heinrich Himmler, Biographie, München 2008
Lönnecker, Harald: „...Boden für die Idee Adolf Hitlers auf kulturellem Felde gewinnen." Der „Kampfbund für deutsche Kultur" und die deutsche Akademikergesellschaft, Frankfurt a. M. 2003
Lutzhöft, Hans-Jürgen: Der nordische Gedanke in Deutschland. 1920-1940, Stuttgart 1971
Macek, Ilse: Die jüdische Minderheit in München: Akkulturation und Selbstbewahrung, in: Macek, Ilse (Hrsg.): ausgegrenzt-entrechtet-deportiert. Schwabing und Schwabinger Schicksale 1933 bis 1945, München 2008, S. 49-60
Mährle, Wolfgang: Haas, Otto, Generalleutnant (18641930), in: Rückert, Maria Magdalena (Hrsg.):

Württembergische Biographien unter Einbeziehung hohenzollerischer Persönlichkeiten, Bd. 2, Stuttgart 2011, S. 95-96
Marohn, Norbert: Röhm. Ein deutsches Leben, Leipzig 2011
Maser, Werner: Die Frühgeschichte der NSDAP. Hitlers Weg bis 1924, Frankfurt a.M./Bonn 1965
Maser, Werner: Hindenburg. Eine politische Biographie, Rastatt 1989
Maser, Werner: Der Sturm auf die Republik. Die Geschichte der NSDAP 1920-1945, Köln 2002
Mayr, Karl: Gauting und Stockdorf 1870-1978, München 1985
Mayr, Marianne/Pusch, Wolfgang: Hadorf. Aus 950 Jahren Geschichte eines oberbayerischen Dorfes, St. Ottilien 1995
Meier, Kurt: Kreuz und Hakenkreuz. Die evangelische Kirche im Dritten Reich, München 1992
Meister, Rainer: Die große Depression. Zwangslagen und Handlungsspielräume der Wirtschafts- und Finanzpolitik in Deutschland 1929-1932, Regensburg 1991
Menges, Franz: Röhm, Ernst, in: Neue Deutsche Biographie Bd. 21, Berlin 2003, S. 713-715Miller, Joseph: Geschichte der nationalsozialistischen Reichserntedankfeste 1933-1944: eingebunden in das zeitgeschichtliche Geschehen, München 2011
Miller-Kipp, Gisela (Hrsg.): „Auch Du gehörst dem Führer." Die Geschichte des Bundes Deutscher Mädel (BDM) in Quellen und Dokumenten, Weinheim u.a. 2001
Moll, Martin: Der Sturz alter Kämpfer. Ein neuer Zugang zur Herrschaftsanalyse des NS-Regimes, in: Historische Mitteilungen der Ranke Gesellschaft 5. Jg. (1992). S. 1-51
Möller, Horst/Ziegler, Walter/Wirsching, Andreas (Hrsg.): Nationalsozialismus in der Region. Beiträge zur regionalen und lokalen Forschung und zum internationalen Vergleich, München 1996
Möller, Horst: Warum die Weimarer Republik scheiterte, in: Dahm, Volker/Feiber, Albert A./Mehringer, Hartmut/Möller, Horst (Hrsg.): Die tödliche Utopie. Bilder, Texte, Dokumente, Daten zum Dritten Reich, Berlin 2010, S. 28-47
Mommsen, Hans: Der Nationalsozialismus als säkulare Religion, in: Besier, Gerhard (Hrsg.): Zwischen „nationaler Revolution" und militärischer Aggression. Transformationen in Kirche und Gesellschaft 1934-1939, München 2001
Moritz, Albert (Hrsg.): „Fackelträger der Nation." Elitebildung in den NS-Ordensburgen, Köln u.a. 2010
Mühlberger, Detlef: Hitler´s Voice. The Völkischer Beobachter 1920-1933, 2.Bde., Oxford u.a. 2004
Neubauer, Brigitte/Pusch, Wolfgang: Der Physikatsbericht für das Landgericht Starnberg (1861) mit Beilagen und Berichten, in: Oberbayerisches Archiv Bd. 121 1997, S. 7-222
Neumeier, Gerhard: Vergleichende regionale Wahlstudien zu den Reichstagswahlen am Ende der Weimarer Republik. Der Landkreis Fürstenfeldbruck im Vergleich mit den Landkreisen Erding, Friedberg, Günzburg und Weilheim (1928-1933), in: ZBLG 76 (2013), S. 883-948
Nicolaisen, Carsten: Nationalsozialistische Herrschaft, in: Müller, Gerhard/Weigelt, Horst/Zorn, Wolfgang (Hrsg.): Handbuch der Geschichte der evangelischen Kirche in Bayern, Bd. 2 (1800-2000), St. Ottilien 2000, S. 297-330
Niethammer, Lutz: Entnazifizierung in Bayern: Säuberung und Rehabilitierung unter amerikanischer Besatzung, Frankfurt a.M. 1972
Niethammer, Lutz: Die Mitläuferfabrik: die Entnazifizierung am Beispiel Bayerns, Berlin u.a. 1982
Norden, Günther van: Der deutsche Protestantismus im Jahr der nationalsozialistischen Machtergreifung, Gütersloh 1979
Obst, Dieter: „Reichskristallnacht". Ursachen und Verlauf des antisemitischen Pogroms vom November 1938, Frankfurt a.M. 1991
Ohr, Dieter: Nationalsozialistische Propaganda und Weimarer Wahlen. Empirische Analysen zur Wirkung von NSDAP-Versammlungen, Opladen 1997
Ophir, Baruch Z. (Hrsg.): Die jüdischen Gemeinden in Bayern 1918-1945, München 1979
Orlow, Dietrich: Rudolf Heß. „Stellvertreter des Führers," in: Smelser, Roland/Zitelmann, Rainer (Hrsg.): Die braune Elite I. 22 biographische Skizzen, Darmstadt 1993, S. 84-97
Ott, Ludwig (Hrsg.): Milli und Sterz. Geschichten aus Bauerndörfern am Starnberger See-Pöcking, Possenhofen, Maising, Aschering. Lindenberg i. Allgäu 2005
Pätzold, Kurt/Weißbecker, Manfred: Rudolf Heß-Der Mann an Hitlers Seite, Leipzig 1999
Patzwall, Klaus: Der Blutorden der NSDAP, Hamburg 1985
Paul, Gerhard: Aufstand der Bilder. Die NS-Propaganda vor 1933, Bonn 1992

Peter, Jürgen: Der Einbruch der Rassenhygiene in die Medizin. Auswirkungen rassenhygienischen Denkens auf Denkkollektive und medizinische Fachgebiete von 1918-1934, Frankfurt a.M. 2004
Petzlin, Heinz: Die Deutschen im Dritten Reich: Nationalsozialisten, Mitläufer und Gegner, Stuttgart u.a. 1985
Pfister, Gerhard: Die evangelische Gemeinde Starnberg, in: Rank, Gertrud/Schmid, Michael: Ein Stück vom Himmel. Kunsthistorische Einblicke in die Starnberger Kirchenlandschaft, Starnberg 2008, S. 202-203
Phelps, Reginald H.: Anton Drexler. Der Gründer der NSDAP, in: Deutsche Rundschau 1961, S. 1134-1143
Phelps, Reginald H.: Theodor Fritsch und der Antisemitismus, in: Deutsche Rundschau 87 (1961), S. 442-449
Phelps, Reginald H.: Hitler and the Deutsche Arbeiterpartei, in: Turner jr., Henry A. (Hrsg.): Nazism and the Third Reich, New York 1972, S. 5-19
Piper, Ernst: Alfred Rosenberg. Hitlers Chefideologe, München 2005
Pridham, Geoffrey: Hitler's Rise to Power. The Nazi-Movement in Bavaria, 1923-1933, London 1973
Pschorr, Elisabeth: Privileg des Überlebens. Erinnerungen an eine Mischehe im Dritten Reich, Hameln 2005
Pyta, Wolfram: Dorfgemeinschaft und Parteipolitik: 1918-1933; die Verschränkung von Milieu und Parteien in protestantischen Landgebieten Deutschlands in der Weimarer Republik, Düsseldorf 1996
Pyta, Wolfram: Hindenburg. Herrschaft zwischen Hohenzollern und Hitler, München 2007
Reese, Dagmar (Hrsg.): Die BDM-Generation. Weibliche Jugendliche in Deutschland und Österreich im Nationalsozialismus, Berlin 2007
Reibel, Carl-Wilhelm: Das Fundament der Diktatur: Die NSDAP-Ortsgruppen 1932-1945, Paderborn 2002
Reitter, Ekkehard: Franz Gürtner. Politische Biographie eines deutschen Juristen 1881-1941, Berlin 1976
Rester, Helmut Karl: Völkischer Beobachter: ...auf Befehl des Führers; Organ der Bewegung; ein neues Pressehaus entsteht, Asparn a. d. Zaya 1992
Richardi, Hans-Günter: Hitler und seine Hintermänner: neue Fakten zur Frühgeschichte der NSDAP, München 1991
Richter, Jana: Hermann Esser, in: Weiß, Hermann (Hrsg.): Biographisches Lexikon zum Dritten Reich. Frankfurt a. M. 1998, S. 113
Rittenauer, Daniel: Staatswappen im revolutionären und nachrevolutionären Bayern (1918-1923), in: ZBLG 73 (2010), S. 813-850
Roos, Daniel: Julius Streicher und „Der Stürmer" 1923-1945, Paderborn 2014
Roth, Claudia: Parteikreis und Kreisleiter der NSDAP unter besonderer Berücksichtigung Bayerns, München 1997
Roth, Karl-Heinz/Aly, Götz: Das „Gesetz über die Sterbehilfe bei unheilbar Kranken". Protokolle der Diskussion über die Legalisierung der nationalsozialistischen Anstaltsmorde in den Jahren 1938-1941, in: Roth, Karl-Heinz (Hrsg.): Erfassung zur Vernichtung. Von der Sozialhygiene zum „Gesetz über Sterbehilfe", Berlin 1984, S. 101-179
Ruault, Franco: Tödliche Maskeraden: Julius Streicher und die „Lösung der Judenfrage," Frankfurt a.M. u.a. 2009
Ruck, Michael: Bibliographie zum Nationalsozialismus, Bd. 1 und 2, Darmstadt 2000
Ruck, Michael: Zentralismus und Regionalgewalten im Herrschaftsgefüge des NS-Staates, in: Möller, Horst/Wirsching, Andreas/Ziegler, Walter: Nationalsozialismus in der Region: Beiträge zur regionalen und lokalen Forschung und zum internationalen Vergleich, München 1996, S. 99-122
Rumschöttel, Hermann/Ziegler, Walter (Hrsg.): Staat und Gaue in der NS-Zeit. Bayern 1933-1945, München 2004
Salewski, Michael: Tirpitz. Aufstieg, Macht und Scheitern, Göttingen 1997
Sauer, Bernhard: Gerhard Roßbach-Hitlers Vertreter für Berlin. Zur Frühgeschichte des Rechtsradikalismus in der Weimarer Republik, in: Zeitschrift für Geschichtswissenschaft 50 (2002), S. 5-21
Sauer, Bernhard: Schwarze Reichswehr und Fememorde. Eine Milieustudie zum Rechtsradikalismus in der Weimarer Republik, Berlin 2004
Scanlan, Ross: The Nazi Party Speaker System, in: Speech Monographs 1949, Volume XVI, reprinted

1965, S. 84-148
Schädler, Sarah: „Justizkrise“ und „Justizreform“ im Nationalsozialismus. Das Reichsjustizministerium unter Reichsjustizminister Thierack (1942-1945), Tübingen 2009
Schäfer, Bernhard: Die NSDAP im Gau München-Oberbayern und ihre Kreistage. Parteiarbeit in der Region zwischen Anspruch und Verwirklichung, in: Rumschöttel, Hermann/Ziegler, Walter (Hrsg.): Staat und Gaue in der NS-Zeit. Bayern 1933-1945, München 2004, S. 507-555
Schäfer, Wolfgang: NSDAP. Entwicklung und Struktur der Staatspartei des Dritten Reiches, Hannover u.a. 1956
Schäffer, Fritz: Ein Volk, ein Reich, eine Schule. Die Gleichschaltung der Volksschule in Bayern 1933-1945, München 2001
Schallenberg, Claudia: KdF: „Kraft durch Freude“. Innenansichten der Seereisen, Bremen 2005
Schmidt, Christoph: Zu den Motiven „alter Kämpfer“ in der NSDAP, in: Peukert, Detlev/Reulecke, Jürgen (Hrsg.): Die Reihen fast geschlossen. Beiträge zur Geschichte des Alltags unterm Nationalsozialismus, Wuppertal 1981, S. 21-43
Schmied, Herbert: Autoren, Bücher, Zeitenwandel. 2000 Jahre literarische Spuren im Raum Starnberg, Starnberg 2008
Schmitt-Imkamp, Lioba: Hitlers Architekten: Roderich Fick (1886-1955), Wien u.a. 2014
Schöck-Quinteros, Eva: Der Königin Luise Bund. „Unser Kampfplatz ist die Familie!“, in: Schöck-Quinteros, Eva/Streubel, Christiane (Hrsg.): „Ihrem Volk verantwortlich!“ Frauen der politischen Rechten 1890-1937. Organisation-Agitation-Ideologie, Berlin 2007, S. 231-270
Scholz, Harald: NS-Ausleseschulen. Internatsschulen als Herrschaftsmittel des Führerstaates, Göttingen 1973
Schönhoven, Klaus: Die Bayerische Volkspartei: 1924-1932, Düsseldorf 1972
Schönknecht, Eberhard: Die Ausbildung in der Reichsfinanzverwaltung von 1933 bis 1945, in: Friedenberger, Martin/Gössel, Klaus-Dieter/Schönknecht, Eberhard (Hrsg.): Die Reichsfinanzverwaltung im Nationalsozialismus. Darstellung und Dokumente, Bremen 2002, S. 186-243
Schreckenberg, Heinz: Hitler-Motive und Methoden einer unwahrscheinlichen Karriere. Eine biographische Studie, Frankfurt a.M. u.a. 2006
Schröder, Joachim: Die Münchner Polizei und der Nationalsozialismus, Essen 2013
Schumacher, Martin (Hrsg.): M.d.R. Die Reichstagsabgeordneten der Weimarer Republik in der Zeit des Nationalsozialismus. Politische Verfolgung, Emigration und Ausbürgerung 1933-1945, Düsseldorf 1992[2]
Schumann, Hans-Gerd: Nationalsozialismus und Gewerkschaftsbewegung: die Vernichtung der deutschen Gewerkschaften und der Aufbau der „Deutschen Arbeitsfront“, Hannover u.a. 1958
Schuster, Wolfgang: Hitler in München-privat?, in: Bauer, Richard/Hockerts, Hans-Günter/Schütz, Brigitte/Till, Wolfgang/Ziegler, Walter (Hrsg.): München-„Hauptstadt der Bewegung“. Bayerns Metropole und der Nationalsozialismus, München 2002, S. 125-130
Schwab, Andreas: Vom totalen Krieg zur deutschen Gotterkenntnis. Die Weltanschauung Erich Ludendorffs, Bern 2005
Sereny, Gitta: Das Ringen um die Wahrheit. Albert Speer und das deutsche Trauma, München 1995
Simson; Hans-Peter: Tutzing und das Hotel Simson, Ammerland 2008
Smelser, Roland: Robert, Ley. Hitlers Mann an der „Arbeitsfront“-eine Biographie, Paderborn 1989
Stachura, Peter D.: Gregor Strasser and the Rise of Nazism, London 1983
Stadtarchiv München (Hrsg.): Beth ha-Knesseth-Ort der Zusammenkunft: zur Geschichte der Münchner Synagogen, ihrer Rabbiner und Kantoren, München 1999
Stadt Starnberg (Hrsg.): Heimatbuch Stadt Starnberg, Starnberg 1972
Stegmann, Dirk: Zwischen Repression und Manipulation: Konservative Machteliten und Arbeiter- und Angestelltenbewegung 1910-1918. Ein Beitrag zur Vorgeschichte der DAP/NSDAP, in: Archiv für Wirtschaftsgeschichte 12 (1972), S. 351-432
Stein, Peter: Die NS-Gaupresse 1925-1933. Forschungsbericht-Quellenkritik-neue Bestandsaufnahme, München 1987
Steinbacher, Sybille (Hrsg.): Volksgenossinnen. Frauen in der NS-Volksgemeinschaft, Göttingen 2007
Stephenson, Jill: „Reichsbund der Kinderreichen“. The League of Large Families in the Population Policy of Nazi Germany, in: European History Quarterly 9, 1979, S. 351–375

Struif, Irene: „Jugendführer“ Emil Klein-vom Parteimitglied der NSDAP zum Stabsleiter im Kultusministerium, in: Krauss, Marita (Hrsg.): Rechte Karrieren in München. Von der Weimarer Zeit bis in die Nachkriegsjahre, München 2010, S. 133-151
Sündermann, Helmut: Hier stehe ich ... Deutsche Erinnerungen 1914/45. Aus dem Nachlaß herausgegeben von Dr. phil. Gert Sudholt, Leoni am Starnberger See 1975
Sunnus, Michael: Der NS-Rechtswahrerbund (1928-1945). Zur Geschichte der nationalsozialistischen Juristenorganisation, Frankfurt a.M. 1990
Teichler, Hans Joachim: Geschichte des ATB/ATSB 1892-2008, in: Kruke, Anja (Hrsg.): Arbeiter-Turn- und Sportbund (1893-2009), Bonn 2012, S. 387-405
Thoß, Bruno: Der Ludendorff-Kreis 1919-1923, München 1978
Thoß, Bruno: Erich Ludendorff, in: NDB Band 15, Berlin 1987, S. 285-290
Thränhardt, Dietrich: Wahlen und politische Strukturen in Bayern 1848-1953. Historisch-soziologische Untersuchungen zum Entstehen und zur Neuerrichtung eines Parteisystems, in: Beiträge zur Geschichte des Parlamentarismus und der politischen Parteien 51, Düsseldorf 1973
Tümmler, Holger: Hitlers Deutschland 1: Alltag im Dritten Reich. Uniformen, Abzeichen und Orden, Wolfenbüttel 2010, S. 97-101
Tyrell, Albrecht: Führer befiehl... Selbstzeugnisse aus der `Kampfzeit´ der NSDAP, Bindlach 1969
Tyrell, Albrecht: Vom `Trommler´ zum `Führer´. Der Wandel von Hitlers Selbstverständnis zwischen 1919 und 1924 und die Entwicklung der NSDAP, München 1975
Uhle, Roger: Neues Volk und reine Rasse: Walter Gross und das „Rassenpolitische Hauptamt der NSDAP“ (RPA); 1934-1945, Diss. 1999
Utschneider, Ludwig: Oberammergau im Dritten Reich. 1933-1945, Oberammergau 2000
Varga, William Paul: Julius Streicher, Diss. Ohio State University 1975
Vat, Dan van der: Albert Speers Leben und Lügen, Berlin 1997
Volkert, Wilhelm: Sozial- und Kommunalpolitik, Wirtschafts- und Verkehrspolitik, Kultur- und Kirchenpolitik zwischen 1848 und 1869, in: Spindler, Max: HdBG Bd. 4, Das neue Bayern. Von 1800 bis zur Gegenwart, neu herausgegeben von Alois Schmid, München 2003, S. 258-272
Vollnhals, Clemens: Sachsen in der NS-Zeit, Leipzig 2002
Vorländer, Herwart: Die NSV. Darstellung und Dokumentation einer nationalsozialistischen Organisation; Boppard am Rhein 1988
Wächter, Katja-Maria: Die Macht der Ohnmacht. Leben und Politik des Franz Xaver Ritter von Epp (1868-1946), Frankfurt a.M. u.a. 1999
Wagner, Caroline: Die NSDAP auf dem Dorf: eine Sozialgeschichte der NS-Machtergreifung in Lippe, Münster 1998
Wagner, Leonie: Nationalsozialistische Frauenansichten; Weiblichkeitskonzeptionen und Politikverständnis im Nationalsozialismus, Berlin 2010
Walter, Dirk: Antisemitische Kriminalität und Gewalt. Judenfeindschaft in der Weimarer Republik, Bonn 1999
Wanninger, Susanne: „Herr Hitler, ich erkläre meine Bereitwilligkeit zur Mitarbeit.“ Rudolf Buttmann (1885-1947), Politiker und Bibliothekar zwischen bürgerlicher Tradition und Nationalsozialismus, Wiesbaden 2014
Wanninger, Susanne: Dr. Rudolf Buttmann-Parteimitglied Nr. 4 und Generaldirektor der Münchner Staatsbibliothek, in: Krauss, Marita (Hrsg.): Rechte Karrieren in München. Von der Weimarer Zeit bis in die Nachkriegsjahre, München 2010, S. 80-94
Weigel, Björn: „Märzgefallene“ und Aufnahmestopp im Frühjahr 1933, in: Benz, Wolfgang (Hrsg.): Wie wurde man Parteigenosse? Die NSDAP und ihre Mitglieder, Frankfurt a.M. 2009, S. 91-10
Weindling, Paul: Health, Race and German Politics between National Unification and Nazism 1870-1945, New York 1993
Weingart, Peter/Kroll, Jürgen/Bayertz, Kurt: Rasse, Blut und Gene. Geschichte der Eugenik und Rassenhygiene in Deutschland, Frankfurt a.M. 2001
Wildt, Michael (Hrsg.): Nachrichtendienst, politische Elite und Mordeinheit. Der Sicherheitsdienst des Reichsführers SS, Hamburg 2003
Wildt, Michael: Volksgemeinschaft als Selbstermächtigung. Gewalt gegen Juden in der deutschen Provinz 1919 bis 1939, Hamburg 2007
Winterer, Bernhard: Anton Drexler-Hitlers Steigbügelhalter aus Neuhausen, in: Geschichtswerkstatt

Neuhausen e.V. (Hrsg.): Neuhauser Werkstatt-Nachrichten 24, 2010, S. 35-36
Wirsching, Andreas: Nationalsozialismus in der Region. Tendenzen der Forschung und methodische Probleme, in: Möller, Horst/Ziegler, Walter/Wirsching, Andreas (Hrsg.): Nationalsozialismus in der Region. Beiträge zur regionalen und lokalen Forschung und zum internationalen Vergleich, München 1996, S. 25-46
Witetschek, Helmut/Ziegler, Walter/Prantl, Helmut/Wittstadt, Klaus (Hrsg.): Die kirchliche Lage in Bayern nach den Regierungspräsidentenberichten, Regierungsbezirk Oberbayern: 1933-1943, Mainz 1966
Witetschek, Helmut: Die bayerischen Regierungspräsidentenberichte 1933-1943 als Geschichtsquelle; in: HJ 87 (1967), S. 355-372
Witetschek, Helmut: Der gefälschte und der echte Mölders-Brief, in: VfZ 16 (1968), S. 60-65
Wolbert, Oswald: Musik an der „Reichsschule Feldafing" in der Zeit von 1934 bis 1945. Eine Dokumentensammlung, o.D.
Wöll, Bernhard: Woher kamen Hitlers Wähler? Untersuchungen der Wählerschichten der Parteien bei Reichstagswahlen im Bezirksamt Weilheim unter besonderer Berücksichtigung der NSDAP, in: Lech-Isar-Land Heimatkundliches Jahrbuch 2014, S. 59-98

Online

Altendorfer, Otto: Bayernwacht, 1924-1933, in: Historisches Lexikon Bayerns, URL: http://www.historisches-lexikon-bayerns.de/Lexikon/Bayernwacht, 1924-1933
Bauer, Franz J.: Kabinett Eisner, 1918/19, in: Historisches Lexikon Bayerns, URL: http://www.historisches-lexikon-bayerns.de/Lexikon/Kabinett_Eisner_1918/19
Becker, Nikola: Autobiographien (Weimarer Republik), in: Historisches Lexikon Bayerns, URL: http://www.historisches-lexikon-bayerns.de/Lexikon/Autobiographien (Weimarer Republik)
Becker, Winfried: Bayerische Volkspartei (BVP), 1918-1933, in: Historisches Lexikon Bayerns, URL: http://www.historisches-lexikon-bayerns.de/Lexikon/Bayerische_Volkspartei,_1918-1933
Braun, Oliver: Bayerischer Christlicher Bauernverein, 1898-1933, in: Historisches Lexikon Bayerns, URL: http://www.historisches-lexikon-bayerns.de/Lexikon/Bayerischer Christlicher Bauernverein, 1898-1933
Braun, Oliver: Deutsche Bauernschaft, 1927-1933, in: Historisches Lexikon Bayerns, URL: http://www.historisches-lexikon-bayerns.de/Lexikon/Deutsche Bauernschaft, 1927-1933
Forstner, Thomas: Staatsministerium des Innern (Weimarer Republik und NS-Zeit), in: Historisches Lexikon Bayerns, URL: http://www.historisches-lexikon-bayerns.de/Lexikon/Staatsministerium_des_Innern_(Weimarer _Republik_und_NS-Zeit)
Fuchs, Achim: Geheime Feldzeugmeisterei, in: Historisches Lexikon Bayerns, URL: http://www.historisches-lexikon-bayerns.de/Lexikon/Geheime Feldzeugmeisterei
Gelberg, Karl-Ulrich/Latzin, Ellen: Ordnungszelle Bayern, in: Historisches Lexikon Bayerns, URL: http://www.historisches-lexikon-bayerns.de/Lexikon/Ordnungszelle Bayern
Gelberg, Karl-Ulrich: Anonym (= Wilhelm Hoegner): Hitler und Kahr. Die bayerischen Napoleonsgrößen von 1923, 1928, in: Historisches Lexikon Bayerns, URL: http://www.historisches-lexikon-bayerns.de/Lexikon/Anonym_(=_Wilhelm_Hoegner):_Hitler_und_Kahr._Die_bayerischen_Napoleonsgrößen_von_1923, 1928
Gilbhard, Hermann: Thule-Gesellschaft, 1918-1933, in: Historisches Lexikon Bayerns, URL: http://www.historisches-lexikon-bayerns.de/Lexikon/Thule-Gesellschaft,_1918-1933
Grau, Bernhard: Unabhängige Sozialdemokratische Partei Deutschlands (USPD), 1917-1922, in: Historisches Lexikon Bayerns, URL: http://www.historisches-lexikon-bayerns.de/Lexikon/Unabhängige_Sozialdemokratische_Partei_Deutschlands_(USPD),_1917-1922
Heidler, Mario: J.F. Lehmanns Verlag, in: Historisches Lexikon Bayerns, URL: http://www.historisches-lexikon-bayerns.de/Lexikon/J.F. Lehmanns Verlag
Hochstetter, Dorothee: Nationalsozialistisches Kraftfahrkorps (NSKK), 1931-1945, in: Historisches Lexikon Bayerns, URL: http://www.historisches-lexikon-bayerns.de/Lexikon/Nationalsozialistisches Kraftfahrkorps (NSKK), 1931-1945

Hoser, Paul: Münchener Beobachter, in: Historisches Lexikon Bayerns, URL: http://www.historisches-lexikon-bayerns.de/Lexikon/Münchener Beobachter
Hoser, Paul: Nationalsozialistische Deutsche Arbeiterpartei (NSDAP), 1920-1923/1925-1945, in: Historisches Lexikon Bayerns, URL: http://www.historisches-lexikon-bayerns.de/Lexikon/Nationalsozialistische_Deutsche_Arbeiterpartei_(NSDAP),_1920-1923/1925-1945
Hoser, Paul: Presse (20. Jahrhundert), in: Historisches Lexikon Bayerns, URL: http://www.historisches-lexikon-bayerns.de/Lexikon/Presse_(20. Jahrhundert)
Hoser, Paul: Sturmabteilung (SA), 1921-1923/1925-1945, in: Historisches Lexikon Bayerns, URL: http://www.historisches-lexikon-bayerns.de/Lexikon/Sturmabteilung_(SA),_1921-1923/1925-1945
Hoser, Paul: Schutzstaffel (SS), 1925-1945, in: Historisches Lexikon Bayerns, URL: http://www.historisches-lexikon-bayerns.de/Lexikon/Schutzstaffel_(SS),_1925-1945
Hoser, Paul: Münchener Post, in: Historisches Lexikon Bayerns, URL: http://www.historisches-lexikon-bayerns.de/Lexikon/Münchener_Post
Hoser, Paul: Völkischer Beobachter, in: Historisches Lexikon Bayerns, URL: http://www.historisches-lexikon-bayerns.de/Lexikon/Völkischer_Beobachter
Hoser, Paul: Rechtsextremismus, in: Historisches Lexikon Bayerns, URL: http://www.historisches-lexikon-bayerns.de/Lexikon/Rechtsextremismus
Hoser, Paul: Entnazifizierung, in: Historisches Lexikon Bayerns, URL: http://www.historisches-lexikon-bayerns.de/Lexikon/Entnazifizierung
Hübner, Christoph: Bund Oberland, 1921-1923/1925-1930, in: Historisches Lexikon Bayerns, URL: http://www.historisches-lexikon-bayerns.de/Lexikon/Bund Oberland, 1921-1923/1925-1930
Hübner, Christoph: Bund „Bayern und Reich", 1921-1935, in: Historisches Lexikon Bayerns, URL: http://www.historisches-lexikon-bayerns.de/Lexikon/Bund_"Bayern_und_Reich",_1921-1935
Hübner, Christoph: Vaterländische Verbände, 1918/19-1933, in: Historisches Lexikon Bayerns, URL: Vaterländische_Verbände,_1918/19-1933
Hübner, Christoph: Reichskriegsflagge, 1923-1925, in: Historisches Lexikon Bayerns, URL: http://www.historisches-lexikon-bayerns.de/Lexikon/Reichskriegsflagge,_1923-1925
Hübner, Christoph: Landesverband der Einwohnerwehren Bayerns, 1920/21, in: Historisches Lexikon Bayerns, URL: http://www.historisches-lexikon-bayerns.de/Lexikon/Landesverband_der_Einwohnerwehren_Bayerns,_1920/21
Hürten, Heinz: Kabinett Knilling, 1922-1924, in: Historisches Lexikon Bayerns, URL: http://www.historisches-lexikon-bayerns.de/Lexikon/Kabinett Knilling, 1922-1924
Kiiskinen, Elina: Bayerische Mittelpartei (BMP)-Deutschnationale Volkspartei (DNVP), 1918-1932/33, in: Historisches Lexikon Bayerns, URL: http://www.historisches-lexikon-bayerns.de/Lexikon/Bayerische_Mittelpartei_(BMP)_-_Deutschnationale_Volkspartei_(DNVP),_1918-1932/33
Klaffl, Kathrin: Freie Wohlfahrtsverbände, in: Historisches Lexikon Bayerns, URL: http://www.historisches-lexikon-bayerns.de/Lexikon/Freie Wohlfahrtsverbände
Krapf, Manfred: Oberbürgermeister, in: Historisches Lexikon Bayerns, URL: http://www.historisches-lexikon-bayerns.de/Lexikon/Oberbürgermeister
Lilla, Joachim: Fehr, Anton , in: Lilla, Joachim: Staatsminister, leitende Verwaltungsbeamte und (NS-) Funktionsträger in Bayern 1918 bis 1945, URL: http://www.bayerische-landesbibliothek-online.de
Magen, Antonie: Heimatroman (20./21. Jh.), in: Historisches Lexikon Bayerns, URL: http://www.historisches-lexikon-bayerns.de/Lexikon/Heimatroman (20./21. Jh.)
Mühldorfer, Friedbert: Roter Frontkämpferbund, 1924-1929, in: Historisches Lexikon Bayerns, URL: http://www.historisches-lexikon-bayerns.de/Lexikon/Roter Frontkämpferbund, 1924-1929
Peters, Michael: Alldeutscher Verband (ADV), 1891-1939, in: Historisches Lexikon Bayerns, URL: http://www.historisches-lexikon-bayerns.de/Lexikon/Alldeutscher Verband (ADV), 1891-1939
Piper, Ernst: Kampfbund für deutsche Kultur (KfdK), 1928-1934, in: Historisches Lexikon Bayerns, URL: http://www.historisches-lexikon-bayerns.de/Lexikon/Kampfbund für deutsche Kultur (KfdK), 1928-1934
Probst, Robert: Völkischer Block in Bayern (VBl), 1924/25, in: Historisches Lexikon Bayerns, URL: http://www.historisches-lexikon-bayerns.de/Lexikon/Völkischer_Block_in_Bayern_(VBl),_1924/25
Probst, Robert: Großdeutsche Volksgemeinschaft (GVG), 1924/25, in: Historisches Lexikon Bayerns, URL: http://www.historisches-lexikon-bayerns.de/Lexikon/Großdeutsche_Volksgemeinschaft_(GVG),_1924/25

Sauerwein, Tessa: Hitlerjugend (HJ), 1926-1945, in: Historisches Lexikon Bayerns, URL: http://www.historisches-lexikon-bayerns.de/Lexikon/Hitlerjugend (HJ), 1926-1945
Schäfer, Bernhard: Traditionsgau München-Oberbayern, 1930-1945, in: Historisches Lexikon Bayerns, URL: http://www.historisches-lexikon-bayerns.de/Lexikon/Traditionsgau_München-Oberbayern,_1930-1945
Schäfer, Bernhard: Blutfahne der NSDAP, in: Historisches Lexikon Bayerns, URL: http://www.historisches-lexikon-bayerns.de/Lexikon/Blutfahne der NSDAP
Schäffer, Fritz: Nationalsozialistischer Lehrerbund (NSLB), 1929-1943, in: Historisches Lexikon Bayerns, URL: http://www.historisches-lexikon-bayerns.de/Lexikon/Nationalsozialistischer Lehrerbund (NSLB), 1929-1943
Stäbler, Wolfgang: Young-Plan, 1929/30-1932, in: Historisches Lexikon Bayerns, URL: http://www.historisches-lexikon-bayerns.de/Lexikon/Young-Plan, 1929/30-1932
Stäbler, Wolfgang: Weltwirtschaftskrise, 1929, in: Historisches Lexikon Bayerns, URL: http://www.historisches-lexikon-bayerns.de/Lexikon/Weltwirtschaftskrise,_1929
Stäbler, Wolfgang: Bayerischer Heimatschutz, 1928-1933, in: Historisches Lexikon Bayerns, URL: http://www.historisches-lexikon-bayerns.de/Lexikon/Bayerischer Heimatschutz, 1928-1933
Thoß, Bruno: Brigade Ehrhardt, 1919/20, in: Historisches Lexikon Bayerns, URL: http://www.historisches-lexikon-bayerns.de/Lexikon/Brigade Ehrhardt, 1919/20
Walter, Dirk: Antisemitismus (Weimarer Republik), in: Historisches Lexikon Bayerns, URL: http://www.historisches-lexikon-bayerns.de/Lexikon/Antisemitismus_(Weimarer_Republik)
Zelnhefer, Siegfried: Der Stürmer. Deutsches Wochenblatt zum Kampf um die Wahrheit, in: Historisches Lexikon Bayerns, URL: http://www.historisches-lexikon-bayerns.de/Lexikon/Der_Stürmer:_Deutsches_Wochenblatt_zum_Kampf_um_die_Wahrheit
Zelnhefer, Siegfried: Deutschsozialistische Partei (DSP), 1920-1922, in: Historisches Lexikon Bayerns, URL: http://www.historisches-lexikon-bayerns.de/Lexikon/Deutschsozialistische Partei (DSP), 1920-1922
Ziegler, Walter: Hitlerputsch, 8./9. November 1923, in: Historisches Lexikon Bayerns, URL: http://www.historisches-lexikon-bayerns.de/Lexikon/Hitlerputsch,_8./9._November_1923
Ziegler, Walter: Die "Machtergreifung", 9. März 1933, in: Historisches Lexikon Bayerns, URL: http://www.historisches-lexikon-bayerns.de/Lexikon/Machtergreifung_in_Bayern,_9._März_1933

Zeitschriften

Andechser Rundschau
Archivalische Zeitschrift
Bayerischer Kurier
Bayerische Staatszeitung
Bayerland
Der Tank
Deutscher Börsen Curier
Deutsche Steuerschule und Wirtschaftlicher Beobachter
Die Front
Die Zeit
Feldafinger Beobachter
Frankfurter Zeitung
Hamburger Nachrichten
Heimatklänge aus Bayerns Gauen
Heimatklänge aus dem Vierseengebiet
Illustrierter Beobachter
Land- und Seebote
München Augsburger Abendzeitung
Münchner Merkur
Münchner Neueste Nachrichten
Münchner Post

Neue Pasinger Zeitung
Neuer Seebote
Neue Züricher Zeitung
Reichssteuerblatt
Reichszeitung der deutschen Erzieher
Rundschau für Wirtschaft und Steuern
Steuerwarte
Süddeutsche Zeitung
Völkischer Beobachter
Volkszeitung
Westend Wacht
Wirtschaftlicher Berater

Namen

Orte

Sachbegriffe